Pfui Spinne, Watte, Knopf!

Mareile Kurtz

Pfui Spinne, Watte, Knopf!

33 verrückte Geschichten über schräge Ängste, absurde Abneigungen und lustige Phobien

Schwarzkopf & Schwarzkopf

Für Dominic,
meine Eltern
und die Philibuster

»Das Durchschnittliche gibt der Welt ihren Bestand.
Das Außergewöhnliche gibt der Welt ihren Wert.«

OSCAR WILDE

Vorwort

»Ich mach mir die Welt,
widde widde wie sie mir gefällt!«
PIPPI LANGSTRUMPF

Können Sie sich vorstellen, dass Ihnen der Anblick eines Knopfes Übelkeit bereitet? Dass Sie nicht spazieren gehen können, weil Sie Angst davor haben, eine Schnecke zu zertreten? Dass Sie beim Sex in eine Ekelstarre verfallen, weil Sie beim Küssen bemerken, dass Ihr Partner ein Kaugummi hinter dem Backenzahn versteckt? Dass Sie keine Spielwarenabteilung durchqueren können, weil Sie davon überzeugt sind, die Puppen würden Sie beobachten? Dass Ihnen beim Gedanken an ein Wattebällchen kalte Schauer über den Rücken laufen? Oder dass Sie kollabieren, wenn Sie ein Frosch anspringt, Ihnen eine Libelle gegen den Kopf fliegt oder Sie eine Spritze nur sehen? Nein? Dann gehören Sie wohl nicht zu der Sorte Mensch, die sich Tag für Tag mit einer merkwürdigen Phobie herumschlagen muss und sich ständig über die eigenen unlogischen Gedanken und Gefühle ärgert. Falls aber doch, dann lassen Sie sich eins gesagt sein: Sie sind nicht allein! Schräge Phobiker-Vögel gibt es nämlich eine ganze Menge.

Man nehme allein das Who-is-Who der internationalen Entertainment-Branche. Genau wie in der Welt der Normalsterblichen tummeln sich auch hier überraschend viele Menschen mit skurrilen Ticks und Macken. Johnny Depp zum Beispiel fürchtet sich laut der Online-Meldung *Pfui Spinne, Watte, Topfpflanze!* auf Fem.com nicht nur vor Geistern, sondern fängt auch an zu zittern, wenn er Clowns sieht. Christina Ricci flippt hingegen aus, sobald sie sich mit einer Topfpflanze in einem Raum befindet, Nicole Kidman hat panische Angst vor Schmetterlingen, Orlando Bloom ergreift schon die Flucht, wenn er ein Schwein nur von Weitem sieht und TV-Vampirjägerin Sarah Michelle Gellar kann privat keinen Fuß auf einen Friedhof setzen.

So weit, so absurd. Es dürfte außer Frage stehen, dass derlei Phobien jedweder Logik entbehren. Dass jemand beim Fliegen oder in schwindelerregenden Höhen Todesangst bekommt oder vor (möglicherweise giftigen) Schlangen und Spinnen flüchtet, kann man ja noch verstehen. Eine Abneigung gegen Schmetterlinge und Clowns ist da schon schwerer nachzuvollziehen. Besonders, weil die Betroffenen meistens keinen Grund für sie angeben können.

Ich zum Beispiel sorge in meinem Familien- und Bekanntenkreis regelmäßig für Turbulenzen, weil ich mich seit meiner Kindheit tierisch vor Kleidungsknöpfen ekle. Früher rückte ich Hemden und Blusen mit meiner Bastelschere zu Leibe; heute sauge ich herumliegende Knöpfe mit dem Staubsauger kurzerhand weg – die Dinger anzufassen ist mir nämlich mehr als unangenehm. Auf Außenstehende wirkt das ziemlich ungewöhnlich und deswegen dauert es meist nicht lange, bis nach den Gründen für meinen Knopfekel gefragt wird. Doch so oft ich mich auch auf Ursachenforschung begebe – ich muss die Antwort schuldig bleiben. Prägende Erlebnisse in der Kindheit? Fehlanzeige! Weder haben mich meine Eltern zur Strafe in den Keller verbannt, wenn ich unerlaubterweise mit Omas Knopfdose gespielt habe, noch haben meine älteren Brüder ihre Steinschleudern dazu benutzt, um mich mit dicken Holzknöpfen zu beschießen. Und einen fiesen Horrorfilm über Knöpfe habe ich auch nie gesehen. Nein. Die Knopfphobie war ganz einfach schon immer da. Und auch was das angeht, bin ich kein Sonderfall. Fast allen Protagonisten dieses Buches geht es nämlich ähnlich. Sei es die Angst vor Hunden, Mäusen, Dunkelheit und Gewitter oder der Ekel vor Knöpfen, Watte, Kaugummis und Körpercremes – über die Herkunft ihrer Abneigung können die meisten (wenn überhaupt) nur mutmaßen. Auch ausgebildete Psychologen haben mir versichert, dass es gar nicht unbedingt diesen einen Grund geben muss. Die Ursachen für eine Phobie können ganz unterschiedlich sein. Eine Angst oder auch ein Ekel kann sich schlicht über die Jahre hinweg entwickeln, mit den Menschen in der Umgebung oder irgendwelchen Gerüchen zusammenhängen oder auch genetisch bedingt sein.

Wenn es um die Frage nach den Therapiemöglichkeiten geht, fällt die Antwort allerdings sehr viel klarer aus. Sie lautet: »Systematische Desensibilisierung«. Gemeint ist eine Form der Verhaltenstherapie, in der die Aversion gegen einen Gegenstand oder ein Tier Schritt für Schritt abgebaut werden soll. Für diesen Zweck trainiert der Phobiker, zunächst gemeinsam mit dem Therapeuten, den Anblick oder auch den Geruch des Angst oder Ekel auslösenden Objekts zu ertragen. Später kommen »kleine Hausaufgaben« hinzu. In meinem Fall würde das etwa bedeuten, dass ich Knöpfe annähen, Knöpfe vom Boden aufheben und am Ende womöglich auch noch mit Blusen rumlaufen müsste – ohne mich! Auch, wenn die Kosten (gut 2.000 Euro) für die rund 25 Sitzungen von der Krankenkasse übernommen werden, bin ich der Ansicht, dass ich meine freie Zeit lieber in die Jagd nach Stoffkleidern und T-Shirts als in lange Therapiesitzungen investieren sollte.

Die Aussichten auf Erfolg sind ohnehin nicht besonders vielversprechend – zumindest, wenn man der Schauspielerin Nicole Kidman Glauben schenken darf. Fem.com verriet sie: »Ich habe alles versucht, um die Phobie zu bekämpfen, ich begab mich in einen großen Schmetterlingskäfig, der sich im American Museum of Natural History befand, und hatte darin sogar die Schmetterlinge auf mir sitzen, aber es funktionierte nicht.« Zugegeben: Was für

Nicole Kidman gilt, ist nicht unbedingt auf jeden Phobiker übertragbar. Doch selbst wenn ich meine Knopfphobie überwinden könnte – warum sollte ich? Immerhin schränkt mich mein Knopfekel nicht derart ein, dass ich nicht mehr am alltäglichen Leben teilnehmen könnte. Stoffkleider und Leggins mit Gummizug trage ich sowieso am liebsten und in einen BWL-Studenten mit Hemd und hochgestelltem Kragen könnte ich mich eh niemals verlieben.

So gesehen lässt es sich also sehr gut mit einer Knopfphobie leben. Mehr noch: Ich schätze sie. Schließlich weist uns doch all das, was uns vom Kollektiv unterscheidet, all jenes, was uns *eigen*artig, *eigen*tümlich, *eigen*willig macht, den Weg zu unserer Individualität. Und je mutiger und beherzter wir diesen Weg gehen, desto besser. Das beweisen nicht nur die großen Helden aus Literatur, Film und TV (zum Beispiel Captain Jack Sparrow, Pippi Langstrumpf, die Addams Family, Forrest Gump, Jeff Lebowski und der Hardcore-Phobiker Adrian Monk), sondern auch reale Personen wie Freddy Mercury, Mick Jagger, Jim Morrison, Andy Warhol, Truman Capote, Nina Hagen, Quentin Tarantino, Charlotte Roche, Lady Gaga, Lena Meyer-Landrut oder all die anderen schillernden Persönlichkeiten, die uns bei dem Begriff »schräg« in den Sinn kommen. Jeder Einzelne von ihnen ist auf seine eigene Art und Weise speziell, faszinierend, sonderbar, zauberhaft, schrullig, schrill, exzentrisch, seltsam, verschroben – eben anders als die anderen. Und genau deswegen schauen wir ihnen so gern zu. Der Beweis: Nachdem ich mich im Sommer 2009 mit den *Kur(t)z-Geschichten für Knopfhasser* auf Philibuster.de als schräger Phobiker-Vogel geoutet hatte, hagelte es begeisterte Zuschriften von Lesern.

In meinem Bekanntenkreis ist die Solidarität für meinen Knopfekel seither derart gestiegen, dass meine Freunde noch vor mir zu kreischen beginnen, wenn irgendwo ein Knopf auftaucht. In der Firma meines Freundes werden Hemd- und Blusenträger auch während meiner Abwesenheit spaßeshalber mit »Iiiih, Knöpfe!«

begrüßt. Ich persönlich habe meine Knopfphobie dadurch richtig lieb gewonnen. Seine Andersartigkeit zu akzeptieren ist nicht nur ein großer Schritt auf der Suche nach sich selbst, sondern diese Offenheit macht uns auch sympathischer und interessanter für unsere Mitmenschen und kann vielleicht sogar den Schlüssel zum Erfolg bedeuten. Und selbst, wenn sich Letzteres nicht in gewünschtem Maße einstellt: Mit ihren kauzigen Anekdoten können die Froschfeinde, Kaugummigegner und Clownhasser auf Partys trotzdem immer punkten – oder auch ein ganzes Buch füllen.

Ich möchte Sie recht herzlich in der fantastischen Welt der Sonderlinge willkommen heißen und Ihnen viel Vergnügen beim Wundern und Staunen wünschen. Sollten Sie selbst zur Gattung der Phobiker gehören, werden Sie sich beim Lesen der folgenden 33 Geschichten häufig wiedererkennen und sich nicht ganz so viel wundern – sich dafür aber umso mehr an den Erlebnissen Ihrer exotischen Artgenossen erfreuen. Und das aus gutem Grund: Sie sind nicht normal!

DIE 1. GESCHICHTE ÜBER SCHRÄGE PHOBIEN

Jim Knopf hat nichts zu lachen

Mareile (27), Journalistin & Texterin, Stuttgart,
über
Koumpounophobie (Ekel vor Knöpfen)

Seit ich denken kann, ekle ich mich vor Knöpfen. Vor Kleidungsknöpfen, um genau zu sein. Ich habe kein Problem mit der Tastatur einer Fernbedienung oder den Schaltvorrichtungen in einem Fahrstuhl. Diese Art von Knöpfen mag ich sogar richtig gern. Auch die Metallknöpfe an einer Jeans sind in Ordnung. Es sind lediglich diese glatten, runden Dinger mit Löchern in der Mitte, die mich zum Würgen bringen. Und wenn ich von »Würgen« spreche, dann meine ich das auch so. Das Gefühl, das bei mir entsteht, wenn mir jemand mit einem dicken, glänzenden Knopf zu nahe kommt, ist durchaus mit der Übelkeit vergleichbar, die beim Anblick von Erbrochenem entsteht. Und das nicht zuletzt, weil ich auch den Geruch von Knöpfen unerträglich finde. Irgendwie stinken die Dinger nach Mottenkiste, mitunter auch nach ranziger Butter oder saurer Milch. Eben einfach widerlich. Ein Kleidungsstück mit Knöpfen anzuziehen oder einen Knopf anzufassen ist eine echte Strafe für mich. Vor allem, wenn es sich um glänzende Plastik-, Perlmutt- oder Glasknöpfe handelt. Und auch die Wörter »Knopf« oder »zugeknöpft« kann ich nur mit Mühe aussprechen oder aufschreiben.

Über die Jahre habe ich zwangsläufig gelernt, mich mit meiner Knopfabneigung zu arrangieren und mir meinen Ekel in Gesellschaft nicht anmerken zu lassen. Wenn es gar nicht anders geht, kann ich heute sogar in Bettwäsche mit Knöpfen schlafen. Das war nicht immer so.

Als ich klein war, hatten meine Mitmenschen manchmal ganz schön unter mir zu leiden. Einmal hatte meine Mutter mir zum Beispiel ein ganz besonders süßes Blüschen mit großen braunen Holzknöpfen für ein Kindergartenfest gekauft. Als ich mich mit Händen und Füßen gegen die Bluse wehrte, hielt mich meine Mutter schlicht für bockig und versuchte, mir die Bluse mit sanfter Gewalt überzustreifen. Das war das erste und einzige Mal, dass ich meiner Mutter eine Backpfeife verpasst habe. Damals war ich vier Jahre alt.

Um weiteren Konfrontationen aus dem Weg zu gehen, habe ich fortan im Kindergarten Poloshirts und Blusen heimlich mit meiner Bastelschere zerschnitten und ein Versehen vorgetäuscht. Und so kam es, dass in meinem Kleiderschrank bald nur noch Pullover, T-Shirts und Stoffkleidchen zu finden waren.

Mein Problem war damit aber keinesfalls gelöst. Ich schlug nämlich nicht nur Alarm, wenn *ich* Kleider mit Knöpfen tragen musste, sondern auch, wenn andere sich dazu erdreisteten. Eines Abends waren meine Eltern zu einer Geburtstagsparty eingeladen, und meine Mutter hatte sich extra für diesen Anlass eine »todschicke« Bluse gekauft – ihrer Meinung nach. Für mich hingegen war die Bluse das Grauenhafteste, was ich je gesehen hatte. Sie war aus schwarzer Seide, reichte an den Armen nur bis zu den Ellenbogen und war ganz nach Achtzigerjahre-Manier mit Schulterpolstern ausgestattet. Was mich störte, waren aber nicht etwa die Schulterpolster oder der gewöhnungsbedürftige Schnitt, sondern die strahlend weißen Perlmuttknöpfe, die auf der schwarzen Bluse nur so leuchteten. Als meine Mutter – mit dieser Bluse bekleidet – mein Zimmer betrat, um mir auf Wiedersehen zu sagen, schmiss ich ihr empört meinen Schnuller vor die Füße und rannte tobend in meinem Kinderzimmer herum. Mein wütender Kommentar: »Du bist nicht mehr meine Mama!« An einen Gutenachtkuss war nicht zu denken.

Es war aber nicht nur meine Mutter, der ich regelmäßig das Leben schwer machte, denn in meinem kindlichen Übereifer machte ich eben vor nichts und niemandem Halt. Auch nicht vor Fremden. Und das führte dazu, dass ich eines Nachmittags sogar das Ende einer Theateraufführung sprengte. Ich möchte vorwegschicken, dass ich für gewöhnlich eine glühende Verehrerin des deutschen Schriftstellers Michael Ende bin – bei seinem Kinderbuch *Jim Knopf* hört der Spaß bei mir allerdings auf. Doch eben dieses Stück war es, das in der Turnhalle unseres Kindergartens aufgeführt wurde und das meine Großeltern mit mir besuchten.

Bereits als sich der Hauptdarsteller vor die provisorisch zusammengerückten Stuhlreihen stellte und die anwesenden Kinder begrüßte, machte sich Unbehagen bei mir breit. Seine Aufmachung entsprach nicht dem, was ich mir unter einem Heldenoutfit vorstellte. Mit dem schwarz bemalten Gesicht, dem roten Pulli und der blauen Latzhose hatte ich freilich kein Problem. Was mich störte, waren die beiden knallroten Monsterknöpfe, die auf seiner Hose prangten – auf jedem Träger einer. Das ganze Stück über ließ ich mir nichts anmerken, doch als das vermeintliche Finale nahte, wurde es mir zu bunt. »Wer will mit nach Lummerland fahren? Wer will mit nach Lummerland fahren?«, rief Jim Knopf den Kindern in freudiger Erwartung zu. Alle Kinder sprangen auf und stürmten johlend auf Jim und Lukas den Lokomotivführer zu. Alle, bis auf eines.

Ich war nicht nach vorn gerannt, sondern hatte mich mit entschlossener Miene und Zornesfalte über der Nase inmitten der Turnhalle auf meinen Stuhl gestellt. Als mir die Schauspieler und meine Großeltern einen fragenden Blick zuwarfen, schmetterte ich ihnen mit all der Kraft, die mein kleines Kinderstimmchen hergab, ein inbrünstiges »Ich nicht!« entgegen und verließ fluchend den Raum. Meine Großeltern griffen verschämt nach ihren Mänteln, entschuldigten sich bei den verstörten Schauspielern mit einem ratlosen Schulterzucken und folgten mir auf dem Weg nach draußen. Ob mir meine Familie die Eskapaden inzwischen gänzlich verziehen hat, kann ich nicht mit Sicherheit sagen. Fest steht jedoch: Den Trick mit der Bastelschere haben sie mir nie abgenommen. Trotzdem haben sich meine Eltern mir und meinem Knopfekel gegenüber immer sehr tolerant verhalten und das Thema nie direkt angesprochen. – Das änderte sich, als ich in die Grundschule kam.

Den ganzen Sommer über hatte ich meinem ersten Schultag ungeduldig entgegengefiebert. Ich freute mich auf die anderen Kinder und auf meine Schultüte und Lesen lernen fand ich auch nicht schlecht. Immerhin bedeutete das, dass mir meine Mutter zukünftig nicht mehr jeden Abend vorlesen musste. Nun würde ich bald auf eigene Faust herausfinden können, wie es bei *Der spaßige Briefträger Pitje Puck* weitergeht. Kurzum: Der Wechsel vom Kindergarten zur Grundschule bedeutete einen riesigen Schritt für mich, und diesen konnte ich kaum erwarten. Als es allerdings so weit war und ich am Abend vor meinem ersten Schultag in meinem Bett lag, bekam ich es plötzlich doch mit der Angst zu tun und begann zu weinen. Was, wenn die anderen Kinder mich nicht mochten?

Als meine Mutter mein Schluchzen bemerkte, setzte sie sich neben mich auf die Bettkante und streichelte mir behutsam über den Kopf. »Was hast du denn, mein Schatz?« Ich nuckelte verlegen an meinem Daumen herum und starrte an die Wand. – »Was ist los, hm?« – »Was soll ich denn machen, wenn mich die anderen Kinder doof finden?«, fragte ich ängstlich. Meine Mutter lächelte. »Aber warum sollten die dich denn doof finden?« Ich zuckte mit den Schultern. – »Na, siehst du.« – »Mama?« – »Ja?« – »Und was mache ich, wenn die Lehrerin oder die anderen Kinder was mit Knöpfen anhaben?« Die Miene meiner Mutter verfinsterte sich. »Wie meinst du das?« Was für eine Frage! Es war doch wohl klar, dass in der Schule auch in puncto Knöpfe alles schwieriger werden würde. Immerhin waren wir im Kindergarten den ganzen Tag durch die Gegend gelaufen und hatten irgendwelche Spiele gespielt. Und wenn da ein Mädchen mit Bluse oder ein Junge mit Poloshirt auftauchte, konnte ich einfach die Flucht ergreifen. Doch in der Schule sah die Sache anders aus. Da musste man die ganze Zeit still sitzen bleiben. Und wenn nun mein Sitznachbar oder die Lehrerin ein Kleidungsstück mit Knöpfen trug, dann würde ich immer drauf gucken und den Geruch ertragen müssen und mir würde sicher schlecht werden – und dann könnte ich mich natürlich nicht mehr so gut benehmen.

»Mareile, jetzt hör mir mal bitte ganz genau zu«, sagte meine Mutter plötzlich. Sie sah die Sache wohl etwas anders als ich. »Du bist jetzt ein großes Mädchen, und ich möchte, dass du in der Schule artig bist und dich auf den Unterricht konzentrierst. Und ich würde mir wünschen, dass du nicht länger irgendwelche Kleider zerschneidest oder Ärger bei Theateraufführungen oder sonst was machst. Dann könnte es nämlich wirklich passieren, dass die Lehrerin böse auf dich wird und die anderen Kinder dich komisch finden.« Sie sagte es so lieb wie möglich und meinte es sicher nur gut, doch ich war nach dieser Ansage völlig fertig. Bis zu diesem Moment war mir noch nie der Gedanke gekommen, dass mein Knopfekel etwas war, das es zu verstecken galt.

In den nächsten Wochen, Monaten und Jahren änderte sich mein Verhalten daher komplett. Ich wurde immer geschickter darin, mein eigenartiges Verhältnis zu Knöpfen zu überspielen und zu verbergen. Während der Pubertät kaufte ich mir beispielsweise mal eine Nadelstreifenbluse, weil diese unter meinen Schulfreundinnen als der letzte modische Schrei galt und ich bei der gemeinsamen Shoppingtour kein Aufsehen erregen wollte. Die Knopfleiste ließ ich von meiner Mutter allerdings zusammennähen, sodass ich die

Bluse nicht mehr auf- und zuknöpfen musste, sondern wie einen Pulli über den Kopf ziehen konnte. Dieser Trick bewährte sich auch, als ich im Alter von 16 Jahren als Kellnerin in einem Saalbetrieb zu jobben anfing und jedes Wochenende schwarze Röcke und weiße Blusen tragen musste. Freilich bereiteten derlei Outfits mir reichlich Unbehagen, doch alles war mir lieber, als mich als durchgeknallte Knopf-Trulla zu outen. Bis ins Erwachsenenalter setzte ich nicht einmal meine besten Freundinnen ins Bild. Erst als ich die Schule beendet hatte und zum Studieren von der Nordseeküste an den schwäbischen Bodensee zog, flog meine Tarnung auf.

Am ersten Uni-Tag betrat ich den Vorlesungssaal mit gemischten Gefühlen. Wem würde ich begegnen? Was würde ich erleben? Wie würde sich mein Leben verändern? Hier war ich völlig fremd. Ich kannte niemanden. Und war mehr als 800 Kilometer von zu Hause entfernt. Mit heißen Ohren setzte ich mich auf einen freien Platz in der Mitte des Saals und beobachtete die hereinströmenden Studenten verstohlen aus den Augenwinkeln. Die meisten meiner neuen Kommilitonen sahen sehr nett aus. Schließlich nahm ein großes blondes Mädchen neben mir Platz und nickte mir freundlich zu. Ich nickte zurück und wollte gerade etwas sagen – doch dann entdeckte ich ihn. Ich hatte es schon geahnt, als sie den Raum betreten und es unter ihrem roten Mantel verdächtig aufgeblitzt hatte. Doch nun, da sie die Jacke abgelegt hatte, wurde mir das Ausmaß des Grauens bewusst: Ein gelblich schimmernder Riesenknopf thronte mitten auf ihrer linken Schulter und drohte mir jeden Moment ins Gesicht zu springen.

Er war einfach da, einfach so. Ohne jeden ersichtlichen Grund. Ein überdimensionales Monstrum, das von irgendwelchen geistig verwirrten Designern auf die linke Schulter ihres gelben Strickpullis genäht worden war und nicht einmal einen Zweck erfüllte. »Was ist? Hab ich da irgendwas?« Ohne es zu merken, hatte ich dem Mädchen die ganze Zeit apathisch auf die Schulter gestarrt. »Oh, nichts. Gar nichts. Ich hab nur so da hingeguckt«, stammelte ich und riss meinen Kopf ruckartig nach vorn in Richtung Dozent, der nun – Gott sei Dank – mit der Begrüßung und der Vorlesung begann.

»Ich bin Nadine. Ich komme aus Freiburg. Und du?«, flüsterte das Mädchen neben mir unvermittelt. Ich drehte unsicher den Kopf in ihre Richtung und versuchte, ihr ins Gesicht zu gucken. Das gelang mir aber nicht, denn ich konnte den Blick einfach nicht von dem ekelhaften Knubbel auf ihrer Schulter abwenden. Wenn das Mädchen mich so von der Seite ansah, befand sich ihr Kinn direkt über dem Knopf und demnach so dicht an ihrem Mund, dass ich befürchtete, sie könnte den Knopf beim nächsten Satz aus Versehen abbeißen und verschlucken. »Hallo!«, machte das Mädchen und winkte affig. – »Ähm ... ja. Nein. Ich meine ... ich weiß nicht.« Das Mädchen starrte mich verblüfft an. »Du weißt nicht, wie du heißt und wo du herkommst?« – »Ähm ... doch! Klar! Haha. Ich heiße Mareile und komme aus der Nähe von Bremen.« – »Ah, okay. Freut mich. Da bist du ja ganz schön weit weg von zu Hause, was?« Ich antwortete nicht, sondern starrte nur wie versteinert den Dozenten an. Den Anblick des gelben Schulter-Geschwürs konnte ich einfach nicht länger ertragen. – »Du hast doch auch ein Zimmer im Studentenwohnheim. Oder?«, startete das Mädchen einen erneuten Versuch. Apathisch schüttelte ich den Kopf hin und her. Das Mädchen reagierte sauer. »Ach, echt? Ist ja komisch. Ich dachte, ich hätte dich heute Morgen da gesehen.«

Eine halbe Stunde später wurden wir in die Pause entlassen. Ich setzte mich etwas abseits auf eine Bank, zündete mir eine Zigarette an und beobachtete meine Sitznachbarin aus der Ferne. Sie und ein paar andere Studentinnen hatten die Köpfe zusammengesteckt und tuschelten – wahrscheinlich über mich. Ich spürte einen dicken Kloß im Hals. Das hatte ich ja toll hinbekommen! Auf diese Weise würde ich sicher haufenweise neue Freunde finden.

Plötzlich fiel mir ein Junge auf, der langsam auf mich zu schlenderte. Er trug eine blaue Jeans, ein weißes T-Shirt, eine blau-weiß gestreifte Reißverschlussjacke, hatte einen dunklen Lockenkopf und sah sehr hübsch aus. Als er mich erreicht hatte, steckte er sich ebenfalls eine Zigarette an, blies den Rauch aus und fragte schüchtern: »Du kommst also aus der Nähe von Bremen, ja?« Ich war perplex. »Woher weißt du das?« Er stutzte. »Ich hab gehört, wie du das eben erzählt hast. Ich sitze neben dir.« Peinlich! Das war mir gar nicht aufgefallen. Ich hatte nur Augen für den Riesenknopf rechts von mir gehabt. »Hm. Hab ich nicht gesehen.« Der Junge schlug enttäuscht die Augen nieder. Ich wurde nervös. Jetzt würde ich gleich auch noch den zweiten potenziellen Studienfreund vergraulen. »Aber ich kann nichts dafür!«, versicherte ich hilflos. »Ich musste woandershin gucken. Das war wegen dem ... wegen dem ...« Wie sollte ich ihm das bloß plausibel erklären? »Wegen dem ... wegen dem Knopf!« Der Junge riss erstaunt die Augen auf. »Ja! Ist der nicht widerlich? So riesig und so glänzend und dann auch noch mitten auf ihrer Schulter!«

Ich traute meinen Ohren kaum. »Findest du Knöpfe etwa auch ekelhaft?« – »Ich kann mir nichts Ekelhafteres vorstellen!«, rief er aufgeregt und begann, wie ein kleiner Flummi auf und ab zu hüpfen. Wir konnten uns vor Freude kaum halten. Mit immer drastischeren Ausdrücken versuchten wir, unserer Begeisterung Ausdruck zu verleihen. »Wie Augen!«, rief ich und sprang elektrisiert von der Bank auf. – »Wie ausgespuckte Bonbons!«, hielt er dagegen. »Wie Popel!« – »Wie Pickel!« – »Wie Warzen!« – »Nein, ich weiß was! Wie die Fettaugen auf einer Pizza!« Wir kicherten.

Zurück im Vorlesungssaal konnte ich mich wieder nicht konzentrieren. Mein Herz raste, meine Ohren wurden heiß, meine Gedanken schweiften ab. Ich konnte einfach nicht aufhören, ihn anzustarren. Ihn – den hübschen Jungen vom Raucherhof.

Nici und die starken Männer

Niclas (28), Art Director, Köln,
über
Trypanophobie (Angst vor Spritzen)

Ich bin 1,98 Meter groß, wiege um die hundert Kilo, habe einen Vollbart, lange zottelige Haare und trage vorrangig Lederjacken und zerrissene Jeans. Meine Stimme ist tief, mein Kreuz ist breit, meine Arme sind stark und, ja, man kann es nicht anders sagen: Ich bin ein Bär von einem Mann. Meine Freundin Jona findet, dass ich rein äußerlich auch als Wikinger oder Rockstar durchgehen könnte. Doch wie das manchmal so ist mit der harten Schale: Sie ist nicht unbedingt repräsentativ für den Inhalt.

Rein optisch bin ich vielleicht ein Grizzly, doch innerlich komme ich eher nach Balu dem Bären aus Disneys *Dschungelbuch*. Ich bin verschlafen, verfressen und verschmust und würde keiner Fliege je etwas zuleide tun – was nicht zuletzt daran liegt, dass ich kein Blut sehen kann. Sobald mir jemand irgendwas von Verletzungen, Operationen oder Schläuchen erzählt, wird mir sofort schwindelig. So richtig zur Mimose werde ich aber erst bei Spritzen und das habe ich ein paar Krankenschwestern zu verdanken. Als kleiner Junge musste ich einmal wegen einer Blinddarmoperation ins Krankenhaus und bekam diese fiese Kanüle in den Handrücken gesteckt. Das allein war schon schlimm genug, doch leider vergaßen die viel beschäftigten Haubenträgerinnen auch noch, mir die Nadel wieder herauszurupfen, sodass sich die Einstichstelle nach ein paar Tagen tüchtig entzündete. Jede Bewegung bedeutete einen rasenden Schmerz für mich und wenn ich aus Versehen den Handrücken nach hinten bog und mir die eiskalte Kanüle somit noch tiefer ins brennend heiße Fleisch rammte, wurde dieser sogar so unerträglich, dass ich die Zähne zusammenbeißen musste, um nicht zu weinen. Gutgläubig und unkritisch, wie man in dem Alter eben ist, stellte ich die Allwissenheit der Ärzte und des Pflegepersonals aber nicht infrage, sondern ertrug mein Leid stattdessen stumm und reglos wie ein Mann.

Was Spritzen angeht, bin ich seither aber vollkommen traumatisiert, und bei Impfungen oder Blutentnahmen versage ich ebenfalls. Das muss man sich mal vorstellen! Ein zwei Meter großer Hüne wie ich wird von einer fünf Zentimeter kleinen Nadel in die Knie gezwungen. Und das meine ich wörtlich. Wenn ich geimpft werden soll, kippe ich manchmal sogar schon um, wenn ich den Arzt oder die Spritze nur sehe. Im Ernst. Ich werde wirklich ohnmächtig. Mein Gesicht wird kalkweiß, meine Knie werden weich und dann segle ich zu Boden wie die schöne Justine Waddell in der Terrassen-Szene von *The Fall*. Dumm nur, dass ich im Gegensatz zu der grazilen Schauspielerin zwei Zentner wiege und die Arzthelferinnen bei dem Versuch, mich abzustützen, unter mir begrabe und zerquetsche.

Dass eine derartige Situation eine namenlose Demütigung bedeutet und somit strengster Geheimhaltung unterliegt, muss man(n) wohl nicht erwähnen. Doch so peinlich es auch ist, ich kann einfach nichts dagegen tun. Allein die Vorstellung, dass so eine kalte, harte Nadel in meine warme, weiche Vene gebohrt werden soll, macht mich fertig und so ist es auch nicht weiter verwunderlich, dass ich derartigen Behandlungen aus dem Weg gehe. Eine Karriere als Schwert schwingender Wikinger oder als ein von oben bis unten tätowierter Rockstar hätte sich damit wohl erledigt. Obwohl ... ein Tattoo könnte ich mir vielleicht sogar stechen lassen. Denn was mich am meisten verstört, ist nicht die Nadel selbst, sondern der Gedanke, dass etwas aus meinem Körper heraus- oder in ihn hineingepumpt wird.

So viel zu mir. Kommen wir nun zu meiner Freundin Jona oder, eher gesagt, zu Jonas Familie: Jonas Vater, Dr. med. Holger Kracht, ist wie ihr Großvater und ihr Onkel Landarzt, und Jonas Vater war wie ihr Großvater, ihre drei älteren Brüder und ihr Schwager während des Studiums in einer schlagenden Verbindung. Jonas Mutter ist zwar keine Ärztin, dafür aber die Sprechstundenhilfe in der Praxis ihres Mannes und ebenso sehr CDU-Wählerin und Fan des Preußenkönigs Friedrich des Großen wie der Rest der Familie – zu der übrigens noch eine ältere Schwester und zwei Schwägerinnen gehören. Letztes Jahr im Frühling durfte ich einen Teil der Medizinersippe erstmals live und in Farbe erleben.

Tag eins: »Oh, nein! Ein Hippie!« Das waren die Worte, mit denen mich Jonas Vater begrüßte. Nachdem ich ihm erklärt hatte, dass ich zwar wie einer aussehe, gern auf Festivals gehe, die Rolling Stones mag, aber trotzdem einen festen Job habe und nicht drogensüchtig bin (Heroin spritzen kann ich mir ja schlecht), war Jonas Vater wieder versöhnt und legte sogleich mit einer Anekdote aus seiner Studentenzeit los: »In den Sechzigern, da hab ich ja gerade Medizin in Berlin studiert. Und als Ohnesorg, Dutschke und diese ganze linke Bande unser Verbindungshaus gestürmt haben, um mit uns über ihre große Revolution zu diskutieren, da haben meine Corpsbrüder und ich uns mit unseren Degen aufgestellt und chargiert und da sind die Langhaarlümmel ganz schnell wieder abgedüst. Höhöhö!« Mit Geschichten dieser Art ging es weiter, und weil ich immer brav und höflich lachte, kam ich auch ganz gut bei Jonas Vater – der mir irgendwann anbot, ihn Holger zu nennen – und ihren nicht weniger temperamentvollen und schwarzhumorigen Brüdern an.

Tag zwei: Als wir mit dem gesamten Clan am Frühstückstisch saßen, entlarvte ich mich dann aber doch noch als Fremdkörper. Zwar hatte ich schon öfter davon gehört, dass es in Ärztefamilien ziemlich deftig zugeht, doch die Realität übertraf alles Erwartete.

In Jonas Familie wurde bereits morgens um neun über nichts anderes gesprochen als über all die matschigen Wunden, stinkenden Verbrennungen, eitrigen Entzündungen und splittrigen Knochenbrüche, mit denen es die Halbgötter in Weiß in den letzten Tagen zu tun gehabt hatten. Unterbrochen wurde das nette Frühstücksgeplänkel lediglich dadurch, dass Holger einem seiner Söhne einen über Nacht verschobenen Halswirbel direkt am Tisch laut knackend wieder einrenkte.

»Ist alles in Ordnung, Niclas? Du siehst so blass aus. Und gegessen hast du auch noch nichts«, stellte Jonas Mutter plötzlich pikiert fest. – »Mir geht's gut. Danke. Ich esse morgens nie so viel«, log ich und versuchte, dem sich langsam anschleichenden Schwindelgefühl Widerstand zu leisten. – »Alles okay, Nici?«, flüsterte Jona besorgt. »Ja, Süße. Alles gut.« Das Gesicht meiner Freundin erkannte ich nur noch durch einen Schleier wild herumtanzender Sternchen. »Ich geh mal kurz nach draußen, eine rauchen.« – »Kannst du auch hier am Tisch machen.« – »Ich will kurz in die Sonne«, sagte ich, stand auf, torkelte und knickte fast zur Seite weg. Aber nur fast. Puh, das war gerade noch mal gut gegangen. – »Was ist los? Geht's dir gut? Bist du krank?«, fragte Jona, die sogleich herbeigeflattert kam. – »Alles okay. Bin wohl zu schnell aufgestanden«, murmelte ich und lehnte mich mit dem Rücken gegen die Wand, um nicht doch noch umzukippen.

Holger kam hinzu und musterte mich forschend. Zwischen seinen Zähnen klemmte eine dicke braune Pfeife, auf der er nachdenklich herumkaute. »Kreislaufprobleme?«, fragte er, ohne die Pfeife aus dem Mund zu nehmen. – »Eigentlich nicht.« – »Hm.« Holger zog eine seiner buschigen Augenbrauen hoch. »Du brauchst Bewegung und frische Luft, mein Junge«, diagnostizierte der Landarzt messerscharf und klopfte mir energisch auf die Schulter. »Wenn du Lust hast, nehme ich dich heute Nachmittag mit in den Wald. Ich bin Hobbyjäger, musst du wissen, und baue gerade einen neuen Hochsitz. Dabei könnte ich deine Hilfe gut gebrauchen.«

Tag drei: Da sich während der Waldarbeit herausgestellt hatte, dass ich unter Heuschnupfen litt, verbrachte ich fast den gesamten Tag im Bett. Holger hatte mich nämlich sogleich mit Allergietabletten versorgt, von denen ich so müde und träge geworden war, dass ich kaum ein Glied mehr regen konnte.

Tag vier: Als Jona und ich zum Frühstück kamen, herrschte bereits munteres Treiben im Hause Kracht. Die Frauen liefen geschäftig zwischen Kühlschrank, Speisekammer und Kaffeemaschine hin und her, und die Herren der Schöpfung debattierten lautstark über die just konsumierte Zeitungslektüre. Ich begrüßte alle freundlich, setzte mich an meinen Platz – und entdeckte plötzlich ein kleines weißes Plastiktablett und eine Spritze neben meinem Teller. Mir schwante Böses. »Ist die für mich?«, fragte ich alarmiert. »Jawohl«, antwortete Holger. »Eine ordentliche Ladung Kortison gegen den Heuschnupfen. Die Tabletten sind doch Mist. Da haben wir ja gar nichts mehr von dir. Außerdem will ich dich heute mit auf die Jagd nehmen.« Meine Knie wurden sofort weich wie Butter. »Aber ... aber«, stammelte ich panisch. »Aber ich will keine Spritze!«

Einen Moment lang fühlte ich mich wie in einer Filmszene, in der schlagartig die Nadel von der Schallplatte rutscht. Die Frauen erstarrten mitten in der Küche zu Salzsäulen, die Männer verstummten mitten im Diskurs. Alle glotzten mich irritiert an. Sogar Jona. Es herrschte Totenstille. Schließlich ergriff Holger das Wort: »Warum ... warum denn nicht?« Das schien genau die Frage zu sein, die sich alle hier im Raum gerade stellten. »Ist doch nicht nötig!« – »Quatsch. Deine Augen sind schon wieder knallrot.« – »Dann nehme ich eben wieder die Tabletten.« – »Dann verschläfst du den ganzen Tag und kannst nicht mit zur Jagd.« – »Egal.« – »Ich will aber, dass du mitkommst.« – »Ich bin allergisch gegen Kortison.« – »Gegen Kortison kann man nicht allergisch sein.« Scheiße! Was nun? Langsam gingen mir die Ausreden aus.

»Warum stellst du dich denn so an?«, fragte nun einer von Jonas Brüdern. Na, schön, die Herren. Hier habt ihr mein Innerstes. Viel Spaß beim Sezieren! »Spritzen bekommen mir nicht. Ich werde ohnmächtig davon.« Wieder rutschte die Nadel – und dann brach ein ohrenbetäubendes Gegröle los. »Was? Du? Das ist ja, als würde ein Elefant von einem Mückenstich dahingerafft werden!« – »Hört auf damit! Ihr seid total peinlich und bescheuert!«, schimpfte Jona. Nett gemeint, doch wenn die Freundin den Freund verteidigt, wird es leider erst so richtig demütigend.

»Ach Gottchen, Jona. Dein Nici kann doch wohl schon selbst reden«, prustete Holger, während er sich eine Träne aus dem Augenwinkel wischte. So ging es ein paar Minuten weiter, dann wurde er wieder ernst. »So, mein Junge. Jetzt leg mal deinen Arm hier hin und zier dich nicht länger. Wenn ich dir die Spritze gebe, kippst du schon nicht um.« – »Nein, Holger. Ich möchte das wirklich nicht.« – »Hör jetzt endlich auf mit dem Quatsch, Niclas!« Dieses Mal war Holger laut geworden. »Ich kann das und ich mache das vorsichtig.« Entschlossen packte er meinen Arm und drückte ihn auf den Tisch. Dann zog er die Spritze auf, schnippte fachmännisch mit Daumen und Zeigefinger gegen das Glas und setzte die Nadel an meine Vene an. »Und hinein ins Vergnügen!« Das war das Letzte, was ich noch hörte.

Als ich ein paar Minuten später wieder zu mir kam, blickte ich in die – teilweise besorgten, teilweise belustigten, teilweise faszinierten – Gesichter der Familie Kracht. So einen verweichlichten Freak wie mich hatte dieser verrohte Medizinerstamm wohl noch nie gesehen. »Geht's wieder?«, fragte Jona. – »Ja, doch«, motzte ich und rappelte mich schwerfällig wieder auf. »Ich geh mal eben an die frische Luft.« Jona machte Anstalten, mir zu folgen. – »Allein!«

Draußen angekommen, setzte ich mich auf den Rasen in die Sonne und atmete tief durch. In was für ein Irrenhaus war ich da bloß geraten? Zittrig fingerte ich an dem Verschluss der Whiskyflasche herum, die ich auf meinem Weg in den Garten kurzerhand aus dem Wohnzimmerschrank geklaut hatte, und schüttete mir hastig ein paar bittere Schlucke in die Kehle. Dass es erst zehn Uhr morgens war, war mir in diesem Moment wirklich mehr als scheißegal.

»Na, was gibt's denn Feines?« Holger hatte sich von hinten an mich herangepirscht. Ich schielte auf das Etikett der Flasche. »Lagavulin.« – »Hey! Ausgezeichneter Geschmack! Bist du ein Whisky-Kenner?« Ich zuckte grimmig mit den Schultern. »Geht so.« – »Na, das sollten wir aber schleunigst ändern! Komm mal mit. Ich hab noch mehr davon. Hab mir gerade was aus Schottland kommen lassen ...«

An diesem Tag gingen Holger und ich nicht mehr zur Jagd. Zuerst stießen er, ich und Jonas Brüder auf meinen Unterhaltungswert an. Dann auf meinen Besuch und zum Schluss auf jedes einzelne meiner langen Hippiehaare. Binnen weniger Stunden waren wir alle dermaßen voll, dass wir uns in den Armen lagen, uns ewige Liebe schworen und ich als der neu gewonnene Sohn von Familie Dr. Kracht gefeiert wurde. Preußentum und Selbstdisziplin hin oder her – bei gutem Whisky werden alle noch so starken Männer schwach.

Der Exorzismus der Minka Hederlin

Steffi (34), Kindergärtnerin, Münster,
über
Ailurophobie (Angst vor Katzen)

Über die Ursachen von Katzenangst gibt es die wildesten Theorien. Ein ungarischer Psychoanalytiker namens Nandor Fodor stellte beispielsweise die abenteuerliche These auf, dass die Panik vor Katzen fast ausschließlich bei Männern zu finden sei, und interpretierte die sogenannte Ailurophobie als eine unterbewusste Angst vor dem weiblichen Element, für das die geheimnisvolle Katze in der Mythologie stehe. Die Forschungsgrundlage für seine Fallstudie waren prominente Katzenhasser wie Alexander der Große, Julius Caesar, Napoleon Bonaparte und Heinrich III., König von Frankreich, der angeblich sogar schon dann in Ohnmacht fiel, wenn er einen Stubentiger nur aus der Ferne sah. Wirklich erstaunlich, oder? Ich meine, diese Könige, Feldherren und Diktatoren kämpften sich unerschrocken durch blutige Schlachten und blieben sogar dann standhaft, wenn es Kugeln hagelte oder Granaten neben ihnen einschlugen, doch im Angesicht einer Katze suchten sie das Weite.

Diese alles verschlingende Angst vor Katzen kann ich nur allzu gut nachempfinden, denn auch mir tritt sofort der Schweiß auf die Stirn, wenn mir so eine pelzige Zeckenschaukel über den Weg läuft. Allerdings bin ich kein gestandener General, sondern eine Frau und Erzieherin in einem Kindergarten und Fodors Theorie halte ich daher für totalen Quatsch! Wenn man sich außerdem im Internet umschaut, fällt auf, dass die Mitglieder von StudiVZ-Gruppen wie »Ailurophobie – Ich habe Angst vor Katzen« zu ungefähr neunzig Prozent weiblich sind. Reicht das schon als wissenschaftliche Widerlegung aus? Wahrscheinlich nicht. Fest steht jedenfalls trotzdem, dass ich seit jeher entsetzliche Angst vor Katzen habe, und der Grund dafür ist nicht, dass ich in den lästigen Mistviechern mit Kuscheltrieb etwas Weibliches sehe, sondern sie als ernst zu nehmende Bedrohung für mein körperliches Wohl empfinde. Ich vertrete den radikalen Ansatz, dass die Angst vor Katzen etwas rein Rationales ist und sich jeder, dem seine Gesundheit am Herzen liegt, vor den tückischen Biestern in Acht nehmen sollte.

Katzen sind launisch, sadistisch und falsch und sie kratzen, beißen und quälen ihre Mitmenschen und Mittiere, wie es ihnen gerade in den Sinn kommt. Als ich noch klein war, gab es in unserer Siedlung beispielsweise einen rot-weißen Kater, der es sich regelmäßig auf der Hollywoodschaukel unserer Nachbarin bequem machte. Da unsere Nachbarin eine alte Witwe und ziemlich einsam war, freute sie sich über den Besucher und verwöhnte ihren Günstling von morgens bis abends mit Streicheleinheiten und den feinsten Leckereien.

Als sie eines Tages das Blumenbeet in ihrem Garten umgrub, ließ sich das verlogene Miststück aus einer Baumkrone direkt ins Genick seiner treuen Dienerin fallen und begann, unsere heulende Nachbarin auf das Heftigste zu malträtieren.

Mich überraschte der plötzliche Stimmungsumschwung wenig. Um zu verstehen, wie Katzen ticken, muss man sich schließlich nur mal den Gestiefelten Kater aus Grimms Märchen angucken. Er ist das Paradebeispiel für die bitterböse Scheinheiligkeit, die in jeder noch so harmlos aussehenden Mieze schlummert. Erst macht der Märchenkater mit seinen blöden Lederstiefeln einen auf Edelmann, dann manipuliert er die nichtsahnenden Bauern auf den Feldern und umschmeichelt den herrschenden Zauberer anschließend so lange, bis dieser sich in eine Maus verwandelt und der Gestiefelte Kater ihn verschlingen und sich das gesamte Landgut des Zauberers unter die Kralle reißen kann.

Hallo? Geht's eigentlich noch hinterfotziger? Ich denke nicht! Und ich kann mir auch detailgenau vorstellen, wie der Gestiefelte Kater seinen Widersacher ermordet hat – nämlich genau so, wie es für die grausame Natur der Katze typisch ist. Erst wird die Maus ein wenig mit den Krallen bearbeitet. Danach lässt die Katze sie immer wieder entwischen, nur, um den glühenden Überlebenswunsch des geschwächten Opfers neu zu entfachen und die Maus anschließend wieder mit den Krallen zu packen, durch die Luft zu wirbeln und sie – nur so zum Spaß – so lange zu foltern, bis sie endlich elendig verreckt ist. Wer jemals Zeuge eines derart barbarischen Katz-und-Maus-Spiels geworden ist oder erst von einer Katze umschmust und umgarnt und anschließend von ihr attackiert wurde, wird verstehen, warum ich Katzen als hinterlistig, bösartig und ernsthaft gefährlich erachte.

Kommen wir zum Thema Mystifizierung der Katze. Einen Stubentiger mit Hexen, dem Tod, der Unterwelt oder gar dem Beelzebub höchstpersönlich in Verbindung zu bringen, ist die wohl fadenscheinigste aller Katzenangstbegründungen und wird von mir, ehrlich gesagt, nur müde belächelt. Wenn ich in lauen Frühlingsnächten das irre Paarungsgeschrei der rolligen Katzen ertragen muss, hört sich das zwar selbst für mich nicht selten nach der Wehklage eines Dämons an, doch ob eine Katze schwarz ist oder nicht, oder ob sie meinen Weg von rechts oder von links kreuzt oder unter einer Leiter hindurchhuscht, ist mir völlig schnuppe – ich wechsle in jedem Fall die Straßenseite. Und damit hat es sich. Mir geht es schlicht und ergreifend um die Unberechenbarkeit der

Katzen und darum, dass ich nicht angesprungen, gekratzt oder gebissen werden will. Für Aberglauben bin ich viel zu rational. Das heißt: Ich war es. Als sich meine Schwester, Vanessa Hederlin, vor drei Jahren eine grau melierte Katze namens Minka zulegte, geriet mein Weltbild allerdings komplett ins Wanken.

Minka, der ich schon nach kurzer Zeit den passenden Spitznamen »Psycho-Cat« verpasste, war mir von Anfang an suspekt. Also, ich meine, sie war mir noch suspekter, als mir Katzen ohnehin schon sind, und das will wirklich was heißen! Bereits, als sie noch ein tapsiges Katzenbaby war und sich alle Freunde und Verwandte vor Entzücken nur so überschlugen, wusste ich, dass Minka nicht normal ist. Mehr noch: Als sich Minka das erste Mal aufdringlich schnurrend zwischen meine Füße schob, ihren ekligen Schwanz wie eine pelzige Schlange um mein rechtes Bein kringelte und ich Minka um Gnade flehend in die gelbgrünen Augen stierte, wusste ich, dass diese Katze nur eine Schmuse-Show abzog und in Wirklichkeit das personifizierte Böse war. Ihr Blick war das Kühlste, was ich je gesehen habe. Bohrend, hochmütig, unbarmherzig.

In manchen Horrorfilmen wird ja behauptet, man könne in die Unterwelt gelangen, indem man seine Füße in einen Eimer voll Wasser stellt und einer Katze ganz lange und ganz tief in die Augen blickt. Nun konnte ich zum ersten Mal verstehen, wie die Filmemacher auf diese Idee gekommen waren. Minkas Augen waren ein Tunnel – und dieser führte geradewegs in die Hölle.

»Ach, Steffi. Willst du denn nicht mal wieder vorbeikommen? Ich koche uns auch was Leckeres. Das war früher doch immer so schön und gemütlich, wenn wir die DVD-Abende bei mir gemacht haben.« – »Tut mir leid, Nessi. Aber ich will mit Psycho-Cat einfach nicht in einem Raum sein. Wenn du sie irgendwo einsperrst, überlege ich es mir vielleicht noch mal.« – »Also, erstens heißt sie Minka und nicht Psycho-Cat und zweitens will ich sie nicht einsperren. Katzen brauchen Freilauf.« – »Gut, dann komm ich eben nicht.« Ich konnte mir vorstellen, dass Vanessa gerade beleidigt das Gesicht verzog. »Na, toll. Das bedeutet dann wohl, dass du mich, solange Minka lebt, also die nächsten 15 Jahre, nicht mehr besuchen willst, oder was? Versuche es doch wenigstens mal. Vielleicht ist das auch eine Art Therapie und ganz gut für dich. Und wenn es gar nicht geht, sperre ich sie eben in der Küche oder im Schlafzimmer ein. Versprochen.«

Eine Woche später drückte ich auf die Klingel neben dem kleinen Schild mit der handschriftlich gekrakelten Aufschrift »Hederlin«. Obwohl es logischerweise auch mein eigener Name war, kam er mir in diesem Moment schaurig und bedrohlich vor. Ein Glück, dass mein bester Kumpel Boris – leidenschaftlicher Tiernarr und Pfleger im Münsteraner Allwetterzoo – an meiner Seite war. Ich hatte ihn zu meiner mentalen Unterstützung mitgeschleppt und außerdem interessierte mich seine fachkundige Meinung zum Thema Psycho-Cat brennend.

»Hallo?«, plätscherte Vanessas Stimme blechern aus der Sprechanlage. »Wir sind's!« Der Türöffner surrte, und Boris und ich traten in den Flur. Langsam fühlte ich das Adrenalin in mir hochsteigen. Meine Kopfhaut kribbelte, als hätte sich eine Horde Ameisen zwischen meinen Haaren angesiedelt. Hilfesuchend langte ich nach Boris' Hand. »Wenn sie mich angreift, musst du mich retten!« – »Keine Panik, Kleine. Ich bin ja bei dir.«

Als wir Vanessas Wohnung erreichten, schlug mir sofort der beißende Gestank des Katzenklos entgegen. Die weiße Tapete im Wohnzimmer war im unteren Drittel zerfetzt und baumelte in schmalen Steifen von den Wänden. Minka saß mitten auf dem Teppich, hatte die Vorderpfoten dicht nebeneinander gestellt, den spitzohrigen Kugelkopf schief gelegt und blinzelte uns müde und herablassend an. Mir schnürte sich sofort die Kehle zu. »Miau!« Das quäkige Maunzgeräusch ließ mich erschrocken zusammenfahren. – »Ach, Gott. Ist die goldig!«, rief Boris begeistert, ließ sich neben Minka auf die Knie fallen und tätschelte ihren haarigen Schädel. Minka erwiderte die Berührung mit rasselndem Geschnurre und rieb ihren Kopf erregt an Boris' Bein. Schleimerin!

»Siehst du, so schlimm ist sie doch gar nicht«, sagte Vanessa und knuffte mir aufmunternd in die Seite. Ich zuckte missmutig mit den Schultern. – »Willst du sie nicht auch mal streicheln?«, fragte Boris. – »Auf keinen Fall!« – »Aber schau doch nur, wie lieb sie ist«, insistierte der übermotivierte Tierpfleger und rollte ein rotes Wollknäuel über den Boden. Minka hüpfte aufgeregt hinterher, schmiss sich auf den Rücken und schubste den weichen Ball mit ihren Pfoten konzentriert in der Luft hin und her. »Ja, sieht schon ganz drollig aus, wie sie da so rumkugelt«, gab ich zu.

Vanessa und ich gingen in die Küche und fingen an, einen Salat zuzubereiten. Boris blieb indes im Wohnzimmer und spielte weiter mit Minka. Vielleicht war sie ja doch nicht so bösartig, wie ich glaubte. Sie war eben noch jung und verspielt. »Aaaah! Aua! Hilfe!« Vanessa und ich blickten uns alarmiert an. Um Himmels willen! Boris! Wahnsinnig vor Angst stürzte ich ins Wohnzimmer zurück – und erblickte einen Kampf auf Leben und Tod.

Boris lief torkelnd und schreiend durch das Zimmer. Minka hing an Boris' Gurgel und rammte meinem hysterisch keifenden Kumpel ihre blitzenden Krallen in die Kehle. Minkas Gesicht war zu einer dämonischen Fratze verzerrt. Ihr Fell stand zu Berge und ihre spitzen Ohren waren so flach nach hinten angelegt, dass sie mit ihrem Kopf zu verschmelzen schienen. Ihr grelles Knurren und Fauchen klang wie Höllengeschrei. »Hilfe!« Boris packte Minka mit beiden Händen und pfefferte sie aus Notwehr mit voller Kraft gegen die Wand. Ungerührt federte Minka den Aufprall mit ihren Pfoten ab, nahm Anlauf und sprang Boris mit einem überlegenen Grinsen erneut an den Hals. »Tut doch was!« Endlich rührten Vanessa und ich uns aus unserer Schockstarre und eilten auf die Kämpfenden zu. Mit vereinten Kräften zerrten meine Schwester und ich die bebende Katze von Boris herunter und schleiften sie ins Schlafzimmer. Mir war kotzübel. Teils wegen der Angst, teils, weil ich meine Finger notgedrungen in Minkas flaumiges Fell gegraben hatte.

»Ich ... ich ... ich weiß auch nicht, was plötzlich in sie gefahren ist«, stammelte Vanessa, während ich mir angewidert die Hände abschruppte und Boris mit einem Waschlappen die leuchtend roten Kratzer rechts und links von seinem Kehlkopf säuberte. »Ich schon!«, brüllte ich aufgebracht. »Diese Katze ist der Antichrist!« – »Sei nicht albern, Steffi.« – »Albern? Hast du Minka schon mal in die Augen geguckt? Und außerdem: Wenn Boris nicht mit der Katze klarkommt, dann kann die einfach nicht normal sein!« Boris nickte verstimmt. »Also, das muss ich auch sagen, Vanessa. So ein aggressives Tier hab ich noch nicht erlebt.« Meine Schwester winkte ab. »Die hat eben zu viel überschüssige Energie. Das kommt, weil sie eine Wohnungskatze ist. Vielleicht hast du ja irgendwas gemacht, das ihr nicht gepasst hat? Minka ist halt eine kleine Diva.« – »Das ist doch wirklich unglaublich!«, motzte ich und schlug mir demonstrativ mit der flachen Hand vor die Stirn. »Ihr Katzenbesitzer habt so einen Knall! Die Biester können machen, was sie wollen. Ihr seid so vernarrt in eure kleinen Lieblinge, dass ihr sie sogar dann noch in Schutz nehmt, wenn sie zu einer Gefährdung für die Allgemeinheit werden. Ich sage es dir noch mal, Nessi: Deine Katze ist bösartig!« – »Aber mir tut sie doch auch nichts.« – »Du bist ja auch des Teufels Advokat!«

Obwohl ich nach diesem Ereignis stocksauer war, habe ich natürlich nicht ernsthaft geglaubt, dass Minka vom Teufel besessen sein könnte. Dass sie eine pechschwarze Seele und ein Herz aus Stein hatte, daran bestand allerdings kein Zweifel mehr, und die Ignoranz meiner Schwester ärgerte mich. Entweder Vanessa würde ein Gelegenheitsverließ für Minka errichten (mir schwebte eine Gummizelle im Hannibal-Lecter-Style vor), oder ich würde sie ganz einfach nie wieder besuchen. Punkt. Ende. Aus.

Da ich aber nun einmal die bin, die ich bin, und meine Schwester sich zwei Monate später von ihrem Freund trennte, fluchtartig in Urlaub fahren wollte und mich unter Tränen bat, Minka wenigstens ein einziges Mal zu füttern, ließ ich mich doch wieder erweichen. »Bitte, Steffi! Nur ein einziges Mal. Für jeden Tag habe ich jemanden. Nur am Donnerstag hat keiner Zeit. Du musst nur kurz in die Küche gehen, die Näpfe voll machen und dann kannst du auch schon wieder abdüsen. Von Minka kriegst du gar nichts mit.« – »Na, das wollen wir doch erst mal sehen«, knurrte ich misstrauisch. »Aber okay. Ich mach's.«

Als ich am Donnerstagabend gegen 20 Uhr vor Vanessas Wohnungstür stand, zitterten meine Hände so stark, dass mir der Schlüssel zwei Mal auf die Fußmatte fiel und ich mehrere Anläufe brauchte, bis ich die Tür endlich aufgeschlossen hatte. Vorsichtig lugte ich durch den Spalt. Von Minka war nichts zu sehen. Langsam schlich ich durch den Flur. In der Wohnung stank es wie immer nach Katzenklo. Durch die Dachfenster fielen die letzten blassen Strahlen der untergehenden Abendsonne herein und tauchten die Räume in ein schummriges Zwielicht. Mir lief ein kalter Schauer über den Rücken. In einem Stephen-King-Film hätten spätestens jetzt aufgeregt quietschende Geigen und bedrohlich grollende Posaunen eingesetzt.

Als ich die Küche fast erreicht hatte, leuchteten über der Kommode links von mir plötzlich zwei gelb glühende Augen inmitten eines tiefdunklen Schattens auf. »Oh Gott!«, stieß ich erschrocken hervor und taumelte zwei Schritte zurück. Minka trat mit geschmeidigen Bewegungen aus der Dunkelheit hervor, setzte sich und begann, devot und despektierlich zugleich eine ihrer Pfoten abzulecken. »Jetzt bleib ganz ruhig und flipp nicht wieder aus«, bat ich – eher mich selbst als die Katze. »Ich tu dir nichts. Ich will dich nur füttern«, erklärte ich mit brüchiger Stimme und huschte in die Küche. Minka folgte mir wie ein lautloser Schatten. Mein Herz pumpte das Blut so heftig und schnell durch meinen angespannten Körper, dass ich das Pochen bis in die Fingerspitzen spürte und ich bei dem Versuch, den Futternapf zu füllen, die halbe Packung Brekkies über den Fliesenboden verteilte. »So eine Scheiße!« Minka beobachtete mich amüsiert. Ihre Schnurrbarthaare vibrierten vor Schadenfreude und Überlegenheitsgefühl. »Du brauchst gar nicht so blöd zu gucken, du kleiner Satansbraten! Ich hab keine Angst vor dir!«, schimpfte ich und kämpfte mit den Tränen.

Bebend ließ ich mich auf die Knie sinken und schob das krümelige Katzenfutter mit meinen schweißnassen Händen hektisch zu einem kleinen Haufen zusammen. Auf einmal war Minka verschwunden. Panisch sprang ich auf und suchte die Oberseite der Küchenschränke blitzschnell mit den Augen ab. »Bitte spring mir nicht ins Genick! Bitte spring mir nicht ins Genick!«, bettelte ich leise. Den Blick nach oben gerichtet, schritt ich rückwärts, brachte mehr und mehr Abstand zwischen mich und die Regale – und trat der unbemerkt hinter mir herumtigernden Minka auf den Schwanz. Sie stieß einen Schrei aus, der so schrill und entsetzlich war, dass er mir durch Mark und Bein fuhr und ich ihn kaum in Worte fassen kann. »Aaaah!« Ich begann ebenfalls, hysterisch zu kreischen, und rannte wie vom Teufel gejagt davon.

Nachdem ich die Straße erreicht und ein paar Minuten verschnauft hatte, überkam mich ein schlechtes Gewissen. Hatte ich Minka jetzt ernstlich verletzt? Sosehr ich sie auch verabscheute – diesen Gedanken konnte ich nun auch wieder nicht ertragen. Ich nahm meinen ganzen Mut zusammen und schlich zurück in die Wohnung und in die Küche. »Minka? Miez, Miez, Miez, Miez.« Sie war nicht da. Erschöpft beschloss ich, zunächst einmal ein wenig kaltes Wasser über meine heißen und schweißverklebten Hände laufen zu lassen, und drehte den Hahn an der Spüle auf. Dann schoss Minka um die Ecke. Ihre Augen funkelten diabolisch, ihr aufgeplusterter Schwanz wedelte angriffslustig in der Luft herum und ihre spitzen Ohren standen so schräg und flach zur Seite weg, dass sie an die Flügel eines startenden Flugzeugs erinnerten. Sie spannte sich zum Sprung!

Reflexartig spritzte ich Minka eine volle Ladung Wasser mitten in ihr fuchsteufelswildes Gesicht. »Weiche, böser Geist! Weiche!« Minka fauchte auf und zischte jammernd davon. Ich bekreuzigte mich.

Kurz darauf vernahm ich ein angestrengtes Keuchen. Mit letzter Kraft schleppte ich meinen schlotternden Körper in das Wohnzimmer und erblickte Minka, die sich derart verzweifelt verkrampfte, wand und krümmte, als ob ein unsichtbarer Geist sie würgte und versuchte, ihr das Fell über die Ohren zu ziehen. Ich konnte nicht mehr atmen, nicht mehr denken, mich nicht mehr bewegen. Sollte Minka tatsächlich vom Teufel ...? Das Keuchen wurde heftiger. Atemlos klammerte ich mich am Türrahmen fest und verfolgte das gruselige Szenario mit brennender Brust und rasendem Herzen. Platsch! Plötzlich hatte Minka einen schwarzen, schleimigen Klumpen auf den Teppich gekotzt. – Zum ersten Mal in meinem Leben hatte ich erlebt, wie eine Katze ein Haarknäuel erbricht.

Nach diesem Ereignis war ich kurz versucht, meinen rationalen Standpunkt zu verlassen und zur Katzen-Mystifizierung überzuwechseln. Dass Minka mich fortan in Ruhe ließ und sich einigermaßen friedlich verhielt, wenn ich Vanessa besuchte, war zwar erfreulich, machte den Spuk aber nicht unbedingt weniger unheimlich. Trotzdem verwarf ich den Gedanken an eine mögliche Besessenheit irgendwann wieder. Dafür war ich dann doch zu vernünftig. Sollte ich allerdings jemals wieder in einen Diskurs über Aberglauben geraten, werde ich mit Sicherheit nicht mehr so ohne Weiteres loslachen.

Fußsoldaten

Ronja (30), Bürokauffrau, Düsseldorf,
über
Podophobie (Ekel vor Füßen)

Ich fühle mich belästigt. Täglich. Und zwar von meinen eigenen Füßen. Im Sommer selbstverständlich auch von denen meiner barfüßigen Mitmenschen. Mir ist bewusst, dass Füße eine tragende Rolle in unser aller Leben spielen und uns im Laufe unseres Lebens bis zu viermal um die ganze Erde schleppen, doch das ist ihr Problem und beeindruckt mich herzlich wenig. In meinen Augen sind Füße – oder zumindest ihr äußeres Erscheinungsbild – der fatalste Fehler, den Mutter Natur je begangen hat. Denn wie es in der StudiVZ-Gruppe »Ich hasse Füße!« (knapp 35.000 Mitglieder) so treffend formuliert wird: Selbst schöne Füße sind nicht schön! Sie sind hässlich und sie stinken, und ich kann es einfach nicht ertragen, Füße anzufassen oder auch nur anzusehen. Konnte ich noch nie.

Wenn in einem überfüllten Hallenbad jemand direkt vor mir schwimmt und ich nicht ausweichen kann, kriege ich vor lauter Aufregung Schluckauf, und wenn im Sommer die Flipflop-, Riemchenschuh- und Aldiletten-Träger in die Straßen und die Parks einfallen, mutiere ich zum chronischen Hans Guck-in-die-Luft. Vor allem der Anblick der kurzen, dicken Knubbelzehen, die in derlei Sommerschuhwerk ganz besonders an zu kurz geratene Wurstfinger erinnern, jagt mir kalte Schauer über den Rücken und sollte daher tunlichst vermieden werden. Und diese millimeterdicken Hornnägel? Mal ganz im Ernst: Bei den vergilbten Ekeldingern muss es sich ganz einfach um einen Evolutionsirrtum handeln! Wofür sind die denn bitte schön sonst noch gut, außer zum Bepinseln?

Hinzu kommt der beißende Gestank. Fairerweise muss man an dieser Stelle einräumen, dass nicht alle Füße müffeln, doch wenn sie es tun, gibt es kein Morgen mehr! Mein Bruder hatte beispielsweise eine Schulfreundin, die eines Nachmittags zum Lernen bei uns zu Hause vorbeikam und dabei derart käsige Stinkemauken hatte, dass ich schon grün im Gesicht anlief, als sie sich im Flur ihrer speckigen Turnschuhe entledigte. Ich suchte sofort das Weite und verzog mich in mein Zimmer, doch obwohl mein Bruder und seine Klassenkameradin sich zum Lernen an unseren großen Küchentisch setzten, krochen die miefigen Giftgase bis zu mir in den ersten Stock hinauf und verätzten mir fast die Sinne. Ich taufte das Mädchen »Mephista« – nach der italienischen Göttin »Mephitis«, Herrscherin der Schwefelquellen.

Während ich die Füße anderer Menschen rundweg ignoriere, bin ich zu meinen eigenen einfach nur grausam. Ich lasse sie nicht einmal mit unter die Bettdecke, geschweige denn, dass ich sie eincremen oder vernünftig waschen würde. Zwar halte ich beim Duschen die Brause kurz mal drauf, aber meine Füße so richtig kräftig abschruppen und die Zehenzwischenräume säubern, ist undenkbar (stinken tun sie dank diverser Sprays aber trotzdem nicht). Auch abtrocknen kommt nicht in die Tüte. Stattdessen latsche ich so lange auf dem flauschigen Badezimmerteppich herum, bis diese missgebildeten Wurmfortsätze von Füßen endlich trocken sind. Meine Zehennägel zu schneiden kostet mich so viel Überwindung, dass ich mich im Bad einschließen muss und bis zu einer Stunde dafür brauche, und meine Fußnägel lackieren könnte ich höchstens, wenn mir jemand eine geladene Waffe an die Schläfe drücken würde.

Darüber hinaus besitze ich lediglich vier Paar Schuhe, in die ich meine Füße seit nunmehr fünf Jahren achtlos hineinquetsche und sie somit auf das Heftigste malträtiere. Da ich Schuhgeschäfte meide wie der Teufel das Weihwasser, ist es mir egal, dass mir inzwischen keiner der Schuhe mehr richtig passt und mir in aller Regelmäßigkeit dicke Blasen an Hacken und Zehen wachsen. Die Schmerzen halte ich schon aus. Ich bin hart im Nehmen. Und außerdem: Wofür gibt es Blasenpflaster?

Einmal hatte ich aber so schlimme Schmerzen, dass selbst ich nur noch humpeln konnte und meine Chefin mich zu einem Besuch beim Orthopäden nötigen wollte. Ich brauchte einen ganzen Vormittag, bis ich mich endlich dazu durchringen konnte, die Nummer der Orthopädiepraxis zu wählen und einen Termin für den kommenden Tag zu vereinbaren. Da die Schmerzen in meinem Fuß wie von Zauberhand verschwunden waren, nachdem ich den Hörer wieder aufgelegt hatte, ging ich aber nicht hin. Das war kein besonders starker Auftritt von mir, aber ich bin trotzdem froh, dass mein Kopf mir diese Wunderheilung vorgespielt hat – es gibt nämlich nur eine einzige Sache, die noch schrecklicher ist, als meine Füße anzufassen: wenn jemand anders sie anfasst!

Wenn mein Freund früher auf die abstruse Idee kam, mir eine entspannende Fußmassage zu verpassen, schrie und strampelte ich los wie eine Wahnsinnige. Inzwischen unterlässt er solche Aufdringlichkeiten zum Glück, doch am Anfang unserer Beziehung hielt mein Freund meine Reaktionen für gespielt oder wenigstens für übertrieben. Das änderte sich, als ich bei einer Kitzelattacke in der Badewanne (wir saßen uns gegenüber) derart in Rage geriet, dass ich meinem Freund beinahe einen Zahn heraustrat. Was ich in meiner Panik mit dem Orthopäden angestellt hätte, wage ich mir daher gar nicht auszumalen.

Außer meinem Freund gibt es übrigens noch sehr viele andere Leute, die meinen abgrundtiefen Fußekel nicht für voll nehmen, doch ich kann versichern: Es ist mir mehr als ernst damit! Und ebenso sehr kann ich versichern, dass auch die podophile Gegenseite kein Pardon kennt und ihren Fußfetisch mit einer derartigen Hemmungslosigkeit auslebt, dass es mir glatt die Socken auszieht. Warum ich das so genau weiß? Ganz einfach! Vor sechs Jahren gerieten ich (damals noch Single) und meine beste Freundin Madeleine in die Fänge einer Horde fußfanatischer Soldaten.

Madeleine, die ich nur »Maddy« nenne, weil das so schön nach Gangsterbraut klingt, und ich hatten einen Weiberabend geplant, was bei uns – zumindest in unserem jugendlichen Leichtsinn vor sechs Jahren – so viel bedeutete wie, dass wir in einen runtergerockten Elektroschuppen fuhren, uns jede Menge Pillen einschmissen und tanzten, bis der Morgen graute. So wollten Maddy und ich es auch an jenem verhängnisvollen Freitag halten, und nachdem wir gegen zwei Uhr nachts ein paar Cocktails geschlürft und unseren Stammdealer konsultiert hatten, stürmten wir auch schon schreiend und pfeifend auf den Dancefloor, um uns von den wummernden Bässen in den Himmel katapultieren zu lassen.

Außer uns war fast niemand auf der Tanzfläche, doch als Maddy und ich uns im Liebestaumel immer überschwänglicher umarmten und abknutschten, gesellten sich plötzlich 15 Männer zu uns. Sie schienen zusammenzugehören und sahen allesamt sehr adrett und athletisch aus. »Na, ihr zwei, ihr seid ja richtig gut drauf!«, plapperte einer der Männer unbeholfen. – »Das kann man wohl sagen!«, bestätigte ich freudestrahlend. – »Wollt ihr ein Bier?« – »Na, klar doch!« Es war perfekt. Gerade war ich zu der seligen Gewissheit gelangt, dass es gar nicht mehr schöner werden konnte, als plötzlich die Musik verstummte und das Licht anging.

Die Stille summte in unseren Ohren, die grellen Strahlen der Leuchtstoffröhren bohrten sich in unsere Augen und verbrannten unsere Haut. Maddy fauchte auf wie ein Vampir. Ihre Pupillen waren groß und schwarz und kugelrund. Sie wirkte panisch. »Scheiße! Scheiße! Oh, nein! So eine Scheiße! Es ist doch erst halb sechs! Ich dachte, die haben heute bis zehn auf! Oh, Ronja!

Was sollen wir bloß tun? Ich will noch nicht nach Hause! Alles, nur nicht nach Hause! Wir müssen unbedingt eine After-Hour finden!«, rief Maddy verzweifelt. – »Ich weiß«, stimmte ich ihr angespannt zu, kannte ich den Grund für ihre Panik doch nur zu gut: Ein nicht ausgetanztes Teil führt, vor allem in Verbindung mit Stille und Einsamkeit, schnurgerade in den Höllentrip.

»Kommt doch mit zu uns. Wir haben einen Partyraum. Wenn ihr wollt, können wir da die After-Hour starten. Unser Matze hier ist Hobby-DJ. Der heizt euch bestimmt gern noch ein bisschen ein!«, schlug einer der Männer vor und klopfte einem anderen, mutmaßlich Matze, freundschaftlich auf die Schulter. Gemeinsam mit unseren 15 Begleitern schlenderten wir auf den Parkplatz. Ein paar der Männer tuschelten aufgeregt. Sie wirkten verärgert. Ich wandte mich an den Typen, der uns eingeladen hatte. »Du!« – »Ja?« – »Wie heißt du?« – »Stefan.« – »Ich bin Ronja. Wie kommen wir überhaupt zu euch hin?« – »Mit unserem Bus. Matze holt ihn gerade.« – »Ehrlich? Cool.« (Zu fragen, warum die Männer einen eigenen Bus hatten und ob Matze noch nüchtern war, kam mir in diesem Zustand nicht in den Sinn.) Schließlich bog Matze um die Ecke. Schnell rauchten Maddy und ich noch eine Zigarette, dann stiegen wir ein und setzten uns in die vorderste Reihe. Der Bus tuckerte los. Maddy und ich legten den Kopf zurück und schlossen die Augen. Die Fahrt durch die sternklare Nacht fühlte sich an, als segelten wir auf Wattebällchen davon.

»Wir sind da!«, riss uns Stefan unvermittelt aus dem Drogentraum. Benommen taumelten Maddy und ich aus dem Bus – und fühlten uns völlig orientierungslos. Vor uns erhob sich eine dicke Steinmauer, überall war Stacheldraht, hinter der Wand leuchtete Flutlicht. »Wo … wo sind wir?«, fragte ich. – »Vor der Kaserne.« Irritiert drehte ich mich zu Maddy um. Sie schien die Worte gar nicht begriffen zu haben. Ich reckte den Hals. Die Männer, die eben noch so hitzig diskutiert hatten, waren nicht mehr da. Lediglich Stefan, Matze und vier andere Typen huschten nun noch um uns herum. »So, passt auf, Mädels. Wir müssen euch jetzt an der Nachtwache vorbeischleusen. Das heißt, wir heben euch per Räuberleiter über die Mauer und dann müssen wir so schnell wie möglich zum Hintereingang kommen. Alles klar?« – »Äh, Moment mal …« Zu spät. Maddy war bereits auf der anderen Seite der Mauer.

Als wir die Kaserne erreicht hatten, huschten wir durch eine schwere Metalltür in das Innere des Bunkers und schlichen eine Weile wie Diebe in der Nacht durch mehrere dunkle Gänge. Endlich erreichten wir eine Tür – und traten ein. Der Raum war ungefähr 30 m^2 groß und wurde von einem olivgrünen Spind in zwei Hälften geteilt. Rechts und links standen je zwei drahtige Hochbetten. Vor einem kleinen Fenster befanden sich ein viereckiger Holztisch und ein paar Stühle. »Wo soll die After-Hour denn jetzt steigen?«, fragte Maddy. – »Na, hier!« – »Hier? Das sieht aber nicht aus wie ein Partyraum!« – »Ach, das ist reine Einstellungssache«, entgegnete »DJ« Matze. Dann kramte er einen Laptop unter einem Bett hervor und legte eine CD ein. Kuschelrock! Mir wurde unbehaglich zumute.

»Lust auf eine Fußmassage? Ich meine, nach der ganzen Tanzerei …«, schlug einer der Männer Maddy plötzlich vor. – »Oh, ja! Toll!« Maddy riss sich Schuhe und Strümpfe vom Fuß und legte ihre nackten Treter auf die Beine des Soldaten. Ich erschauderte bis ins Mark. Als der Mann wie wild drauflosknetete und seine fleischigen Daumen kraftvoll in die Hornhaut unter Maddys Fußballen drückte, schloss sie genießerisch die Augen und legte entspannt den Kopf in den Nacken. Schlagartig ekelte ich mich vor meiner eigenen Freundin. Wie konnte sie nur? Sie wusste doch ganz genau, dass ich das nicht abkonnte! – »Du auch?«, fragte mich Stefan plötzlich. – »Wer? Ich? Oh, Gott! Nein, auf keinen Fall!«, polterte ich ungehalten. Mein Herz fing an zu rasen. Die sollten mich bloß mit ihrer widerlichen Massagescheiße in Ruhe lassen!

Abgestoßen von Maddys Verhalten und der ganzen Szenerie stand ich auf und setzte mich in eine andere Ecke des Zimmers. Stefan und Matze folgten mir und pferchten mich zwischen sich ein. Ich bekam Angst. Tief in meinem Inneren erahnte ich eine Gefahr. Eine Gefahr, die so grauenhaft und grässlich war, dass mein Verstand sich weigerte, ihren Umfang zu ermessen. »Hast du denn keine Lust auf eine Fußmassage? Da steht ihr Frauen doch drauf.« – »Nein.« – »Ach, komm schon, Ronja. Zieh deine Schuhe aus. Wir wollen doch nur mal deine Füße sehen«, erklärte Stefan. »Und sie ein bisschen anfassen und ablecken und an deinen Zehen lutschen, vielleicht.«

Die Worte lagen vor mir wie eine Landmine. Ich wagte nicht, mich zu bewegen. All das konnte nur ein missratener Trip sein. Wahrscheinlich saßen wir immer noch in dem Bus und träumten. Ja, genau so musste es sein. Es war alles nur ein Traum! Ein einziger, fürchterlicher Traum. Dass ich – ausgerechnet ich! – in die Fänge einer Horde Fußfetischisten geraten war, das war einfach unmöglich. Gott würde das niemals zulassen! »Ronja, komm schon!«, forderten Stefan und Matze und rückten näher an mich heran. Ich reagierte nicht. Mein Körper war taub. Taub vor Panik und Entsetzen. Plötzlich registrierte ich aus dem Augenwinkel, wie einer der Männer neben Maddy nach ihren Schuhen griff und heimlich daran schnüffelte. Das war zu viel für mich! »Maddy!«, schrie ich hysterisch auf und sprang blitzschnell auf die Füße. Sie öffnete verwirrt die Augen. »Was ist?« – »Der Typ da hat deinen Schuh!« – »Wie?« – »Ich will nach Hause! Sofort!« Panisch rannte ich zur Tür und drückte die Klinke nach unten. Die Tür war versperrt. »Warum ist die Tür zugeschlossen?«, fragte ich mit hämmerndem Herzen. Meine Frage riss auch Maddy aus der Trance. Alarmiert zog sie die Füße vom Schoß des Soldaten. Endlich! »Damit keiner reinkommt, natürlich. Wenn jemand merkt, dass ihr hier seid, werden wir unehrenhaft entlassen«, erklärte Matze ruhig. – »Aha. Na ja. Wir gehen ja jetzt eh. Komm endlich, Maddy.« – »Ja, okay.«

Maddy stellte sich auf ihre nackten Füße und griff nach ihrer Jacke. »Wärst du so freundlich, mir meine Schuhe wiederzugeben?«, sagte sie zu dem Fuß(fanatischen)soldaten, der immer noch an ihren Stiefeletten schnupperte. »Nö«, antwortete er. – »Bist du nicht ganz dicht? Gib mir sofort meine Schuhe!« – »Nö.«

Mir wurde schlecht vor Angst. »Regt euch ab, Mädels. Wir tun euch nichts. Aber ihr könnt jetzt nicht gehen. Man würde euch erwischen.« – »Das ist mir doch egal!«, keifte ich. Der Typ, der eben noch begierig das käsige Aroma Maddys durchtanzter Schuhe inhaliert hatte, trat auf uns zu und glotzte Maddy an. Er schien regelrecht besessen von ihr zu sein. Und high war er auch immer noch. Das verrieten seine Augen. Durch die Hose konnte ich sehen, dass er einen Ständer hatte. Er kniete sich vor Maddy und streichelte sanft ihre Unterschenkel. »Baby, das hat dir doch gefallen eben, oder etwa nicht?« Maddy hielt seinem Blick stand und schluckte. Ich biss mir entsetzt auf die Lippen – doch ich machte keinen Mucks. »Darf ich dir vielleicht die Fußnägel lackieren?« – »Aaaah! Lass sie in Ruhe! Ihr perversen Dreckschweine! Lasst uns endlich raus hier! Ihr könnt uns nicht ewig festhalten! Lasst uns raus! Lasst uns raus!«

Heulend rannte ich zur Tür und schlug mit den Fäusten gegen das Holz. Matze und Stefan eilten hinterher. »Bitte, Ronja! Er lässt sie ja in Ruhe. Sei doch bitte, bitte still!«, flehten sie. Sie wirkten richtig verzweifelt. – »Scheiße! Leute, wir müssen antreten! Die anderen sind schon alle unten!«, brüllte auf einmal einer der Soldaten, der vor dem Fenster stand. Draußen dämmerte es. »Scheiße!« Matze und Stefan begannen, wie die Verrückten in ihrem Spind herumzukramen und sich ihre Tarnklamotten überzuschmeißen.

So erleichtert wie noch nie zuvor in unserem Leben packten nun auch Maddy und ich unsere Sachen zusammen. Die Männer schlossen die Tür auf und marschierten nach draußen. Maddy und ich liefen hinterher. Wir hatten die rettende Türschwelle fast überquert, als Matze und Stefan sich ruckartig umdrehten und uns zurückstießen. »Ihr müsst hier bleiben.« – »Was? Warum?« – »Euch darf keiner sehen!« Ich hielt schockiert den Atem an. Das Grauen ergriff erneut Besitz von mir. Bitte, lieber Gott! Bitte, bitte nicht! »Ja, und jetzt?«, presste Maddy mit brüchiger Stimme hervor. »Sollen wir für immer und ewig hier bleiben, oder was?« – »Nein. Nur so lange, bis es wieder dunkel geworden ist.« – »Wie bitte? Das soll wohl ein Scherz sein?« – »Und wenn wir aufs Klo müssen?«, jammerte ich. Keine Ahnung, warum mir in diesem Moment ausgerechnet diese Frage in den Sinn kam. Die Bitte um Trinkwasser und Nahrung wäre sinnvoller gewesen.

Stefan verdrehte genervt die Augen. Hastig stapfte er ins Zimmer zurück, wühlte einen Eimer aus dem Spind und knallte ihn mitten in der Stube auf den Boden. »So, und jetzt verhaltet euch bitte ruhig!« Rumps! Die Tür fiel ins Schloss. Die Männer sperrten sie von außen ab. Maddy und ich blieben allein zurück. Ratlos stürzten wir zum Fenster und spähten hinaus. Auf dem Platz salutierte eine Gruppe Wehrdienstleistender. »Soll ich um Hilfe rufen?«, fragte ich. »Nein«, antwortete Maddy entschlossen. »Ich will nicht, dass die Sache auffliegt.« – »Warum nicht? Wir kriegen doch keinen Ärger, sondern die!« Maddy hob die Augenbrauen. »So, meinst du? Und wie soll ich meinem Freund beibringen, dass ich, bis unter die Haarwurzeln mit Drogen zugedröhnt, aus den Fängen sechs wildfremder Männer befreit werden musste?« – »Aber ... aber. Aber wir müssen hier doch irgendwie weg! Wir können doch nicht bis heute Abend hier bleiben! Und wer weiß, ob sie uns dann überhaupt gehen lassen!« – »Hast du dein Handy dabei?« – »Nein. Du?« – »Ja, aber ich hab hier keinen Empfang.« – »So eine Kacke!« Plötzlich hörten wir das Kratzen eines Schlüssels. Maddy und ich fuhren herum. Ein unbekannter Mann mit einem riesigen Armeerucksack trat herein. Als er uns erblickte, blieb er wie angewurzelt stehen.

»Was zum ... ! Wer seid ihr? Wie kommt ihr hier rein?« Maddy verschränkte die Arme vor der Brust. »Wer bist *du*?«, fragte sie scharf zurück. »Ich ... ich ... ich wohne hier! Das ist meine Stube! Ich war auf Heimurlaub. Aber das spielt gar keine Rolle! Wer zum Henker seid ihr und was macht ...« – »Bitte bring uns nach Hause!«, heulte ich auf wie eine Sirene. »Deine Kameraden haben uns hier eingesperrt und lassen uns nicht mehr raus!« Aus meinen Augen sprudelten Sturzbäche von Tränen. Die Spannung war von mir gefallen. Nun spürte ich nur noch Müdigkeit und Verzweiflung. »Oh – mein – Gott!« Der junge Soldat war vollkommen fassungslos. Man konnte ihm förmlich ansehen, wie sich seine Gedanken überschlugen. »Okay. Kommt mit. Aber beeilt euch! Mein Auto steht noch unten vor der Tür. Ihr könnt euch auf der Rückbank unter einer Decke verstecken. Aber weiter als bis zur nächsten S-Bahn-Station kann ich euch nicht bringen.«

Eine halbe Stunde später saßen Maddy und ich in der S-Bahn Richtung Innenstadt. Keine von uns sprach ein Wort. Wir starrten apathisch ins Leere. Irgendwann brach Maddy das Schweigen. »Soll ich dir mal was sagen, Ronja? Eben im Auto, unter der Decke, da hätte ich dir am liebsten auch die Füße angeknabbert.« – »Findest du das etwa witzig?« Maddy brach in schallendes Gelächter aus. »Klar, finde ich das witzig! Was für eine abgefahrene Nacht. Rock'n'Roll!« – »Du spinnst!«, motzte ich empört. Doch dann grinste ich auch. Die S-Bahn kam kreischend zum Stehen. Wir stiegen aus, sogen tief und dankbar die frische Morgenluft in unsere Lungen – und dann marschierten wir direkt ins nächste Schuhgeschäft. Zum ersten Mal in meinem Leben verspürte ich das Bedürfnis, meinen Füßen etwas Gutes zu tun.

Ente gut, alles gut

Conny (56), Hausfrau, Stuttgart,
über
Ornithophobie (Angst vor Vögeln)

Vogelgezwitscher finde ich schön und Vögel finde ich niedlich – vorausgesetzt, zwischen ihnen und mir befindet sich eine dicke Scheibe. Wenn es Winter wird und wir auf der Terrasse unser Futterhäuschen aufstellen, bereitet es mir kindliche Freude, mich gemeinsam mit meinem kleinen Enkelsohn vor das Fenster zu setzen, die emsig pickenden Meisen, Spatzen und Buchfinken zu beobachten und sie den Abbildungen in unserem Vogelbuch zuzuordnen. In der städtischen Fußgängerzone gebe ich hingegen ein ziemlich ulkiges Bild ab, wenn ich den herumstolzierenden Tauben immer ausweichen muss.

Mir ist zwar bewusst, dass ich eine Vollmeise habe, aber ich befürchte trotzdem, dass die Vögel plötzlich auf mich zustürzen und mein Gesicht mit ihren scharfen Schnäbeln und Krallen zerhacken und zerkratzen könnten oder dass sie sich mit ihren krummen Klauen in meinen Haaren verheddern. Sollte mir das liebe Federvieh auf freier Wildbahn begegnen, ist daher sofort Panik angesagt.

Neulich habe ich im Internet von einer Frau mit Vogelangst gelesen, die bei dem Versuch, einer Horde Ringeltauben auszuweichen, mit ihrem Fahrrad voll Karacho gegen eine Mauer gebrettert ist. So etwas ist mir zum Glück noch nicht passiert. Dafür habe ich aber einmal sechs Eier auf einen Streich zerdeppert, weil plötzlich eine Kamikaze-Taube durch den Stuttgarter U-Bahn-Schacht auf mich zuzischte und ich alle Einkaufstüten weit von mir schleudern und mich schreiend auf den Boden schmeißen musste.

Auch wenn ich mich mit meinen Freundinnen im Café treffe, ist das Gegacker groß, denn dass sich eine erwachsene Frau selbst bei hochsommerlichen Temperaturen mit einer Wollmütze oder einem Basecap an die Promenade setzt, erscheint vielen Leuten doch recht ungewöhnlich. Aber was für eine Wahl habe ich schon? Gerade in Cafés sind die Vögel so unverschämt und verfressen, dass sie den Gästen bis vor die Füße und manchmal sogar auf den Tisch hüpfen, und wie sonst sollte ich mein Haar und meine Kopfhaut vor einer möglichen Krallenattacke schützen?

Um eines gleich vorwegzunehmen: Nein, Alfred Hitchcocks Sechzigerjahre-Schocker *Die Vögel* war nicht der Auslöser für meine Phobie, wenngleich der Film natürlich ein Verstärker war. Vor allem, wenn ich in den Morgenstunden joggen gehe und die kohlrabenschwarzen Krähen auf den Feldern mich aus ihren kalten, toten Augen anstarren, erinnere ich mich allzu oft an diesen schrecklichen Horrorstreifen, doch der Grund für meinen Spleen ist die Hitchcock'sche Vogel-Apokalypse definitiv nicht.

Vielleicht ist der Hahn meines Opas schuld, denn der aggressive Schreihals jagte mich im Kleinkindalter fast täglich über den großelterlichen Bauernhof und sorgte mit seinem feuerroten Kamm und seinem wahnsinnigen Blick dafür, dass ich mir vor Angst fast in die Hose machte. Womöglich war ich in meinem früheren Leben aber auch ein Regenwurm. Ich weiß es nicht. Ist mir aber auch piepegal. Ich habe mit meiner Phobie zu leben gelernt und nehme sie darüber hinaus mit Humor.

Meinen Eltern war meine Vogelangst allerdings nicht egal. Sie fanden meinen Tick »nicht normal«, und als ich zehn Jahre alt wurde, versuchten sie mich zu therapieren, indem sie mir einen

Wellensittich zum Geburtstag schenkten. Diesen taufte ich, ganz kreativ, Hansi. Was Futter und die Reinigung des Käfigs betraf, habe ich mich immer vorbildlich um Hansi gekümmert und irgendwie hatte ich mein Haustier auch lieb. Trotzdem konnte ich mich nie dazu überwinden, Hansi zu berühren, und da ich mich außerdem nicht traute, ihn im Haus herumfliegen zu lassen, fristete das arme Kerlchen ein trostloses Dasein in einem noch trostloseren Vogelbauer. Eines Tages habe ich heimlich alle Fenster weit geöffnet, den Käfig aufgesperrt und schnell das Haus verlassen. Als ich eine Stunde später wieder zurückkam, war Hansi verschwunden – und ich freute mich für uns beide.

Auch mein Ehemann Anton hatte als Student einen Wellensittich, doch sein Verhältnis zu Paulchen (so hieß der Vogel) war völlig anders als meines zu Hansi. Anton hat Paulchen so sehr geliebt, dass er seinen gefiederten Kumpel sogar mit unter die Dusche genommen und ihn anschließend trocken geföhnt hat, wovon Paulchen angeblich mehr als begeistert war. Sich aufgeplustert und vor Freude geträllert soll er haben, wenn mein Mann den warmen Luftstrahl auf ihn gerichtet hat, doch leider war Paulchen auch ziemlich ungeduldig. Häufig düste er zu früh wieder los und legte auf Grund der schweren Wassertropfen im Gefieder einen ungeplanten Sturzflug inklusive Bruchlandung auf dem Badezimmerteppich hin.

Ich finde diese Geschichte einfach nur zauberhaft und ich liebe es, wenn mein Mann sie erzählt. Einziger Wermutstropfen: Als Anton und ich uns während des Studiums ineinander verliebten und beschlossen, zusammenzuziehen, konnte ich Anton trotz aller Verzückung nicht erlauben, den Piepmatz mit in die gemeinsame Wohnung zu bringen, woraufhin mein Ehemann Paulchen schweren Herzens einem netten Mitbewohner überließ. Bis heute plagen mich entsetzliche Schuldgefühle deswegen.

Mein lebensfroher Anton hat mir Paulchens Verbannung aber nie übel genommen, und dafür liebe ich meinen Mann umso mehr.

Offen gestanden muss ich an dieser Stelle aber hinzufügen, dass Anton nicht ganz so nachsichtig mit mir ist, wie es nun wohl den Anschein hat, denn im Laufe unserer Ehe gab es einige Reibungspunkte, die, man ahnt es schon, stets mit Vögeln zu tun hatten.

Ich erinnere mich in diesem Zusammenhang ganz besonders an einen milden Frühsommer vor 23 Jahren. Anton und ich waren mit unseren noch recht jungen Söhnen aus beruflichen Gründen von Duisburg an den Stadtrand von Stuttgart ausgezogen. Wir hatten das schmucke Eigenheim mit Garten und einem Park in der Nähe bewusst gewählt, weil Anton und ich nach all den grauen Jahren im schmuddeligen Ruhrpott mehr Natur genießen wollten, und für unsere Kinder war diese Umgebung natürlich auch viel schöner und gesünder. Dass die Natur allerdings nicht nur Harmonie, sondern auch einige Tücken und Grausamkeiten bereithält, bekam ich im trügerischen Vorstadtidyll früher zu spüren, als mir lieb war, und dass unsere Straße ausgerechnet den Namen »Amselweg« trug und parallel zu dem »Drossel-« und dem »Buchfinkenweg« verlief, ist eine Realsatire für sich.

Der ganze Zank ging damit los, dass ich es mir kurz nach unserem Umzug zum täglichen Ritual gemacht hatte, mit Besen, Trillerpfeifen oder zu Trommeln umfunktionierten Kochtöpfen über die Terrasse zu pesen – ich war nämlich nicht die Einzige, die ein kuscheliges Nest für ihre Familie bauen wollte. Ein frisch verliebtes Rotkehlchenpaar hatte es sich in den Kopf gesetzt, direkt auf der Erhöhung über unserer Terrassentür zu nisten, und schleppte unermüdlich Moos und Zweige heran. Anton und die Jungs fanden das natürlich fantastisch und nahmen es mir dementsprechend übel, dass ich die harte Arbeit der ebenso fleißigen wie optimistischen Rotkehlchen jeden Tag aufs Neue mit einem einzigen Besenstreich zunichtemachte. Ich selbst fand mich ja auch gemein und hatte, mal wieder, ein furchtbar schlechtes Gewissen, aber ein Vogelnest auf der Terrasse? Der Sommer wäre für mich schlicht gelaufen gewesen!

Ein weiteres leidiges Thema war das Essen, denn Vögel kommen mir tot wie lebendig nicht ins Haus. Sei es Gans, Pute, Hähnchen oder Ente – nichts davon kann ich ausnehmen, stopfen oder gar kauen und runterschlucken! Allein, wenn mir der Duft von gegrilltem Hähnchen in die Nase steigt, kommt es mir schon hoch. Bis zu unserem Umzug in den Amselweg war meine kategorische Ablehnung der Weihnachtsgans nie ein Problem gewesen, doch da sich meine Söhne die Klassenzimmer nun mit den in Fleisch vernarrten Schwabenkindern teilten und mitbekamen, was bei den anderen Familien auf den Teller kam, forderten auch meine quirligen Grünschnäbel plötzlich Knusperente, Putenbrust und Hähnchenkeule. Gleichzeitig verlangten meine Söhne von mir, dass ich mit ihnen zum Entenfüttern in den Park gehen sollte, was ich persönlich reichlich makaber fand.

»Mama, können wir nicht auch mal so eine richtig schöne Knusperente essen?«, fragte mein jüngster Sohn eines Tages am Mittagstisch. – »Nein, mein Schatz. Das kommt nicht infrage!« – »Aber warum denn nicht, Conny? Ich hätte auch mal wieder Lust darauf. Ich habe schon ganz vergessen, wie Ente schmeckt«, fiel mir nun auch noch mein Mann in den Rücken. – »Fängst du jetzt auch noch damit an? Wie stellt ihr euch alle das denn vor? Soll ich mich in die Küche an den Herd stellen und mich stundenlang mit meiner Übelkeit herumquälen, oder was?« – »Du musst die Ente ja nicht selbst zubereiten. Die Jungs und ich könnten sie uns auch beim Chinesen bestellen«, entgegnete Anton und hielt seinen Vorschlag allen Ernstes für eine gute Idee. – »Also, erstens finde ich es unhöflich, wenn ihr etwas anderes esst als ich, und zweitens wäre trotzdem das ganze Haus von dem Gestank verpestet und dann müsste ich leider woanders einziehen«, motzte ich gereizt. Verständnis für meine Phobie durfte ich als einzige Frau im Haus anscheinend nicht erwarten. Anton fixierte mich mit einem herausfordernden Blick. »Das heißt also, du *verbietest* uns, eine Ente zu bestellen, obwohl alle Familienmitglieder – *außer dir* – sie gern essen würden?« Perplex ließ ich mein Messer fallen. Bis dahin hatte ich gar nicht gewusst, wie dickköpfig mein Mann sein konnte. »Ich verbiete euch überhaupt nichts«, erklärte ich mit weinerlicher Stimme. »Ich war nur dumm genug, um anzunehmen, dass ihr mir zuliebe solche Sachen gar nicht essen wollt.«

Obwohl ich mich im Recht fühlte und nach dem Streitgespräch verletzt und enttäuscht war, kam ich am Tag darauf doch noch ins Grübeln. Irgendwie schien ich alles falsch zu machen. Und das, obwohl ich von Anfang an nichts weiter im Sinn gehabt hatte, als meinen Lieben ein behagliches Zuhause in der neuen Heimat einzurichten und eine gute Ehefrau und Mutter zu sein. Nicht umsonst hatte ich mich nach dem Studium gegen eine Karriere und für das Hausfrauendasein entschieden.

Da es mir offensichtlich nicht gelang, die hungrigen Mäuler meiner Brut artgerecht zu stopfen, ich meinen Mann aber dennoch von meinen Nestbauqualitäten überzeugen wollte, entschied ich mich schließlich dazu, eine romantische Schlafgalerie direkt unter dem Dach für Anton und mich zu gestalten – und legte mir damit selbst ein Ei ins Nest.

Trippel, trappel! Trippel, trappel! »Was war das, Anton?« – »Ich hab nichts gehört«, murmelte Anton schlaftrunken und rollte sich wie ein Murmeltier unter der Bettdecke zusammen. Trippel, trappel! Trippel, trappel! »Doch, da war was! Ich glaube, die kleinen Adler sind wieder da!« – »Was für kleine Adler?« – »Na, die Schwarzen mit den gelben Schnäbeln.« – »Du sprichst doch jetzt bitte nicht von Amseln, oder?« – »Doch! Von was denn sonst? Die kraxeln schon wieder auf dem Dach rum. Ich glaube, die wollen da nisten!« – »Und wenn schon.« Anton gähnte ausgiebig. Der Ernst der Lage war ihm wohl nicht bewusst. »Aber dann sind die doch jede Nacht da!« – »Dann ist es eben so.« Anton drehte mir demonstrativ den Rücken zu und tat, als ob er leise schnarchte. Ignorant!

Unruhig zog ich mir die Decke bis zur Nasenspitze und observierte den Dachstuhl im rasch dahinschwindenden Dämmerlicht.

Wenn nun ein unentdecktes Loch in einer der Dachpfannen klaffte und die Vögel aus Versehen in unser Schlafzimmer plumpsten? Dann würden sie Panik kriegen und wie wild herumflattern und mir mit ihren Krallen die Haare ausreißen und mein Gesicht entstellen! Mich fröstelte. Vielleicht lastete so eine Art Fluch auf mir, weil ich Hansi und Paulchen kein Zuhause hatte bieten können und nun auch noch das Glück der Rotkehlchen zerstört hatte? Ja, genauso musste es sein! Ich hatte ihre Nester zerstört, und nun war es mir nicht mehr vergönnt, ein eigenes zu bauen. Und wer weiß? Womöglich legten es die unberechenbaren Flattermänner sogar darauf an, ihre Artgenossen zu rächen, in den Dachstuhl einzudringen und mir im Halbschlaf die Augen auszupicken? Möwen machten das bei entkräfteten Schiffsbrüchigen immerhin so. Trippel, trappel! Trippel, trappel! So, das war genug! Schweißgebadet sprang ich aus dem Bett, packte meine Decke und das Kissen und marschierte zur ausziehbaren Gästecouch im Erdgeschoss.

Am nächsten Tag rief ich gerädert den Vermieter an und schimpfte wie ein Rohrspatz: »Auf unserem Dach nisten Vögel. Wie kann das sein? Das hat mich letzte Nacht beinahe um den Schlaf gebracht! Schicken Sie bitte sofort jemanden vorbei, der sich darum kümmert!« Einen Tag später stand ein Kammerjäger vor der Tür und inspizierte das Dach. Natürlich fand er nichts und natürlich wiederholte sich die nächtliche Gästezimmer-Odyssee dennoch auf ein Neues. Wieder rief ich den Vermieter an, wieder schickte er jemanden vorbei, wieder fehlte von den Vögeln jede Spur. Als Anton sich sichtlich zu schämen begann und mich anflehte, »den armen Mann doch endlich in Ruhe zu lassen«, griff ich notgedrungen auf Ohrstöpsel zurück. Wenigstens das Schlafproblem war somit mehr oder weniger gelöst – das Thema Essen war allerdings immer noch nicht vom Tisch.

Zwar ließ Anton mich damit inzwischen in Ruhe, doch meine Söhne hielten die Missachtung ihres Gaumenwohls immer noch für einen Grund zur Rebellion. Meine verzweifelte Strategie lautete: Zähmung mit Ersatzfutter! Und so setzte ich einen groß angelegten Grillabend für den kommenden Freitag an. Mein Friedensangebot erntete wohlwollende Anerkennung.

»Hallo, Schatz. Sag mal, kannst du auf dem Heimweg noch bei einer Tankstelle vorbeifahren und Grillkohle kaufen?«, bat ich Anton per Telefon, als ich mich am Freitagnachmittag an die Vorbereitungen machte. »Das Fleisch und die Beilagen besorge ich. Aber die Kohle kriege ich auf dem Fahrrad nicht mit.« – »Kein Problem. Das mache ich doch gern! Ich bin wahrscheinlich gegen fünf zu Hause. Sind die Jungs schon da?« – »Nein, die sind heute Nachmittag mit ihren Vereinen auf dem Sportplatz. Kannst du sie auf dem Rückweg vielleicht abholen?« – »Na, klar.« – »Super! Ich freu mich! Bis nachher.« Gut gelaunt hängte ich den Hörer in die Gabel und spazierte fröhlich nach draußen, um die Terrasse zu fegen und den Grill aufzubauen.

Ich hatte den Besenstiel gerade in die Hand genommen, als ich aus dem Augenwinkel plötzlich ein blaugrünes Häufchen auf dem Terrassentisch erspähte. Irritiert näherte ich mich dem Tisch – und war mit einem einzigen großen Satz auf dem Rasen, wo ich kraftlos niedersank und wie eine zertretene Blume liegen blieb. Auf dem Tisch klebte eine Blaumeise! Ihr Gefieder war zerfleddert, ihr blau behelmter Kopf war merkwürdig verdreht, aus ihrem gelben Bäuchlein quollen braune Innereien. Das war die Handschrift einer Katze! Apathisch drückte ich die heiße Stirn in den kühlen Rasen und atmete konzentriert ein und aus, um von der Übelkeit nicht überwältigt zu werden.

Nachdem ich eine Viertelstunde in das Gras geatmet hatte, fing ich langsam an, mir über den restlichen Tagesverlauf Gedanken zu machen. Grillabend … stimmt, da war ja noch was. Ich konnte die Friedensfeier wohl kaum wegen eines Vogels platzen lassen – meine Familie würde furchtbar enttäuscht sein! Aber wie sollte ich die zermatschte Blaumeise vom Tisch bekommen? Ich hatte in meinem ganzen Leben erst ein einziges Mal einen Vogel angefasst, und zwar, als ich einer befreundeten Lehrerin geholfen hatte, ein Dutzend ausgestopfter Exemplare in das Schularchiv zu räumen. Dabei hatte ich mich so sehr geekelt, dass mir prompt ein fetter Herpes gewachsen war – und der hatte mir jetzt gerade noch gefehlt!

Nach weiteren zehn Minuten überwand ich mich schließlich trotz der Scham dazu, unsere freundliche Nachbarin um Hilfe zu bitten, die sofort beherzt über den flachen Holzzaun kletterte und mit Handfeger und Kehrblech energisch zur Tat schritt. Erst nachdem sie die Blaumeise weggeschafft und mich ein wenig getröstet hatte, traute ich mich, meine Retterin wieder ziehen zu lassen und die Terrasse allein zu betreten und den Tisch zu inspizieren. Da, wo eben noch der Vogel gelegen hatte, glänzte ein hellbrauner Fettfleck.

Erneut gegen den Würgereiz kämpfend torkelte ich ins Haus, kramte Eimer, Lappen und Bürsten zusammen und schruppte den Terrassentisch, als ob es um mein Leben ginge. Obwohl ich binnen weniger Minuten eine ganze Flasche Reinigungsmittel verbraucht hatte, merkte ich schon bald, dass die Putzaktion keine Erlösung versprach. Ich musste härtere Geschütze auffahren! Wieder lief ich ins Haus – doch dieses Mal kehrte ich mit einer spontan gegriffenen Schleifmaschine aus Antons kleiner Kellerwerkstatt zurück. »Nööönöönönönö!« Als ich das runde Schleifblatt in blindem Aktionismus auf die Tischplatte presste, brüllte das sperrige Gerät wie eine Kettensäge. Eine hellbraune Sägemehlwolke wirbelte auf. »Huch!« Hustend wuchtete ich die Maschine wieder runter vom Tisch. In der Platte klaffte eine kreisrunde Vertiefung mit dem Durchmesser eines Fußballs. Ich biss mir nervös auf die Lippen. Auch das noch! Anton liebte diesen Tisch.

Kaum zehn Minuten später hatte ich die Werkstatt meines Mannes erneut durchwühlt und mich mit Holzwachs und Öl an der Macke zu schaffen gemacht. Immer noch stand mir der

Schweiß vor Ekel und Anstrengung auf der Stirn. »Hallo, Conny! Wo steckst du denn? Wir haben schon alle ganz großen Hunger! Conny? Wo bist ... Oh.« Anton und meine Söhne blieben wie angewurzelt in der Terrassentür stehen. Zuerst fiel ihr Blick auf den feinen Holzstaub, den ich mit meinen Turnschuhen inzwischen bis ins Wohnzimmer getragen hatte. Dann wanderten ihre fassungslosen Augen von der Schleifmaschine über den Putzeimer und die Lappen bis hin zu meiner atemlosen Wenigkeit.

»Wo ist das Essen?«, maulte mein Jüngster plötzlich, als sei ihm gar nichts anderes aufgefallen. »Was ist denn mit dem Tisch passiert?«, schaltete sich nun Anton entgeistert ein. – »Da war so ein toter Vogel ...« Alle vier Männer stöhnten genervt auf. – »Jetzt lasst mich doch erst mal ausreden!«, fauchte ich beleidigt. »Also, da war ein toter Vogel. Mitten auf dem Tisch! Und der sah ganz schrecklich aus und hat widerliche Rückstände hinterlassen und ... na, ja. Ich wollte erst mal alles ordentlich putzen.« – »Putzen? Wofür brauchst du beim Putzen denn meine Schleifmaschine?« – »Ach, Mensch! Ich wollte doch nur ...« – »Darf ich annehmen, dass der Grillabend somit ausfällt?«, unterbrach mich Anton scharf. Ich blickte auf den Tisch. Dann in die traurigen Gesichter meiner Söhne. Dann wieder auf den Tisch. Ich schluckte. »Es tut mir so unendlich leid, aber ... ja! Ich habe alles versucht, aber von diesem Tisch kann ich nie wieder essen! Ehrlich gesagt ist mir gerade sowieso zu schlecht, um überhaupt etwas zu mir zu nehmen.« – »Dann dürfen wir uns jetzt aber Ente bestellen!«, riefen meine Söhne provokativ. Ich kniff die Augen zusammen und überlegte fieberhaft. Wie konnte ich den Abend bloß retten, ohne mein Gesicht zu verlieren? »Nein, das dürft ihr nicht!«, antwortete ich schließlich mit einem entschlossenen Tonfall. »Ich habe eine viel bessere Idee!«

»Mama, Mama, guck mal, wie die sich freuen! Die sind ganz zahm!« – »Toll, mein Schatz! Dann füttre die lieben Entchen mal schön weiter!« Anton und die Jungs hüpften fröhlich vor dem

Parkteich herum und schmissen den träge herumpaddelnden Enten weiche Brotkrümel vor die schnatternden Schnäbel. Ich versteckte mich währenddessen hinter einem Baum und beobachtete die Fütterung aus sicherer Entfernung. Obwohl ich den watscheligen Enten nicht unbedingt zutraute, dass sie mich angreifen könnten, hämmerte mein Herz wie wild. Meine Nerven waren bis zum Zerreißen gespannt – doch mein Plan schien aufzugehen. »Mama, schau, wie niedlich die sind!« Ich formte mit den Händen einen Trichter um den Mund und rief: »Das weiß ich, mein Schatz. Und solche lieben, niedlichen Tierchen wollt ihr wirklich aufessen?«

Die Jungs erstarrten und stierten schuldbewusst in meine Richtung. Anton, der bis dahin angenommen hatte, die Entenfütterungsaktion sei als reine Wiedergutmachung meinerseits gedacht gewesen, begriff meinen Plan und lachte. »Nein, nein! Das wollen wir doch gar nicht!« Meine Söhne schüttelten ihre kleinen Köpfe und rannten auf mich zu. Ich schloss sie zufrieden in die Arme. »So, meine Süßen. Dann gibt's jetzt die versprochenen Pommes. Hier habt ihr meine Geldbörse. Lauft nach vorn zur Imbissbude und holt euch so viele, wie ihr wollt!« Die Jungs sausten begeistert johlend davon. Anton kam zu mir. »Du kleines Schlitzohr! Jetzt habe sogar ich keinen Appetit mehr auf Ente!« – »Das ist gut!«, antwortete ich grinsend und gab meinem Mann einen Kuss. Dann schlenderten wir unseren Söhnen Arm in Arm hinterher. Der Besuch im Park hatte mich zwar viel Überwindung gekostet, doch dafür waren meine Kinder nun vogelfleischlos glücklich und ich brauchte mich endlich nicht mehr als Rabenmutter zu fühlen. Und so emsig, wie ich mich für die Rechte der Enten eingesetzt hatte, würden mir nun sicher auch Hansi, Paulchen und die Rotkehlchen verzeihen.

O du Schreckliche

Tina (30), Produktmanagerin, München,
über
Bambakomallophobie (Ekel vor Watte)

Weihnachten ist für mich die schlimmste Zeit des Jahres. Der Grund: Alles ist voller Watte. Und mit Watte kann man mich jagen. Wenn ich sie sehe, kriege ich eine Gänsehaut. Wenn ich sie anfasse (was ich nie im Leben freiwillig tun würde) oder jemand ein Stück Watte zwischen den Fingern reibt, sodass dieses schreckliche Quietschgeräusch entsteht, schüttelt es mich, als würde jemand mit den Fingernägeln über eine Tafel kratzen. »Alles nur Einbildung«, behauptet mein Freund Patrick. Aber was weiß der schon? Patrick ist im Übrigen auch der Meinung, meine (eingebildete) Abneigung sei nicht weiter tragisch, schließlich komme man nicht besonders häufig mit Watte in Berührung. Von wegen!

Was bitte schön soll eine Frau mit ausgeprägtem Watteekel denn wohl machen, wenn sie sich abschminken muss, sich Nagellack entfernen will oder ihre Tage hat? Nun, so ganz kann ich diese Frage selbst nicht beantworten, denn die beste Vermeidungsstrategie habe ich auch im Alter von dreißig Jahren noch nicht gefunden. Doch ein paar Tricks habe ich natürlich auf Lager.

Erstens: Bevor ich Wattepads oder Wattestäbchen benutze, mache ich sie jedes Mal klitschnass, damit sie sich nicht so sehr wie Watte anfühlen und, vor allem, nicht fusseln. Diese Flusen und

Fäden, die billige Watte- oder auch Wollprodukte ziehen, wenn sie irgendwo hängen bleiben, sind für mich das pure Grauen. Wenn ich nur an diese Fasern denke oder sie im Fernsehen sehe, kriege ich schon zu viel. Es gibt zum Beispiel diese »Blistex«-Werbung, in der sich eine dunkelhaarige Frau einen knallgelben Wollpulli überzieht und die Wollfasern stückchenweise an ihren Lippen hängen bleiben, weil diese so rau sind. Als ich den Spot zum ersten Mal gesehen habe, war ich so verstört, dass ich erst mal eine halbe Stunde spazieren gehen musste.

Zweitens: Ich kaufe nur hochwertige und sündhaft teure Wattepads und Tampons, weil die fest zusammengepresst sind und daher am allerwenigsten flusen. Wenn ich auf der Arbeit oder in der Disco mal keinen von meinen eigenen Tampons dabeihabe, stopfe ich mir lieber Klopapier zwischen die Beine, als eines von diesen Billigteilen zu benutzen, die meine Freundinnen und Arbeitskolleginnen in der Regel dabeihaben. Klopapier ist zwar auch watteähnlich, doch es ist okay, weil es fest ist und keine Fäden zieht.

Drittens: Niemals, und ich meine niemals, kommen mir Watte*bällchen* ins Haus, denn die sind so ziemlich das Abartigste, was es gibt auf dieser Welt. Meine Mutter hatte die Dinger immer neben dem Spiegel hängen, was für mich so viel bedeutete wie, dass sich mir jedes Mal der Magen umdrehte, sobald ich das Bad meiner Eltern betrat. Sie, meine Mutter, kaufte sich auch noch diese praktischen Riesenbeutel mit den bunt eingefärbten Wattebällchen drin. Eine große Vorratspackung, bis oben hin vollgestopft mit weißen, gelben und rosafarbenen Brechmitteln – wirklich, eine ganz tolle Erfindung! Ein Glück nur, dass meine Geschwister und ich schon sehr früh unser eigenes Badezimmer bekamen.

Mit alldem habe ich mich über die Jahre aber arrangiert. Richtig schlimm ereilt mich der Ekel nur, wenn ich nichts gegen die Watte und ihre faserige Konsistenz unternehmen kann, und das passiert, wie gesagt, alle Jahre wieder – nämlich an Weihnachten. Oder eher gesagt in der Vorweihnachtszeit, denn wenn die Weihnachtsmärkte Ende November eröffnet werden und die Weihnachtsmänner mit ihren hervorquellenden Wattebärten in die Straßen einfallen, geht der Terror ja schon los. Von dem Dekorationswahnsinn in den Kaufhäusern mal ganz zu schweigen, denn in der Weihnachtszeit erleiden die Raumausstatter eine Form der Geschmacksverirrung, die fast schon morbide Züge annimmt. Sei es an den Schaufenstern, an den Regalen oder an irgendwelchen aufgestellten Bastzäunen: Überall klebt Watte. Das soll wahrscheinlich wie Schnee aussehen, erinnert mich aber mehr an dickflüssigen Galleschaum. Und es erinnert mich an die Grundschule. Jedes Jahr an Weihnachten wurden wir nämlich im Kunstunterricht gezwungen, Winterbilder zu gestalten und Watteбällchen auf große blaue Papierbögen zu kleben, was für mich natürlich die reinste Folter war.

Die Wattekugeln anzufassen war schon der Horror – sie mit einem Klebestift zu bearbeiten und ans Papier zu pappen, sodass die Flusen nicht nur am Klebestift, sondern sogar an meinen klebrigen Fingern haften blieben, bedeutete ein namenloses Grauen und nicht selten musste ich aus dem Raum stürzen und auf dem Flur erst mal tief durchatmen. Weil ich meinen unfähigen Lehrern nie verraten habe, warum ich aus dem Klassenzimmer rannte und die Wattebällchen ums Verrecken nicht anfassen wollte, wurde mein Verhalten als »schlechtes Betragen« und Rebellion bewertet, und die ganze Grundschulzeit über bekam ich in Kunst eine Fünf.

Einfach nur lächerlich! Wenn es etwas gibt, von dem ich etwas verstehe, dann ist es Kunst. Ich habe nicht nur eine Fotografinnenausbildung und ein abgeschlossenes Designstudium, sondern habe im Laufe meiner Karriere bereits als Art Director und Producerin bei großen Werbeagenturen und TV-Sendern gearbeitet und zahlreiche Awards gewonnen. Seit Jahren entwickle ich Kampagnen und werde von meinen Chefs um die ganze Welt geschickt, um wichtige Kontakte herzustellen und neue Trends aufzuspüren. Auf den Punkt gebracht: Ich bin gut in meinem Job. Zumindest meistens. Ich kann mich allerdings auch an einen Karrieretiefpunkt erinnern, der sich ausgerechnet mitten in der Vorweihnachtszeit ereignete. Es war Anfang Dezember und ein paar Wochen zuvor war ich mit viel Tamtam vom Fernsehen abgeworben worden, um eine neue Stelle als Produktmanagerin bei einem Fashionkatalog anzutreten. Mit einer »unkonventionellen« und »spritzigen« Weihnachtskampagne für die aktuelle Herrenkollektion sollte ich beweisen, dass ich die Position ausfüllen konnte und mein Geld wert war, doch genau in dem Moment meiner größten Herausforderung verweigerte mir die Muse ihren Kuss.

Gestresst durchforstete ich Zeitschriften, Modekataloge und das Internet und wälzte heimlich Ratgeber namens *Kreativität entdecken* oder *Inspirationen findet man überall,* doch es kam einfach nichts Vernünftiges dabei heraus.

Als das Nikolauswochenende vor der Tür stand und ich immer noch nicht die Spur einer Idee hatte, beschloss ich frustriert, ein paar Tage abzuschalten und das Wochenende mit Patrick und seiner Familie zu verbringen. Ein Besuch bei meinen Schwiegereltern in spe war ohnehin überfällig. Zwar waren Patrick und ich schon ein paar Monate zusammen, doch seine Eltern hatte ich immer noch nicht kennengelernt. Irgendwie hatte es sich noch nicht ergeben, und um ehrlich zu sein, sind Familientreffen einfach nicht mein Ding. Das soll nicht heißen, dass ich sie nicht schön finde. Im Gegenteil. Meistens finde ich Familientreffen sogar richtig nett. Allerdings werde ich in den Häusern von fremden Familien immer schrecklich nervös und weiß nie, was ich sagen soll. Ich kann Präsentationen vor Wirtschaftsmagnaten halten oder knallharte Verhandlungen mit Werbebossen aus London oder Dubai führen, ohne mit der Wimper zu zucken, doch wenn mich die Mutter eines Freundes zum Gesprächsmittelpunkt erhebt und beginnt, mich auszufragen, kriege ich sofort eine knallrote Birne und fange an zu stottern. Und wenn es eines gibt, das ich ebenso sehr hasse wie Watte, dann ist es, unsicher zu sein und die Kontrolle zu verlieren.

Da ich Patrick jedoch wirklich gernhatte und ihm seine Familie sehr wichtig war, hätte ich früher oder später sowieso in den sauren Apfel beißen müssen. Wenn ich schon beruflich nichts mehr auf die Reihe kriegte, dann wollte ich wenigstens privat eine gute Tat vollbringen.

Mit einem gemütlichen Kaffeekränzchen am Samstagnachmittag fing alles ganz harmlos an. Marion und Wilfried, wie sich mir Patricks Eltern direkt und offenherzig vorgestellt hatten, warteten mit Lebkuchen, Spekulatius, Schokokeksen und selbstgemachtem Glühwein auf, um der Freundin ihres Sohnes einen warmen Empfang zu bereiten und ein wenig Winterzauber in die Hütte zu holen – der Weihnachtsmarktbesuch, den Patricks Eltern tags zuvor per Telefon vorgeschlagen hatten, war von mir entschieden abgelehnt worden. Als Grund hatte ich die mir angeblich schlecht bekommende Kälte angegeben.

Dass sich Marion und Wilfried nun so sehr bemühten, trotzdem Weihnachtsmarkt mit mir zu spielen, fand ich wirklich rührend. Am meisten freute ich mich über den leckeren und hochprozentigen Glühwein, den ich mir sogleich dankbar in die Kehle schüttete, und eine gute halbe Stunde lang fühlte ich mich richtig wohl und kam tatsächlich in Plauderstimmung. Sogar die Weihnachtsmannattrappe (ein kleiner Holzstumpf mit aufgemaltem Gesicht und aufgeklebtem Wattebart), die bedrohlich auf der Fensterbank lauerte und mich beobachtete, konnte ich großzügig ignorieren. Als Marion plötzlich einen Geschenkkorb hervorzauberte, war es mit der besinnlichen Stimmung jedoch schlagartig vorbei. »Hier, Tina. Das ist für dich. Anscheinend bist du ja genauso ein Frostköttel wie ich. Da müsste das hier doch genau das Richtige für dich sein«, mit diesen Worten drückte mir Marion ein weiches Päckchen in die Hand und blickte mich freudestrahlend an. – »Mensch, das ist aber lieb. Aber ein Geschenk zum Nikolaus?

Das wäre doch nicht nötig gewesen!« – »Nur eine Kleinigkeit«, erwiderte Marion und zwinkerte mir verschwörerisch zu. – »Und ich kriege nichts, oder was?«, rief Patrick, wahrscheinlich, um mir einen Gefallen zu tun und die Situation aufzulockern. – »Doch, du kriegst auch was, du verwöhnter Bengel«, lachte Wilfried und drückte seinem Sohn ebenfalls ein Päckchen in die Hand, das Patrick bereits zwei Sekunden später aufgerissen und ausgepackt hatte. »Hey, cool. Danke!«, rief er, ehrlich erfreut, und streckte ein paar Schienbeinschoner in die Luft.

Jetzt war ich an der Reihe. Die Luft war von Glühwein und Erwartung geschwängert und alle Augen auf mich gerichtet. Das musste ich so schnell wie möglich hinter mich bringen. Ratsch! Energisch riss ich das Papier von meinem Päckchen und meine Finger berührten etwas Flauschiges. »Bäh! Igitt!« Ich sprang so entsetzt auf, dass mein Stuhl mit einem lauten Knall zu Boden ging und alle Anwesenden erschrocken zusammenzuckten. Vor mir lag ein weißer Fleece-Pulli mit Reißverschluss – und Fleece ist für mich gleich Watte. Die Konsistenz des Stoffes ist der von Watte einfach zu ähnlich.

»Tina, es tut mir wirklich leid, dass ich deinen Geschmack nicht getroffen habe, aber das hättest du auch wirklich anders ... Also, ich weiß auch nicht.« Marion war konsterniert. Langsam begriff ich, was gerade geschehen war, und begann, am ganzen Leib zu zittern. Wilfrieds Kinnlade war nach unten geklappt, Patrick hingegen sah wütend aus. »Oh Gott! Oh nein! Das tut mir schrecklich leid. Der Pullover ist toll. Eine ganz nette Idee. Ich kann nur ... ich kann keine ... Also, ich finde den Stoff so eklig.« Keine Reaktion. »Aber das konntest du natürlich nicht wissen, Marion.« Patricks Mutter war nach meiner Ansage nur noch verwirrter. »Ach so. Ja, hm.« Endlich schaltete sich Patrick ein. »Ach, Fleece auch, oder was? Ich dachte, du ekelst dich nur vor Watte.« Na, klasse! Jetzt hatte mich Patrick erst richtig in die Scheiße geritten. »Was? Du ekelst dich vor Watte? So was habe ich ja noch nie gehört!«, rief

Wilfried und schlug sich brüllend vor Lachen auf die Schenkel. »Das stimmt doch nicht wirklich, oder? Ach, komm!« Wilfried lachte immer noch und nun stimmten auch Marion und Patrick mit ein. Mein Kopf verwandelte sich in eine feuerrote Tomate. »Doch, das stimmt! Ihr müsstet Tina mal sehen, wenn ihr jemand mit einem Wattebällchen zu nahe kommt. Dann flippt die total aus!« – »Na, besten Dank, Patrick!«, motzte ich und ließ mich beleidigt auf meinen wieder aufgestellten Stuhl plumpsen. – »Ach, Tina. Lass dich von den Jungs nicht ärgern! Und den Pullover tausche ich um«, verteidigte mich Marion mit versöhnlichem Ton und ließ ihren Fehlkauf dezent vom Tisch verschwinden.

»Danke schön. Das ... das ist mir wirklich furchtbar unangenehm«, stammelte ich ratlos und nahm erst mal einen großen Schluck Glühwein zur Beruhigung, doch mein Kopf fühlte sich dadurch nur noch dicker und heißer an. Ich wusste genau, was nun kommen würde. Die Freakshow war eröffnet. »Das muss dir doch nicht peinlich sein. Jeder hat doch irgendwas. Ich habe zum Beispiel eine Freundin, die ekelt sich ganz doll vor Spinnen.« – »Spinnenangst kennt man ja. Aber eine Wattephobie? Ich krieg zu viel!« Wilfried war immer noch völlig außer sich. Patrick küsste mich auf die Wange und lachte mit seinem Vater – über mich. »Tja, Schatz. Da musst du jetzt wohl durch.« – »Haha. Da könntest du wohl recht haben. Ist ja auch zu verrückt!«, presste ich kochend vor Wut durch die Zähne. Komm du mir erst mal nach Hause, Freundchen!

»Das will ich jetzt aber genauer wissen! Wie ist das denn dann mit der Watte? Läufst du weg, wenn du Watte siehst? Kriegst du feuchte Hände und Herzrasen, oder wie darf ich mir das vorstellen?« Wie ich diese Gespräche hasste! Aber wie Patrick schon so unpassend bemerkt hatte: Da musste ich jetzt wohl durch. »Nö. Ich krieg eine Gänsehaut und verkrampfe mich. Manchmal wird mir auch schlecht.« – »Was? Das ist doch totaler Quatsch! Wieso wird dir denn schlecht?« – »Weiß ich auch nicht.« – »Aha. Und wann wird dir schlecht? Wenn du sie siehst oder wenn du sie anfasst, oder was?« – »Anfassen finde ich am schlimmsten. Aber sehen ist mir auch schon unangenehm. Der kleine Weihnachtsmann mit dem Wattebart da drüben ist mir zum Beispiel gleich aufgefallen.« Oh Mann, wie blöd kann man eigentlich sein! »Welcher? Der hier?« Wilfried griff nach dem Weihnachtsmann und streckte mir den Watteholzkopf aufgeregt entgegen. Offensichtlich war ihm der Glühwein auch schon ein wenig zu Kopfe gestiegen. »Ja, genau. Der widerliche Giftzwerg da!« Ich verzog angewidert das Gesicht und alle grölten wieder los. »Das gibt's doch gar nicht!« – »Doch, das gibt's. Abgefahren, oder? Tina stellt sich immer vor, wie man mit der Watte über raue Flächen reibt und die Flusen dann irgendwo hängen bleiben«, schlaumeierte Patrick, der es im Gegensatz zu mir offenbar ganz toll fand, dass seine Freundin im Mittelpunkt stand und für Entertainment sorgte. Lasst uns froh und munter sein!

»Was für raue Flächen denn?«, fragte Wilfried aufgekratzt. Seine Nasenflügel bebten vor Begeisterung. »Na, solche hier!« Mit diesen Worten zupfte Patrick dem Weihnachtsmann ein Stück vom Bart ab und rubbelte sich damit wie wild geworden über seinen Dreitagebart, an dem immer mehr längliche Fasern hängen blieben. Mein Gesicht wurde weiß und kalt wie Kerzenwachs. Ein paar Sekunden lang verfolgte ich das grauenvolle Schauspiel mit weit aufgerissenen Augen, dann sprang ich auf, rannte zur Küchenzeile und entlud einen halben Liter unverdauten Glühweins in das Spülwaschbecken. Plötzlich lachte niemand mehr.

Nachdem ich mir die Zähne mit Marions Zahnbürste geputzt und ein wenig geweint hatte und sich Patricks besorgte Eltern tausendmal und in aller Form bei mir entschuldigt hatten, war ich wieder einigermaßen hergestellt und konnte sogar über die Geschichte lachen. Der Tag war einfach zu absurd gewesen und ein wenig albern kam ich mir ja schon vor. Normalerweise habe ich viel zu viel Selbstdisziplin, als dass ich meinem Watteekel einen so großen Raum in meinem Privatleben einräumen würde, doch an diesem Nachmittag hatten mich die Aufregung und der Glühwein schlicht zur Strecke gebracht.

Das Gute an der Sache war, dass ich mich plötzlich nicht mehr unsicher fühlte und sich Marion und Wilfried so rührend um mich kümmerten, als ob sie mich vom Fleck weg adoptieren wollten. Wirklich interessant. Da musste man nur einmal Schwäche zeigen und – schwupps! – war das Eis auch schon gebrochen. Ein Stück weit hing mein Stimmungsumschwung aber sicherlich auch mit dem Prinzip der Katharsis zusammen. Das denkbar Schlimmste war geschehen und nun gab es nichts mehr, wovor ich mich zu fürchten brauchte. Ich war innerlich gereinigt – und das meine ich nicht nur in Bezug auf den Glühwein. Dieses »Back to zero«-Gefühl wirkte sich übrigens auch sehr positiv auf meine Arbeit aus, denn als ich am Montagmorgen ins Büro kam, sprühte mein Kopf nur so vor Ideen und innerhalb weniger Stunden hatte ich das Konzept für eine komplette Fotostrecke entwickelt, die sowohl meinen Chef als auch den Kunden hellauf begeisterte. Sie trug den Titel »Morgen, Männer, wird's was geben« und zeigte verängstigt wirkende Männer mit weißen Hemden, schwarzen Krawatten und Lederjacken im Brit-Pop-Look, die auf Blümchensofas zwischen gackernden Schwiegermüttern, Tanten und Omas saßen und von ihnen mit bunten Geschenkpäckchen bedrängt wurden. Kunst ist eben immer noch die beste Möglichkeit, um seine Neurosen zu verarbeiten. Oder, um es in den Worten meiner schlauen Ratgeber zu sagen: Inspirationen findet man überall. Manchmal sogar mehr, als einem lieb ist.

DIE 7. GESCHICHTE ÜBER SCHRÄGE PHOBIEN

Schmucke Damen

Jan (25), Internationaler Projektleiter, München,
über
Jocalephobie (Ekel vor Ohrringen)

Wenn ich den *Playboy* oder ähnlich männerfreundliche Hochglanzmagazine aufschlage und die drallen Damen mir ihre öligen Prachtleiber entgegenstrecken, wandert mein Blick automatisch zu der heikelsten aller Körperstellen: zu den Ohrläppchen. Sollten sich hier Perlen, Creolen oder glitzernde Anhänger befinden, blättere ich direkt weiter. Eigentlich könnte ich das Heft auch gleich ganz in die Tonne treten – nach so einem Anblick herrscht bei mir sowieso tote Hose.

Natürlich verderben mir Ohrringe nicht nur den Appetit auf Pin-up-Häschen. Der einzige Unterschied bei echten Frauen ist, dass mein abgrundtiefer Ekel und die damit verbundene Ad-hoc-Impotenz nicht im stillen Kämmerlein verborgen bleiben, sondern zu Erklärungsnot und handfesten Auseinandersetzungen führen.

Meine Horrorvorstellung ist immer die, wie ich vor dem Altar stehe und auf meine Braut warte. Durch die großen, bunten Glasfenster fließt orangefarbenes Sonnenlicht, an den Wänden hängen leuchtend rote Rosenkränze, in der vordersten Bank sitzt meine Mutter und schnäuzt geräuschvoll in ein Taschentuch. Dann erklingt Orgelmusik, und die Liebe meines Lebens schwebt an dem Arm ihres stolzen Vaters in die Kirche hinein. Sie lächelt glücklich, um ihre Beine schwingt der üppige Tüllrock ihres Hochzeitskleides wie eine schneeweiße Glocke, ihr Haar ist kunstvoll hochgesteckt, ihr bildschönes Gesicht von einem Schleier verdeckt. Sie reicht mir die Hand, die Zeremonie beginnt, ich lüfte ihren Schleier – und entdeckte rechts und links von ihrem Gesicht Spuckefäden ähnliches Gebammel.

Sofort schreie, fluche und würge ich entsetzt los und stürze wie vom Teufel gejagt aus der Kirche. Meine Mutter heult und schlägt die Hände über dem Kopf zusammen, der Pastor bekreuzigt sich, meine Fast-Ehefrau verfolgt mich bis auf die Straße und verprügelt mich brutal mit ihrem Hochzeitsstrauß.

Zugegeben: Dass eine Frau, die mich ehelichen möchte und mich demnach sehr gut kennt, sich bei der Hochzeit mit langen Ohrringen verunstaltet, ist relativ unwahrscheinlich, aber man(n) kann nie wissen! Frauen und ihre Freundinnen denken sich manchmal die verrücktesten Liebesbeweise und Tests aus. So in die Richtung: »Wenn Jan mich wirklich liebt, dann scheißt er jetzt auf die Ohrringe.« Ich gebe mein Wort: Ich würde definitiv nicht drauf scheißen!

Vielleicht würde es mir im Realfall tatsächlich gelingen, vor dem Altar stehen zu bleiben und nicht vor meiner schmucken Braut zu flüchten. Das wäre abhängig von der Tagesform. Die Hochzeitsnacht allerdings, die hätte sich in jedem Fall erledigt.

Egal, wie sexy, schön oder bezaubernd eine Frau ist – wenn sie Ohrschmuck trägt, ist sie für mich höchstens noch so attraktiv wie ein benutztes Wattestäbchen voller Ohrenschmalz. Besonders, wenn die Anhänger lang sind und an den Ohrläppchen zappeln wie kleine Silberfische. Irgendwie verformen und verlängern die Dinger das Gesicht, sodass selbst die strammste Sexbombe nur noch wie ein tumbes Pferd aussieht. Das Paradebeispiel für diese Körperkult-Perversion ist Modelkönigin Heidi Klum. Generell finde ich die Gute ja echt heiß, doch wenn sie sich mit diesem zurückgeschleimten Ballerina-Haarknoten hinter die Balustrade der

»Topmodel«-Jury setzt und sich dazu noch halbe Kronleuchter an die Ohren hängt, versprüht sie den Charme eines Jolly Jumper.

Soweit ich mich erinnern kann, habe ich noch nie mit einer Ohrringträgerin rumgeknutscht, geschweige denn, Sex mit einer gehabt. Das heißt: Ersteres habe ich wenigstens ein einziges Mal versucht. Das war auf meinem Abi-Ball vor sechs Jahren. Gegen zwei Uhr nachts stellte sich ein blondes Mädchen neben mich an die Theke und orderte einen Cocktail. Da ihr Ausschnitt so tief und ihr Rock so kurz waren, dass ich sofort mit den Füßen scharrte wie ein Hahn in der Balzzeit, und ich zudem sternhagelvoll (um nicht zu sagen: kurz vor dem Hirntod) war, gelang es mir, die blauen Glitzerfäden an ihren Ohrläppchen zu ignorieren und das Mädchen hastig auf den Mund zu küssen. Als unsere Zungenschläge intensiver wurden, schob ich zärtlich meine Hand in ihren Nacken, verfing mich mit meinem Hemdsärmelknopf in einem der Glitzerfäden, riss beinahe ihr Ohrläppchen entzwei und rannte schreiend davon. So viel dazu.

Ein präzises Phobien-Psychogramm kann ich zwar nicht abliefern, aber ich glaube trotzdem zu wissen, woher meine Schmuckabneigung rührt. Schuld ist meine erste große Liebe Gabi, denn Gabi brach mir nicht nur das Herz, sondern fügte mir zudem die schmerzhafteste Demütigung zu, die eine Frau einem Mann überhaupt nur antun kann. Gabi verließ mich wegen eines anderen.

Für mich war Gabi eine Art Überfrau. Eine Göttin. Eine Elfe. Eine Amazone. Der Inbegriff der Weiblichkeit. Sie war sanftmütig, einfühlsam, liebevoll, geduldig und einfach nur wunderwunderschön. Gabi hatte wallendes kastanienbraunes Haar, das ihren grazilen Körper von den runden Schultern bis hin zur schlanken Taille umspielte, und wenn Gabi sich zu mir runterbeugte und mir behutsam einen Kuss auf die Stirn hauchte, umfloss ihre blumig duftende Mähne mein Gesicht wie ein warmer Strom der Sinnlichkeit. Gabis Finger waren fein und filigran, ihre Lippen waren voll, ihr Busen war fest, ihr Becken war breit und jeden Tag trug

Gabi verspielt-romantische Kleider und, richtig geraten, Ketten, Armbänder und extrem lange Ohrringe. Gabi hatte etwas von einer verwegenen Zigeunerin und ich liebte einfach alles an ihr. Auch den Schmuck.

Eines Tages, ungefähr nach einem Jahr harmonischer Gemeinsamkeit, eröffnete mir Gabi, dass wir uns verabschieden müssten. Gabi hatte geheiratet und wollte mit ihrem Mann in eine andere Stadt ziehen und ein neues Leben beginnen. Ich heulte, als ob es kein Morgen gäbe. Das Löwenbild, das ich eine halbe Stunde vor Gabis Geständnis mit meinen neuen Buntstiften für sie gemalt hatte, wickelte ich um einen Stein und versenkte es tief in der Regentonne hinter der Hütte mit den Bobbycars. (Für alle, bei denen der Funke noch nicht übergesprungen ist: Gabi war meine Kindergärtnerin.) Von diesem düsteren Kindertag an war es, so vermute ich jedenfalls, um mich und meine Schmuckphobie geschehen. Da meine Mutter und meine älteren Schwestern eher sportliche Typen sind und nie Schmuck trugen, merkte ich das aber erst, als ich in die Pubertät kam und begann, mich ernstlich für das andere Geschlecht zu interessieren.

Einer der vielen peinlichen Höhepunkte war das erste Date mit meiner Discobekanntschaft Judith. Judith war mir auf der Tanzfläche eines Clubs zufällig in die Arme gelaufen und nach ein paar Minuten müßigen Vorgeplänkels hatten wir direkt an Ort und Stelle wild und hemmungslos miteinander herumgemacht. Ich war damals, lass mich lügen, 19 oder 20 Jahre alt.

Die offenherzige Judith gefiel mir so gut, dass ich sie auch nüchtern treffen und mit ihr anbandeln wollte. Wir tauschten also unsere Handynummern, und ich versprach, mich zu melden. Weil ich mich ganz besonders reif verhalten wollte, wartete ich drei Tage; dann schickte ich Judith eine SMS und lud sie in ein gemütliches Café in der Innenstadt ein. Ganz unverbindlich. Keine Sexabsichten. Kein Ausnutzen. Keine Spielchen. Lediglich ein nettes Kennenlerngespräch unter Erwachsenen. Das schwebte mir vor.

Als ich nachmittags um vier mit einem Nelkenstrauß in der Hand um die Ecke bog und das verabredete Café ansteuerte, war es mit meinen Gentleman-Allüren allerdings ganz schnell wieder vorbei. »Hallo, Judith. Schön, dass du da bist«, sagte ich und streckte der alibimäßig auf ihrem Handy herumhackenden Judith nervös die Nelken entgegen. Mein Date blickte erfreut auf, warf kokett ihr langes Haar zurück – und vor Schreck fielen mir die Blumen aus der Hand.

An Judiths Ohren zitterten Creolen. Billige, goldig schimmernde Plastikcreolen von den Ausmaßen einer Christbaumkugel. Dazu hatte Judith ihre Augen mit Kajal pechschwarz umrandet, sich eine Tonne viel zu dunklen Make-ups ins Gesicht und aufs Dekolleté geschmiert und schmatzte proletenhaft auf einem Kaugummi herum. Fehlte nur noch, dass sie auf den Tisch sprang, blankzog und ihren Beautylicious-Arsch zu den Rap-Rhythmen von 50 Cent kreisen ließ.

»Kleiner Schwächeanfall, wie?«, fragte Judith und lächelte siegessicher. Wahrscheinlich bildete sich die dumme Hip-Hop-Schnalle jetzt auch noch ein, ihre überkandidelte Aufmachung hätte mich beeindruckt und umgehauen – dabei sah Judith wirklich nur noch wie ein kunterbunt bemaltes Zirkuspferd aus. Ich wieherte hysterisch. »Haha ... Da hab ich wohl ... Da bin ich wohl ... Vielleicht sollte ich ... ähm. Ja.«

Ratlos ging ich in die Hocke und fing an, die weitläufig verteilten Nelken aufzusammeln. Judith kniete sich neben mich und packte spontan mit an. Die goldenen Kreise an ihren Ohren warfen das Sonnenlicht in hellen Lichtkegeln auf ihren dunkelbraunen Make-up-Hals. Ich schüttelte mich. »Oh, nein! Hab ich etwa was am Hals?« Judith klimperte fragend mit ihren verklebten Tuschewimpern und bog ihren Kopf zur Seite, um mir freie Sicht zu verschaffen. Durch die Bewegung klatschte die rechte Creole auf ihren gestreckten Hals und blieb dort wie ein weggeschmissener Hula-Hoop-Reifen liegen. Die linke Creole dagegen hing nun weit nach unten und schwang hin und her wie ein Hypnosependel. Mir wurde schwindelig.

Eine ziepende Gänsehaut kroch über meinen Rücken und verwandelte sich alsbald in einen eiskalten Schauer, der meinen ganzen Leib erzittern ließ. Es hatte keinen Sinn. Das würde ich nicht überstehen. »Weißt du, Judith. Als ich eben hergelaufen bin, da hat mich ein Kumpel angerufen. Er braucht dringend meine Hilfe. Absoluter Notfall! Ich muss leider sofort wieder weg.« Judith ließ die Hände sinken und schaute mich groß und traurig an. »Ja, nee. Is' klar!« Ich sprang auf die Füße und klopfte mir den Staub von der Jeans. »Sorry. Geht nicht anders. Ich ruf dich an.« Dann vergrub ich die Hände in den Hosentaschen und eilte im Laufschritt davon. Die Blumen ließ ich achtlos liegen. Judith habe ich nie wiedergesehen.

Ich weiß, wie sich das anhört. Das klingt so, als wäre ich ein oberflächliches Arschloch. Doch das stimmt nicht! Ich bin nicht oberflächlich. Ich bin lediglich ein Opfer meines Ekels. Und der sitzt tief. Kindisch und zu feige, um die Wahrheit zu sagen? Na, gut. Das lasse ich gerade noch gelten. Aber ob das Date so viel besser verlaufen wäre, wenn ich Judith gebeten hätte, ihre Klunker rauszunehmen, wage ich zu bezweifeln. Dann wäre wieder diese Nummer gekommen: Wenn du mich wirklich magst, dann musst du mich auch so nehmen, wie ich bin. Das sind nur Äußerlichkeiten, ich lass mich nicht verbiegen, ich bin dir wohl nicht gut genug, du glaubst wohl, du wärst die Geschmackspolizei, blablabla. Solche Vorwürfe müssen wir Männer uns dann gefallen lassen.

Dabei geht es bei meinem Problem nicht um Geschmack, sondern – das glaubt mir nur niemand – um eine echte Phobie. Und diese sorgt nicht nur dafür, dass ich die Frau urplötzlich potthässlich finde, sondern bewirkt außerdem, dass sich mein Gefühl zu der Person verändert. Und zwar drastisch und dauerhaft. Mit einem Schlag finde ich sie unsympathisch und abstoßend und will nichts mehr mit ihr zu tun haben. Deswegen konnte ich Judith auch nicht wieder anrufen. Ich konnte sie nicht mehr leiden.

Gut, wenn ich im wahrsten Sinne des Wortes bis über beide Ohren in Judith verknallt gewesen wäre, dann hätte ich womöglich die Wahrheit gesagt, das Gezeter über mich ergehen lassen und meinen Ekel irgendwann wieder abgelegt. (Vorausgesetzt, Judith hätte fortan nie wieder Ohrringe getragen, natürlich.) Aber ganz offensichtlich war ich nicht verliebt. War ich bis dahin auch noch nie. Außer in Gabi. Hach, ja. Gabi. Wenn ich damals doch nur schon alt genug gewesen wäre, um … aber lassen wir das.

Wo war ich? Ach, ja. Für das »Mädchen mit dem Perlenohrring« konnte ich außer Wut und Abscheu also keine Gefühle entwickeln – auch wenn sie Scarlett Johansson hieß. Meine Phobie macht mir manchmal mein Leben ganz schön schwer, denn wie es Marilyn Monroe so vortrefflich besungen hat: »Diamonds are a girl's best friend.« Oder, um es ein wenig plakativer zu formulieren: Eine Frau ohne Ohrlöcher zu treffen ist ungefähr so schwer, wie einen hochkarätigen Edelstein in den Regalen von Bijou Brigitte zu finden, und wenn eine Frau Ohrlöcher hat, dann wird der Tag kommen, an dem sie sich mit Klimperkram behängt und ich sie wieder verlasse.

Lange nahm ich es leicht, was die Haltbarkeit und Intensität meiner Liebschaften anging, und machte den Mangel an Qualität ganz einfach durch ein Mehr an Quantität wett. Klappte wunderbar. Samenstau hatte ich jedenfalls nie und im Matratzensport war ich Weltmeister. Aber … soll ich ehrlich sein? Wenn ich sonntagabends allein vor der Glotze herumlag, fühlte ich mich manchmal doch ein wenig einsam, und als ich 25 wurde und immer noch keine feste Freundin gehabt hatte, erwachte eines Tages tatsächlich der Wunsch nach einer tiefer gehenden Beziehung in mir. So ein bisschen. Ganz insgeheim, versteht sich.

Der Grund dafür war meine neue Flamme Lucy, denn Lucy war ganz anders als all die Frauen, neben denen ich für gewöhnlich am Wochenende mit einem dicken Schädel aufwachte. Lucy hatte Selbstachtung. Küssen durfte ich sie erst beim fünften Date.

Darüber hinaus war Lucy clever und cool, hatte einen exzellenten Musikgeschmack und – jetzt kommt's! – sie schmückte sich ausschließlich mit Lederarmbändern, Halstüchern und übergroßen Sonnenbrillen. Lucy hatte nämlich keine Ohrlöcher. Heureka!

»Jan? Magst du heute Abend vorbeikommen? Ich würde uns was Feines kochen«, säuselte Lucy durchs Telefon, nachdem wir bereits zwei Monate zusammen waren und ich feierlich zur Monogamie übergewechselt war. »Aber mit dem größten Vergnügen! Soll ich noch was mitbringen?« – »Hm. Eine Flasche Weißwein, vielleicht? Ich werde Muscheln machen. Und danach gibt es noch einen ganz besonderen Nachtisch für dich!«

Gegen acht Uhr abends erreichte ich Lucys Wohnung – und wurde von einem flackernden Lichtermeer und knisternden Chansons begrüßt. Der Flur war von unzähligen Teelichten umsäumt, auf dem reich gedeckten Küchentisch standen dicke weiße Kerzen, aus der Stereoanlage warf mir Edith Piaf musikalische Kusshände zu. Und mittendrin war meine bezaubernde Lucy. Sie trug ein blaues Trägerkleid und eine lange Lederkette mit einem silbernen Herzanhänger. Hübsch! »Wow! Da hast du dir aber richtig viel Mühe gegeben«, staunte ich und drückte meine Freundin so fest an mich, dass ihre Füße ein paar Zentimeter vom Boden abhoben. Lucy lächelte verlegen, nahm mich bei der Hand und führte mich leise summend zum Esstisch.

Lucy und ich fingen an zu essen. Schließlich waren unsere Teller leer, und Lucy sagte: »Zeit für den Nachtisch.« Ich tupfte mir den Mund mit einer weißen Stoffserviette ab. »Richtig. Den gibt's ja auch noch. Du bleibst jetzt aber sitzen. Sag mir, wo die Nachtischteller sind. *Ich* hole sie.« Lucy ignorierte meine Ansage, stand auf, strich mir durch die Haare und flüsterte mir ins Ohr: »Den Nachtisch gibt's im Schlafzimmer.«

Fünf Minuten später saß ich auch schon auf Lucys Bett und kaute ungeduldig auf der Unterlippe. »Süße, was machst du denn?«, rief ich in Richtung Badezimmer, wo Lucy klappernd mit irgendetwas rumhantierte. »Ich will meinen Nachtisch! Ich hab Hunger!« – »Sei nicht so gierig, Freundchen!«, rief Lucy lachend zurück. Ich stützte meinen Kopf in die Hände und schnaufte. Frauen! Das war dann wohl die sogenannte Verzögerungstaktik.

Plötzlich ging die Schlafzimmertür auf, und Lucy stöckelte auf schwarzen High Heels herein. Im ersten Moment erkannte ich sie gar nicht wieder. Ihr schwarzes – und eigentlich glattes – Haar fiel ihr in elastisch hüpfenden Locken auf die Schultern. An ihrem Hals glitzerte ein Halsband. Dazu trug sie schwarzrote Spitzenreizwäsche, die so knapp war, dass sie gerade das Nötigste bedeckte.

Erregt sprang ich vom Bett und packte Lucy kraftvoll bei den Hüften. Seufzend und hingebungsvoll legte sie ihren Kopf in den Nacken – und ich schubste sie grimmig wieder weg. »Bäh!« Neben Lucys Kinn bammelten tropfenförmige Perlen, die wie kleine weiße Geschwüre aus ihren Ohrläppchen quollen. Am liebsten hätte ich geheult. Doch nicht Lucy! Doch nicht meine wundervolle Lucy! »Was ist? Was hab ich denn falsch gemacht? Gefalle ich dir nicht?«, fragte Lucy mit bebender Stimme und griff beschämt nach der Bettdecke, um ihren halbnackten Körper damit zu bedecken. Mit zitterndem Zeigefinger deutete ich auf die zappelnden Perlen an ihren Ohren. »Was ist das? Wie geht das?« – »Wie … was meinst du? Jan, was ist denn nur los?« – »Wie kommen die Ohrringe da hin? Das geht nicht! Du hast keine Ohrlöcher!« – »Das ist dir aufgefallen?« – »Lenk nicht ab!« Lucy bekam glasige Augen und schluckte ängstlich. »Das … das … das sind Ohrclips.« – »Ohrclips? Ohrclips? Ich höre immer Ohrclips! Was ist das wieder für eine Teufelei?« – »Teufelei? Wieso … Ich mag keine Nadeln. Deswegen …« Auf einmal wurde Lucys Stimme wieder fest. Und laut. »Sag, mal. Bist du eigentlich nicht ganz dicht?« Vergrätzt wandte ich den Blick von meiner Freundin ab und tigerte aufgebracht durchs Schlafzimmer. Sämtliche Körperhaare standen mir zu Berge. Meine Gedanken überschlugen sich. Mir wurde heiß und kalt. »Jan?« Ich blickte Lucy wieder an. »Kannst du die bitte abmachen?« Lucy musterte mich argwöhnisch. Ihre Augen verengten sich zu einem Schlitz. Ihre Augenbrauen standen aufrecht wie Ausrufezeichen in ihrem Gesicht. Doch dann fixierte Lucy mit einer Hand die Bettdecke über ihrer Brust, zog mit der anderen ihre Ohrclips ab und legte sie beiseite. Meine Muskeln entspannten sich. Und dann fühlte ich mich plötzlich wie aus einem bösen Traum erwacht.

»Oh, Gott. Süße … es … es tut mir so leid!«, stammelte ich und schloss Lucy verzweifelt in die Arme. Vor lauter Unsicherheit und Wut fing sie zu weinen an, ließ die Decke fallen und sank wie eine verwelkte Blume auf die Knie. Ich setzte mich neben sie und streichelte ihr runterhängendes Köpfchen. Ich fühlte mich wie das allerletzte Dreckschwein.

»Ich wollte doch alles so schön machen!«, schluchzte Lucy. Ich schlang alle vier Gliedmaßen fest um sie und wiegte sie wie ein Baby hin und her. »Das hast du auch! Du hast umwerfend ausgesehen! Es ist alles nur meine Schuld! Ich ekle mich vor Ohrringen. Das ist alles. Oh, Mann. Ich … nur wegen den Ohrringen.« – »So ein Quatsch. Du kannst mich mal!« – »Nein! Bitte, glaub mir! Es ist nur wegen den Ohrringen! Wenn du alle wegschmeißt, die du hast, dann heirate ich dich sogar!« – »Was?« – »Äh. Also, ich meine … ach, das erklär ich dir später. Was ich meinte, war, dass du toll ausgesehen hast. Und dass du toll bist und … ich liebe dich!« – »Du kannst mich mal!« – »Nein! Es hat mir den Atem verschlagen! Es verschlägt mir immer noch den Atem. Lucy, bitte … es tut mir leid.« Lucy blickte auf. Ihre Schminke war verschmiert. Ihre Augen waren rot, dick und verquollen. »Du kannst mich mal!«, sagte sie einmal mehr. Doch dieses Mal sagte sie es im Flüsterton. Ich antwortete nicht, sondern küsste Lucy die Tränen von den Wangen. Lucy schloss die Augen. »Du … kannst mich mal!« Ich drückte Lucy auf den Boden. Sie schlug wütend ihre Fingernägel in meinen Rücken. Wir kugelten über den Schlafzimmerteppich. Und dann schliefen wir miteinander. – Wer ist eigentlich Gabi?

Schluss mit Lustig

Saskia (25), Volontärin, Dortmund,
über
Coulrophobie (Angst vor Clowns)

Clowns sollen die Menschen zum Lachen bringen. Bei mir erreichen sie das Gegenteil. Ich finde Clowns nicht lustig, sondern halte sie für Ausgeburten der Hölle! Und wie könnte ich nicht? Jeder, der irgendwann in seinem Leben einen Film wie *Es* oder *Poltergeist* geguckt hat, muss diese albernen Konfettipupser ganz einfach fürchten und verabscheuen und selbst, wer mit dem Horrorkino der Achtziger- und Neunzigerjahre weniger vertraut ist, hat alles Recht der Welt, sich vor Clowns zu gruseln. Schließlich kann man nie wissen, welche Abgründe sich hinter den rotnasigen Gute-Laune-Fratzen in Wirklichkeit verbergen. Clowngesichter sind derart mit Schminke zugekleistert, dass sie quasi automatisch freundlich wirken und der Mensch hinter der Maske nicht mehr zu erkennen ist – und darüber lachen die Leute sich auch noch kaputt. Warum nur? Das ist doch beängstigend!

Clowns sind undurchschaubar und ihre Heiterkeit ist aufgesetzt. Sie stehen für eine heile Welt, die nicht existiert, und geben vor, etwas zu sein, das sie nicht sind, und genau das macht sie so unheimlich und gefährlich. Rühmliche Ausnahmen sind der mies gelaunte Kettenraucher »Krusty« aus der TV-Serie *Die Simpsons* und der geistesgestörte *Batman*-Bösewicht »Joker«. Zwar sind der geldgeile Alkoholiker und die psychopathische Grinsebacke auch nicht gerade Sympathieträger, doch dafür weiß man bei »Krusty« und dem »Joker« von Anfang an, woran man ist. Sie sind von Grund auf verdorben – doch dafür sind sie wenigstens ehrlich. »Krusty« und den »Joker« erachte ich als zwei der brillantesten Comicfiguren ever. Den frohgemuten »Happy Meal«-Dödel Ronald McDonald fand ich hingegen schon als Kind total scheiße.

Das Gleiche gilt für Hartgummipuppen. Auch sie haben diese aufgemalten »Hab mich lieb, ich kann kein Wässerchen trüben, ich bin dein Freund«-Gesichter und haben mir im Kindesalter entsetzliche Angst eingejagt. Heute kann ich zwar immer noch keinen Ausflug zu Madame Tussauds unternehmen, aber dafür bin ich nicht mehr davon überzeugt, dass eine Puppe plötzlich »aufwachen« und zum Schlächter mutieren könnte.

Bei Clowns sieht die Sache anders aus, denn die aufgekratzten Zappelphilippe sind leider Gottes quietschfidel, und sollte es sich um eine übergroße Clownpuppe handeln, halte ich es durchaus für realistisch, dass sie plötzlich lebendig wird. Immerhin können Clowns ihren Opfern dank der Masken vorspielen, was sie wollen. Selbst, dass sie nicht echt sind.

Gerade erst vor ein paar Wochen bin ich mal wieder auf eine besonders entzückende Geschichte gestoßen, die mich nächtelang um den Schlaf gebracht hat. Ich fand sie in dem StudiVZ-Forum »Clowns machen mir Angst!!!«. (Die Gruppe verzeichnet 2.258 Mitglieder und ist neben »Clowns sind die Neffen des Satans«, »Nur sterbende Clowns sind lustig«, »Can't sleep, clowns will eat me« und »Ich weiß, dass Clowns eine Verschwörung planen« nur eine von circa vierzig Clownhasser-Gruppen, doch das sei nur der Vollständigkeit halber erwähnt.) Die angeblich wahre Geschichte handelt von einer Babysitterin, die eines Abends auf das Kind eines reichen Ehepaares aufpasste, weil dieses zum Essen ausgegangen war. In dem Wohnzimmer der Eheleute saß eine riesige Clownpuppe auf einem Schaukelstuhl. Die merkwürdig dreinblickende Figur kam der Babysitterin von Anfang an suspekt vor, doch sie dachte sich nichts dabei und spielte vergnügt mit dem Kind. Als es Schlafenszeit wurde und die Babysitterin das Kind ins Bett gebracht hatte, schaltete sie schließlich auch das Licht im Wohnzimmer aus – und hörte, wie die Clownpuppe plötzlich laut zu atmen begann. Irritiert machte sie das Licht wieder an. Stille. Sie machte das Licht wieder aus. Der Clown begann, erneut tief ein- und auszuatmen. Rasch lief die Babysitterin ins Arbeitszimmer, rief das Handy des Ehepaares an und fragte, was sie denn für eine gruselige Puppe im Wohnzimmer hätten und ob sie diese nicht wegräumen dürfe. »Clownpuppe? Was für eine Clownpuppe?«, kreischten die Eltern aufgeregt ins Telefon. »Wir haben keine Clownpuppe! Schaffen Sie sofort das Kind aus dem Haus!« Die Babysitterin rannte schnell zurück ins Wohnzimmer – doch der Clown war verschwunden. Auch das Kinderbettchen war inzwischen leer. Wie sich später herausstellte, hatte es sich bei der Clownpuppe um einen blutrünstigen Mörder gehandelt, der kurz zuvor aus einer Irrenanstalt ausgebrochen war. Weder er noch das entführte Kind wurden je gefunden.

Dass es sich bei dieser Story um eine wahre Geschichte handelt, wage ich zu bezweifeln. Trotzdem beweist die düstere Legende einmal mehr, dass die maskierten Clowns, was auch immer sie in ihren kranken Köpfen gerade Schreckliches aushecken, stets gute Miene zum bösen Spiel machen. Und Stephen King wäre nicht der Brainfucker, der er nun einmal ist, wenn er nicht genau diese Abartigkeit auf die Spitze getrieben hätte.

Pennywise, der menschenfressende Horrorclown aus *Es*, lockt die gutgläubigen Kinderchen nämlich nicht nur dank seiner einladenden Kostümierung und seiner kunterbunten Luftballontraube in die Falle, er ist zu aller Grausamkeit auch noch ein Formwandler. Das heißt, er kann jede Gestalt annehmen, die er haben will – und dieses abscheuliche Gedankenexperiment gab mir als Teenagerin vollends den Rest.

Den Film *Es* habe ich nie gesehen, doch dafür habe ich, was wahrscheinlich unendlich viel schlimmer ist, im Alter von 14 Jahren das Buch aus dem Regal meiner älteren Schwester gemopst. Obwohl mir Clowns noch nie geheuer waren und ich insgeheim längst wusste, dass ich die Tat bereuen würde, fühlte ich mich von dem weißen Einband mit der blutroten Schrift magisch angezogen. Außerdem war ich neugierig und wollte ein für alle Mal wissen, ob Pennywise tatsächlich so grässlich war, wie meine Schulfreundinnen behaupteten. Er war es.

Vier bange Stunden lang harrte ich mit der Taschenlampe unter der Bettdecke aus und führte mir *Es* zu Gemüte. Dann pfefferte ich das halb gelesene Buch entsetzt in die Ecke – und verlor für eine Woche den Verstand. Der siebentägige Horrortrip startete damit, dass ich träumte, ich sei wieder ein Kind und würde von dem zähnefletschenden Pennywise über eine Pferdekoppel gejagt werden. Plötzlich entdeckte ich am Ende der Wiese meine Mutter und rannte erleichtert auf sie zu. Meine Mutter schloss mich in die Arme und drückte mich an sich. »Rette mich, Mami! Bitte, bitte, rette mich, Mami!«, rief ich. Meine Mutter umklammerte mich fester. »Aber gern doch, mein Täubchen!«, antwortete sie mit grunzender Männerstimme. Dann verwandelte sie sich in Pennywise und biss mir den Kopf ab.

Nach dieser Nacht war Schlafen nur noch möglich, wenn ich mich zwischen meinen Vater und meine Mutter in das elterliche Ehebett zwängte und darüber hinaus einen Kuscheltierschutzwall um mich herum aufbaute und mir mit dem Walkman eine *Benjamin Blümchen*-Kassette nach der anderen reinzog. (Zur Erinnerung: Ich war 14.) In mein Zimmer zu gehen, traute ich mich nicht mehr, denn in der Ecke lag ja immer noch das Buch und irgendwie glaubte ich, dass Pennywise aus den Seiten herausspringen würde, sobald ich mein Zimmer betrat. Ich verhinderte aber auch mit aller Gewalt, dass jemand aus meiner Familie das Buch an meiner Stelle wegräumte, denn das, so fürchtete ich, hätte wiederum bedeutet, dass meine geliebten Familienmitglieder von Pennywise in das Buch hineingesaugt und gefoltert werden würden und ich allein zurückgeblieben wäre.

Zu meinem Unwohlsein kam erschwerend hinzu, dass ich zu müffeln begann und meine Haare fettig wurden, denn auch mich zu duschen, mir die Zähne zu putzen und mich zu waschen traute ich mich nicht mehr – in *Es* verwandelt Pennywise das Hahnwasser nämlich in Menschenblut, sobald man es laufen lässt. »Jetzt guck doch mal, Schatz. Es passiert doch gar nichts«, demonstrierten mir meine besorgten Eltern immer wieder, dass mit unserem Wasser alles in Ordnung war. Ein netter Versuch, der freilich kaum fruchtete. Schließlich hatte Stephen King mit der These, dass ausschließlich Kinder und Jugendliche Pennywise und das Blut sehen können, dafür gesorgt, dass auch die Fürsorge der Eltern keine Erlösung versprach.

So ging es Tag für Tag weiter, und meine entsetzliche Panik nahm und nahm nicht ab. Im Gegenteil. Am sechsten Tag meiner durch *Es* bedingten Höllenfahrt drehte die Gefühlsachterbahn meiner phobischen Kopfkirmes derart verschwurbelte Loopings, dass ich vor Angst sogar in Ohnmacht fiel, weil eine alte Frau auf meinem Apparat anrief, wirres Zeug in den Hörer krächzte und ich sie für Pennywise hielt. Zur Erklärung: In *Es* gibt es eine Szene, in der sich der Gestaltenwandler Pennywise in ein runzliges Großmütterchen verwandelt, das die Kinder zum Teetrinken in ein gemütliches Haus lockt, oder so ähnlich. Ich kann mich nicht mehr exakt an die Stelle erinnern und nachschlagen kann ich sie erst recht nicht, aber die Stimme dieser Oma habe ich mir genau so vorgestellt wie die Stimme dieser alten Frau, die bei mir anrief. Dass es sich um eine verwirrte Demenzpatientin aus dem hiesigen Altenheim handelte, die sich schlicht verwählt hatte, konnte ich schließlich nicht wissen.

In der siebten Nacht träumte ich wieder von der Pferdekoppel. Dieses Mal erschien aber auf wundersame Weise der Geist meiner verstorbenen Großmutter hinter mir und flüsterte mir eine Zauberformel ins Ohr. Ich schrie den Spruch sofort laut und deutlich heraus und – puff! – Pennywise war verschwunden und meine alles verzehrende Angst auch im realen Leben einigermaßen überwunden. Zumindest konnte ich wieder mein Zimmer betreten, allein schlafen und mich duschen.

Ganz habe ich die einwöchige *Es*-Odyssee aber nie verarbeitet und wenn ich heute allein durch die Stadt laufe und an einer Litfaßsäule ein Zirkusplakat mit einem Clown darauf entdecke, wechsle ich immer noch die Straßenseite. Ich weiß natürlich, dass der Clown nicht aus dem Poster herausspringen und sich in Pennywise verwandeln kann, aber ... nun ja, sicher ist sicher. Sollte ich dagegen von einem *echten* Clown überrascht werden, reicht es nicht aus, einfach mal so lockerflockig davonzuspazieren, denn dann bricht das nackte Grauen wieder genauso eruptiv über mich herein wie damals bei mir als Teenager unter der Bettdecke.

Vor fünf Jahren bin ich beispielsweise mit meinem Freund durch die Dortmunder Fußgängerzone gebummelt. Ich hatte gerade eine SMS von einer Freundin bekommen und tippte eifrig auf meinem Handy herum. Ich war so sehr mit der Textnachricht beschäftigt, dass ich gar nicht merkte, wie die Menschenmasse sich verdichtete und immer mehr Kinder zu lachen und zu klatschen begannen. Mit gesenktem Kopf lief ich weiter, bis ich plötzlich gegen einen weichen Körper prallte und unter meinem Handy auf dem Fußboden zwei orangefarbene Riesenschuhe erspähte. Erschrocken warf ich den Kopf in den Nacken – und blickte in die grell bepinselte Visage eines Straßenclowns! Sofort griffen zwei unsichtbare Hände in meine Brust und krallten sich wie Adlerklauen um meine Lunge und mein Herz. Mein Atem stockte. Mein Pulsschlag setzte aus. Pennywise!

»Aua! Was soll denn das?« In meiner blinden Panik hatte ich dem ahnungslosen Artisten brutal vors Schienbein getreten und war wie ein überdrehter Brummkreisel davongesaust. Bei meinem überstürzten Abgang rannte ich auch noch ein kleines Mädchen über den Haufen und verlor mein Handy.

Es tut mir im Nachhinein zwar leid, dass ich dem Straßenclown wehgetan habe, aber bei den Typen sehe ich eben rot. Ich hasse sie einfach. Übrigens hielt sich mein Mitgefühl auch deswegen in Grenzen, weil ich einige Zeit später erfuhr, dass ein paar Freundinnen von mir an diesem Tag ebenfalls auf den Clown gestoßen waren und sich mit ihm hatten fotografieren lassen. Und während sie Arm in Arm mit ihm vor der Kamera posiert hatten, hatte der unverschämte Kerl einer meiner Freundinnen schamlos an den Arsch gegrabscht.

Da haben wir es also wieder! Clowndarsteller sind schlechte Menschen und sie nutzen ihre Rolle aus, um Böses zu tun. Davon war ich bis zu diesem Tag zumindest felsenfest überzeugt. Als ich ein Jahr später in ein kleines Städtchen namens Ravensburg zog, um Journalismus zu studieren, revidierte ich meine Meinung allerdings ein wenig. Hier lernte ich nämlich Julia kennen.

Julia studierte BWL, lebte in dem gleichen Wohnheim wie ich und war mir sofort sehr sympathisch. Eines Abends fand ich sie in der Gemeinschaftsküche, wo sie ein wenig niedergeschlagen am Tisch saß und zwei Eintrittskarten für den Zirkus zwischen ihren Fingern hin und her drehte. »Hey, du Trauerkloß! Ist irgendwas?«, fragte ich. Julia blickte auf und lächelte selbstironisch. »Ach, halb so wild. Es ist nur gerade ein Zirkus in der Stadt und ich hab zwei Superkarten. Erste Reihe, Loge. Mein Vater hat sie mir besorgt. Irgendwie hat aber niemand Bock, mit mir dahin zu gehen. Echt schade!« – »Wieso besorgt dein Vater dir Karten für den Zirkus?«, fragte ich irritiert. – »Mein Vater ist Zauberer und hat selbst ein Varieté, und er kennt den Direktor. Und da dachte er, er macht mir eine Freude.« – »Ehrlich? Dein Vater ist Zauberer und hat ein Varieté?« Das fand ich sensationell. Zirkus, Varieté, Theater – all das liebte ich sehr. Wenn nur die blöden Clowns nicht wären. »Das ist ja abgefahren!« – Julia lachte. »Findest du?

Na ja, ich kenne es nicht anders. Magst du Zirkus denn?« – »Na, klar! Vor allem die Tiere und die Zauberer.« Julias Augen leuchteten auf. »Willst du nicht mit mir hingehen?« Ich biss mir auf die Unterlippe. Grundsätzlich hatte ich schon Lust auf exotische Tiere und Artisten. Aber die Clowns ... »Hm, wann ist die Vorstellung denn?« – »Morgen Nachmittag.« – »Ich weiß nicht. Eigentlich muss ich noch total viel lernen.« Der freudige Ausdruck auf Julias Gesicht verschwand. »Ach so«, seufzte sie leise. Ihr trauriger Blick brach mir das Herz. Ich gab mir einen Ruck. »Ach, egal. Das dauert ja nicht so lange. Ich gehe gern mit dir hin!«

Als Julia und ich am nächsten Tag das gelbrot gestreifte Zirkuszelt erreichten, lag der Duft von süßer Zuckerwatte und frisch geröstetem Popcorn in der Luft. Vor dem Zelt stand ein angeleinter Elefant, der sich geduldig von ein paar aufgekratzten Kindern mit Äpfeln füttern ließ. Etwas weiter rechts von ihm präsentierten ein Jongleur und ein Feuerspucker ihre abenteuerlichen Kunststücke. Hinter ihnen befand sich eine pinkfarbene Hüpfburg, die bereits von einer Horde wild herumturnender Halbwüchsiger eingenommen worden war. Plötzlich stoben zwei Clowns aus dem Zelt und begannen, die herumschlendernden Besucher mit Konfetti zu bewerfen. »Oh nein!«, platzte es unwillkürlich aus mir heraus. Was wollten die Typen hier? Die sollten gefälligst in ihrer Manege bleiben! Zwar war ich – anders als in der Fußgängerzone – darauf vorbereitet gewesen, auf Clowns zu treffen, und dementsprechend gefasst, aber dass sie mir außerhalb der Manege nahekamen, duldete ich auf keinen Fall. Und ich wollte auch nicht mit ansehen, wie sie irgendwelche Kinder mit ihren geknoteten Luftballontierchen belästigten. »Was ist los?«, fragte Julia. »Nichts. Lass uns ein Eis kaufen gehen.«

Eine Viertelstunde später startete die Vorstellung. Julia und ich nahmen in einer Reihe direkt vor der Manege Platz. Der Zirkusdirektor begrüßte das Publikum überschwänglich und mit viel Tamtam, dann legte der Raubtierdompteur mit seiner Löwennummer los. Es folgten ein Gewichtheber, vier Kunstreiter, eine Seiltänzerin und ein Mann mit einem zählenden Papagei. »Toll, oder?«, fragte Julia und strahlte wie ein Honigkuchenpferd. »Ich glaube, gleich kommen die Clowns.« – »Woher weißt du das?« – »Die treten meistens in der Mitte und am Ende auf.« Kaum hatte Julia den Satz beendet, da latschten auch schon die beiden Konfetti-Clowns von vorhin mit einem gigantischen Plastikblumenstrauß herein.

Ich machte mich ganz klein in meinem Stuhl und fing an, mich hoch konzentriert mit meinem Handy zu beschäftigen. Wenn ich nicht hinguckte, würde es schon gehen. »Blumen! Ach, ich habe so viele wunderschöne Blumen! Wenn ich doch nur wüsste, wem ich sie schenken soll«, jammerte einer der Clowns. – »Ich hör euch gar nicht zu. Lalalala. Ich hör euch gar nicht zu«, sang ich leise vor mich hin und haute eifrig auf die Tasten. »Ah, jetzt weiß ich's! Ich schenke sie einfach der schönsten Frau im Raum! Da drüben sitzt sie ja schon!« – »Psst, der meint dich«, flüsterte Julia aufgeregt. – »Was?« Der Clown torkelte auf mich zu und streckte mir die Plastikblumen entgegen. – »Ach du Scheiße!«, zischte ich, rutschte hektisch von meinem Stuhl herunter und kauerte mich hinter die vor mir liegende Manegenwand. – »Huch, wo ist sie denn hin?«, fragte der Clown und beugte sich über die Bande.

Als sein verzerrtes Schminkegesicht über mir erschien, funkelte ich ihn böse an und schüttelte warnend den Kopf. Am liebsten hätte ich ihm mitten auf seine bescheuerte rote Kugelnase geboxt. »Schöne Principessa, willst du denn nicht meine neue Freundin sein?«, lamentierte er und streckte mir seine weiße Handschuhhand entgegen. Ich schlug sie weg. »Nein! Schieb endlich ab, du Hampelmann!« Der Clown, der bis dahin alles für ein Spiel gehalten hatte, strafte mich mit einem wütenden Blick. Dann watschelte er beleidigt zurück in die Manege, tat, als ob er weinte, und machte mit den Händen eine Bewegung, als ob ihm sein Herz brechen würde. Ein mitleidiges »Oooooh« raunte durch die Menge.

»Was machst du denn da unten?«, wollte Julia wissen. Tränen kullerten über ihre Wangen. Sie hatte den totalen Lachflash. – »Sind die Clowns weg?«, entgegnete ich gereizt. Julia nickte prustend. Ich setzte mich wieder auf meinen Stuhl und klopfte mir den Dreck von der Jeans. Julia sah mich lachend und fragend zugleich an. – »Die sollen mich in Ruhe lassen mit ihren ollen Blumen und Luftballontierchen. Da kriegt man eh nur eine gewischt oder wird nass gespritzt, oder so'n Scheiß! Ich kann Clowns nicht ab. Die machen mir Angst.« – Julia grölte wieder los. »Was? Wie kann man denn Angst vor Clowns haben? Die sind doch total witzig!« – »Quatsch, das sind hinterhältige Drecksäcke!« Julia konnte sich kaum noch halten vor Lachen. – »Warum freust du dich denn so?«, fragte ich, leicht verärgert. »Du hast heute Morgen wohl 'nen Clown gefrühstückt, was? Höhö.« Jetzt flippte Julia völlig aus. Und dabei war mein Witz wirklich mehr als grottig gewesen. – »Nein, ich habe keinen gefrühstückt«, quietschte Julia. »Ich *bin* einer!«

Ich zuckte zusammen. War Julia etwa der verwandelte Pennywise? »Vor dem Studium habe ich jedenfalls im Varieté meines Vaters als Clown gearbeitet.« – »Aber, aber … aber, du bist doch meine Freundin!« – »Tja, da kannste mal sehen!« Langsam fing ich mich wieder. »Also, na, ja. Tut mir leid. Du bist natürlich kein hinterhältiger Drecksack. Wie es aussieht, bist du der erste nette Clown, den ich je getroffen habe.« Julia legte mir amüsiert den Arm um die Schultern. »Du brauchst dich nicht zu entschuldigen. Ich bin froh, dass du so eine verrückte Nudel bist. Ich bin nämlich genauso bekloppt wie du.«

Wie sich herausstellte, war Julia nicht nur deswegen ein ungewöhnlicher Clown, weil sie, selbst ohne Maske, ein lieber und lebensfroher Mensch war, sondern auch weil sie sich entsetzlich vor Puppen fürchtete. Genau wie ich war Julia ein emotionales Opfer des Achtzigerjahre-Horrortrends geworden, der mit Schockern wie *Poltergeist*, *Es* und *Chucky – Die Mörderpuppe* eine ganze Generation traumatisierte. Fast alle Clownphobiker geben in Internet-Foren *Es* oder *Poltergeist* als Auslöser für ihre Aversion an, und fast alle Puppenphobiker führen ihre irrationale Angst auf *Chucky – Die Mörderpuppe* zurück. Dass auch Julias Gedankenwelt durch den messerschwingenden »Good Guy«-Chucky durcheinandergewirbelt worden war, ist daher wenig überraschend. In einem Punkt passte Julia jedoch überhaupt nicht ins Bild:

Meistens ist es so, dass sich Leute mit Clownangst aus offensichtlichen Gründen ebenso vor Puppen fürchten und umgekehrt. Zumindest in abgeschwächter Form. Bei Julia war das anders. Obwohl sie Angst vor Puppen hatte, hatte sie mit Clowns überhaupt kein Problem. Im Gegenteil: Sie war als Kind, wie gesagt, selbst einer gewesen! Doch das ist, wie Michael Ende sagen würde, eine andere Geschichte und soll ein anderes Mal erzählt werden.

DIE 9. GESCHICHTE ÜBER SCHRÄGE PHOBIEN

Eine Frau sieht schwarz

Maike (26), Bürokauffrau, Stemwede,
über
Achluophobie (Angst vor Dunkelheit)

Vier bis sechs Monate – das ist die Zeitspanne, die meine Partnerschaften in der Regel überdauern. Gut, eine dreijährige Beziehung war auch schon mal dabei, doch das ist ganz schön lange her und außerdem wahrlich nicht die Regel. Manchmal halten es die Kerle sogar nur ein paar Wochen mit mir aus, und um ehrlich zu sein, kann ich es ihnen nicht einmal verübeln. Dass ich furchtbar anstrengend sein kann, weiß ich nämlich selbst. Und das meine ich nicht im Sinne von »Oh, die ist aber temperamentvoll und impulsiv« (das wäre ja schon wieder reizvoll und interessant), sondern ich meine es genauso, wie ich es sage. Ich bin pingelig, überempfindlich, schnell beleidigt und nicht selten raube ich meinen Partnern mit meinen Launen den allerletzten Nerv. »Du hast eben ein paar kleine Macken. Das ist doch kein Weltuntergang«, findet meine Mutter, deren subjektiver Blick durch die bedingungslose Kindsliebe offensichtlich mehr als getrübt ist. Meine beste Freundin findet da schon deutlichere Worte: »Auf jeden Topf passt ein Deckel. Doch du bist ein Wok.« Diese Ansage ist zwar ziemlich hart, trifft es aber in jedem Fall besser als die liebevoll verklärte Einschätzung meiner Mutter, denn »Du hast eben ein paar kleine Macken« ist die Untertreibung des Jahrhunderts. Viel eher möchte ich mich in puncto Selbstbeschreibung der schrulligen TV-Ärztin Dr. Elliot Reid aus der US-Serie *Scrubs* anschließen: Ich bin ein Vulkan an Ticks und bespucke meine Mitmenschen von früh bis spät mit neurotischer Lava. Das geht bei meinem Ordnungsfanatismus los (die Fransen meines Badezimmerteppichs kämme ich täglich) und hört bei meiner panischen Angst vor Dunkelheit wieder auf.

Letzteres ist wahrscheinlich das Nervigste an mir und birgt zudem den meisten Zündstoff, weil ich aus Scham nie jemandem von dieser Angst erzähle und Missverständnissen somit Tür und Tor öffne. Wenn ich meinen Partnern abends hinterhertelefoniere und sie frage, wann sie denn endlich nach Hause kommen würden, oder anfange zu heulen, weil mein Freund mal ein Wochenende nicht bei mir übernachten kann oder will, hat das nichts damit zu tun, dass ich eine kontrollsüchtige Klette bin, sondern schlicht und ergreifend damit, dass ich mich fürchte, wenn ich bei Einbruch der Nacht allein bin.

In meiner Wohnung ist das mit entsprechender Festbeleuchtung zwar einigermaßen zu ertragen, nachts allein in den Garten oder in den Keller zu gehen, würde ich aber nicht einmal für zehn Millionen Euro tun. Doch das ist noch längst nicht alles. Wenn es ans Schlafen geht, sprudelt meine Neurosen-Lava nämlich erst so richtig los. Hier ein paar Beispiele: Schlafen kann ich nur, wenn der Fernseher läuft, denn das künstliche Licht und die Stimmen brauche ich für mein Seelenheil. Ohne dies bekomme ich nicht nur Panik, sondern fühle mich auch sofort schrecklich einsam, und Einsamkeit steht auf meiner Angstliste gleich nach der Dunkelheit auf Position zwei.

Eine wichtige Rolle beim Einschlafen spielen auch noch die Jalousien, denn die müssen genau so weit runtergelassen sein, dass noch Licht durch die Schlitze fällt, mich von draußen aber niemand beobachten kann. Die Nacht verdunkelt meine Gedanken. In meinen finstersten Momenten halte ich es sogar für wahrscheinlich, von einem Einbrecher, Gespenst oder Alien attackiert zu werden, und ich weiß auch genau, woher das kommt.

Als ich noch klein war, habe ich häufig bei meiner älteren Cousine übernachtet, und wann immer es Abend wurde und sich die Gelegenheit dazu bot, hat mir die blöde Kuh hinter einem Baum oder einer Mauer aufgelauert und mich damit fast zu Tode erschreckt. Das Schlimmste, das meine Cousine je gemacht hat, war, mich in einen Schrank einzusperren. Dass ihr der Schlüssel abbrechen würde und ich erst nach einer geschlagenen Stunde von meinem Onkel mit einem Brecheisen aus meinem stockdunklen Verlies befreit werden konnte, hatte meine Cousine zwar nicht mit eingeplant, doch diese Horrortat habe ich ihr trotzdem niemals ganz verziehen.

Kein Wunder also, dass ich im Dunkeln auch heute noch von Todesangst und Monsterfantasien heimgesucht werde. Das geht mitunter sogar so weit, dass ich an schummrigen Orten (z.B. in der Disco) immer meine Freundinnen vorgehen lasse und das letzte Glied der Kette bilde, denn andernfalls befürchte ich, dass die anderen schlagartig verschwunden sein könnten, sobald ich ihnen den Rücken zukehre. Verrückt, ich weiß. Aber ich sag's ja: Ich bin ein Vulkan an Ticks.

Als ich meinen Freund Timo kennengelernt habe, rechnete ich daher damit, dass auch er früher oder später wieder die Flucht ergreifen und sich vor meiner stetig brodelnden Lava in Sicherheit bringen würde. Zwar schwor er mir von morgens bis abends seine Liebe und, ja, er ertrug sogar den Telefonterror und die Heulattacken, doch ein Problem gab es trotzdem mit Timo. Und zwar ein ganz entscheidendes: Er hatte nur einen Fernseher – und der stand im Wohnzimmer.

Darüber hinaus gehörte Timo zu der Sorte Mensch, die ihr Schlafgemach mit Rollos von innen derart abschotten, dass man die Hand nicht mehr vor Augen sieht. In so einem Raum zu schlafen wäre für mich die Hölle. Als ich das erste Mal feststellte, wie es um Timos Schlafgewohnheiten bestellt ist, waren wir erst ein paar Tage zusammen. Ich war nach einer Party mit zu ihm nach Hause gefahren und als ich sein Schlafzimmer betreten und die Lage abgeschätzt hatte, hätte ich beinahe auf dem Absatz wieder kehrtgemacht. Aber nur beinahe, denn um Timo stehen zu lassen, war ich einfach viel zu verliebt – und um allein in der Dunkelheit nach Hause zu gehen, darüber hinaus viel zu ängstlich.

Ich ließ mir also nichts von meinem Unwohlsein anmerken, sondern hielt Timo stattdessen so lange wach, bis meine komplette Lebensgeschichte erzählt war, Timo und ich insgesamt vier Mal miteinander geschlafen und drei Pizzen verdrückt hatten, die ersten Sonnenstrahlen an dem Rollo vorbei- und in das Zimmer hineinkrochen und ich endlich friedlich entschlummern konnte.

Doch obwohl es eine der schönsten und intensivsten Liebesnächte meines Lebens gewesen war, konnte diese »Love From Dusk Till Dawn«-Strategie natürlich keine Dauerlösung sein. Aus Mangel an Ideen (und abendfüllenden Gesprächsthemen) ließ ich mir an den darauffolgenden Wochenenden daher ständig irgendwelche Ausreden einfallen, warum wir ausgerechnet bei mir schlafen und unbedingt noch die und die Serie oder Show im Fernsehen angucken mussten, doch auch das konnte freilich nicht für immer gut gehen. Und das tat es auch nicht.

Nachdem ich mich ein paar Wochen lang erfolgreich davor gedrückt hatte, bei Timo zu übernachten, hatte er es sich mit einem Mal in den Kopf gesetzt, eine Spontanparty bei sich zu Hause zu feiern, und ein überzeugendes Argument, warum wir mitten in der Nacht den Ort des Geschehens verlassen und uns hundemüde mit dem Taxi bis zu meiner Wohnung quälen sollten, wollte mir partout nicht einfallen. Mir würde also nichts anderes übrig bleiben, als Timo noch ein zweites Mal bis zum Morgengrauen wach zu halten. Vielleicht hatte ich aber auch Glück und die Party ging so lange, dass das gar nicht nötig sein würde? Eher unwahrscheinlich. Es war mitten im Februar, und die Sonne würde demnach erst gegen acht Uhr morgens aufgehen. So lange durchzufeiern war zwar kein Ding der Unmöglichkeit und schon gar nicht für mich, hing aber immer sehr stark von Stimmung und Tagesform ab, und beides konnte man im Vorfeld nur sehr schwer abschätzen.

Nach reiflicher Überlegung kam ich endlich zu dem Schluss, dass ich einzig mit einem gepflegten Vollrausch auf der sicheren Seite sein würde. Wenn ich nur betrunken genug wäre, so dachte ich, würde ich sicher auch nach einem verfrühten Partyende und trotz der Stille und der Dunkelheit in Timos Zimmer einschlafen können. Falsch gedacht! Aber der Reihe nach.

Timos Party war ein voller Erfolg. Alle (inklusive mir) feierten, tanzten und rockten, bis die Wände wackelten und auch der letzte Tropfen Alkohol vernichtet war. Vor allem an Letzterem war besonders ich beteiligt, und als Timo und ich uns gegen vier Uhr morgens allein inmitten von zertrampelten Chips, klebrigen Fußböden und überquellenden Aschenbechern auf dem Wohnzimmersofa wiederfanden, war ich so blau, dass ich kaum mehr richtig sprechen konnte. »Coole Party, was?«, fragte Timo aufgekratzt. Ich nickte heftig. – »Hast du dich gut mit allen verstanden?« – »Deine Freunde schind super!«, lallte ich zurück. »Hassu noch Zigaretten?« – »Ja, hier.« Duselig griff ich nach Timos Zigaretten und steckte mir eine an. Mir wurde schlecht. Schnell drückte ich die Zigarette wieder aus. »Rauchen und dann kommt schwindelig«, erläuterte ich eloquent. Timo lachte. »Na, dann lass uns mal besser schlafen gehen.« Ich erschrak. Da war ja noch was. »Sollen wir nicht lieber erst aufräumen?« – »Quatsch, das machen wir morgen. Du kannst dich ja kaum noch auf den Beinen halten.« Da hatte er recht. Zumindest das mit dem Vollrausch hatte ich super hinbekommen.

Widerwillig ließ ich mich von Timo ins Schlafzimmer schieben. Er zog sogleich das Rollo runter. »Gute Nacht, mein kleiner Schluckspecht«, neckte mich Timo liebevoll und knipste das Licht aus. Ich knipste es schnell wieder an. – »Was ist?« – »Ich hab Durst!« Timo zeigte sich geduldig. »Na gut, ich hol dir was.«

Ein paar Minuten später hatte Timo mir auch schon eine Flasche Mineralwasser hingestellt und sich wieder ins Bett gelegt. »So, jetzt aber. Schlaf schön.« Zack, Licht aus. Zack, Licht wieder an. »Wollen wir nicht noch ein bisschen kuscheln und Musik hören?« – »Ach, Maike. Ich bin saumüde.« – »Ich kann aber nicht einschlafen.« – »Du hast es doch noch nicht einmal versucht!« Was nun? »Timo?« – »Ja, Maike?« – »Mir ist auf einmal so übel.« Genervt schlug Timo die Decke zurück, stapfte aus dem Raum und knallte mir einen Eimer neben das Bett. »Jetzt ist aber Ruhe!« Ich nickte stumm, und Timo löschte das Licht.

Wie unfassbar dunkel es hier war. Da könnte man fast meinen, man sei plötzlich blind geworden. Ich zog mir die Decke bis zur Nasenspitze und stierte wie hypnotisiert in das grauenvolle Nichts. Ich fröstelte vor Angst. Gerade so, als flösse die Dunkelheit nun durch meine Adern. Nein, das würde ich nie und nimmer aushalten. Panisch schaltete ich das Licht wieder ein. – »Was ist denn jetzt schon wieder?« – »Ich muss nur schnell was aus der Küche holen«, wich ich Timos Frage aus und huschte eilig aus dem Schlafzimmer. Als ich kurz darauf mit einem kleinen Kofferradio unterm Arm zurück ins Zimmer wankte, stöhnte Timo laut auf. »Das ist doch nicht dein Ernst!« – »Ich will nur noch ein bisschen Musik und Nachrichten hören. Ich mach das Radio auch ganz leise«, bettelte ich verzweifelt. »Bitte!« Timo schüttelte ratlos mit dem Kopf. »Oh, Mann. Wenn's unbedingt sein muss.« – »Muss es.« Dankbar kroch ich unter meine Bettdecke, schob das Radio unter mein Kopfkissen und lauschte der Stimme des Nachrichtensprechers. Jetzt erst bemerkte ich, wie erschöpft ich war. »Schlaf ein, Maike. Schlaf einfach ein«, redete ich mir in Gedanken gut zu – und fiel endlich in eine barmherzige Ohnmacht.

In dieser Nacht hatte ich einen merkwürdigen Traum. Ich träumte, ich würde barfuß über eine lange Straße laufen, die nicht nur irgendwie klebrig, sondern gleichzeitig auch eiskalt war, denn meine Füße fühlten sich an, als hätte sie jemand ins Gefrierfach gesteckt. Aus dem Himmel brabbelte eine Männerstimme auf mich ein, die mich eindringlich davor warnte, bei diesen Temperaturen mit dem Auto zu fahren. Was wollte der Typ bloß von mir? Ich ging doch schon zu Fuß! Wohin, das wusste ich allerdings nicht. Doch das war auch nicht weiter wichtig. Alles, was zählte, war, dass ich meinen Weg fortsetzte. Aber warum nur war es hier so schrecklich kalt? Plötzlich spürte ich einen rasenden Schmerz im rechten Fuß. Irgendwas hatte mich gebissen. Dann tat sich die Erde auf, und ich stürzte in ein pechschwarzes Loch. Immer tiefer und tiefer fiel ich in die ungewisse Leere, der Schmerz in meinem Fuß wurde stärker, die Dunkelheit noch schwärzer ... und dann erwachte ich endlich von meinem eigenen Geschrei.

Schweißgebadet schlug ich die Augen auf – und sah nichts. Um mich herum war es zappenduster. Träumte ich vielleicht immer noch? Nein, dafür fühlte sich nun alles viel zu echt an. Reflexartig tastete ich nach Timo, doch ich griff ins Leere. Sowohl mein Freund als auch das Bett waren verschwunden. »Timo!«, schrie ich, so laut ich nur konnte, und wedelte wie eine Irre mit den Armen in der Dunkelheit herum. Langsam begriff ich, dass ich nicht lag, sondern mit meinen Füßen auf irgendeiner kalten Fläche stand. Wo war ich nur? War ich womöglich blind geworden? Oder verrückt? »Hilfe! Timo! Timo! Hilfe!« Mein Geschrei wurde von den heiß hervorsprudelnden Tränen erstickt. Die Panikschübe kamen nun in immer kürzeren Abständen. »Oh Gott! Ich bin blind! Ich bin blind!« Ratlos machte ich ein paar überstürzte Schritte nach vorn, blieb mit dem Fuß an irgendwas hängen, fiel hin und schlug mit dem Kopf gegen einen glatten, kalten Koloss. Ein Alien!

Kreischend und bebend vor Angst kroch ich auf allen vieren davon. Dann wurde es plötzlich so hell, dass ich blinzeln musste. »Maike? Bist du das?« Vor mir stand Timo. Er sah bleich und verängstigt aus. »Was machst du bloß?« Timo ließ sich auf die Knie sinken und umklammerte mich fest mit beiden Armen. Ein paar Sekunden verharrte ich in Schockstarre, dann entspannten sich meine Glieder, und ich begann, so bitterlich und ungehalten loszuplärren, dass man es wahrscheinlich noch zehn Häuser weiter hören konnte. Timo ließ es wortlos geschehen und drückte mich so lange fest an sich, bis ich mich wieder ein wenig beruhigt hatte und sich mein Atem zumindest nicht mehr gänzlich wie ein hysterisches Todesröcheln anhörte. »Was ist denn nur passiert? Wie kommst du nur hierher?« Irritiert blickte ich mich um. Timo und ich saßen mitten auf dem dreckigen Fußboden seiner Garage. Über unseren Köpfen surrten Leuchtstoffröhren. Timos Opel Tigra identifizierte ich sogleich als das große glatte Alien von vorhin. Ach ja, hatte ich schon erwähnt, dass ich auch Schlafwandlerin bin?

»Ich, ich hab geträumt«, stammelte ich, immer noch reichlich verwirrt. Timo tippte gegen meinen rechten Fuß. »Tut das weh?« Mein Fuß war dreckig und blutverkrustet. Ich musste ihn mir auf meiner Wanderschaft durch das Partyschlachtfeld an einem kaputten Glas oder einer Flasche aufgeschnitten haben. »Ja, ganz doll!«, jaulte ich. Timo küsste mich auf die Stirn. »Ich steck dich jetzt erst mal in die Badewanne.« Mit diesen Worten hob mich Timo vorsichtig vom Boden auf und trug mich ins Badezimmer.

Nachdem mein Fuß gesäubert war (meine Verletzung war zwar ein tiefer, aber dafür nur ein kleiner Schnitt gewesen) und ich mich in das heiße Badewasser hatte gleiten lassen, setzte sich Timo neben mich und rubbelte mir fürsorglich mit einem dicken, weichen Schwamm über den Rücken. »Jetzt erzähl mal, Maike. Machst du so was öfter?« – »Eigentlich nicht. Als Kind habe ich manchmal schlafgewandelt, aber das ist fast zwanzig Jahre her.« – »Hm. Vielleicht kam das von der Aufregung oder dem vielen Alkohol. Oder von den ungewohnten Stimmen im Radio. So ein Gebrabbel kann einen ganz schön verwirren und das Gehirn durcheinanderbringen. Deswegen will ich auch keinen Fernseher im Schlafzimmer haben. Du solltest dir vielleicht mal überlegen, deinen abzuschaffen.« Bei der Vorstellung daran zuckte ich unwillkürlich zusammen. Dann weinte ich wieder. Ich fühlte mich schwach, müde und immer noch total betrunken. »Was ist? Warum weinst du denn?« Und dann erzählte ich Timo alles. Ich erzählte ihm von meiner Angst vor der Dunkelheit, von meiner Cousine und dem Schrank und davon, dass mich meine beste Freundin als einen Wok bezeichnet hatte.

Timo wirkte amüsiert. Das verwunderte mich. »Mensch, Maike. Du machst dir vielleicht Gedanken! Warum hast du mir das denn nicht einfach gesagt?« – »Weil ich nicht will, dass du mich für bescheuert hältst, vielleicht?« – »Bescheuert finde ich dich nur, wenn du versuchst, mir etwas vorzuspielen.« – »Und was soll ich jetzt machen? Nach Hause fahren und mich da ins Bett legen, oder was?« Timo lächelte. »Ruhig, Brauner. Jetzt mach dich mal nicht verrückt. Wie wär's, wenn ich dir ein kleines Nachtlicht besorge und du es mal ohne Stimmen versuchst? Und wenn du dich einsam fühlst, kuschelst du dich einfach ganz schnell ganz fest an mich ran. Sollen wir das mal ausprobieren?« Ich nickte gerührt. Timo küsste mich wieder zärtlich auf die Stirn. – »Mit mir macht man ganz schön was mit, was?« – »Das kann man wohl sagen! Aber dafür wird's auch nie langweilig mit dir«, antwortete Timo und kniff mir in die Nase. »Ich find dich toll. Und jetzt raus aus der Wanne.«

Als wir eine halbe Stunde später im Bett lagen, war ich ebenso selig wie verwirrt. Verstohlen beobachtete ich meinen friedlich schlafenden Freund im Schein der kleinen Lampe, die Timo neben meine Seite des Bettes gestellt hatte. Ich grübelte. Vielleicht war ich ja gar kein giftig brodelnder Vulkan, sondern eher so eine Art blühender Kaktus? Etwas stachelig zwar, aber dafür schön und besonders. Timo schien das jedenfalls so zu sehen. Meine Macken störten ihn nicht. Nein, mehr noch. Er fand sie sogar sympathisch und erachtete sie schlicht und ergreifend als einen Teil von mir. Mein Freund liebte mich genau so, wie ich war, und es wurde höchste Zeit, dass auch ich das endlich mal tat und das Scheinwerferlicht auf meine Liebenswürdigkeit und meine guten Seiten richtete.

DIE 10. GESCHICHTE ÜBER SCHRÄGE PHOBIEN

Die Salami-Taktik

Marc (27), Marketingassistent, Frankfurt, &
Benni (29), Werbefachmann, Berlin,
über
Carnophobie (Angst vor Fleisch / Wurst)

M*arc:* Ich habe Angst vor Wurst. Besonders vor Salami. – Fertig mit Lachen? Gut, dann kann ich ja weitererzählen. Ich fürchte mich, wie gesagt, vor Wurst. Es ist mir schnuppe, ob es sich dabei um geschnittene Scheiben, geräucherte Stangen oder grobe Streichwurst handelt – ich finde alles abscheulich. Besonders absurd: Obwohl ich Wurst hasse wie die Pest, bin ich kein Vegetarier. Im Gegenteil: Steaks, Schnitzel, Hühnchen und Spaghetti bolognese gehören zu meinen Leibgerichten und selbst Hot Dogs oder eine Currywurst kann ich mir im Notfall gerade noch so reinwürgen. Sobald Fleisch jedoch kalt und/oder roh ist (Mett – Kotz! Brech!), kriege ich die Krise. Es dürfte sich bei mir daher lediglich um eine abgewandelte Form der Carnophobie handeln, und eigentlich ist es auch eher ein abgrundtiefer Ekel als eine Angst. Andererseits ... wenn mir jemand mit so einer speckigen Salamischeibe zu nahe kommt, ist blanke Panik angesagt!

Ich weiß nicht, wann und wodurch mein Wurstekel entstanden sein könnte. Das ist alles höchst mysteriös. Früher hab ich das Zeug nämlich ganz gern gefuttert. Als kleiner Junge hat mich mein Vater beispielsweise einmal zum Fischen mitgenommen. Ich war damals schätzungsweise drei oder vier Jahre alt. Nachdem wir am See angekommen waren und die Angelschnüre ausgeworfen hatten, legten wir uns rücklings auf die Wiese, spielten Wolkenfiguren raten und mampften fröhlich Schinkenbrote. Das war also ein sehr schönes Erlebnis und soweit ich mich entsinnen kann, hat mir das Schinkenbrot damals vorzüglich geschmeckt. Offensichtlich hatte ich zu dieser Zeit noch kein Problem mit Wurst. Meine Patentante behauptet sogar steif und fest, dass ich als ganz kleiner Junge Leberwurstbrote nur zu gern vertilgt hätte, was ich persönlich mehr als verwunderlich finde. Immerhin kommt Leberwurst auf meiner heutigen Ekel-Skala gleich nach der Salami.

Aber wie dem auch sei. Irgendwann im Alter von vier, fünf oder sechs Jahren muss ich etwas Prägendes erlebt haben, denn als Siebenjähriger konnte ich Wurst urplötzlich nicht mehr ausstehen und zeigte der freundlichen Fleischwarenverkäuferin im Supermarkt erbost den Stinkefinger, als sie mir eine Fleischergabel mit einer aufgerollten Mortadellascheibe vor die Nase hielt.

Was für ein Trauma das war? Weiß der Himmel! Ich wüsste es selbst nur zu gern. Manchmal bin ich so neugierig, dass ich selbst Ursachenforschung per Hypnose in Betracht ziehe – muss das Trauma doch so tiefschürfend gewesen sein, dass ich heute Wurst nicht einmal anfassen kann, wenn sie in Plastikverpackungen eingeschweißt ist. In der Pubertät war es in puncto Frauen auch ein Auswahlkriterium für mich, ob meine Angebetete Wurst aß oder nicht. Inzwischen habe ich die Messlatte zwar ein bisschen tiefer gelegt, doch wenn meine Freundin sich etwas Entsprechendes hinter die Kiemen schiebt, hat es für den Rest des Tages ein Ende mit der Fleischeslust!

Bah! Man male sich das nur einmal aus! Meine Freundin und ich liegen auf dem Bett. Ich fasse ihr behutsam mit der Hand in den Nacken. Sie schließt die Augen, ich schließe die Augen. Unsere Lippen berühren sich zärtlich. Dann unsere Zungenspitzen. Ich ziehe sie eng an mich heran. Sie schlingt ihre Arme und ein

Bein um mich und atmet schwer aus. Ich drücke sie fordernd in die Matratze und dringe leidenschaftlich mit der Zunge in ihren Mundraum ein und – Guten Appetit! – ein halb zerkauter Wurstbrocken rutscht aus ihren Zahnzwischenräumen heraus und landet mit einer ordentlichen Portion Spucke direkt auf meiner Zunge! Oh Gott, oh Gott, oh Gott! Jetzt ist meine Manneskraft schon wieder auf Millimetergröße zusammengeschrumpft, nur, weil ich darüber nachgedacht habe.

Dass sich jemand dieses salzige, kalte, glibberige Sülzezeug in den Mund steckt und auch noch abbeißt, zerkaut und runterschluckt ist doch einfach nur abartig! Über Fleisch werden außerdem Krankheiten übertragen – Salmonellen, Schweinepest und BSE lassen grüßen! Und wo wir schon bei Rinderwahn sind: Welcher geistesgestörte Vollspacken hat eigentlich die BiFi erfunden? Das ist ja wohl die perverseste Kreation seit Menschengedenken!

Von allen Wurstsorten stinken BiFi und Salami am allerschlimmsten – von den matschigen Kaugeräuschen, den glänzenden Fettrückständen am Kinn und dem ungehobelten Verhalten der Salamiesser mal ganz zu schweigen. Hier eine Veranschaulichung: In der achten Klasse saß ein Mädchen neben mir, die eines Tages ein Pausenbrot mit Salami dabeihatte und mich in meinen Vorurteilen einmal mehr bestärkte. Bereits, als sie ihr Vesper aus dem Tornister kramte und mir der widerwärtige Salamigestank entgegenschlug, wurde mir mulmig zumute, doch ich rannte nicht weg oder heulte oder so. Ganz so bekloppt bin ich dann auch wieder nicht. Jedenfalls stopfte sich das Mädchen das Brot gierig zwischen die Zähne und biss ab. Zumindest das Brot biss sie ab. Die Salami war anscheinend zu zäh, sodass das Mädchen die Wurst unbeabsichtigt im Ganzen zwischen den beiden Brotscheiben herauszerrte und sie ihr anschließend wie eine dunkelrote Rinderzunge vor dem Kinn herumbaumelte.

An der – ohnehin vor Fett triefenden – Salami klebten auch noch Unmengen Butter, sodass der fleischige Lappen glänzte, als hätte das Mädchen ihn in ein ranziges Fritteusebecken getaucht. Ich verfolgte das Szenario mit einer Mischung aus Grauen und masochistischer Faszination. Als die unverfrorene Tussi die Salami dann auch noch mit bloßen Fingern packte und sie mit einem kraftvollen Ruck entzweiriss und die übrig gebliebene Hälfte wieder zwischen die beiden Brotscheiben patschte, fühlte ich mich vollends wie durch den Fleischwolf gedreht und stand auf, um mir einen neuen Sitzplatz zu suchen. »Was ist?«, fragte das Mädchen mit vollem Mund. Dabei spuckte es versehentlich ein paar Wurststückchen und Brotkrümel über den Tisch. Widerlich! Ich weiß schon ganz genau, warum ich den Wurstfreaks beim Kauen nie ins Gesicht gucke! »Pfui! Mach beim Fressen gefälligst das Maul zu!«, schimpfte ich und stapfte angeekelt zu einem freien Stuhl in der vordersten Reihe. Das Mädchen sprach lange Zeit kein einziges Wort mehr mit mir.

Ansonsten kann ich mich aber an kein Erlebnis in Zusammenhang mit Wurst erinnern, das peinlich oder unangenehm gewesen wäre. Ich esse den Kram eben einfach nicht und bestelle ausschließlich Pizza Margarita, und wenn jemand anderes Wurst isst, gucke ich halt weg oder verweigere – im Falle meiner Freundin – für einige Stunden den Liebesdienst. That's it. Alle meine Mitmenschen wissen um meine Marotte und akzeptieren sie. Ich gehe ganz offen mit dem Thema um. Schließlich ist ein Wurstekel nichts, wofür man sich zu schämen bräuchte. Findet auch mein Umfeld. Lediglich mein Vater hat mich im Kindesalter ab und an mit meinem Tick aufgezogen, doch das war vergleichsweise harmlos.

Als ich sieben Jahre alt war, sind meine Mutter, mein Vater und ich beispielsweise nach Italien gefahren, um die Osterferien in einem schnuckeligen Ferienhaus am Comer See zu verbringen. Mein Sandkastenkumpel Benni und seine Familie waren auch dabei. Seine und meine Mutter sind sehr gut befreundet, sodass Benni und ich wie Brüder aufgewachsen sind und dementsprechend viel Scheiße gebaut haben.

In dem Italienurlaub waren wir aus irgendeinem Grund ganz besonders auf Krawall gebürstet, sodass mein Vater mir wohl eine augenzwinkernde Lektion erteilen wollte und am Ostersonntag nicht nur Schokolade und Spielzeugautos, sondern auch ein faules Ei für mich im Garten versteckte. Es handelte sich dabei um ein kleines, in Alufolie gewickeltes Päckchen, auf das mein Vater mit Edding meinen Namen gekritzelt hatte. Der Inhalt bestand aus fünf Scheiben feinster italienischer Salami.

Natürlich fand ich die Idee nicht ganz so witzig wie die übrigen Anwesenden, doch kalt erwischt hat mich die Aktion auch nicht gerade. Dass alle Elternteile schelmisch grinsten, als Benni und ich mit unseren Osterkörbchen zur großen Suche ausschwärmten, gab mir immerhin zu denken, und als ich das Alufoliepäckchen hinter einem Stein im Blumenbeet entdeckte, roch ich den Braten sofort. Um den anderen den Spaß nicht zu verderben, legte ich das silbrig glänzende Häufchen aber trotzdem in meinen Korb und trug es zusammen mit den anderen Fundstücken zum Terrassentisch, wo unsere Eltern Benni und mich mit schadenfrohen Mienen erwarteten. Ich griff sofort nach dem Päckchen, riss die Alufolie einen Spaltbreit auf, machte ein angeekeltes Gesicht, wartete geduldig das Gegröle ab, legte die Wurst dann auf den Tisch und packte die anderen Geschenke aus. Damit ist die Geschichte schon erzählt.

Benni: Marc ist ein Supertyp und einer meiner besten Kumpel, aber was Wurst angeht, hat er echt den totalen Dachschaden! Außerdem konnte er als kleiner Junge extrem bockig sein, wodurch sich unsere Freundschaft reichlich turbulent gestaltete. Als wir 1990 in das Ferienhaus am Comer See gefahren sind, war ihm kurz zuvor anscheinend eine noch dickere Laus über die Leber gelaufen als üblich.

Bereits auf der Hinfahrt war er nur am Rumnörgeln, und als wir das Haus erreicht hatten und es darum ging, wer in dem Hochbett unseres Zimmers oben schlafen durfte, lagen wir uns auch schon in den Haaren. Tags darauf turnten Marc und ich auf der Terrasse herum und veranstalteten waghalsige Schlachten mit unseren *Masters of the Universe*-Figuren. Weil ich die besseren Strategien und Kämpfer hatte und jeden Wettstreit gewann, mutierte Marc einmal mehr zum Wüterich und schlug mit seinem Evil Warrior *Skeletor* meinen Zauberer *Orko* zu Klump. Aus Rache schubste ich Marc in den Swimmingpool, woraufhin er wiederum total ausflippte und animalisch brüllend auf mich losging.

Er war so fuchsteufelswild, dass ich richtig Schiss bekam und mich in unserem Zimmer einschloss. Marc zeigte sich unbeeindruckt und schmiss sich so lange wie ein Rammbock gegen die Tür, bis das Schloss aus dem dünnen Sperrholzrahmen splitterte. »Es tut mir leid! Es tut mir leid! Es tut mir leid!«, stammelte ich, als der tropfend nasse Marc cholerisch in das Zimmer stob und wie der Zorn Gottes über mich und die Einrichtung herfiel.

Zunächst versuchte er, mir an die Gurgel zu gehen, doch ich war zu stark für den zwei Jahre jüngeren Marc. Also begann er, brutal mit einem Kopfkissen auf mich einzuschlagen. Ich stellte ihm ein Bein. Schäumend vor Wut über die ihm erteilte Schmach griff Marc nach einer der italienischen Vasen auf der Kommode und schleuderte sie mit einem wahnsinnigen Kampfesschrei in meine Richtung. Die Vase schlug gegen die Wand und zersprang in viele Stücke. Marc hatte mich verfehlt.

»Was ist denn jetzt schon wieder los?«, schnaubte Marcs entnervter Vater, der plötzlich in der Tür auftauchte. »Benni hat mich in den Pool geschubst!« – »Stimmt das, Benni?« – »Ja. Aber Marc hat meinen Orko kaputt gemacht!« – »Stimmt das, Marc?« – »Ja. Aber Benni hat es verdient! Er hat beim Autorennen die ganze Zeit geschummelt!« Marcs Vater verdrehte hilflos die Augen und seufzte tief. Dann deutete er auf den zerbrochenen Türrahmen und die Scherben auf dem Boden. »Wer hat *das* gemacht?« Ich zeigte sofort auf Marc. (Ja, ja, ich gebe es zu: Als Kind war ich ein mieser Denunziant.) »Ich bin sehr enttäuscht von dir, mein Junge! Sich zu streiten ist eine Sache. Handgreiflichkeiten und

Gewalt sind eine andere. Auch wenn Benni dich geschubst hat – das kann ich dir nicht durchgehen lassen, Marc. Du entschuldigst dich jetzt bei deinem Freund. Danach trocknest du dich ab und räumst diesen Saustall hier auf.« – »Nein, ich will nicht! Das ist ungerecht!«, protestierte Marc und raste davon wie eine gesengte Sau. Sein Vater rannte hinterher. In der Küche holte er Marc ein und packte ihn am Arm.

»Mein lieber Freund! Du machst jetzt gefälligst, was ich dir sage. Sonst bekommen wir zwei heute noch richtig Ärger!« – »Ich will aber nicht!«, rief Marc wieder und biss seinem Verfolger wie ein tollwütiges Tier in die Hand. Ich konnte Marcs Vater ansehen, wie er nach Fassung rang. Seine heftig pulsierenden Halsschlagadern waren dick wie Lakritz. »Marc! Du gehorchst mir jetzt!« – »Nein! Lass mich los, du Blödmann!« Marcs Vater war kurz vor der Explosion. »Fordere mich nicht heraus, Sportsfreund! Ich hol die Salami!« – »Das machst du eh nicht! Hol sie doch!« Marcs Vater ließ von seinem tobenden Jungen ab und marschierte entschlossen zum Kühlschrank. Als er die Kühlschranktür öffnete, fielen Marc fast die Augen aus dem Kopf. Marcs Vater griff nach einer Scheibe Salami – und Marc ging stiften.

Sein Vater nahm wiederum die Verfolgung auf und als er Marc mit dem roten Fleischlappen in die Ecke drängte, wurde Marc dunkellila im Gesicht und begann, lauthals zu plärren und zu schreien. Dicke Tränen kullerten über seine heißen Bäckchen. Die Hände hatte er so krampfhaft zu Fäusten geballt, dass seine Fingerknöchel schon ganz weiß geworden waren. Aus einem verzweifelten Impuls heraus boxte er seinem Vater in die Magengrube und robbte blitzschnell unter den Küchentisch. Er zitterte unter der Anstrengung und der durch die Nässe seiner Klamotten bedingten Kälte. Sein Vater hockte sich vor den Tisch und pfefferte dem Widerspenstigen die Salami ungerührt vor die Nase. »Jetzt krieg dich endlich wieder ein, du Hitzkopf! Oder ich hole noch eine Scheibe!« – »Nein! Aufhören! Doch nicht *noch* eine Scheibe!« Marcs Wille war gebrochen. Zähneknirschend kroch er unter dem Tisch hervor, zog sich um und machte sich an die Aufräumarbeiten in unserem Zimmer.

Was ich während der Salamiattacke getan habe? Zu meiner Schande muss ich gestehen, dass ich die ganze Zeit über in der Küche gestanden und mich totgelacht habe. Ich fand das Schauspiel einfach zu skurril. Auch wenn es fies klingt, aber das war ganz großes Kino! Marc verurteilte mich für die unterlassene Hilfeleistung. »In deinem Geist haust die Schlange des Verrats«, zischte er mir vor dem Schlafengehen feindselig zu. »Das bedeutet Krieg!« Aus welchem Karatefilm er das bloß wieder hatte!

Auch am nächsten Nachmittag hatten sich die Wogen noch nicht geglättet und als wir uns mit unseren Familien zu einer Bootsfahrt mit einem großen Touristendampfer aufmachten, übte Marc Vergeltung, indem er mir auf dem Hinweg permanent mit einem spitzen Stock in den Rücken pikte. Das nervte mich tierisch – doch ich wusste nun, wie ich meinen Freund außer Gefecht setzen konnte.

Bevor wir das Boot erreicht hatten, bestand ich noch darauf, kurz über den Markt zu schlendern, und überredete meine Mutter unter einem Vorwand, mir eine dicke Stange Salami zu kaufen. Von dieser schnitt ich, auf dem Boot angekommen, ein paar Stücke mit meinem Taschenmesser ab und steckte sie mir in die Hosentasche. Und jedes Mal, wenn Marc in unbeobachteten Momenten einen wiederholten Stockangriff startete, warf ich ihm eiskalt eine Scheibe vor die Füße und – Sim-*salami*-bim! – verkrümelte sich Marc auch schon wieder unter Deck und spielte die beleidigte Leberwurst. Gemein, ich weiß. Aber im Krieg ist alles erlaubt. Das hatte der Spinner nun davon.

Als Marc und ich uns zwei Tage später immer noch nicht vertragen hatten, wurde ich dann doch langsam schwach. So lange hatten wir noch nie durchgängig Streit gehabt und obwohl ich sehr jung war, war mir schon irgendwie klar, wie bedrückend es für Marc gewesen sein musste, dass sich ausgerechnet sein bester Kumpel und sein geliebter Vater gegen ihn verschworen hatten. Ich entschuldigte mich also bei Marc – doch er wollte nichts von meiner Reue wissen. Stattdessen zog er es vor, die Eiersuche am Ostersonntag einmal mehr zum Wettkampf zu erheben.

»Ich werde so viel und so schnell sammeln, dass du nicht ein einziges Schokoladenei mehr abbekommst!«, erklärte er großspurig. Dann düste er im Affenzahn mit seinem Körbchen davon. Das Alufoliepäckchen im Blumenbeet entdeckten wir fast gleichzeitig. »Geh weg!«, schnauzte Marc und schubste mich grob zur Seite. »Das ist für mich! Da steht mein Name drauf! Das ist etwas ganz Besonderes von *meinem* Vater für *mich*!« – »Ist ja gut«, maulte ich und trabte beleidigt davon.

Zwanzig Minuten später hatten wir alle Verstecke geplündert und liefen zur Terrasse zurück, wo unsere Eltern bereits mit Fotoapparaten auf uns warteten. Marc hatte tatsächlich viel mehr gesammelt als ich und schleppte seinen proppenvollen Korb nun stolz wie Oskar und mit rot glühenden Bäckchen zum Terrassentisch. Ich gönnte es ihm. Das Alufoliepäckchen mit der Handschrift seines Vaters darauf riss er als Erstes auf. Als er den Inhalt erspähte, verschwand die Freude aus seinem Gesicht. Seine Augen wurden glasig. Stumm legte er sein Geschenk auf den Tisch. Unsere Eltern kicherten. »Na, Marc. Ist das nicht eine tolle Überraschung?«, lachte Marcs Vater. Marc schüttelte kaum merklich den Kopf. – »Ach, komm, du armes Würstchen. Spaß muss sein!« – »Armes Würstchen!«, griff Marcs Mutter das Wortspiel ihres Mannes prustend auf. »Armes Würstchen! Ich lach mich tot!« – »Genau! Jetzt geht's um die Wurst!«, beteiligten sich nun auch meine Eltern an der Phrasendrescherei. »Oder noch besser: Marc macht das Würstchen!« Die Erwachsenen kringelten sich vor Lachen. Sie kriegten gar nicht genug davon, sich selbst und ihre Gags zu feiern. Besorgt beobachtete ich, wie Marc auf die Salami schielte und still gegen die Tränen und den Würgereiz kämpfte. Er tat mir so leid.

»Benni! Was ist denn in dich gefahren?« Blitzschnell hatte ich nach der Salami gegriffen und mir alle fünf Scheiben auf einmal in den Mund gestopft. Hastig versuchte ich, die fettigen Fleischberge mit meinem Kinderkiefer zu zermalmen, doch es wollte mir nicht so recht gelingen. Ich wandte mich an meine Eltern, hob ratlos die Hände und machte große Augen. Meine Backen waren dick wie Ballons. – »Haha! Du siehst ja aus wie ein Hamster!«, rief meine Mutter aufgekratzt und knipste schnell ein Foto. Nun wurde über mich gelacht. Auch Marc fing an zu grinsen. Das Kriegsbeil war begraben.

Marc: Dass mein Vater mich im Italienurlaub nicht nur mit einem Salami-Osterei überrascht hat, sondern mich mit der Wurst außerdem wie eine Sau durchs Haus getrieben haben soll, halte ich für ein Gerücht. Zwar hat mich mein Vater früher ab und zu wegen meines Spleens veräppelt, aber mich gejagt? Blödsinn! Ich weiß jedenfalls nichts mehr davon und dass ich früher ein zorniger Hitzkopf gewesen wäre, ist mir ebenfalls neu.

Die Tatsache, dass Bennis und meine Erinnerungen derart auseinanderklaffen, dürfte ein gefundenes Fressen für jeden Psychologen sein, und ich finde es ja selbst rätselhaft. Meiner Meinung nach sollte man aber trotzdem nicht zu viel in die angeblichen Urlaubserlebnisse hineininterpretieren, denn das Verhältnis zwischen mir und meinem Vater ist bis heute bestens. Nebenbei bemerkt: Was meinen heldenhaft verklärten Sandkastenkumpel angeht, ist es wichtig zu wissen, dass Benni inzwischen in der Kreativbranche arbeitet, eine blühende Fantasie hat und es mit der Wahrheit nicht immer ganz so genau nimmt.

Frei nach dem Motto »Alles hat ein Ende, nur Wurstgeschichten haben zwei« könnte es aber auch schlicht und ergreifend die Eigenart einer Salamistory sein, dass sie zu keinem eindeutigen Ergebnis kommt.

Auf die stürmische Art

Doris (56), Hausfrau, Vechta,
über
Brontophobie (Angst vor Donner / Gewitter)

Als ich Bolle das erste Mal aus seinem Körbchen hob und er ausgelassen gähnte, wusste ich sofort: Bolle war das knuffigste kleine Kerlchen, das ich in meinem ganzen Leben je gesehen hatte. Sein schneeweißes und wunderbar weiches Fell war von braunen und schwarzen Flecken überzogen und seine Äuglein, aus denen er mich schlaftrunken anblinzelte, zeugten von Treue und Gutmütigkeit. Bolle war ein Bernhardiner, und als wir ihn im Sommer 1986 von einem Züchter holten und er Teil unserer Familie wurde, war er noch so klein und tapsig, dass man ihn wie einen Teddybären in den Arm nehmen und von früh bis spät durchknuddeln konnte. Mein Mann Hannes und ich konnten das zumindest. Für unsere jüngste Tochter Eva, die damals erst drei Jahre alt war, war er dann aber doch schon zu groß. »Ach, Bolle. Wenn ich groß bin, dann nehme ich dich auf den Schoß«, versprach Eva, nachdem sie, mein Mann und meine drei Söhne Bolle aus einem Wurf von Bernhardinerwelpen ausgesucht und zu uns nach Hause gebracht hatten.

Dass Bolle sehr viel schneller wachsen würde als Eva und sie ihr Versprechen demnach nicht einhalten können würde, war uns allen klar. Dass sich Bolle binnen weniger Monate in einen

95 Kilogramm schweren Koloss verwandeln würde, der meinem Mann bis zum Bauchnabel reichte und dessen Kopf dreimal so groß war wie der unserer Tochter Eva, ahnten wir allerdings nicht. Bolle war, selbst für einen Bernhardiner, einfach nur gigantisch und sein Gewicht konnten wir auch nur deshalb so genau ermitteln, weil uns ein benachbarter Bauer anbot, Bolle bei sich auf die Kuhwaage zu stellen.

Unsere Kinder setzten Bolle aufgrund seiner Größe bald als Pony ein und ritten auf ihm quer durch den Garten – nicht selten sogar zu zweit oder zu dritt. Manchmal spielten sie auch Doktor und Patient mit Bolle, erforschten das Innere seiner Ohren, stopften ihm Thermometer ins Maul und testeten die Dehnbarkeit seiner Rute. Bolle störte das wenig. Solange sich jemand mit ihm beschäftigte, war er glücklich, und wenn es ihm doch mal zu viel wurde, schob er die Kinder mit einer seiner Vorderpranken geduldig brummend zur Seite. Im Gegensatz zu allen anderen hatte ich niemals auch nur die Spur einer Angst, dass Bolle irgendjemanden verletzen könnte – und das, obwohl er meine jüngste Tochter Eva mit einem Haps hätte verschlucken können. Doch gerade, was sie anging, war Bolle von Kopf bis Pfote auf Liebe eingestellt, und wenn Eva Bolle an die Leine nahm und mit ihm Gassi ging (Bolle war größer und fünfmal so schwer wie Eva), war das einfach nur ein Bild für die Götter.

Für Bolle stand Eva unter Welpenschutz, was Eva auch sehr schnell begriff und ausnutzte. Wenn einer ihrer älteren Brüder, ihr Vater oder ihr Opa sie ärgerte oder kitzelte, brauchte Eva nämlich nur einmal kurz »Bolle« zu piepsen, da kam ihr pelziger Beschützer auch schon mit wehenden Schlappohren angaloppiert und schubste den vermeintlichen Angreifer mit seinem Riesenschädel kurzerhand zu Boden. Für Bolle war das freilich nur ein Spiel, denn ernstlich angegriffen hätte er nie jemanden. Für Bolle gab es nichts Schöneres, als von Menschen umgeben zu sein, und sogar wenn Fremde – wie zum Beispiel der Heizungstechniker –

in unser Haus kamen, freute sich Bolle so sehr, dass ihm prompt ein paar Spritzer Urin entfuhren. »Na, großartig! Wenn jemals bei uns eingebrochen wird, pisst unser Hund vor Freude erst einmal den Teppich voll«, pflegte Hannes die Begeisterungsfähigkeit unseres Hundes dann wenig charmant zu kommentieren. Im Gegensatz zum Rest der Familie konnte er sich nie so ganz mit Bolle anfreunden, was vor allem daran lag, dass mein Mann Hobbyjäger war und seinen prächtigen Vierbeiner eigentlich als Unterstützung für die tägliche Pirsch eingeplant hatte. Bolle allerdings war nicht nur ungewöhnlich groß, sondern auch ungewöhnlich ängstlich.

Bolle war ein richtiger Hasenfuß und sogar wenn Schröder, der winzige Goldhamster unserer Tochter Eva, eine fiepsige Unmutsäußerung von sich gab, wurde unser 1,20 Meter großer Bernhardiner plötzlich ganz klein mit Hut, und als Hannes Bolle das erste Mal mit auf die Jagd nahm und einen Schuss aus seinem Gewehr abfeuerte, kriegte Bolle so einen Schreck, dass er im Schweinsgalopp Reißaus nahm und meinen wild fluchenden Ehemann an der Leine bäuchlings durch den halben Wald schleifte. Von da an hatte sich das Thema Jagd erledigt und Bolle blieb zu Hause.

Damals nahmen wir noch an, Bolle hätte sich bloß wegen des lauten und unerwarteten Knalls so sehr erschreckt, doch mit dieser Theorie lagen wir nur halb richtig. In Wahrheit war es nämlich so, dass Bolle eine für uns Menschen kaum begreifliche Angst vor Donner und Gewitter hatte. Zwar ist es nichts Ungewöhnliches, dass Bernhardiner, die früher von den Augustiner-Mönchen als Lawinenhunde eingesetzt wurden, extrem wetterfühlig sind, doch bei Bolle war es weit mehr als nur eine übermäßige Sensibilität. Bolle war nicht einfach nur empfindlich. Nein. Wenn es donnerte, bekam er Todesangst. Das begriffen wir aber erst, als Bolle bereits ein paar Monate alt war und an einem besonders stürmischen Tag unsere Wohnzimmereinrichtung im wahrsten Sinne des Wortes auf den Kopf stellte.

Es war ein Donnerstag (wie passend) und bereits als sich am späten Nachmittag die ersten unheilvollen Wolken vor die Sonne schoben, begann unser Hund, sich höchst sonderbar aufzuführen. Da Hannes und ich Freunde zu uns zum Essen eingeladen hatten und mir das schwüle Wetter ein wenig auf den Kreislauf geschlagen war, legte ich mich kurz aufs Sofa, um mich vor der Kocherei noch ein wenig auszuruhen.

Ich war gerade eingenickt, als ich plötzlich einen Druck auf meinem Bauch fühlte und ein leises Winseln hörte. Ich schlug die Augen auf – und entdeckte Bolle. Er saß neben dem Sofa, hatte seinen Kopf auf meinen Bauch gelegt und starrte mich flehend und mit weit aufgerissenen Augen an. »Was ist los, Dicker? Ist dir langweilig? Oder hast du etwa schon wieder Hunger?« Bolle antwortete mit einem erneuten Klagelaut. Ich schaute auf die Wanduhr. 18:00 Uhr. Es wurde ohnehin langsam Zeit, dass ich mich an die Arbeit machte. »Na, komm, mein Junge. Schauen wir mal, ob ich ein Leckerli für dich finde.« Ich schlug die Wolldecke zurück und schlurfte müde in die Küche. Bolle lief eilig hinterher, doch seinen Knochen verschmähte er. Ratlos tätschelte ich Bolles Kopf. »Dann kann ich dir auch nicht helfen, Dicker. Ich muss mich jetzt schick machen«, erklärte ich und machte mich auf den Weg ins Badezimmer.

Der Himmel verdunkelte sich immer mehr. Langsam, aber sicher begann es zu nieseln. Benommen beugte ich mich über das Waschbecken und spritzte mir ein wenig kaltes Wasser ins Gesicht. Plötzlich stand Bolle wieder neben mir. »Bolle, ich hab jetzt keine Zeit für dich. Geh doch zu den Kindern und spiel mit denen.« Bolle winselte erneut jammervoll. Ich ignorierte ihn und setzte mich auf die Toilette. Bolle latschte hinterher. »Hey, du unverschämter Kerl. Jetzt lass mich gefälligst in Ruhe pinkeln.« Ich versuchte, die Klotür zuzudrücken, doch Bolle quetschte immer wieder seinen Riesenschädel durch den Türspalt. »Oh Mann, dann bleib halt hier.«

Auch als ich eine halbe Stunde später geschminkt und umgezogen in der Küche stand und das Essen vorbereitete, wich mir Bolle nicht von der Seite. Genervt rief ich nach den Kindern. »Leute, könnt ihr euch bitte mal um den Hund kümmern. Ich glaube, er hat gerade ein dringliches Verlangen nach Aufmerksamkeit.« Die Kinder eilten herbei und entführten Bolle sogleich zum Spielen auf den Flur, doch komischerweise hatte er zu nichts Lust und lief nur aufgewühlt in der Gegend herum. Eine Stunde später kam endlich Hannes nach Hause. – »Willst du nicht ein bisschen mit Bolle Gassi gehen? Er ist so furchtbar unruhig. Vielleicht braucht er Auslauf. Ich decke in der Zwischenzeit schon mal den Tisch.« – »Gassi gehen? Jetzt? Es regnet doch total.« – »Na gut, du Weichei. Dann bring aber wenigstens schon mal die Kinder ins Bett oder zumindest in ihre Zimmer. Wilfried und Margret kommen gleich.« – »Ist gut.« Während ich Gläser, Teller und die Platten mit der Vorspeise ins Wohnzimmer trug, wurde es draußen richtig ungemütlich. Der Regen peitschte wütend gegen die Fensterscheiben, die Bäume knarrten und ächzten unter dem sie unbarmherzig schüttelnden Wind. Bolle schien das Getöse schier wahnsinnig zu machen. Immer hektischer lief er von einer Ecke in die andere und wusste zum Schluss gar nicht mehr, wohin mit sich. Bolle witterte Gefahr. Eine gewaltige und unbekannte Bedrohung, gegen die weder er noch wir, seine Herrchen, auch nur das Geringste ausrichten konnten. Als es gefährlich zu grummeln begann, wurde er so sehr von seiner Angst übermannt, dass er wie ein geölter Blitz ins Wohnzimmer schoss, panisch unter den relativ niedrigen Esstisch robbte und sich winselnd und bibbernd zusammenrollte.

Alle Versuche, ihn unter dem Tisch hervorzuziehen, schlugen fehl. Bolle verharrte zusammengekrümmt im Würgegriff der Angst und zitterte wie Espenlaub. Für alles noch so gute Zureden schien er taub. »Hannes, was ist denn nur mit ihm?« – »Wahrscheinlich hat er Angst vor dem Sturm.« – »Kann das denn sein?« – »Klar, das haben ganz viele Hunde.« – »Und was sollen wir jetzt machen?« – »Ach, der beruhigt sich schon wieder. Er ist ja nicht allein.« Kaum hatte Hannes den Satz beendet, schickte der Himmel einen derart lauten Donnerknall gen Erde, dass sogar ich einen Schreck bekam und Bolle hysterisch quiekend auf die Pfoten sprang. Für den Bruchteil einer Sekunde balancierte der Tisch, dessen Beine den Boden nun nicht mehr berührten, auf Bolles Rücken. Dann rutschten sowohl der Tisch als auch die sich darauf befindlichen Gläser, Bestecke und Essensplatten zur Seite weg und segelten scheppernd zu Boden. Bolle bekam wieder einen Schreck und peste davon. Hannes, der noch versuchte, Bolle am Halsband festzuhalten, wurde mitgerissen. Mal wieder.

Erst, als wir Bolle unter Hannes' großen Büroschreibtisch geschoben hatten und die Kinder sich mit ganz vielen Decken und Kissen um ihn herumkuschelten und ihre kleinen Ärmchen um seinen klobigen Bernhardinerkörper schlangen, beruhigte sich Bolle wieder einigermaßen. Zwar zitterte und winselte er immer noch kläglich, aber zumindest blieb er nun an Ort und Stelle und richtete keine weiteren Verwüstungen mehr an. Plötzlich klingelte es. Margret und Wilfried. Zerzaust und entnervt öffnete ich unseren Freunden die Tür. »Herzlich willkommen, ihr zwei. Kommt rein. Die Vorspeise fällt heute leider aus.«

Seit diesem Tag bestand kein Zweifel mehr daran, dass sich Bolle tierisch vor Donner und Gewitter fürchtete. Und es bestand ebenfalls kein Zweifel mehr daran, dass das Leben mit ihm ziemlich anstrengend werden würde. Zu allem Überfluss entwickelte Bolle im Laufe der Zeit auch noch die höchst nervige Angewohnheit, bei Gewitter nicht nur unter Tische, sondern auch unter Regale und Sofas zu kriechen. Das heißt, er *versuchte*, unter Regale und Sofa zu kriechen. Allerdings war Bolle für derartige Verstecke natürlich viel zu groß, und da weder ich noch mein Mann unser missratenes und fast hundert Kilo schweres Riesenbaby in seinem Angstwahn zu bändigen vermochten, sah es bei uns nach stürmischen Tagen und Nächten jedes Mal so aus, als hätte das Unwetter nicht draußen, sondern in unseren eigenen vier Wänden getobt.

Als Bolle dann auch noch sein erstes Silvesterfest durchleiden musste und er unser Haus mehr oder minder dem Erdboden gleichmachte, platzte meinem Mann endgültig der Kragen. »Ich hab die Schnauze voll von diesem verrückten Köter. Nächste Woche bringe ich ihn zum Züchter zurück!« Ich fing sofort an zu weinen. »Das kannst du doch nicht machen! Er gehört genauso zur Familie wie alle anderen auch!« – »Doris, wie soll das denn weitergehen? Wer weiß, wozu dieses Kalb noch fähig ist? Ich mache mir doch nur Sorgen um die Kinder. Demnächst rennt er Eva in seiner blinden Panik womöglich über den Haufen und verletzt sie.« – »Jetzt übertreib doch nicht wieder so! Du weißt ganz genau, dass er den Kindern nie im Leben auch nur ein Haar krümmen würde!« – »Wer weiß das schon? Wenn Bolle Schiss kriegt, ist der doch völlig unzurechnungsfähig! Und außerdem habe ich keine Lust, unser Haus nach jeder Silvesternacht von Grund auf sanieren zu müssen.«

So ähnlich ging es noch eine ganze Weile weiter, bis Hannes sich darauf einließ, Bolle noch eine letzte Chance zu geben. »Wenn wir das mit seinen Ausrastern nicht irgendwie geregelt kriegen, kommt er aber wirklich weg.« Das war Hannes' letztes Wort. Ich war ratlos. Das nächste Gewitter würde mit Sicherheit kommen und ich hatte nicht die geringste Ahnung, wie ich Bolle seine Angst austreiben sollte. In meiner Not fuhr ich schließlich zu unserem Tierarzt, um eine Packung Beruhigungstabletten zu kaufen, doch so ganz wohl war mir nicht bei der Sache. Ich hatte schon zu oft davon gehört, dass die Tabletten die Tiere nur ruhig stellten, sie aber trotzdem noch alles mitbekamen und das wäre für Bolle natürlich die reinste Folter gewesen. Doch der Arzt versicherte mir, dass es bei diesen Tabletten nicht so sei. »Vermeiden Sie außerdem, auch wenn es Ihnen schwerfällt, ihren Hund bei Gewitter zu trösten, zu streicheln oder in den Arm zu nehmen. Sie dürfen ihm nicht das Gefühl vermitteln, dass Gewitter etwas Gefährliches seien. Am besten wäre es sogar, wenn Sie Ihren Hund bei Sturm gar nicht weiter beachten und sich vor ein Fenster stellen und ganz laut lachen und klatschen und so tun, als würden sie sich riesig über das Gewitter freuen. Hunde neigen dazu, das Verhalten ihrer menschlichen Vorbilder anzunehmen, und wenn Sie diese Prozedur oft genug wiederholen, reicht das vielleicht schon als Therapie aus, und Sie können die Tabletten bald wieder weglassen.« In Ordnung, Doc. Ich bin zu allem bereit.

Als einige Monate später abends gegen acht erneut dunkle Wolken über den Himmel zogen und es zu grummeln begann, mischte ich Bolle also gleich eine Tablette unter sein Futter und verfrachtete alle Kinder bis auf Eva, die um diese Uhrzeit schon im Bett war, ins Wohnzimmer und begann, mit ihnen ausgelassen zu singen und zu tanzen. Hannes tippte sich nur gegen die Stirn und verzog sich in sein Büro.

Bolle war an diesem Abend auf Grund der Tablette schon etwas friedlicher als sonst, doch er tigerte immer noch unruhig im Haus herum. »Mama, Bolle hat Angst!«, nörgelte einer meiner Söhne. »Ich weiß, mein Schatz. Aber wir müssen jetzt so tun, als ob wir das nicht merken und uns über das Gewitter freuen. Lasst ihn uns doch mal alle zusammen rufen. Vielleicht wird er ja neugierig, was wir hier Tolles machen.« – »Bolle!« Er kam nicht. Dafür kam plötzlich eine laut plärrende Eva angerannt. »Mama! Mama! Schröder ist weg!« – »Wer ist weg? Warum bist du nicht im Bett?«, fragte ich irritiert. »Schröder! Mein Hamster Schröder! Ich hab noch ein bisschen mit ihm gespielt und vergessen, die Käfigtür wieder zuzumachen.« Das hatte gerade noch gefehlt! »Also, Eva. Ich finde es nicht gut, dass …« – »Wir müssen ihn wiederfinden!«, unterbrach mich meine hysterisch heulende Tochter unwirsch. Ich schickte stumm ein Stoßgebet gen Himmel. »Okay, Kinder. Alle ausschwärmen und nach Schröder suchen!« Meine Söhne pesten aufgeregt davon. Für sie war das alles ein einziges Abenteuer. Ich nahm Eva bei der Hand und inspizierte gemeinsam mit ihr das Kinderzimmer. Draußen kam der Sturm gerade so richtig in Fahrt. Hoffentlich stellte Bolle jetzt nichts Blödes an.

Plötzlich kamen die Jungs wieder angerannt. »Mama, wir haben Schröder gefunden!« – »Gott sei Dank! Das habt ihr gut gemacht! Wo ist er denn?« – »In der Küche! Bolle hat ihn im Maul!« Ich wurde blass vor Schreck. Wenn Bolle jetzt auch noch Evas Hamster auffraß, würde Hannes vor Wut wahrscheinlich der Kopf explodieren.

Wenige Sekunden später stand ich auch schon in der Küche und rang nach Fassung. Bolle hatte sich zwischen ein paar Stühle verdrückt und lag bibbernd auf dem Boden. Aus einer winzigen Öffnung seiner monströsen Schnauze lugte ein verwirrt dreinblickender und aufgeregt schnuppernder Hamsterkopf. Bloß nicht zubeißen! Bitte, bitte, bloß nicht zubeißen! Übermütig schmiss ich mich auf die Knie, packte Bolles Schnauze mit beiden Händen und versuchte, seinen bärenfallenartigen Kiefer auseinanderzudrücken. »Pfui! Böser Hund! Aus!« Bolle gehorchte sofort und ließ die glitschige Gelkugel von einem Goldhamster (Bernhardiner sabbern extrem viel und ihr Speichel hat eine extrem sämige Konsistenz) unsanft auf den Boden purzeln. Schnell wickelte ich Schröder in ein Handtuch ein, rubbelte ihn trocken und untersuchte ihn nervös. Er sah zwar etwas strubbelig und mitgenommen aus, aber sonst schien ihm nichts zu fehlen. Offenbar hatte Bolle ihn mit seinen Zähnen nicht einmal berührt. Wirklich erstaunlich.

»Was ist mit ihm?«, fragte Eva, die genau wie die Jungs aufgeregt brabbelnd in der Küche hin und her hüpfte. »Gar nichts. Er ist kerngesund und unverletzt«, antwortete ich, eher verblüfft als erfreut. – »Meine Güte, was ist denn jetzt schon wieder los? Warum macht ihr denn so einen Krach?« Hannes stieß dazu. »Schröder ist weggelaufen, aber Bolle hat ihn gefunden!« – »Ja, und dann hat er ihn in die Küche gebracht, um ihn vor dem Gewitter zu retten!« Für meine Kinder war die Lage glasklar. Ich hatte das Geschehene bis dahin zwar noch nicht so gedeutet, aber vielleicht hatten Eva und die Jungs tatsächlich recht. Warum sonst sollte Bolle Schröders Fluchtversuch vereitelt und sich mit ihm zwischen den Stühlen versteckt haben? Fressen wollte er ihn ja ganz offensichtlich nicht.

Nachdem ich den immer noch reichlich verdatterten Hamster wieder in den Käfig gesetzt und meinem Mann ausgiebig erklärt hatte, was genau passiert war, zog Hannes eine Schnute, wandte sich zu Bolle und klopfte ihm liebevoll auf den Rücken. »Ach, du altes Ungetüm. Du treibst uns alle noch mal in den Wahnsinn«, seufzte er. – »Du bist nicht sauer?«, fragte ich. – »Nein«, antwortete Hannes und setzte sich Eva auf den Arm. »Wenn Bolle dem Hamster schon nichts tut, dann wird er die Kinder wohl auch in Ruhe lassen. Unser Bolle hat eben ein großes Herz und auf so einen lieben Kerl kann man doch nicht sauer sein. Oder was meinst du, Eva?« Unsere Tochter nickte und gluckste fröhlich. Ich lachte erleichtert auf und drückte Hannes dankbar einen Kuss auf die Lippen. Plötzlich schob Bolle seine behaarte Riesenbirne zwischen unsere Bäuche. Gerührt betrachtete ich mein Riesenbaby und kraulte seinen schweren Kopf. Obwohl Bolle nun erneut vor Angst zu winseln begann, war ich trotzdem unheimlich stolz auf ihn. Vielleicht wollte er den Hamster ja tatsächlich nur beschützen, und wenn jemand im Moment seiner größten Angst noch an seine Familienmitglieder dachte, zeugte das doch von wahrer Größe.

Achtung, hier kommt ein Karton!

Annika (25), Tierarzthelferin, Bielefeld,
über
Papyrophobie (Ekel vor Pappe und Papier)

Mein großer Kindertraum war, Tierärztin oder Psychologin zu werden. Trotzdem habe ich das Abi nicht gepackt und die Schule vorzeitig hingeschmissen. Dumm, ich weiß. Aber was soll ich sagen? Die Grundlagen der Feierei haben mich eben immer mehr interessiert als das Studium von Mathematik, Chemie & Co. und die weitverbreitete These »Wer feiern kann, kann auch arbeiten« ist, wie ich nach ausgiebigen Selbstversuchen mit Sicherheit weiß, der grandioseste Irrtum aller Zeiten.

Heute bereue ich meinen kurzsichtigen Lebensstil und verfluche meine Naivität und meinen unstillbaren Partydurst. Obwohl ich die elfte Klasse noch gerade so geschafft habe und direkt nach dem Schulabschluss einen Ausbildungsplatz als Tierarzthelferin ergattern konnte, haben mir seit dem Eintritt in die Berufswelt drei entscheidende Glücksfaktoren immer gefehlt: Selbstverwirklichung, Anerkennung und Geld.

Als die Tochter einer alleinerziehenden Angestellten dümpelte ich während meiner Ausbildung nicht selten am Existenzminimum herum und meine früheren Schulfreunde, die nun einer nach dem anderen zum Studieren auszogen, blickten plötzlich nur noch gnädig und herablassend von ihren statusreichen Siegertreppchen auf mich hinunter. Das wurmte mich fürchterlich! Vor allem, weil ich tief in meinem Herzen wusste, dass ich bei entsprechender Disziplin ebenfalls das Zeug für ein Studium gehabt hätte. Und dennoch: Ich hatte den Arsch einfach nicht hochbekommen.

Vorerst hatte ich sowieso andere, sehr viel plakativere Sorgen, denn da ich wie immer nicht über mögliche Konsequenzen nachdachte und meinen just in die USA übergesiedelten besten Kumpel fast täglich anrief, schneite mir eines Tages eine Handyrechnung von knapp 2.000 Euro ins Haus, die zur sofortigen Sperrung meines chronisch überzogenen Kontos führte. Da weder meine Mutter noch mein Freund mir finanziell aushelfen konnten, musste ich sofort einen Nebenjob finden, um meine Schulden so schnell wie möglich zu begleichen. Chaotin, die ich nun einmal bin, stellte ich mich bei der Jobsuche allerdings ein wenig ungeschickt an, was wiederum dazu führte, dass meine energische Tante Petra die Sache ungefragt in die Hand nahm und mir spontan einen Job am Fließband einer Verpackungsfabrik besorgte.

Von außen betrachtet half mir das natürlich weiter. Was Petra bei der »Aktion Sorgenkind« allerdings nicht auf dem Zettel gehabt hatte, war, dass ich eine leichte Abneigung gegen Pappe und Papier hatte und eine Speditionsfirma somit nicht gerade mein privates Eldorado darstellte. Da ich meiner Tante gegenüber aber nicht undankbar erscheinen wollte und der nette Herr mit den Kuckucksaufklebern sich bereits selbst zum Kaffee eingeladen hatte, nahm ich die Stelle an – und verwandelte meine mittelschwere Pappeantipathie somit in einen ausgeprägten Hardcore-Ekel.

»Los, los. Jetzt schlaft nicht ein dahinten! Wir haben nicht den ganzen Tag Zeit!«, bellte der bucklige Fabrikleiter unermüdlich durch die stickige Halle, während die anderen Fließbandsklaven und ich im Akkord 15 mal 15 cm große Lampen in entsprechende Formatkartons zwängten und die Pakete anschließend mit Klebebändern und Stempeln versahen. Durch die hektischen Bewegungen und die schwüle Luft war ich – und vor allem meine Hände – binnen weniger Minuten klitschnass geschwitzt, sodass meine geschundenen Schweißflossen nach jedem Arbeitstag trocken, rau und über und über mit einer dreckigen braunen Färbung und festgeklebten Papierstückchen überzogen waren. Und das war nicht nur schmerzhaft, sondern auch extrem unappetitlich! Selbst minutenlanges Waschen und Eincremen richteten irgendwann nichts mehr gegen das Spannungsgefühl und die Trockenheit meiner eingerissenen, verfärbten Hände aus. Doch das war noch längst nicht das Schlimmste!

Was mich vollends fertigmachte, waren die Geräusche, denn verglichen mit dem Kratzen auf Pappe ist das Kratzen auf einer Tafel Musik in meinen Ohren. Bei jedem Handgriff schabten, scheuerten und schrappten die Lampen so quälend laut über die harten Wände des Kartons, dass mir quasi von morgens bis abends die Haare zu Berge standen und meine Ohren irgendwann so empfindlich wurden, dass ich schon dann eine Gänsehaut bekam, wenn mein Freund in meiner Gegenwart den Metalldeckel einer Wasserflasche aufschraubte oder irgendwo ein Hof mit einem Hartbesen gefegt wurde.

Zwei Monate dauerte der Höllentrip, den ich mir jedes Wochenende und an jedem Wochentag nach Praxisschluss zähneknirschend und notgedrungen antat. Dann hatte ich endlich das Geld für die Telefonrechnung zusammen, und mein Leben fand in seine gewohnten Bahnen zurück. Zumindest, was die Arbeit betraf. Einige private Alltagsabläufe mussten jedoch komplett umstrukturiert werden, denn die traumatischen Erlebnisse in der Fabrik hatten meinen Pappe- und Papierekel derart aufgepeitscht, dass ich nicht einmal mehr unbefangen ein Buch oder eine Zeitung lesen konnte – von Pizzabestellungen mal ganz zu schweigen.

Das soll nicht heißen, dass ich überhaupt nicht mehr gelesen oder Pizza bestellt hätte. Beides konnte ich nach wie vor tun;

allerdings erforderten Aktivitäten dieser Art von nun an gewisse Taktiken und Tricks. Wenn ich heute ein Buch oder eine Zeitung lese, steht ein großer Pott Creme beispielsweise immer griffbereit, sodass ich mir alle zwanzig bis dreißig Seiten die Hände dick einschmieren und der Austrocknung meiner Hände somit entgegenwirken kann. Keine große Sache also.

Wenn ich mir eine Pizza bestelle und niemand in der Nähe ist, um mir beim Auspacken zu helfen, wird es ein wenig komplizierter, denn das Öffnen einer Pizzaschachtel bedeutet ein akrobatisches Kunststück für mich. Zunächst entnehme ich dem Pizzaboten die Schachtel mit spitzen Fingern und positioniere sie so schnell wie möglich auf dem Küchentisch. Dann presse ich das rechte Ohr gegen die rechte Schulter und stecke mir den linken Zeigefinger in das verbliebene Ohr, sodass ich den flachen Karton mit der rechten Hand – die zuvor selbstverständlich ausgiebig eingeölt wurde – aufklappen kann, ohne zu viel von dem schrecklichen Schabgeräusch mitzubekommen. Sollte ich also je den Wunsch verspüren, mich als DJ zu versuchen – die richtige Pose hätte ich schon drauf!

Um zur Geschichte zurückzukommen: Mein Pappeekel war zwar die offensichtlichste, aber dafür nur die erste Folge, die meine Knechtschaft in der Speditionsfirma auslöste. Die zweite war die totale Neuordnung meiner Gefühle und ein radikales Umdenken, denn die Fabrikarbeit hatte mir meinen Platz in der Nahrungskette so schonungslos ins Bewusstsein gehämmert, dass ich nicht länger nur noch über eine Veränderung nachdachte, sondern sie auch anging. Nun galt es, in die Hände zu spucken und allen Zweiflern (ich selbst war der größte) zu beweisen, was wirklich in mir steckte.

Die Fließbandodyssee lag noch kein halbes Jahr zurück, da hatte ich meine Stelle in der Tierarztpraxis auch schon aufgegeben, mich am Berufskolleg angemeldet und begonnen, das Abi nachzumachen. Wohin mich dieser Weg letztendlich führen würde, wusste ich noch nicht, aber es war ein erster Schritt. Das einzige Problem daran war, dass auch hier wie immer der Grundsatz galt »ohne Moos nix los«, und so kam auch in diesem Lebensabschnitt wieder einmal das leidige Thema Nebenjob ins Spiel. Da ich die Schule, die Unterrichtszeiten und die Klausuren dieses Mal wirklich ernst nahm, brauchte ich eine Stelle, bei der ich mir meine Schichten einigermaßen flexibel einteilen konnte und trotzdem genug Geld verdiente, um meinen Lebensunterhalt bestreiten zu können. Und ich brauchte eine Stelle, bei der ich nicht mit Pappe in Berührung kam, doch diese Information ist das Papier wohl kaum wert.

Nach langem Hin und Her landete ich schließlich als Kellnerin in einem Nobelrestaurant – und ahnte noch nicht, dass ich schon bald von Pappkartons in allen Farben, Formen und Größen nur so umzingelt sein würde.

Allein, das Lager zu betreten, bedeutete eine namenlose Qual für mich, denn die unzähligen Wein-, Geschirr- und Glaskartons stapelten sich hier so dicht an dicht, dass sie sich zu bedrohlichen Bergen inmitten einer dunkelbraunen Papierwüste auftürmten und mir der Ekel somit buchstäblich bis zum Hals stand. Fast jeden Abend wurde ich dazu verdonnert, die Gläser zu polieren, und das bedeutete, dass ich erst die leeren Kartons aus den vollgestopften Regalen im Lager herauspulen (Geschabe!), sie mit den gereinigten Gläsern befüllen (Gekratze!) und sie anschließend wieder zwischen die übrigen Kisten im Lager schieben musste (erneut Geschabe!). Ein Albtraum aus tausendundeinem Karton!

Gerade hatte ich mit dem Gedanken gespielt, doch wieder alles hinzuschmeißen oder mir wenigstens einen neuen Nebenjob zu suchen, als plötzlich der kauzige Koch Martin zum Team stieß. Er fiel mir sofort auf, denn der erste Satz, den er mit hochrotem Kopf durch die Küche schnaubte, lautete: »Igitt! Bleibt mir bloß mit diesem Quietschzeug vom Hals!«

Martin litt an einem krankhaften Ekel vor Styropor und war demnach genauso bekloppt wie ich – mit dem einzigen Unterschied, dass er kein Geheimnis aus seiner Schrulligkeit machte. Es ist müßig zu erwähnen, dass Martin und ich sofort zu einer eingeschworenen Gemeinschaft zusammenwuchsen und auch ich mich im Kollegenkreis bald als Pappenheimer outete.

Wann immer eine in Styropor verpackte Kühllieferung eintraf, stand ich bereit, um die Ware an Martins Stelle entgegenzunehmen und auszupacken, und das Gleiche galt auch umgekehrt. Immer konnte mir der ständig unter Hochdruck brutzelnde Koch im Lager freilich nicht unter die Arme greifen, doch da meine Phobie nun weitläufig bekannt war, eilten mir auch viele der anderen Mitarbeiter zur Hilfe. Für sie war das alles ein Riesenspaß.

Einzig mein Chef Uli, ein ehrgeiziger Mittdreißiger und Selfmademan, fand das Spektakel nicht besonders witzig. »Solange du rechtzeitig fertig wirst, ist es mir zwar egal, *wie* du das machst, aber wenn sich durch deine komischen Stadttussi-Neurosen irgendwelche Verzögerungen in den Arbeitsabläufen ergeben sollten oder du die Gäste damit belästigst, ist hier ganz schnell Ruhe im Karton!« Mein Boss hatte kaum die unmissverständliche Drohung ausgesprochen, als auch schon genau das eintrat, was er so unverblümt und uncharmant heraufbeschworen hatte.

Es war ein Sonntagnachmittag und da sich außer ein paar Kaffee und Kuchen schnabulierenden Rentnern kaum Gäste zu uns verirrt hatten, waren Uli und ich allein im Lokal. Die ersten Stunden verliefen noch relativ unspektakulär, als gegen 17 Uhr plötzlich eine telefonische Großreservierung für ein Geschäftsessen reinkam. »Schnell, Annika. Wir müssen eine Tafel für dreißig Personen eindecken«, erklärte Uli, der wie immer mächtig unter Strom stand. »Hier, du kannst schon mal die neuen Teelichtgläser auspacken und auf den Tischen verteilen. Ich decke die Gläser ein. Behalte du aber bitte auch noch die übrigen Gäste im Blick«, befahl mein Chef – und drückte mir mit prüfendem Blick einen kleinen Karton in die Hand. Ich schluckte. »Ist gut«, murmelte ich eingeschüchtert und huschte hinter die Theke. Nervös durchwühlte ich die Schubladen auf der Suche nach einer Schere, doch ich wurde nicht fündig.

»Annika!« – »Ja, ich komme gleich, Uli!« – »Fräulein, wir würden gern zahlen!« – »Einen Moment noch, ich bin sofort bei Ihnen.« Kalter Schweiß trat mir auf die Stirn. Immer panischer kramte ich in den Schubfächern herum, doch es wollte sich einfach kein Schneidegerät auftreiben lassen. »Entschuldigen Sie bitte, Fräulein. Aber wir haben es eilig.« – »Ja, doch!« Der Schweiß rann nun in Strömen. Kurz überlegte ich, ob ich in die Küche laufen und mir ein Messer holen sollte, doch dann traf mich Ulis bitterböser Blick vom anderen Ende des Raumes wie ein Schlag ins Genick. Ich hatte keine andere Wahl. Ich würde den Karton aufreißen müssen.

Schnell drückte ich den Kopf gegen die Schulter, steckte den linken Finger ins Ohr und pflückte mit der rechten Hand an dem Karton herum. Leider ohne Ergebnis. Anders als eine Pizzaschachtel ließ sich dieses fest verschnürte Päckchen nicht mit einer einzigen Hand aufklappen. Der Karton rutschte mir immer wieder weg. Ein letztes Mal atmete ich tief durch, dann packte ich die schwere, raue Kiste, klemmte sie unter meinen linken Arm – und riss mit der rechten Hand den Deckel ab. Ratsch! Fusselige Wellpappestücken verteilten sich wie ein hellbrauner Sprühregen über Hände und Arme, meine Ohren legten sich an wie die einer Dogge beim Fiepen einer Hundepfeife. Ich jaulte auf. »Um Himmels willen! Haben Sie sich verletzt, Fräulein? Sollen wir einen Arzt rufen?« Die verschlafenen Rentner, die sich beim Ertönen meines Klagelauts derart erschreckt hatten, dass ihnen die Kuchengabeln aus der Hand gefallen waren, stierten mich entsetzt an. »Nein, nein. Entschuldigen Sie bitte die Störung. Ich …« – »Jetzt gib mir endlich den Karton, Annika! Das ist ja nicht zum Aushalten mit dir!«, zischte Uli, der plötzlich wieder neben mir auftauchte und mir das Päckchen schäumend vor Wut aus den Händen riss. »Ich mache das mit den Teelichtern. Du spendierst den Gästen erst mal eine Runde Kaffee. Und zwar aufs Haus!«

Von diesem Tag an war Ulis und mein Verhältnis komplett im Eimer, und als er mich zwei Wochen später dazu nötigte, das Lager aufzuräumen, konnte ich nicht anders, als die Anweisung als einen persönlichen Angriff gegen mich zu werten. Bebend vor Wut rannte ich aufs Klo und heulte. Martin folgte mir und tröstete mich. »Was genau hat Uli denn jetzt gesagt?«, wollte der besorgte Koch wissen. – »Er hat gesagt ... er hat gesagt«, stammelte ich und schnäuzte geräuschvoll in ein Taschentuch. »Er hat gesagt, ich soll morgen Abend sämtliche Kartons ausmisten und umräumen, weil es im Lager immer so chaotisch aussehen würde und er außerdem Platz für eine große Wochenendlieferung bräuchte.« – »Oh«, machte Martin, der nun den Blick senkte, sich langsam die Kochmütze vom Kopf zog und sie sich wie bei einer Beerdigung andächtig vor die Brust hielt. Nach einer respektvollen Schweigeminute fuhr er fort: »Das wirst du schon hinkriegen. Außerdem sind wir anderen ja auch noch da.« Ich schnäuzte erneut. Dieses Mal aber nicht mehr ganz so stark. Die rasende Wut machte Platz für einen stillen Frust. »Das ist lieb von dir. Aber ich glaube nicht, dass ihr mir großartig helfen könnt. Morgen ist Feiertag, und außerdem hat Uli gesagt, dass er alle gelernten Kräfte im Service braucht. Deswegen komme ja angeblich nur ich für die Lagerarbeit infrage.«

Als ich am Abend auf meinem Sofa lag und mutlos gegen die Decke starrte, tobte in meinem Kopf ein wilder Sturm. Sollte ich mich morgen einfach krank melden und zu Hause bleiben? Dank der Schulzeit konnte ich immerhin lügen wie gedruckt und wie sollte man mir die Lüge schon beweisen? Andererseits war ich auf der Arbeit in puncto Pappkartons nicht gerade ein unbeschriebenes Blatt, weswegen Uli mir die Geschichte nie im Leben abkaufen und sich irgendeinen Grund einfallen lassen würde, um mich doch noch rausschmeißen zu können, und dann würde die elendige Jobsuche wieder von vorn losgehen. Nein, das wollte ich nicht riskieren. Doch es war noch mehr als das: Ich wollte nicht aufgeben! Einmal, nur ein einziges Mal, wollte ich etwas durchziehen. Und zwar nicht, weil ich – wie bei der Fabrikarbeit – keine andere Wahl hatte, sondern, weil ich stark und motiviert war und es um meine Zukunft ging. Mein innerer Schweinehund hatte mich schon viel zu oft nach unten gezogen.

»Da bist du ja endlich, Annika. Ich dachte schon, du kommst nicht mehr«, nörgelte Uli, der gerade in einer Besteckkiste herumkramte und nicht einmal aufsah, als ich das Lokal betrat. »Ich musste noch was besorgen. Soll ich gleich loslegen?« Uli schaute mich an – und lachte überrascht auf. Über meinen Händen stülpten zwei leuchtend gelbe Gummihandschuhe, in meinen Ohren steckten zwei knallrote Stöpsel. »Aha. Jetzt biste übergeschnappt.« – »Kann sein«, erwiderte ich und grinste frech. Uli lächelte unwillkürlich. »Na, dann. Viel Spaß!«

Fünf geschlagene Stunden kroch ich zwischen den Regalen im Lager herum, packte Gläser, Teller und Bestecke aus und wieder ein, schob Weinkisten von einer Ecke in die andere und faltete und trampelte leere Kartons sogar zu kleinen Haufen zusammen und stopfte sie ins Altpapier.

Zwischendurch musste ich immer wieder innehalten, weil mir die Stöpsel aus den Ohren rutschten und ich sie zurück in den empfindlichen Gehörgang schieben musste, aber ansonsten verlief die Sache im wahrsten Sinne des Wortes reibungslos. Als ich meine Arbeit erledigt hatte, kam Uli ins Lager und schnalzte anerkennend mit der Zunge. »Wow. Du hast ja echt viel geschafft.« Ich nickte stolz. – »Dann kannst du jetzt meinetwegen nach Hause gehen. Im Restaurant ist nicht mehr viel los.« – »Okay. Bis morgen.« – »Annika! Warte mal!« Uli drückte mir einen Zwanzigeuroschein in die Hand. »Womit hab ich das denn verdient?« – »Du hast heute richtig gute Arbeit geleistet und das, obwohl sie dir sehr schwergefallen sein muss. Die Gründe dafür werde ich wahrscheinlich nie verstehen, aber so viel Einsatz bleibt bei mir nicht unbelohnt.«

Als ich wieder zu Hause war und mir im Badezimmer, nur vorsichtshalber, die Hände eincremte, fiel mein Blick plötzlich auf mein lächelndes Spiegelbild. Ich betrachtete es glücklich und dachte: Wenn man weiß, wer man ist, dann kann man selbst die schwerste Prüfung schaffen.

DIE 13. GESCHICHTE ÜBER SCHRÄGE PHOBIEN

Spieglein, Spieglein an der Wand

Thomas (35), DJ, Amsterdam,
über
Spectrophobie (Angst vor Spiegelbildern / Spiegelgeistern)

Im Sommer des Jahres 1990 riss mich eines Nachts ein Klirren aus dem Schlaf. Erschrocken setzte ich mich auf und rubbelte mir die Müdigkeit aus den Augen. Mich umgab Finsternis. Der Himmel war von unheilvollen Schleiern verhangen und der Mond von einer wulstigen Wolke verdeckt. Ich lauschte konzentriert. Stille. Erleichtert kuschelte ich mich wieder in die Kissen – und fuhr einmal mehr mit pochendem Herzen hoch. Es hatte erneut gescheppert. Das Geräusch musste aus der Küche gekommen sein.

Beunruhigt schlug ich die Decke zur Seite und stellte meine nackten Füße auf den Boden. Ich warf einen flüchtigen Blick auf den Radiowecker – und stutzte. Die digitale Uhrzeit, die in rot leuchtenden Ziffern angezeigt wurde, war merkwürdig. Sie lautete: 27:86 Uhr. Doch nicht nur das. Die Zahlen waren spiegelverkehrt. Verwundert starrte ich auf das Display, doch dann hörte ich wieder ein polterndes Geräusch und sprang auf.

Mit angehaltenem Atem schlich ich durch den Flur in Richtung Küche und versuchte angestrengt, eine Gestalt ausfindig zu machen. Stattdessen erkannte ich nur die Schemen der verschnörkelten gusseisernen Fassung des zwei Meter hohen Wandspiegels, den meine Mutter vor Kurzem in einem Antiquitätengeschäft erstanden und an die Wand gehängt hatte. Als ich so weit vorgeschlichen war, dass ich mich direkt neben dem Spiegel befand, ertönte plötzlich ein grässliches Gekicher. Es klang sadistisch und schrill. Wie das höhnische Gelächter einer Hexe. Mir gefror das Blut in den Adern. »Wer ... wer ist da?«, rief ich todesmutig in die Dunkelheit hinein. Keine Antwort. Ich schluckte. Und dann schoss ein greller Lichtstrahl aus dem Spiegel und blendete mich. Dazu klimperte ein Glockenspiel los. So eines, wie man es von Jahrmärkten oder aufziehbaren Ballerina-Schmuckschatullen kennt.

Wie ferngesteuert drehte ich den Kopf zur Seite, blickte blinzelnd in das Licht, registrierte gerade noch, wie ein grimmiges Mädchen mit einem blutverschmierten Nachthemd aus dem Spiegel sprang – und wachte endlich auf.

Puh! Gott sei Dank! Es war alles nur ein Traum gewesen. Allerdings ... in meinem Bett lag ich nicht. Ich stand tatsächlich auf dem Flur und vor dem riesigen Spiegel meiner Mutter. Wahrscheinlich war ich wieder mal auf nächtliche Wanderschaft gegangen. Diese verfluchte Schlafwandlerei! Benommen kniff ich die Augen zusammen und berührte vorsichtig die kunstvoll verzierten schwarzen Rosen des massiven Eisenrahmens. Irgendwie, auf eine bizarre und kafkaeske Art und Weise, faszinierte mich dieser Spiegel. Als ich mich gerade umdrehen und zurück ins Bett schlurfen wollte, schoben sich aus heiterem Himmel die Wolken auseinander und das Mondlicht gab den Blick auf mein Spiegelbild frei. Sofort erkannte ich einen großen Mann mit schwarzem Hut, der grinsend hinter meinem Rücken lauerte – und fiel vor Schreck in Ohnmacht.

*

Zwanzig Jahre später: Meine Ehefrau Anna und ich hatten gerade geheiratet und ein kleines kunterbuntes Häuschen in Holland bezogen. Obwohl wir immer vorgehabt hatten, eines Tages auszuwandern, war die Umsiedlung von Münster nach Amsterdam ein berufsbedingter Zufall gewesen. Anna hatte eine Doktorandenstelle angeboten bekommen, während ich als Techno-DJ überall arbeiten konnte und somit nichts gegen den Umzug einzuwenden hatte.

Das efeuumrankte Steinhaus mit den roten Ziegeln und dem windschiefen Treppenhaus, das fortan Annas und mein neues Zuhause sein sollte, schwebte auf der Südseite über einem Kanal und hatte nur fünf Zimmer. Unser Umzug war demnach relativ schnell vonstatten gegangen. Gerade mal zwei Monate hatte es gedauert, bis Internet, Telefon und Fernseher angeschlossen und sämtliche Möbel aufgestellt waren. Auch alle Kartons hatten wir bereits ausgepackt. Das heißt, ich korrigiere, fast alle. Ein einziges, stramm verschnürtes Paket stand immer noch auf der Terrasse und wartete auf seine große Stunde – die womöglich niemals kommen würde. In dem 1-mal-2-Meter-Karton befand sich nämlich der verschnörkelte Eisenspiegel meiner Mutter.

Fünfmal war ich in meinem Leben schon umgezogen (bis dahin aber nur innerhalb Deutschlands) und den Spiegel hatte ich immer mitgeschleppt. Oder, eher gesagt, den Spiegel hatte ich immer mitschleppen lassen, denn um das klobige Teil eine Treppe hochzuwuchten, bedurfte es mindestens drei ausgewachsener Männer. Trotzdem habe ich es noch kein einziges Mal über mich gebracht, den Spiegel auszupacken und an die Wand zu hängen. Bei meinem ersten Umzug vor 14 Jahren war ich immerhin so motiviert gewesen, mir wenigstens die entsprechenden Schrauben, Dübel und eine Bohrmaschine im Baumarkt zu besorgen, doch … Nun, ja. Die stauben bis heute vor sich hin.

Um den Spiegel von dem Pappesichtschutz zu befreien, habe ich nämlich viel zu viel Angst. Ich habe Angst, eine ungeheure Macht zu entfesseln, Angst, von irgendetwas angesprungen zu werden, Angst, dass plötzlich jemand hinter mir steht, Angst, dass der Spiegel ein Tor zu einer grauenvollen Parallelwelt ist, in die ich hineingesogen werde. Das ist sowieso die entsetzlichste aller Horrorvorstellungen! In den Spiegel hineingezogen zu werden und dann wie hinter einer Fensterscheibe festzusitzen und rauszuglotzen. Und wenn dann noch jemand kommen und den Spiegel kaputt schlagen würde, könnte ich nie wieder zurückkommen und ... oh, nein, oh, nein, oh, nein. Ich höre jetzt lieber auf, sonst steigere ich mich wieder so sehr in meine Spiegelfantasien hinein, dass ich vor lauter Panik stundenlang autogenes Training machen und sämtliche Termine für heute absagen muss.

Warum ich den Spiegel überhaupt all die Jahre mitgeschleppt habe, wenn er mir solche Angst macht? Einfach! Ich bin besessen von dem Ding! Seit ich als 15-Jähriger schlafgewandelt und vor dem Spiegel aufgewacht bin, übt er eine ebenso unerklärliche wie unwiderstehliche Anziehungskraft auf mich aus. Den Mann, den ich damals gesehen habe, hat es natürlich nicht in Wirklichkeit gegeben. Tatsächlich war es lediglich die Flurlampe gewesen, die mich derart in Angst und Schrecken versetzt hatte, dass mir alle Lichter ausgegangen waren. Die Flurlampe nämlich bestand aus einer großen, runden Glühbirne und einem flachen Schirm, sodass sie im zwielichtigen Mondschein aussah wie ein schwebender Kopf mit Hut. Doch obwohl der faule Zauber noch in derselben Nacht von meinen Eltern aufgeklärt werden konnte (nachdem ich aus der Ohnmacht erwacht war, hatte ich so laut geschrien, dass selbst die Nachbarn wach geworden waren), vermochte ich kein normales Verhältnis mehr zu dem Spiegel aufzubauen. Sprich: Ich blickte nie wieder hinein und huschte nur noch rasch und gebückt an ihm vorüber.

Dass meine Eltern den Spiegel abnahmen, wollte ich andererseits aber auf gar keinen Fall. Regelrecht verboten habe ich das. Irgendwie habe ich befürchtet, dass der Spiegel dann wütend auf mich werden und sich an mir rächen würde. Ungefähr so wie man sich manchmal nicht traut, einen Horrorfilm auszuschalten, obwohl man ihn eigentlich unerträglich findet.

Bis zum heutigen Tag hasse und liebe ich den Spiegel. So, wie ich Gruselgeschichten über Spiegel hasse und liebe. Ich kann nicht mit und nicht ohne das unheimliche Eisenteil sein und als ich im Alter von 21 Jahren mein Elterhaus verließ, bekniete ich meine Mutter stundenlang, den Spiegel mitnehmen zu dürfen. Verrückt, nicht wahr? Womöglich bin ich verflucht ... ein bisschen durchgedreht in jedem Fall.

Dafür spricht auch, dass mir seit dem Schlafwandel-Traum(a) nicht nur der Spiegel meiner Mutter Bauchschmerzen bereitet, sondern jeder Spiegel. Wenn man mich des Nachts allein in ein Modekaufhaus sperren würde, hätte ich nur noch ein einziges Begehr: einen reißfesten Strick und einen wackeligen Stuhl!

Doch so verhext und verflixt, wie das alles auch ist, gibt es dennoch einen Silberstreif am Horizont: Meine Spiegelangst ist stimmungsbedingt und tritt nur phasenweise auf. Also, die allgemeine Spiegelangst, meine ich jetzt. Nicht die Angst vor dem Eisenspiegel meiner Mutter. Die ist immer da.

Die allgemeine Angst jedoch erwacht nur dann zum Leben, wenn ich vorher einen Film gesehen, ein Buch gelesen oder mir eben irgendeine unheimliche Geschichte zu Gemüte geführt habe, in der es um Spiegel geht. Von der *Die drei ???*-Folge *Der Zauberspiegel* (das ist Folge Nr. 16) sollten Menschen wie ich beispielsweise die Finger lassen – vorausgesetzt, sie möchten den Gang ins eigene Badezimmer anschließend nicht als einen Besuch im Gruselkabinett erleben.

Auch *Schneewittchen* ist nicht ohne und von Filmen wie *Poltergeist, Constantine* oder *Der verbotene Schlüssel* will ich gar nicht erst anfangen! Wo wir schon beim Thema sind: Ist irgendwem aufgefallen, wie viele Schauermärchen von Spiegeln handeln? Das kann doch kein Zufall sein!

Aber zurück zur Geschichte. Um mir das Hirn vorübergehend zu verknoten, reichen schon sehr viel kleinere Kaliber als *Poltergeist* & Co aus. Sogar solche, die es eigentlich gar nicht darauf anlegen, dem Zuschauer den gesunden Menschenverstand wegzuballern.

Es gibt etwa diesen ProSieben-Werbespot mit Simon Gosejohann. Das ist dieser blonde Typ, der früher den Sidekick vom dicken Elton gegeben hat. Elton wiederum war mal der Prügelknabe, pardon, Praktikant von Stefan Raab ... ach, ich denke, es ist klar, wer gemeint ist. Jedenfalls steht Simon Gosejohann in besagtem Spot mit einem schicken schwarzen Anzug vor einem großen Spiegel, rückt sich die Fliege zurecht und feiert sich selbst. »Yeah, ich bin so geil! Ich seh so gut aus! Was bin ich nur für ein cooler Macker!« Die Nummer. Dann läuft plötzlich eine heiße Brünette in türkisfarbenem Minikleid durchs Bild. Simon Gosejohann reagiert nicht – dafür aber sein Spiegelbild!

Es, das Spiegelbild, sagt noch so was wie »Ich muss weg«, verschwindet dann von der Glasfläche und spurtet der Frau hinterher. Zum Schluss wird der Claim »We love to entertain you!« eingeblendet. Davon fühlte ich mich verhöhnt. »We love to bring you into the Klapsmühle!« wäre der passendere Slogan gewesen. Ich für meinen Teil musste mir die Zähne jedenfalls tagelang über der Küchenspüle putzen, nachdem ich den Spot zufällig gesehen hatte.

Wenn das Spiegelbild lebendig wird und etwas anderes macht oder anders aussieht als man selbst, ist das nämlich noch mal ganz besonders fies. Gerade so, als hätte sich ein Teil der Seele ausgelagert oder als hätte man ein böses zweites Ich. Deswegen haben Vampire auch kein Spiegelbild. Sie sind ja schon von Grund auf verdorbene Dämonen und können demnach kein böses Pendant haben. Das ist zumindest meine Theorie ... Mist! Jetzt habe ich den Faden schon wieder verloren. Wenn es um Spiegel geht, gerate ich immer so schnell ins Plappern! Mal sehen, wo war ich ... richtig!

Solange ich mir keine Spiegelgeschichten anschaue, anhöre oder lese und die zweifelhafte Antiquität meiner Mutter nicht auspacke, geht es mir also gut. Ein angstfreies Leben zu führen ist demnach relativ unkompliziert. Zum Glück! Immerhin will ich nicht, dass ich in peinliche Situationen gerate und Freunde und Bekannte von meinen kindischen Gespensterfantasien erfahren – gehe ich doch stramm auf die vierzig zu!

Lediglich meine Frau weiß von meinen Ängsten. Seit der Ankunft in Amsterdam zankten Anna und ich uns fast täglich, weil sie nirgendwo ihren ganzen Körper betrachten konnte, während der zwei Meter hohe Wandspiegel mit den schwarzen Schnörkelrosen auf der Terrasse verrottete.

Irgendwann, ungefähr drei Monate nach unserem Umzug, kam eines Abends ein Nachbar vorbei, mit dem wir uns bereits ein wenig angefreundet hatten. »Habt ihr Lust, einen Film mit mir zu gucken?«, fragte er auf Niederländisch. Er hätte sich eine neue DVD gekauft. Titel: *Candyman*. Zwar sei der Film von 1992 und somit nicht wirklich aktuell, doch, so erläuterte der Nachbar, handele es sich um einen seiner Lieblingsfilme. Jahrelang habe er nur die untertitelte VHS-Kassette besessen, doch nun, endlich, die US-amerikanische Originalversion als DVD im Internet ersteigert.

Obwohl Anna und ich noch nie etwas von dem Film gehört hatten und die Unterzeile »We dare you to say his name five times« (»Wage es nicht, seinen Namen fünfmal auszusprechen«) sofort meine inneren Alarmglocken ertönen ließ, willigten wir ein. Mit unserem neuen holländischen Freund und Nachbarn wollten wir es uns nicht gleich wieder verscherzen.

Wir setzten uns also aufs Sofa, rissen eine Tüte Chips auf, schoben die DVD in den Player – und ich durchlitt die heftigsten eineinhalb Stunden meines Lebens. *Candyman* handelt von einem Meuchelmörder mit Captain-Hook-Haken, der immer dann erscheint, wenn man sich vor einen Spiegel stellt und fünfmal seinen Namen sagt. Bingo! Da war es wieder so weit. Der 35-jährige Thomas verwandelte sich in ein zähneklapperndes Kind. Trotzdem ließ ich mir nichts anmerken und hielt den kompletten Film durch. Welcher erwachsene Mann outet sich vor seiner Ehefrau und seinem holländischen Nachbarn schon gern als Weichei? Ich jedenfalls nicht. Da komme ich eben von der alten Schule. Dummerweise.

Als der Film endlich sein grauenvolles Finale erreicht hatte, war ich durchgeschwitzt und vollkommen am Ende. Verstört wankte ich auf die Terrasse, um frische Luft zu inhalieren und sie gleich darauf mit unzähligen Nervositätszigaretten zu verpesten. Als ich die Terrasse erreicht und mir mit zittrigen Fingern einen Glimmstängel angesteckt hatte, fiel mein Blick plötzlich auf den zwei Meter hohen Karton. Huch! Den hatte ich glatt vergessen. Ich observierte ihn verstohlen. Sollte ich vielleicht ... nur so zum Spaß ... um mir zu beweisen, dass ich mir alles nur einbildete? Ich zog an meiner Zigarette. Dann flüsterte ich, ganz, ganz leise: »Candyman. Candy...« Stopp! Nein! Oder doch? Dieser Spiegel machte selbst in verpacktem Zustand einen rasenden Irren aus mir! »Candyman, Candy...« Ein Knacken. Dann eine Stimme: »Uuuaaahhh! Jetzt hole ich dich, Thomas!«

»Aaah! Hilfe! Mami!« Schreiend knallte ich aufs Steißbein, machte eine ungeschickte Rolle rückwärts und krabbelte japsend und keuchend auf allen vieren davon. Mein Herz hämmerte so heftig, dass mein Brustkorb fast in tausend Stücke zerbarst. Was ich fühlte, war keine Todesangst. Es war unendlich viel schlimmer als das: Es war die undefinierbare Angst vor etwas Übersinnlichem. Vor etwas, das so grauenhaft und entsetzlich war, dass der menschliche Verstand es, im Gegensatz zum Tod, nicht einmal ansatzweise begreifen konnte. Das Tor zur Unterwelt hatte sich geöffnet. Candymans Stimme war erklungen.

»Thomas! Ach, herrje! Thomas, halt an! Das sollte doch nur ein dummer Scherz sein! Thomas! Oh, Gott, es tut mir ja so leid! Thomas ... bitte entschuldige! Das wollte ich nicht!« Anna packte mich bei den Schultern und schubste mich auf den Rücken. Meine Augen waren vor Schreck geweitet. Ich hatte Schnappatmung. – »Oh, Schatz! Alles ist gut! Beruhige dich! Alles ist gut! Alles wird wieder gut!« Anna legte sich auf mich, nahm mich fest in die Arme und redete weiter beruhigend auf mich ein. Diesen perfiden Streich würde ich meiner Frau nicht so schnell verzeihen!

»Thomas, das kann so nicht weitergehen!«, meckerte Anna eine Woche nach dem Terrassen-Horrortrip. »Du musst endlich wieder vor die Tür gehen! Und außerdem siehst du langsam, aber sicher aus wie ein Waldschrat!« – »Na, und? Darf ich mich vielleicht nicht verändern, so wie jeder andere auch? Ich hab auch mal Lust auf was Neues. Vollbärte sind in!« – »Blödsinn! Du traust dich nur nicht, in den Spiegel zu gucken.« Ich vertiefte mich wieder in meine Plattensammlung. »Gar nicht wahr.« – »Und warum gehst du seit Tagen nur noch auf das spiegellose Gästeklo und putzt dir die Zähne in der Küche?« – »So, halt«, murmelte ich in meinen Bart. Anna seufzte. »Ach, Thomas. Wie kann ich dir diesen Unsinn bloß austreiben?« Ich ignorierte Annas Frage, klemmte mir einige Platten unter den Arm und zog mich wortlos in mein Arbeitszimmer zurück. Für derlei Diskussionen war ich heute zu angespannt. In zwei Stunden würde ich meinen ersten großen Gig in einem angesagten Elektroschuppen haben. Darauf musste ich mich konzentrieren. Aber wie sollte ich aus dem Haus herauskommen? Ich hatte ja bereits angesprochen, dass sich die Südhälfte unseres trauten Heims über einem Kanal befand. Und der lag so ruhig und glatt wie eine Scheibe da. Wie eine Spiegelscheibe.

Als es höchste Zeit wurde aufzubrechen und ich immer noch keinen rettenden Einfall hatte, marschierte ich schließlich zu Anna zurück. »Schatz?« – »Ja?« – »Kannst du mir einen Gefallen tun?« – »Sicher. Was denn?« – »Du musst mich über den Steg bis zur Straße führen.« – »Warum?« Ich sog Luft ein und atmete sie geräuschvoll wieder aus. Dann gab ich mir einen Ruck. »Ich muss mir die Hände vor die Augen halten. Damit ich den Kanal nicht sehe. Wegen der Spiegelung …« – »Och, nö! Das ist doch nicht dein Ernst, Thomas!« Wie auf Kommando polterte Anna los und begann, mir einen Vortrag über mein kindisches und albernes Betragen zu halten. Ich blickte meine Frau nur flehend an. Letzten Endes ergriff Anna meine Hand und delegierte mich kopfschüttelnd zur Straße.

Als ich den Club endlich erreicht hatte, brachte mich kurzzeitig auch noch eine großflächige Pfütze auf dem Parkplatz ins Schwitzen, doch um die machte ich einfach einen großen Bogen. Im Inneren der Disco fühlte ich mich dann endlich wieder wohler und erledigte souverän meinen Job – wenngleich ich zum Pinkeln natürlich nur nach draußen ging und Blickkontakte mit der Discokugel konsequent vermied.

Gegen drei Uhr nachts kam ich nach Hause zurück und fühlte mich müde, aber gut. Der Auftritt war super gelaufen und der Kanal vor unserem Steg lag im Dunkeln. Ich war somit außer Gefahr. Wenn ich euch nicht sehe, könnt ihr mich auch nicht sehen. Ätsch!

Erschöpft steckte ich den Schlüssel ins Schloss und öffnete die Haustür. Über den Flur floss warmes Kerzenlicht. Ich wunderte mich und hielt kurz inne. Dann setzte ich einen Fuß über die Schwelle, spähte um die Ecke – und erblickte einen großen, runden Spiegel an der Wand! Mir schnürte sich die Kehle zu. Doch dieses Mal lag es an meiner Frau und nicht an dem Spiegel, denn Anna stand direkt vor der blanken Fläche und stierte wie hypnotisiert hinein. Vor ihren Füßen flackerte ein Teelicht.

»Was machst du da?« Anna reagierte nicht, sondern starrte nur apathisch ihr Spiegelbild an. Dann raunte sie: »Candyman.« – »Anna!« – »Candyman.« – »Lass den Scheiß!« – »Candyman.« – »Bist du irre?« – »Candyman.« – »Hör endlich auf damit!« – »Candy…« – »Noooeeeein!« Mit einem einzigen langen Satz sprang ich zu meiner Frau, presste ihr verzweifelt die Hand vor den Mund und riss sie zu Boden. Dort verharrten wir ein paar Sekunden im Schockzustand, bis Anna endlich frech zu grinsen begann. – »Bist du wahnsinnig? Du hast sie wohl nicht mehr alle!«, brüllte ich Anna an und sprang wütend auf die Füße. Anna grinste weiter, stand ebenfalls auf und legte mir einen Arm um die

Schultern. »Irgendwie musste ich den Bann doch mal brechen. Guck mal, wovor du gerade stehst.« Völlig durcheinander drehte ich den Kopf zur Seite, blickte direkt in die riesige Spiegelfläche rechts von mir, hielt den Atem an, und es passierte … nichts.

Maikäfer flieg!

Diana (29), Physiotherapeutin, Hannover,
über
Insectophobie (Angst vor Insekten)

Ping! Pong! Ping! Pong! Der leichte Federball sauste in gleichmäßigen Bahnen zwischen mir und meiner Schwester Anja hin und her. Die Luft war lau und von dem süßlichen Duft der saftigen grünen Bergwiese erfüllt. Hinter einem blauschwarz schimmernden Hügel versank langsam die Abendsonne und tauchte die Gipfel der österreichischen Alpenlandschaft in ein warmes Orange. Anjas und meine Wangen glühten rosig, unsere gelben Spitzenkleidchen flatterten im Wind. Obwohl meine ältere Schwester und ich in diesem Frühjahr erst acht und sieben Jahre alt geworden waren, hatten wir an diesem Urlaubstag bis zum Sonnenuntergang draußen bleiben und Federball spielen dürfen. Das war das Größte für uns! »Los, Anja! Den kriegst du noch!« Schnaufend hastete meine Schwester der weißen Gummikugel hinterher, die im schummrigen Licht der Dämmerung kaum mehr zu erkennen war. Plötzlich stolperte Anja und purzelte der Länge nach auf den Rasen. Ich eilte ihr besorgt zu Hilfe. »Hast du dir wehgetan?« Anja antwortete nicht. Sie blieb stumm und fassungslos auf dem Bauch liegen, deutete mit zitterndem Zeigefinger und weit aufgerissenen Augen auf den Horizont und sah aus, als hätte sie ein Gespenst entdeckt. Ich fuhr herum – und schrie entsetzt auf.

Vor einem blutroten Himmel stieg ein ganzes Geschwader pechschwarzer Mini-Hubschrauber auf, die laut und bedrohlich brummend geradewegs auf uns zusteuerten. Maikäfer! »Sie greifen an!« – »Oh Gott! Was sollen wir bloß tun?« Anja war mit einem Satz auf den Füßen. »Zum Weglaufen ist es zu spät. Wir müssen kämpfen!« Mit diesen Worten deutete meine große Schwester auf den Federballschläger in meiner Hand und setzte eine wild entschlossene Miene auf. »Zusammen sind wir stark!« Schlotternd stellte ich mich in Position und fühlte mich wie ein Baseballspieler kurz vor dem spielentscheidenden Home-Run. Wenn mir die Biester nur nicht in die Haare fliegen! Dann würden sie sich mit ihren Widerhaken darin verfangen und für immer dort hängen bleiben! Todesmutig umklammerte ich den Griff des Federballschlägers noch fester. Attacke!

Boing! Boing! Boing! »Da drüben ist noch einer!« – »Wo?« – »Da!« Boing! »Oh, nein! Anja, hilf mir!« Ein besonders dicker Käfer war in einer der Netzmaschen meines Schlägers stecken geblieben und strampelte irritiert mit allen sechs Beinchen herum. »Zupf ihn raus und drück die Masche wieder zusammen!«, befahl die atemlose Anja, die wie ein leuchtend gelber Flummi auf der inzwischen dunkelgrünen Wiese herumhüpfte und einen Käfer nach dem anderen durch die Luft pfefferte. Ich gehorchte und setzte erneut zum Gegenschlag an. Boing! »Anja, es sind zu viele!« – »Du hast recht. Lauf!« Mit ausladender Geste schleuderten wir unsere Waffen auf die Wiese und verließen die Gefechtsstation hysterisch kreischend und so schnell uns unsere Beine trugen. Wir rannten und rannten, bis es in der Brust brannte und der Wind an unseren blonden Zöpfen zerrte. Erst als wir unter das große Ehebett in der Ferienwohnung unserer Eltern gerobbt waren, konnten Anja und ich wieder durchatmen.

Das ist zwar der erste und einzige Nahkampf, an den meine Schwester und ich uns bewusst erinnern können, doch an unserer Abneigung gegenüber Insekten hat sich in den letzten zwanzig

Jahren nicht besonders viel geändert. Alles, was flattert, fliegt und brummt, jagt uns bis heute eiskalte Schauer über den Rücken, und es gab, glaube ich, noch keine einzige Gartenparty, bei der nicht eine von uns schreiend aufgesprungen und davongerannt wäre. Das Peinlichste daran ist, dass wir immer gleich wie die Furien loskeifen müssen, sobald uns irgendein Krabbeltier um den Kopf herumsurrt. Doch so sehr wir uns auch anstrengen und zusammenreißen – wir können das Gekreische einfach nicht unterdrücken.

Im Laufe der Zeit hat Anja ihren Angstfokus allerdings auf Wespen verlagert, wohingegen ich mich auf Motten und Libellen spezialisiert habe. Motten, Schmetterlinge, Nachtfalter und diese ganze Bande von Flattermännern sind mir deswegen unsympathisch, weil die immer so unberechenbar herumwedeln und ich daher befürchte, dass sie mir unter das T-Shirt fliegen, Panik kriegen, noch wilder herumflattern und mich mit ihren staubigen Flügeln von oben bis unten vollfusseln könnten. Igitt! Wenn ich mir das nur vorstelle, wird mir schon flau im Magen. Warum Schmetterlinge in Biologiebüchern als »die fliegenden Edelsteine« betitelt werden, ist mir ein echtes Rätsel. Ich finde die Dinger nicht schön oder filigran oder zauberhaft, sondern nicht zuletzt wegen ihres wulstigen, pelzigen Körpers und des dicken, haarigen Rüssels einfach nur ekelerregend. Bunte Flügel hin oder her.

Bei Libellen ist das anders. Die verursachen bei mir keinen Ekel, sondern Todesangst. Und ich meine: *Todes*angst. Das klingt unlogisch? Von wegen! Libellen sind so groß und so hart wie Holzstöcke und wenn mir nun so ein Monsterteil mit voller Wucht gegen die Schläfe knallte, würde ich ohnmächtig werden, mit dem Kopf auf dem Boden aufschlagen und sterben. Versteht doch jedes Kind! Was ich übrigens fast genauso schrecklich finden würde, wäre, wenn mir eine Libelle ins Auge donnern, stecken bleiben und ich blind werden würde. Und das ist mehr als wahrscheinlich. Immerhin fliegen diese wild gewordenen Torpedos nicht nur rasend schnell, sondern auch ruckartig und im Viereck. Ihre Flugbahnen lassen sich überhaupt nicht einschätzen, und um einer Libellenattacke und ihren grauenvollen Folgen zu entgehen, kommt, anders als beim verhältnismäßig lahmen Maikäfer, keine Abwehr mit dem Federballschläger, sondern nur eine einzige Möglichkeit infrage: rennen, verstecken und um Hilfe rufen. Sollte gerade niemand in der Nähe sein, der mich retten kann, gilt: rennen, verstecken, um Hilfe rufen und so lange warten, bis endlich jemand kommt. Ob sich diese Zeitspanne über Minuten oder über Stunden erstreckt, spielt keine Rolle.

Als ich noch in der Ausbildung war und allein in einer Ein-Zimmer-Wohnung lebte, ist einmal eine Libelle durch die offene Balkontür in mein Zimmer geflogen. Ich saß gerade am Schreibtisch und lernte für eine Prüfung, und als ich plötzlich hörte, wie es hinter meinem Rücken verdächtig zu brummen begann, brach der Fluchtinstinkt derart heftig und unkontrollierbar über mich herein, dass ich mitsamt dem Bürostuhl nach hinten umkippte, geistesgegenwärtig nach meinem Handy griff und ins Badzimmer stürzte. Während ich davongaloppierte, erspähte ich aus dem Augenwinkel die Libelle und in meiner winzigen Wohnung wirkte sie gigantisch groß! Ich erschauderte und schlug mir panisch die flache Hand vors Gesicht, um auf dem letzten Meter nicht doch noch zu erblinden.

Im Badezimmer angekommen, schmiss ich die Tür ins Schloss, verbarrikadierte mich in der Badewanne und rief plärrend meinen Vater an. »Papa! Du musst sofort kommen! In meiner Wohnung ist eine Libelle!« – »Mäuschen, jetzt beruhig dich mal wieder. Die tut dir doch …« – »Hilf mir!« – »Diana, was soll ich denn machen? Ich bin auf der Arbeit.« – »Papaaa! Bitte rette mich!« Mein Vater seufzte resignierend. »Okay, okay. Ich komme.« Bis mein Vater meine Wohnung erreichte, verging eine geschlagene Stunde, die ich angespannt in der Badewanne sitzend und mit Schweißperlen auf der Stirn ausharrte. Die ganze Zeit über richtete ich den

Duschkopf direkt auf die Tür, sodass ich die Libelle – sollte sie es auf irgendeine wundersame Weise schaffen, durch das Schlüsselloch zu kriechen – mit dem Wasserstrahl sofort hätte wegputzen können. Als mein Vater endlich kam, verging eine weitere halbe Stunde, bis ich die Badewanne verlassen und endlich wieder ganze Sätze sprechen konnte. Zwar behauptete mein Vater bereits beim Betreten der Wohnung, die Libelle sei nicht mehr da, doch ich glaubte ihm kein Wort. Erst, nachdem er sämtliche Kissen, Decken und Sofawinkel aufgeschüttelt und haargenau durchkämmt hatte, gab ich Ruhe.

Als Single mit Insektenphobie hat man es eben nicht leicht. Ständig muss man auf der Lauer sein und seine Eltern mit hysterischen Anrufen nerven, weil die Wohnung mal wieder von Libellen, Hummeln, Wespen, Bienen, Motten, ferner auch Spinnen, Käfern und Ohrenkneifern, geentert worden ist und man sich in den eigenen vier Wänden nicht mehr sicher fühlen kann. Als ich vor ein paar Jahren mit meinem Freund Lutz zusammenkam und schließlich auch zusammenzog, war ich daher mehr als glücklich, weil ich bis über beide Ohren verliebt in ihn war und alle Kammerjägeraufträge nun an ihn weiterleiten konnte.

Wenn ich allein zu Hause war, stülpte ich einfach eine Salatschüssel über alles, was auf dem Tisch, der Fensterbank oder dem Boden brummte und krabbelte und relativ langsam war (Libellen und Motten fielen also aus dem Raster und erforderten nach wie vor den geordneten Rückzug), und wartete, bis Lutz nach Hause kam und die Viecher nach draußen bringen konnte. Die gefangenen Tierchen zu zertreten oder wegzusaugen, ist ein No-go für mich, denn dass den Insekten etwas zustößt oder sie gar sterben, will ich nun auch wieder nicht. Deswegen ist auch Insektenspray nie eine Alternative für mich gewesen. Und die Sache mit den Maikäfern in Österreich? Hm, tja. Das war Notwehr! Und außerdem ist den kleinen Kerlchen dabei auch nicht besonders viel passiert. Die dicken Brummer sind hart im Nehmen.

Aber wie dem auch sei. Alles, was ich, wie gesagt, möchte, ist, dass Lutz die Dinger aufsammelt und wegbringt. Weit weg. Wenn mir die Viecher zu nahe kommen oder ich sie gar anfassen muss, bekomme ich nämlich solche Angst, dass mir richtig schlecht wird. Deswegen müssen die Salatschüsseln auch ganz besonders groß sein, damit ich nicht zu dicht an das Insekt herantreten muss und es nicht doch noch aus Versehen berühre. Außerdem lege ich auf die Schüssel zur Sicherheit jedes Mal noch zwei bis drei schwere Bücher und einen Zettel mit der vielsagenden Information: »Hummel!«, »Spinne!«, »Schuster!«, je nachdem, was sich unter dem Glas befindet.

Am Anfang war Lutz noch ein wenig irritiert, wenn er abends nach Hause kam und erst einmal einen Slalomlauf um die beschrifteten Salatschüsseln in Flur und Wohnzimmer hinlegen musste, doch mit der Zeit gewöhnte er sich daran und wusste gleich, was zu tun war. Was das anging, verlief also alles nach Plan. Was ich hingegen nicht einkalkuliert hatte, war, dass Lutz mich in einer Tour mit ökologischem Fachwissen vollblubberte und mich ständig zu irgendwelchen Tümpeln, Teichen und Mooren schleppen wollte, um mich zu therapieren. Ein kleines, aber entscheidendes Detail habe ich nämlich noch nicht erwähnt: Lutz ist studierter Biologe und ein leidenschaftlicher Insekten-Fan. Und wenn wir beide einen Spaziergang an einem Waldsee machten, lief das keineswegs so romantisch ab, wie manch einer das vielleicht aus Rosamunde-Pilcher-Filmen kennt, sondern in der Regel so wie an einem unvergessenen Julisonntag im letzten Sommer.

Lutz und ich schlenderten Arm in Arm über den knirschenden Sandweg im nahegelegenen Wiehengebirge und genossen das Vogelgezwitscher und die frische Luft. Alles schien friedlich und harmonisch zu sein, bis ich plötzlich ein mir nur viel zu gut bekanntes Geknatter vernahm. Wrooom! Wrooom! Wrooom! »Eine Libelle!« Reflexartig presste ich die Augen zusammen, hielt die geballten Fäuste vor mein Gesicht und kauerte mich in Hockstellung hinter Lutz' Beine. Ich sah also ungefähr so aus, als ob ich furchtbar dringend aufs Klo müsste.

Lutz hingegen streckte die Nase in die Luft, verschränkte die Arme vor seinem ökologisch korrekten Baumwoll-T-Shirt und begann, mit hochgezogenen Augenbrauen zu dozieren. »Die Libelle wird dir nicht gegen den Kopf knallen, dafür ist sie viel zu geschickt. Nicht umsonst gelten sie als die Akrobaten der Lüfte. Im Gegensatz zu vielen anderen Insekten sind Libellen Vierflügler und können darüber hinaus jeden einzelnen Flügel unabhängig voneinander anschlagen und sogar rückwärts fliegen. Dabei erreichen sie mitunter eine Maximalgeschwindigkeit von 50 km/h. Ist das nicht faszinierend?«

Die Libelle kam näher. Zeternd sprang ich auf und begann, im Kreis um Lutz herumzuflitzen. »Die mögen ja gut fliegen können«, rief ich keuchend, während ich meinen reglosen Freund wie eine aufgescheuchte Motte eine brennende Glühbirne hektisch umflatterte. »Aber woher soll sie denn wissen, wo ich als Nächstes stehe? Das kann die mit ihren komischen Glubschern doch gar nicht richtig sehen!« – »Facettenaugen, Diana! Facettenaugen. Diese können aus bis zu 30.000 Omatiden bestehen, die mit dem menschlichen Sehorgan allerdings nicht zu vergleichen sind. Jedes Einzelauge hat eine eigene Wahrnehmung, doch keines davon kann fokussieren und scharf stellen. Lediglich bestimmte Lichtspektren und Bewegungen können damit ausgemacht werden.« – »Dann ist es doch gut, dass ich so herumhample!«, schrie ich und schmiss mich bäuchlings auf die Erde, um der aggressiven und gerade zum Sturzflug ansetzenden Killerlibelle in letzter Sekunde auszuweichen. Warum half mein bescheuerter Freund mir denn nicht endlich?

»Nachtschwärmer beispielsweise sehen auch im Infrarotbereich. Selbstverständlich bedeutet das einen selektiven Vorteil, weil einige Blumen auf Grund der Stoffwechselaktivität eine höhere Temperatur aufweisen als ihre Umgebung. Andere Insekten, etwa Schmetterlinge, sehen im ultravioletten ... Aua!« Wutentbrannt hatte ich Lutz gegen das Schienbein getreten. Er hatte sich so sehr in Rage geredet, dass er gar nicht gemerkt hatte, dass die Libelle längst abgedreht hatte und ich wieder aufgestanden war. »Jetzt halt endlich die Klappe und bring mich nach Hause!«

Ein knappes Jahr später hatten wir das leidige Thema endlich geklärt. Ich hielt mich, zumindest im Auto, so gut es ging an das mir erteilte Schreiverbot, und Lutz verkniff sich das Schlaumeiern und weitere Therapieversuche. Das versprach er mir zumindest. In Wirklichkeit hatte Lutz jedoch nur auf seinen ganz großen Auftritt gewartet.

»Diana, sollen wir nächste Woche ins Kino gehen? Das Programmkino in der Innenstadt veranstaltet eine Siebzigerjahre-Kultfilmreihe und am Samstagabend wird *Die Rocky Horror Picture Show* gezeigt. Da will ich hin!« Ich war unschlüssig. Der größte Musicalfilm-Fan war ich nun nicht gerade und außerdem finde ich Kino generell ein wenig öde. »Hm, weiß auch nicht. Sollen wir nicht lieber was trinken und ein bisschen tanzen gehen?« – »Ach, komm schon, Diana. Was meinst du, was da für Stimmung in der Bude ist! Und vielleicht haben Anja und ihr neuer Freund Olli auch Lust, mitzukommen? Du hast deine Schwester doch schon so lange nicht mehr gesehen.« Das stimmte. Anja und ich hatten uns in den letzten Monaten wirklich nicht besonders häufig getroffen und da sie im Gegensatz zu mir eine begeisterte Kinogängerin war, würde sie den Vorschlag sicher gut finden. »Na, gut. Überredet. Ich rufe Anja gleich mal an.«

Ein paar Tage später spazierten Lutz, Anja, ihr neuer Freund Olli und ich durch die Innenstadt in Richtung Kino. Nachdem wir unser Ziel erreicht hatten, mussten wir eine Ewigkeit an der Popcorntheke anstehen und hatten Mühe, in dem gerammelt vollen Vorführsaal überhaupt noch vier freie Plätze zu finden. Einige Leute hatten sich turmhohe Perücken aufgesetzt und ihre Gesichter grell geschminkt, andere turnten tatsächlich mit Strapsen durch die Gegend und bespritzten sich gegenseitig mit Wasserpistolen. Was für ein Spektakel! Schließlich fanden wir vier Plätze in einer der mittleren Reihen – natürlich ganz außen. Anja und ich setzten uns nebeneinander, die Jungs rechts und links von uns. Lutz nahm den Platz am Gang ein. Während sich Lutz, Olli und Anja von der guten Laune der wild gewordenen Cineasten anstecken ließen, drückte ich mich ein wenig genervt in den weichen Sitz und schob mir kiloweise Popcorn zwischen die Zähne. Dann begann der Film und im Saal kehrte endlich andächtige Stille ein.

Die junge Susan Sarandon hatte Barry Bostwick gerade das Jawort gegeben und sich mit ihm auf die Hochzeitsreise gemacht, als links von mir plötzlich ein dumpfes Brummen ertönte. Verwirrt schaute ich zu Lutz – und fast fielen mir die Augen aus dem Kopf. Zwischen seinen Knien klemmte ein aufgeschraubtes Einmachglas, aus dem gerade ein Dutzend Maikäfer herauskrabbelte und sich langsam in die Lüfte schwang.

»Bist du irre?«, schrie ich auf. »Anja, Anja! Guck mal, was Lutz macht!« Anjas Augen weiteten sich fassungslos. Nun schrie auch sie. – »Psst, Ruhe dahinten!« Anja und ich machten Anstalten, aufzuspringen, doch Lutz und Olli griffen grinsend nach unseren Handgelenken. – »Hey! Hinsetzen!«, brüllte jemand aus den hinteren Reihen. Anja und ich setzten uns wieder. Was hätten wir auch tun sollen? Das Kino war so proppenvoll, wir hätten es wahrscheinlich eh nicht bis zum Ausgang geschafft. »Das werde ich dir nie verzeihen!«, zischte ich und stieß Lutz wutschäumend den Ellenbogen in die Rippen. Er kicherte nur spitzbübisch. »Entspann dich. Die werden dir schon nichts tun. Die interessieren sich nur für das Licht.« Kaum hatte Lutz den Satz beendet, da landeten auch schon die ersten Käfer auf der Leinwand und krabbelten über das blasse Gesicht des buckligen Butlers, der gerade den *Time Warp* eröffnete.

Einige der Kinobesucher sprangen entrüstet auf und pfiffen, andere begannen zu klatschen und zu johlen, wieder andere ließen sich gar nicht erst aus der Ruhe bringen, sondern stimmten lautstark und beherzt den berühmten Kultsong an. »Let's do the time warp again!« Anja und ich verknoteten uns fest mit Armen und Beinen ineinander und starrten ungläubig und mit rasendem Herzen auf die Leinwand, die nun von immer mehr schwarzen Punkten übersät wurde. Lutz und Olli klopften sich mit Freudentränen in den Augen auf die Schenkel. »Was ist das denn für eine Scheiße hier!«, motzte ein Strapsträger neben Olli und sprang schnaufend auf die Füße. »Jetzt setzt euch endlich hin, da vorn!«, rief jemand von hinten, der sich ebenfalls wutentbrannt aus seinem Sitz erhob. »Und ihr da hinten haltet endlich die Schnauze!«

Popcorn und Chips sausten durch die Luft, Wasser sprühte mir ins Gesicht, Bierflaschen fielen klirrend zu Boden. »Let's do the time warp again! Yeah! Yeah! Yeah!« Die schrill kostümierten Travestie-Vampire steppten immer aufgekratzter in ihrem Schloss herum, die Maikäfer krabbelten immer hektischer von einer Leinwandecke in die andere. Auf einmal konnten auch Anja und ich uns nicht mehr halten vor Lachen. »It's so dreamy, oh fantasy free me!«, stieg ich grölend in den Kulthit ein und klatschte in die Hände. Plötzlich registrierte einer der Käfer eine noch viel hellere Lichtquelle als die Leinwand – und steuerte schnurstracks auf den Vorführraum und den Projektor zu.

Der Schatten des Käfers wuchs und wuchs, seine gefächerten Fühler und die Widerhaken an seinen Beinchen zeichneten sich detailgetreu auf den grinsenden Fratzen der Schauspieler ab. Ein Raunen ging durch die tobende Menge. Unwillkürlich zogen die Leute die Perückenköpfe ein oder schmissen sich gleich ganz auf den Boden. »Ups!«, machte Lutz erschrocken. Damit hatte er wohl nicht gerechnet. Maikäfer flieg! Das Kino ist im Krieg!

Mit weit geöffnetem Mund bestaunten Anja und ich, wie sich der Schatten unseres alten Widersachers zu einer tischgroßen Fläche ausbreitete, immer größer und breiter wurde und schließlich die gesamte Leinwand bedeckte. Dann riss die Tonspur ab und die schummrigen Lampen in den seitlichen Gängen leuchteten auf. Die Vorstellung wurde abgebrochen – und Anja und ich flüchteten. Eilig stürzten wir aus dem Kino, rannten bis zur Straße und kreischten heftig los. Doch dieses Mal kreischten wir vor Lachen.

DIE 15. GESCHICHTE ÜBER SCHRÄGE PHOBIEN

Höhen und Tiefen

Sarah (39), Hebamme, Köln,
über
Akrophobie (Höhenangst)

Als ich an einem Mittwochmorgen vor zwei Jahren ins Krankenhaus gerufen wurde, weil mein Schützling, Frau Toshogu, in den Wehen lag, nahm ich noch an, es würde ein Tag wie jeder andere werden. Zugegeben: Ganz so routiniert wie sonst würde die Geburt sicher nicht ablaufen, da Frau Toshogu kein Wort Deutsch sprach und lediglich ein paar Fetzen Englisch verstand. Sie und ihr Mann waren erst vor Kurzem von Japan nach Deutschland übergesiedelt. Da aber Herr Toshogu in der englischen Sprache versiert war und er während der Niederkunft als Übersetzer dabei sein würde, beunruhigte mich die Sprachbarriere nicht. Wann immer ich in den letzten Wochen und Monaten die schwangere Frau Toshogu zu Hause besucht hatte, um Atem- und Entspannungstechniken mit ihr zu üben, war Herr Toshogu zur Stelle gewesen und hatte mit freudiger Aufregung den Dolmetscher gespielt. Wenn ich abends keine Zeit hatte und schon vormittags kommen musste, hatte sich Herr Toshogu just für diesen Zweck sogar einen halben Tag freigenommen. Einen solchen Liebesbeweis hätte mit Sicherheit nicht jeder Bürohengst erbracht.

Herr Toshogu wirkte nicht wie ein Bilderbuch-Japaner. Zwar war es deutlich spürbar, dass er die konfuzianistischen Lehren über Disziplin, Pflichtbewusstsein und Ehre verinnerlicht hatte und Wert auf fernöstliche Traditionen und Gebräuche legte (wenn ich kam, musste ich meine Schuhe ausziehen und so hinstellen, dass sie mit der Spitze zur Eingangstür zeigten), doch Herr Toshogu war auch sehr fröhlich und verschmitzt und hatte den Schalk im Nacken. Darüber hinaus war er pummelig und chaotisch. Nicht selten rutschte ihm die Brille von der Stupsnase oder das weiße Hemd aus der schwarzen Stoffhose. In diesen Momenten erinnerte er mich an Hiro, den drolligen Zeitreise-Japaner aus der US-amerikanischen TV-Serie *Heroes*. Und genau wie das Herz des TV-Helden Hiro war auch das von Herrn Toshogu riesengroß und nichts auf der Welt liebte er so innig und bedingungslos wie seine sanftmütige Ehefrau. Für mich bestand kein Zweifel: Mit Herrn Toshogus Hilfe würde Frau Toshogu die Geburt problemlos überstehen.

Gegen elf Uhr vormittags klingelte mein Pieper zum ersten Mal. Krankenschwester Melanie und ich hatten Frau Toshogu gerade in den Vorraum des Kreißsaals und ins Bett gebracht. Eigentlich wollte ich Frau Toshogu ungern allein lassen, denn sie sah recht ängstlich aus und hatte Schmerzen, doch weil mein Pieper gleich noch einmal schrillte und es sich um etwas Dringendes handeln musste, gab ich der kreißenden Japanerin mit Händen und Füßen zu verstehen, dass ich gehen musste, aber bald wieder bei ihr sein würde.

Der Grund für die Störung war Herr Toshogu. Er war direkt vom Büro ins Krankenhaus gefahren und drückte sich mit Anzug und Aktentasche auf dem Flur im Erdgeschoss herum. Wie mir mitgeteilt wurde, wollte der Japaner aus irgendeinem Grund partout nicht in den Fahrstuhl steigen und darüber hinaus mit keiner Person außer mir sprechen. Irritiert lief ich nach unten und nahm den werdenden Vater in Empfang. Er verbeugte sich hastig. »Herr Toshogu! Schön, dass Sie da sind! Wie geht es Ihnen?«, fragte ich auf Englisch. »Wie geht es meiner Frau?«, fragte er auf Englisch zurück. »Sie liegt in den Wehen und hat Schmerzen. Aber das ist vollkommen normal. Sicher würde sie sich freuen, Sie zu sehen. Darf ich Sie nach oben begleiten?« Herr Toshogu trat nervös von einem Bein aufs andere und schwieg. Irgendwas brannte ihm auf der Seele, doch er genierte sich, mir zu sagen, was es war. Ich biss mir auf die Unterlippe. Langsam, aber sicher wurde es höchste Zeit, dass ich Frau Toshogu wieder das Händchen hielt. »Was ist los, Herr Toshogu?«, hakte ich daher einfühlsam, aber etwas ungeduldig nach. Endlich kriegte Herr Toshogu die Zähne auseinander: »Die Empfangsdamen sagten mir, dass sich der Kreißsaal im siebten Stock befindet. Ist diese Information korrekt?« – »Ja, das ist korrekt«, bestätigte ich verdattert. Herr Toshogu schluckte. Die Auskunft verängstigte ihn offenbar. – »Gibt es ein Problem, Herr Toshogu?« Der Japaner schüttelte kaum merklich den Kopf und starrte stumm auf die Fahrtuhltür. Nun begriff ich: Herr Toshogu fürchtete sich vor dem Lift! Wahrscheinlich litt er an Klaustrophobie – eine Schwäche, die ein Japaner einer weitestgehend fremden Frau gegenüber freilich niemals zugeben durfte.

Verständnisvoll lächelnd hakte ich Herrn Toshogu unter und führte ihn in Richtung Treppenhaus. »Keine Sorge, Herr Toshogu! Niemand zwingt Sie, den Aufzug zu nehmen. Treppensteigen ist ohnehin viel gesünder. Wissen Sie, was man hierzulande sagt? Jeder Gang macht schlank! Haha.« Herr Toshogu verzog keine Miene. Zwar ließ er sich widerspruchslos von mir mitschleifen, doch seltsamerweise schien er sich angesichts des Treppenhauses nur noch mehr zu fürchten.

Den ersten und den zweiten Stock erklommen Herr Toshogu und ich ohne nennenswerte Komplikationen. Als wir die Füße auf die erste Stufe der dritten Etage gesetzt hatten, hing der wohlgenährte Japaner jedoch immer schwerer an meinem Arm. Und als wir uns schließlich bis in Stockwerk Nummer vier geschleppt hatten, riss Herr Toshogu sich unvermittelt von mir los, klammerte sich mit beiden Händen ans Treppengeländer, sackte auf die

Knie, verdrehte die Augen nach oben und hyperventilierte. »Um Gottes willen! Herr Toshogu? Herr Toshogu!«, rief ich. Da ich einen Kreislaufzusammenbruch vermutete, hockte ich mich sofort vor den Kollabierten und schnippte einige Male mit Daumen und Zeigefinger neben seinen Ohren. »Herr Toshogu? Können Sie mich hören?« Plötzlich stoppte die Atmung. Mit einer Miene des Entsetzens registrierte Herr Toshogu, dass ich vor ihm kniete. Er holte tief Luft, sprang auf die Füße und spurtete je zwei Stufen auf einmal nehmend nach unten. Ich wollte ihm erst noch nachlaufen, als mir jäh die hochschwangere Frau Toshogu wieder einfiel und auch schon mein Pieper losschrillte.

Hilf- und atemlos rannte ich in den siebten Stock. Frau Toshogu schrie inzwischen wie am Spieß. Krankenschwester Melanie stand neben ihr und versuchte, ihr die klitschnasse Stirn mit einem feuchten Lappen abzutupfen, ohne dabei von Frau Toshogus wild und unkoordiniert herumwedelnden Armen ins Gesicht geschlagen zu werden. Als ich in das Zimmer stolperte und Frau Toshogu mich erblickte, schrie sie noch hemmungsloser: »Husband! Husband! Where is husband?« Bevor ich antworten konnte, brüllte auch die Krankenschwester los: »Frau Klinger! Sie sind mir ja eine tolle Hebamme! Wo zum Teufel haben Sie gesteckt? Sie können mich doch nicht mit einer kreißenden Frau allein lassen! Glauben Sie vielleicht, ich hätte keine anderen Patienten, um die ich mich kümmern muss? Die Wehen werden immer heftiger und kommen in immer kürzeren Abständen!«

Ich atmete tief durch und bemühte mich, einen ruhigen Tonfall zu haben, um die Schwangere nicht noch mehr zu verunsichern. »Ihr Ehemann fühlt sich gerade nicht so wohl, doch er wird jeden Moment kommen«, versprach ich. Frau Toshogu verstand die englischen Worte nicht und feuerte ein paar japanische Kraftausdrücke ab. Die arme Frau konnte nicht begreifen, warum ihr Ehemann sie in dieser Situation alleinließ. Da waren wir schon zu zweit.

»Wann war der letzte Schub?«, wollte ich von Krankenschwester Melanie wissen. »Vor fünf Minuten ungefähr.« – »Hui, das geht aber fix.« – »Sag ich doch. Ich muss jetzt nach den anderen Patienten sehen.« – »Gehen Sie ruhig, Melanie. Ich melde mich, wenn ich Hilfe brauche. Aber rufen Sie bitte noch beim Empfang an und lassen Sie nach Herrn Toshogu schicken.« Die Krankenschwester seufzte und eilte davon. Rasch wusch ich mir die Hände und horchte Frau Toshogus glänzenden Kugelbauch mit dem Stethoskop ab. Der Herzschlag des ungeborenen Babys ging ruhig und regelmäßig. »Where is husband?«, keifte Frau Toshogu wieder. »He will be here soon«, mutmaßte ich. Dann griff ich nach Frau Toshugus krampfartig zusammengeballter Hand und machte ihr die eingeübten Atemtechniken vor. Sie versuchte gar nicht erst, sie nachzumachen. »Where is husband?« – »He will be here soon!« – »WHERE IS HUSBAND?« Ich gab auf und rief nach Schwester Melanie.

Nachdem sie schnaufend angetrabt gekommen war, lief ich so schnell mich meine Beine trugen ins Treppenhaus und sprintete in Richtung Erdgeschoss. Auf den Fahrstuhl zu warten, hätte zu lange gedauert. Außerdem steckte einer der insgesamt vier Aufzüge ohnehin seit ein paar Minuten fest, wie mir eine Krankenschwester im Vorbeigehen zurief, und eine technisch bedingte Verzögerung konnte ich nicht auch noch riskieren. Wie sich bald herausstellen sollte, war zumindest diese Sorge vollkommen unberechtigt, denn mit der Fahrstuhltechnik war alles in bester Ordnung. Der Lift war nicht stecken geblieben, sondern wurde blockiert. Und zwar von Herrn Toshogu. Als ich die vierte Etage erreicht hatte, entdeckte ich den leichenblassen Japaner, der offensichtlich auf eigene Faust versucht hatte, seiner gebärenden Frau zu Hilfe zu eilen.

Er kauerte auf allen vieren in dem sperrangelweit geöffneten Fahrstuhl und drückte mit der ausgestreckten rechten Hand wie in Trance auf dem Stoppknopf herum. Seine Augen waren vor Entsetzen weit aufgerissen. Seiner Krawatte und seines Jacketts hatte er sich inzwischen entledigt; das weiße Hemd war durchsichtig vor Schweiß und bis zur Brust aufgeknöpft. »Herr Toshogu!«, rief ich, ebenso überrascht wie irritiert. »Sarah-san …«, flüsterte der werdende Vater. So hatte er mich noch nie genannt. »It's too high. It's just … too high for me! When I feel how it gets up I suffer death!« Nun endlich begriff ich: Herr Toshogu litt nicht an Klaustrophobie. Er hatte Höhenangst! Und zwar eine derart ausgeprägte, dass ihn selbst fensterlose Fahrstühle und Treppenhäuser in Angst und Schrecken versetzten.

»Herr Toshogu, kommen Sie um Himmels willen aus dem Fahrstuhl und hören Sie auf, den Stoppknopf zu betätigen!«, forderte ich mit Nachdruck. »Hier im Treppenhaus kann Ihnen doch nichts passieren!« Herr Toshogu gehorchte und krabbelte wie ein kleiner dicker Käfer auf den Gang und das Treppengeländer zu, an dem er sich sogleich wieder zitternd festklammerte. Ich wusste genau, wie unsagbar peinlich Herrn Toshogu sein Schweißausbruch sein musste. Schließlich ekeln und schämen sich die hygienevernarrten Japaner schon dann, wenn in ihrer Gegenwart nur jemand niest. »Wie geht's meiner Frau?« – »Sie steht kurz vor der Niederkunft. Und sie verlangt nach Ihnen! Ich brauche Sie, Herr Toshogu. Ich kann Ihre Frau sonst nicht verstehen. Gibt es denn nicht irgendeine Möglichkeit, wie Sie es nach oben schaffen können?« – »I try! I try all the time! Can't I call her on the phone?« – »Im Entbindungszimmer gibt es keinen Anschluss.« Herr Toshogu schluchzte auf. Noch nie zuvor hatte ich einen Japaner weinen sehen. Nicht einmal im Fernsehen. Auf meine Nachfragen erfuhr ich, dass der verzweifelte Fast-Vater bereits drei Fahrstuhlanläufe unternommen hatte und dabei jedes Mal kläglich gescheitert war. Seinen Schlips, sein Jackett und seine Aktentasche hatte er vor lauter Aufregung im Erdgeschoss vergessen – wie er allerdings erst jetzt bemerkte.

»Herr Toshogu. Es geht nicht ohne Sie! Sie müssen einfach …« Das alarmierende Klingeln meines Piepers ließ uns beide zusammenfahren. »Herr Toshogu, ich ... ich kann Ihnen nicht helfen. Ich muss zurück zu Ihrer Frau!« Herr Toshogu nickte schicksalergeben und klammerte sich noch fester ans Geländer. Völlig entnervt fuhr ich herum und preschte wieder die Treppen rauf. So viel und so schnell war ich noch nie an einem Entbindungstag gelaufen. Ich überlegte, ob ich eine Kilometergeldpauschale auf mein Gehalt aufschlagen sollte. Und hatte ich heute überhaupt schon irgendwas getrunken, geschweige denn gegessen? – »Frau Klinger! Sind Sie wahnsinnig! Wo bleiben Sie nur? Frau Toshogu hat mich angeschrien und mir ein Büschel Haare ausgerissen! Ich verstehe einfach nicht, was Sie von mir will! Außerdem hat sich der Muttermund geöffnet!« – »Scheiße!«, entfuhr es mir aus Versehen. Krankenschwester Melanie und Frau Toshogu blickten mich erschrocken an. Diesen Fluch verstand selbst die zierliche Japanerin. »Na, schön. Wollen wir mal sehen«, lenkte ich ab und stellte mich zwischen Frau Toshogus gespreizte nackte Beine, um die Öffnung zu untersuchen. »Where is husband?« Gestresst blickte ich von Frau Toshogus Scheide auf, zeigte mit dem Finger in den Himmel und machte eine Bewegung mit der flachen Hand, als ob ich mir damit die Kehle durchschneiden würde. Mit dieser Pantomime wollte ich veranschaulichen, dass Herr Toshogu Todesangst vor Höhen und dem siebten Stock hatte, doch meine hektischen Gesten waren nicht besonders geschickt gewählt gewesen. »Dead? Husband dead? Uhuhuhuuu!« – »No! No! No! Your husband is not dead! He *suffers* dead because he is so afraid of high places!« Frau Toshogu begriff meine Erklärung nicht und heulte wie ein Schlosshund.

Krankenschwester Melanie stand reglos daneben und wusste nichts mit sich anzufangen. Ich packte sie am Schlafittchen, zog sie so weit heran, dass unsere Nasenspitzen sich berührten, und brüllte ihr mit der Wucht eines Subwoofers ins Gesicht: »Sie treiben mir jetzt sofort irgendeinen Menschen in diesem verfluchten Krankenhaus auf, der japanisch spricht, und dann schicken Sie jemanden nach unten, der Herrn Toshogu betreut, und dann sagen Sie dem Doktor Bescheid, dass er sich für die Geburt bereit machen soll! Frau Toshogu kommt jetzt ins Wärmebecken!« Ich ließ die bebende Krankenschwester wieder los. »Wärmebecken?«, fragte sie irritiert. – »Zur Entspannung!« – »Pah. Da sollten Sie sich vielleicht lieber selbst reinsetz…« – »ABMARSCH!«

Eine Viertelstunde später hatte ich die schreiende und sich vor Schmerzen krümmende Japanerin in die Wanne und das 36°C warme Badewasser verfrachtet. Der gewünschte Erfolg blieb aus. Mein demonstratives Atmen und Hecheln ignorierte die Kreißende. Stattdessen übergab sie sich auf den Badewannenrand und wimmerte kläglich und beschämt. Gern hätte ich sie getröstet und ihr erklärt, dass das völlig normal sei und mir beinahe jede gebärende Frau die Bude vollkotze, doch das überstieg nun vollends meine pantomimischen Fähigkeiten und so streichelte ich Frau Toshogu nur stumm über den Kopf. Plötzlich kam Schwester Melanie zurück. Sie hatte einen tätowierten Zivi aus der Proktologie im Schlepptau, der nach eigenen Angaben nach dem Abi als Backpacker in Asien unterwegs gewesen war und ein paar Brocken Japanisch konnte. Tatsächlich vermochte er Frau Toshogu über den Verbleib ihres Gatten aufzuklären. Ein paar Sekunden lang starrte Frau Toshogu den Zivi fassungslos an. Dann schrie sie wieder los. Dieses Mal aber nicht vor Angst, Trauer oder Schmerz, sondern vor alles verzehrender Wut und blinder Raserei. Womöglich war es für Herrn Toshogu doch besser, wenn seine Frau ihn heute nicht mehr zu Gesicht bekam.

»Hey. Da liegt ein ohnmächtiger Japaner im Fahrstuhl. Gehört der zu euch?«, wollte plötzlich eine unbeteiligte Krankenschwester wissen, die den Kopf zur Tür hereinsteckte. »*Ja!* Das ist *Herr Toshogu!*«, rief ich. »Bringen Sie ihn sofort hierher! Und du«, wandte ich mich an den Zivi, »du hilfst ihr dabei!« – »Was … was soll ich denn machen? Ihn an den Füßen über den Fußboden schleifen?«, fragte der verängstigte Junge. – »Wenn es sein muss!«, brüllte ich. Der Zivi und die Krankenschwester verkrümelten sich nach draußen. Schwester Melanie und ich blieben bei Frau Toshogu. Ihre Wehen kamen nun schon fast im Minutentakt.

Einen kurzen Moment später wankte der wackelige Herr Toshogu gestützt von Zivi und Krankenschwester ins Zimmer hinein. Er war bleich und vollkommen abgekämpft, doch als er seine Frau erblickte, strahlte er über das ganze Gesicht. Glücklich ließ er sich neben ihr auf die Knie sinken und knutschte sie wild ab. Frau Toshogu dagegen verlieh ihren Gefühlen Ausdruck, indem sie spontan den Duschkopf über der Wanne packte und brutal auf ihren Ehemann eindrosch. Nachdem sie ihrer Wut ein paar Sekunden lang Luft gemacht hatte, schmiss sie den Duschkopf jedoch in die Ecke und erwiderte Herrn Toshogus Küsse.

»Es wird Zeit, sie in den Kreißsaal zu bringen. Der Arzt muss jeden Moment kommen«, bemerkte Schwester Melanie. – »Gut. Auf geht's!« – »Was ist mit Herrn Toshogu? Soll er mit in den Kreißsaal kommen?« – »Und wie der mitkommt! Für diesen Moment kämpft er seit Stunden. Aber lasst ihn um Himmels willen nicht aus irgendeinem Fenster gucken! Sonst kriegt er noch einen Herzinfarkt!« – »Und wenn er im Kreißsaal kollabiert?« – »Da wäre er schließlich nicht der Erste.«

Die Geburt dauerte noch eine Stunde. Und die gesamten sechzig Minuten stand Herr Toshogu aufrecht und stramm wie ein Samurai neben seiner zeternden Frau und hielt ihre Hand. Er war weiß wie Schnee, und wenn er beruhigend auf seine Ehefrau einzureden versuchte, stammelte er so stark, dass ihm die Stimme mitunter glatt versagte. Doch er blieb stehen. Und nachdem wir das Kind – ein knuffig-verknautschtes Mädchen mit pechschwarzen Strubbelhaaren und niedlichen Äuglein – zur Welt gebracht und auf den Bauch seiner Mutter gelegt hatten, sprach aus Herrn Toshogus blassem Gesicht ein Gefühl der vollkommenen Seligkeit. »Wie geht es Ihnen?«, fragte ich ihn augenzwinkernd. Herr Toshogu grinste breit und deutete mit dem ausgestreckten Daumen nach oben. Dann verdrehte er die Augen und lag auch schon wieder auf dem Boden.

Wir hievten Herrn und Frau Toshogu auf je ein Rollbett und brachten sie in ein freies Zimmer der Chirurgie-Station in der ersten Etage. Der Arzt war wegen der Infektionsgefahr von meiner Idee nur wenig begeistert und meinte, Frau Toshogu gehöre zu den anderen Müttern auf die Wöchnerinnen-Station im siebten Stock, doch ich brachte es einfach nicht übers Herz, Herrn Toshogu diese Tortur noch ein weiteres Mal zuzumuten. Immerhin würde er seine geliebte Frau in den nächsten Tagen, sooft es ging, sehen und in den Arm nehmen wollen, und wenn er schon sein Baby nicht bewundern konnte (die Säuglingsstation befand sich ebenfalls auf Etage sieben), dann sollte er wenigstens seine Frau besuchen können. Als wir das Ehepaar in dem freien Zimmer geparkt hatten, kam Herr Toshogu langsam wieder zu sich und blinzelte orientierungslos. Dann drehte er sich auf die Seite und zu seiner Frau, die erschöpft, aber glücklich neben ihm lag und ihn stolz anblickte. Er blickte stolz zurück und griff ihre Hand. So lagen sie eine Weile da, bis ich die Vorhänge zuzog und Herr und Frau Toshogu lächelnd die Augen schlossen und friedlich einschliefen. Wer erschöpfter war, vermochte ich nicht zu sagen. Gerührt betrachtete ich die beiden tapferen Menschen und freute mich für Herrn Toshogu, dass seine kleine Familie ihn demnächst auch ganz ohne Treppen und Fahrstühle in schwindelerregende Hochgefühle versetzen würde.

DIE 16. GESCHICHTE ÜBER SCHRÄGE PHOBIEN

Ein Herz für Schnecken

Lisa (24), Vertriebsmitarbeiterin, Berlin,
über
Saligarophobie (Angst vor Schnecken)

Ich bin eine Mörderin. Eine kaltblütige, brutale Mörderin, die wie in einer griechischen Tragödie schuldlos schuldig wurde und für alle Zeiten dazu verdammt ist, mit den Göttern und den schicksalhaften Verstrickungen ihres irdischen Daseins zu hadern. Das Opfer, das ich im Kindesalter achtlos zu Hackfleisch verarbeitete, war nämlich mein bester Freund und über alles geliebtes Haustier. Es war meine Weinbergschnecke Foxy.

Als ich sieben Jahre alt war, hatte ich ihn und fünf weitere Weinbergschnecken während eines Spaziergangs im Wald gefunden und mit zu mir nach Hause genommen. Dort baute ich Foxy und den anderen Schnecken hinter der Gartenlaube meiner Eltern ein Gehege und gründete den Schnecken-Renn-Club *Schnecko Flitzo*. Der *Schnecko Flitzo* zeichnete sich durch waghalsige Wettrennen in einem halsbrecherischen Hindernisparcours aus, und da Foxy jedes Kräftemessen gewann und mit seinem leuchtend roten Häuschen außerdem die prächtigste aller Weinbergschnecken war, avancierte er zu meinem Liebling.

Eines Tages kam ein Nachbarsmädchen zu Besuch, das ebenfalls Schnecken sammelte, und forderte mich zu einem Wettstreit heraus. Ihre Top-Rennschnecke Speedy sollte gegen meine Top-

Rennschnecke Foxy antreten. Die Nachbarin und ich bespritzten also die Rennbahn mit etwas Wasser, legten ein frisches Salatblatt ans Ende des Parcours und stellten Foxy und Speedy in Position.

Eineinhalb Stunden später – Foxy und Speedy hatten ihren ersten Spurt über einen dicken Kiesel gerade hinter sich gebracht – war noch nicht abzusehen, welche Schnecke das Rennen machen würde, und ich wurde nervös. Normalerweise hatte Foxy bereits nach der ersten halben Stunde die Fühler vorn. »Los, Foxy! Gib Gas!«, feuerte ich meinen Star an und schnippte ihm mit Daumen und Zeigefinger leicht gegen das spiralförmige Häuschen. – »Hey, du mogelst!«, maßregelte mich die Nachbarin. – »Quatsch! Antippen darf man!« – »Na, gut. Dann tippe ich Speedy jetzt auch mal an«, entgegnete das Mädchen ironisch und setzte ihre Schnecke ganze zwei Zentimeter weiter vor. – »Das gilt nicht!« – »Hast du doch auch gemacht.« – »Hab ich gar nicht!« – »Doch, weil du Schiss hast, dass dein doofer Foxy verliert!« – »Er ist nicht doof! Nimm das sofort zurück!« Drohend hob ich den Zeigefinger und machte einen Satz auf die Nachbarin zu – doch dann stoppte ich mitten in der Bewegung. Unter meinem rechten Fuß hatte es laut geknirscht.

Wie in Trance ließ ich meinen Blick zum Boden wandern. Mein Herz wusste bereits, was ich getan hatte, doch mein Kopf weigerte sich, die grauenvolle Wahrheit zu akzeptieren. Erst, als ich vorsichtig den Fuß hob und zittrig unter die Sohle spähte, begriff ich mit jeder Faser meines Körpers, dass tatsächlich der zermatschte Foxy inklusive seines zersplitterten roten Häuschens und der darin befindlichen Innereien darunter klebte – und dabei hatte ich ihn doch nur verteidigen wollen! Erstickt von zu viel Schuld und namenloser Trauer warf ich den Kopf in den Nacken und öffnete den Mund zu einem stummen Schrei. Es dauerte mehrere Sekunden, bis sich endlich ein Laut aus meiner zugeschnürten Kehle befreite und klagend in den Himmel fuhr.

Nach Foxys Tod oder, eher gesagt, nach dem von mir fahrlässig verübten Totschlag war ich derart von Gewissensbissen und Selbsthass zerfressen, dass ich den *Schnecko Flitzo* auflöste, wochenlang nicht richtig schlafen konnte und sogar zu den katholischen Pfadfindern ging und beichtete. Zwar bewerteten die naturverbundenen Religionskenner Foxys Dahinscheiden als einen tragischen Unfall und erteilten mir die Absolution, doch mir und meinem Seelenheil half das rein gar nicht weiter. Selbst wenn alle Welt und auch Gott oder welcher Weltenrichter auch immer Nachsicht mit mir hatte – eine Person gab es, die mir nie verzeihen würde: ich selbst.

Da mich niemand und nicht einmal die Kirche von meinem inneren Konflikt erlösen konnte und ich die Selbstgeißelung irgendwann nicht mehr ertrug, flüchtete ich in letzter Konsequenz in die Verdrängung. Vier, fünf Monate funktionierte diese Taktik ganz gut, doch eines Tages verwandelte sich die unterdrückte Trauer in etwas, mit dem ich nicht gerechnet hatte. Sie verkehrte sich in Angst und Ekel.

Es ging damit los, dass ich eines Nachts schweißgebadet aus einem Albtraum erwachte, in dem Hunderte von Schnecken über meinen Körper krochen, meine Haut mit dicken Schleimspuren besudelten und mich langsam verdauten. Fortan vermied ich es, zu den typischen Schneckenzeiten (beispielsweise abends und an nasskalten Tagen) in den Park oder in den Wald zu gehen, und wenn im Fernsehen oder während einer Unterhaltung das Wort »Schnecke« fiel, blickte ich sofort erschrocken auf den Boden. Sogar, wenn ich an verregneten Tagen vor dem Fenster stand und nach draußen blickte, bekam ich manchmal schon Herzklopfen.

Ich kann gar nicht so genau benennen, wovor ich überhaupt Angst hatte. Ich meine, selbst wenn die Schnecken rachsüchtig gewesen wären und mich hätten angreifen wollen – den Schnecken zu entkommen, wäre nicht besonders schwer gewesen. Wahrscheinlich ekelte und fürchtete ich mich einfach nur vor ihrem Anblick, weil dieser mir meine Missetat und den zerquetschten Foxy-Schleimklumpen überdeutlich vor Augen führte. Und natürlich hatte ich auch totale Panik davor, dass ich versehentlich wieder eine Schnecke zertreten oder mit dem Fahrrad überfahren könnte und der ganze Spuk von vorn losgehen würde.

Dadurch, dass ich krampfhaft versuchte, meine Gedanken und Gefühle zu ignorieren und die Konfrontation mit Schnecken zu vermeiden, verschlimmerte sich meine Angst über die Jahre dramatisch. Als ich 17 war, war ich sogar so weit, dass ich überhaupt nicht mehr in Parks, Wälder oder den Garten meiner Eltern gehen wollte, und wenn ich es notgedrungen doch mal tun musste, war ich zu keiner Unterhaltung mehr fähig, weil ich den Boden ununterbrochen mit meinen Augen scannte. Trotzdem weigerte ich mich, anzuerkennen, was mit mir los war, oder etwas dagegen zu tun. Als ich eines Morgens jedoch mit meiner Freundin Tanja hinter die Turnhalle unserer Schule verschwand, wurde alles anders.

Tanja und ich hatten gerade mit dem Rauchen angefangen und an jenem Morgen wollten wir uns zur Raucherecke der Oberstufenschüler schleichen, um vor Unterrichtsbeginn heimlich eine zu qualmen. Es war zwar noch dunkel, doch wir hielten es trotzdem für klüger, über den kleinen Feldweg neben der Turnhalle zu huschen, um von den Lehrern nicht erwischt zu werden. Kaum hatten Tanja und ich den Trampelpfad erreicht, als es unter meinen Schuhen auch schon laut knackte und ich wie angewurzelt stehen blieb.

»Komm endlich, Lisa! Wo bleibst du denn?«, rief Tanja, die schon ein Stück weiter vorgeeilt war. – »Ich kann mich nicht bewegen«, entgegnete ich panisch. Tanja kam zurück zu mir. »Hä? Wie? Warum nicht?« – »Ich bin auf … ich bin auf …«, mein Satz wurde jäh vom Würgereiz unterbrochen. »Ich bin auf … ich bin auf irgendwas draufgetreten!« – »Ja, und? Jetzt klebst du fest, oder was?« – »Nein, aber ich weiß nicht, was es ist!« – »Versteh ich nicht. Geh doch einfach weiter.« – »Ich kann nicht!«, rief ich verzweifelt und heulte los. – »Lisa! Was ist? Warum weinst du?« – »Tanja, du musst nachschauen, was unter meinen Füßen ist!« Tanja bückte sich verwirrt und erhellte den Boden mit ihrem Feuerzeug. Ich stierte währenddessen in den schwarzen Himmel und hielt vor lauter Panik die Luft an. »Und?« – »Tja, also da sind irgendwelche Nüsse. Bucheckern, oder so.« – »Wirklich?« – »Ja, wirklich. Was hast du denn gedacht?« Ich zuckte mit den Schultern und gab keine weitere Erklärung ab. Doch in meinem tiefsten Innern hatte ich begriffen, dass es so nicht weitergehen konnte. Jetzt trieben mich schon Nüsse in den Wahnsinn und in die Blamage! Wenn ich nicht endlich etwas unternahm, würden meine Angst und meine Schuldgefühle mich eines Tages auffressen. Die Symbolik meines Traums war unmissverständlich gewesen.

Da der simpel gestrickte »Bereue, und alles ist wieder gut«-Katholizismus mir nicht hatte helfen können und ich mich weigerte zu glauben, dass Foxys Tod nur eine aus der gähnenden Langeweile im Olymp entstandene Götterlaune gewesen war, bestand meine erste Selbsttherapie-Amtshandlung in einer ausgiebigen Religionsrecherche. Begierig begann ich, mich in der Schulbibliothek über andere, mir bis dahin unbekannte spirituelle Konzepte und Schuld-und-Sühne-Theorien schlauzumachen.

Schließlich stieß ich auf den Hinduismus – und konvertierte sofort. Nicht so richtig, natürlich. Ich teilte die Menschheit nicht in Kasten ein, noch lief ich fortan in wallenden Gewändern und Sackleinen rum, aber die Sache mit dem Karma und dem Ursache-Wirkungs-Prinzip fand ich schon sehr ein- und erleuchtend. Endlich gab es eine Möglichkeit, wie ich meine Ängste und die negativen Energien ausmerzen konnte: Ich musste gutes Karma sammeln – und zwar so viel wie möglich! Wie, das war ganz leicht. So, wie es das Dharma des Kriegers ist, sein Land und sein Volk zu beschützen, so war mir die Aufgabe auferlegt worden, so viele Schneckenleben wie möglich zu retten. Nur, wenn ich das tat, würde ich endlich Frieden finden. Wenn ich scheiterte, würde ich hingegen als Schnecke reinkarnieren und ebenfalls von einem bräsigen Balg zertrampelt werden. What goes around, comes around!

Fortan machte ich es mir also zur Gewohnheit, besonders bei Regenwetter Parks oder Grünanlagen aufzusuchen und die herumkriechenden Schnecken aufzusammeln und in Sicherheit zu bringen. Damit wir uns nicht falsch verstehen: Ich bin bei Regen nicht wie Batman beim Bat-Signal vom Sofa gesprungen und zur Rettung der Schneckenwelt nach draußen geeilt. Ganz so plemplem bin ich dann auch wieder nicht. Aber wenn ich an einem Nieseltag ohnehin mit dem Fahrrad unterwegs war, entschied ich mich bewusst dazu, einen Umweg durch die Grünanlagen zu machen, und wenn ich dann zufällig auf Schnecken traf, stieg ich eben vom Fahrrad ab und sammelte sie auf.

Freilich brachten diese Zwangshandlungen enorme Zeitverzögerungen mit sich – und das nicht zuletzt, weil ich aufgrund meiner selbstverschuldeten Aversion immer erst ein großes Blatt abpflücken musste, um die Schnecken überhaupt anfassen zu können, und wenn ich zur Rushhour die Schnecken-Highways aufsuchte, kam ich aus dem Bücken gar nicht mehr heraus. Als ich einmal von einer Party durch einen Park nach Hause torkelte, waren die nachtaktiven Kriecher beispielsweise so zahlreich unterwegs, dass ich mein Elternhaus statt um eins erst um halb drei erreichte und Hausarrest aufgebrummt bekam. – Aber auch das konnte mich nicht davon abhalten, mein Karma-Punktekonto weiterhin auf Vordermann zu bringen und fleißig Schnecken einzusammeln.

Dass der hübsche Skater Chris, den ich einige Zeit später auf einer Abi-Party kennenlernte, die Motivation für mein außergewöhnliches Hobby nicht verstehen würde, war mir von Anfang an klar, doch als er mich ansprach und mich nach meiner Telefonnummer fragte, war ich trotzdem völlig aus dem Häuschen.

Unser erstes Date, ein klassisches Rendezvous in einer schnuckeligen Eisdiele, verlief wie im Bilderbuch. Chris und ich schlürften einen Milchshake nach dem anderen, philosophierten über Gott und die Welt und entdeckten unsere gemeinsame Leidenschaft für Comics, Schokoladentorte und die Rockgruppe Garbage. Als mein neuer Schwarm und ich uns ein paar Tage später zum zweiten Mal trafen, hatte Chris eine Überraschung für mich. »Lisa, was hältst du davon, wenn wir heute Abend mit meinen Jungs ins Kino gehen?« – »Was läuft denn?« – »*Spiderman*!« – »Yeah, wie geil! Den wollte ich eh unbedingt sehen.« Chris lächelte zufrieden. »Hab ich's doch gewusst! Also, du hast definitiv Lust und Zeit, ja?« – »Hab ich doch gesagt.« – »Ja, klar. Ich frage nur, weil die anderen dann Karten für uns mit bestellen müssen. Heute ist Premiere und das Kino wird sicher brechend voll sein.« – »Stimmt, du hast recht. Also, wie gesagt. Ich würde gern ins Kino gehen und ich freue mich schon darauf, deine Kumpel kennenzulernen.«

Weil es erst fünf Uhr und außerdem ein lauer Juninachmittag war, beschlossen Chris und ich, uns die Zeit bis zum Filmstart mit einem erneuten Eisdielenbesuch zu vertreiben. Wir hatten uns gerade jeder einen Schokoladenbecher bestellt, als sich plötzlich eine drückende Schwere in die Luft legte und dicke, dunkle Wolken aufzogen. Ein Sommergewitter kündigte sich an. Schnell kramten wir unsere Sachen zusammen und verzogen uns zu einem freien Tisch unter der Markise. Dann legten wir uns unsere Jacken über die Schultern, schleckten genüsslich unser Eis und beobachteten die grellen Blitze und den Regen, der nun sintflutartig auf das dampfend heiße Kopfsteinpflaster und die Markise über unseren Köpfen niederprasselte.

Pünktlich um sieben ließ das Gewitter nach und wir schlenderten los in Richtung Kino. Der Boden war noch nass, doch die Luft war wieder warm und gleichzeitig klar und erfrischend. Ich atmete tief ein. Was für ein schöner Tag! – »Lisa, kannst du vielleicht ein bisschen schneller gehen? Es ist schon ziemlich spät, und wie ich meine Leute kenne, werden die nicht genug Geld dabeihaben, um unsere vorbestellten Karten zu bezahlen, und dann sind unsere Plätze am Ende noch weg.« – »Meine Güte, Chris. Wir werden es schon noch pünktlich schaffen«, winkte ich gelassen ab. Hetzerei und Stress konnte ich überhaupt nicht leiden. Da war ich ganz Schnecke. »Ich weiß nicht so recht. Lass uns lieber eine Abkürzung nehmen.« Mit diesen Worten packte mich Chris bei der Hand, zog mich forsch in eine Seitenstraße und bog in eine Parkanlage ein. Mir wurde mulmig zumute. Mein Date und ich betraten Schnecken-Stadt – und das kurz nach einem Gewitter.

Sofort richtete ich den Blick wie ferngesteuert gen Boden und verlangsamte meinen Schritt auf Schneckentempo. Kurz darauf entdeckte ich auch schon ein schwarz-gelb gekringeltes Häuschen. Automatisch zupfte ich ein Blatt vom nächsten Baum, stülpte es mit zittrigen Fingern über das Häuschen der daran hängenden Schnecke, löste sie mit einem schmatzenden Geräusch von dem feuchten Asphalt und trug sie zum Gebüsch. – »Ähm … okay. Was war das jetzt?«, fragte Chris gereizt. »Ich … nun ja. Ich mag das nicht, wenn Schnecken auf den Wegen herumkriechen.« – »Warum?« – »Ich habe ein bisschen Angst vor Schnecken. Beziehungsweise habe ich Angst, dass sie von irgendwem zertrampelt oder überfahren werden könnten.« – »Aha«, entgegnete Chris lapidar. Doch er bemühte sich um ein Lächeln. Immerhin.

Fünf Minuten später entdeckte ich zwei Nacktschnecken. Chris trat fast auf eine der beiden drauf. »Stoooopp!«, brüllte ich. Chris zuckte zusammen. »Was ist denn? Erschreck mich doch nicht so!« Ich deutete wortlos auf die orangefarbenen Würste zu Chris' Füßen. Mein Date starrte mich entgeistert an. »Willst du jetzt jede Schnecke aufsammeln, die uns begegnet, oder was? Im Park wird es nur so davon wimmeln, an einem so feuchten Sommerabend wie heute.« – »Ich weiß«, antwortete ich, während ich mich schon wieder auf die Suche nach passenden Blättern machte. Warum nur hatte ich nie Taschentücher dabei? – »Was heißt hier: ›Ich weiß?‹ Hast du eine Ahnung, wie ewig das dauern wird?« – »Klar. Ich mach das schließlich nicht zum ersten Mal.« – »Ich krieg die Krise!« – »Mann, Chris. Jetzt stell dich nicht so an. Ich muss eben lernen, meine Ängste zu überwinden, und das geht nur auf diese Art und Weise. Anstatt hier ständig rumzuzicken, könntest du mir ja auch ganz einfach helfen? Teamwork! Hm, wie wär das? Dann wären wir auch schneller fertig.« Chris zögerte kurz. Dann bückte er sich fluchend, packte eine der Schnecken und pfefferte sie trotzig ins Gebüsch. – »Siehst du? Geht doch. Aber nächstes Mal bitte etwas vorsichtiger.« – »Pfff. Ich glaub, ich spinne.«

Verstimmt setzten wir uns wieder in Bewegung. Dieses Mal griff Chris nicht nach meiner Hand. Auf einmal klingelte sein Handy. »Hallo? Ja, ist gut. Dachte ich mir schon. Wir beeilen uns.« Chris drückte das Gespräch weg und fixierte mich hasserfüllt. »Die anderen warten schon auf uns. Vor dem Kino ist eine megalange Schlange. Genau, wie ich gesagt habe.« – »Reg dich ab. Wir sind doch gleich da.« Kaum hatte ich den Satz beendet, da entdeckte ich auch schon eine weitere Schnecke. – »Lisa, lass sie liegen! Wir kommen sonst zu spät!« – »Ich kann sie nicht liegen lassen«, entgegnete ich angespannt. »Sonst fühle ich mich unwohl.« – »Und ich fühle mich unwohl, wenn wir den Film verpassen. Und außerdem: Wie peinlich ist das denn bitte, wenn ich meinen Jungs sagen muss, dass wir nicht pünktlich kommen konnten, weil mein Date einen Schneckentick hat? Dafür lachen die mich nächstes Jahr noch aus!« – »Es ist doch nur ein Film, Herrgott!« – »Und das sind nur bescheuerte Schnecken und deine Angst eine Wichtigtuerei!« – »Und du bist nur ein arrogantes Arschloch, das keinerlei Einfühlungsvermögen und Verständnis für andere hat! Ein Glück nur, dass du mir dein wahres Gesicht gezeigt hast, bevor ich mich richtig auf dich eingelassen habe!« – »Ach, leck mich doch am Arsch. Mit so einer durchgeknallten Trulla hätte ich eh niemals gevögelt!«, knurrte Chris – und stapfte davon.

Fassungslos ließ ich mich auf eine Bank plumpsen und zündete mir eine Zigarette an. Mein ganzer Körper bebte vor Wut – doch niedergeschlagen fühlte ich mich nicht. Zutiefst in meiner Eitelkeit gekränkt? Ja. Traurig? Nein. Das war der Typ nicht wert! Was sollte ich schon mit einem Kerl anfangen, der erstens verkrampft und unspontan war und mich zweitens nicht in allen Facetten meines Seins akzeptierte? Zur Hölle mit ihm!

Als ich fertig geraucht und meinen Zorn runtergeschluckt hatte, machte ich mich irgendwann auf den Heimweg – und erspähte einmal mehr eine Schnecke. Vorsichtig hockte ich mich neben sie und beobachtete, wie sie tastend ihre Fühler reckte und ihren ledrigen Körper mit wellenartigen Muskelkontraktionen friedvoll fortbewegte. »Danke, dass ihr mich vor so einem Vollidioten beschützt habt«, flüsterte ich. Dann klemmte ich das Häuschen zwischen meine bloßen Finger und setzte die Schnecke behutsam hinter einen Strauch.

DIE 17. GESCHICHTE ÜBER SCHRÄGE PHOBIEN

Dem Himmel so nah

Linda (27), Diplom-Betriebswirtin, Berlin,
über
Aviophobie (Flugangst)

Es gibt Leute mit Flugangst, die schreien oder weinen, wenn die Maschine startet, doch zu dieser Sorte Mensch gehöre ich nicht. Als ich mich vor zwei Jahren in den Sitz des Langstreckenflugzeugs drückte, das mich von Frankfurt über Singapur bis nach Australien fliegen sollte, und die Anschnallzeichen an der Decke mit einem alarmierenden »Bling!« zu leuchten begannen, hatte ich die Heulphase nämlich schon längst hinter mir. Diese Phase fing bereits eine Woche vorher an und war darüber hinaus auch nur eine von insgesamt fünf Phasen, die ich vor und während des Starts durchlaufen musste.

Hier die Übersicht: Phase Nummer eins, *Vorbereitung und Auswahl der Flugverbindung,* war die rationalste aller Phasen und erstreckte sich über den Zeitraum, in dem ich mich dazu entschloss, einen neuen Anfang in Australien zu wagen, und die Aufbruchstimmung und die Vorfreude noch überwogen. Lediglich der Gedanke ans Fliegen verursachte schon jetzt eine unbestimmte Nervosität, die mir wie ein Splitter im Fleisch steckte und mich von Tag zu Tag mehr piesackte. Um der Unsicherheit entgegenzuwirken und die Wunde somit zu kurieren, stürzte ich mich in eine groß angelegte Recherche, in der ich alle erdenklichen

Informationen über sämtliche für mein Ziel infrage kommenden Flugzeuge und Fluggesellschaften zusammentrug. Diese Behandlung funktionierte ganz gut, denn nachdem ich zig Homepages, Internet-Foren und Erfahrungsberichte durchforstet, mich bei diversen Experten über Absturzstatistiken und die technischen Gegebenheiten der entsprechenden Maschinen schlaugemacht und mir endlich die vertrauenerweckendste aller Fluggesellschaften rausgepickt hatte, wähnte ich mich auf der sicheren Seite und der giftige Stachel der Angst war gezogen – alle Anzeichen deuteten zumindest darauf hin.

Als ich mich jedoch vor den Computer setzte, um die Buchung endgültig abzuwickeln, merkte ich plötzlich, dass sich der Splitter immer noch an Ort und Stelle befand und sich nun auf ein Neues zu entzünden begann. Geschätzte zwanzig Mal füllte ich die Buchungsmaske aus, nur um sie anschließend entsetzt wieder wegzuklicken, und so dauerte es geschlagene zwei Stunden, bis ich mich endlich dazu durchringen konnte, den Button mit der Aufschrift »Buchen« anzuwählen. Diesen Zeitraum taufte ich: *Überwindungsphase.* (Dass ich gerade vor dem Flug nach Australien so lange zögerte, hatte neben der Flugangst auch noch andere Gründe, doch dazu später mehr.)

Nachdem ich es geschafft hatte, über meinen Schatten zu springen und den Flug verbindlich zu buchen, fühlte ich mich schlagartig geheilt. Doch auch das war nur wieder ein Verdrängungsmechanismus. In Wirklichkeit war es so, dass der Splitter bloß in eine andere Ecke gerutscht war und sich wochenlang unentdeckt tiefer und tiefer bohrte, um sein Nervengift über die Blutbahn bis in die letzte Pore meines nahezu symptomfreien Körpers zu verbreiten. Wie schlimm es tatsächlich um mein Innenleben bestellt war, merkte ich erst, als das Gift eine Woche vor Abflug plötzlich mein limbisches System angriff und so sehr verätzte, dass kaum ein anderes Empfindungsvermögen mehr möglich war als Todesangst und blanke Hysterie.

Was nützte es schon, dass die von mir mehr als sorgfältig ausgewählte Fluggesellschaft mehrere Awards gewonnen hatte, Flugzeuge sogar dann weiterfliegen können, wenn eine der Turbinen explodiert, und die Wahrscheinlichkeit, bei einem Flugzeugabsturz zu sterben, laut dem renommierten Jet Airliner Crash Data Evaluation Centre bei 0,000012 Prozent liegt? Unverhofft kommt oft. Knapp daneben ist auch vorbei. Ausnahmen bestätigen die Regel. Mein Flugzeug würde mit Sicherheit eine Ausnahme sein und nur darauf war Verlass! – An diesem Punkt setzte die nächste Phase, die bereits erwähnte *Heulphase*, ein.

Die einzige Möglichkeit, den Wundbrand zu lindern, bestand darin, meine Mitmenschen von früh bis spät mit meinen jüngst erworbenen Fachkenntnissen über Druckabfall, Höhenwinde, Flugzeugtechnik und Absturzstatistiken vollzublubbern und mich somit reichlich unbeliebt zu machen. Wann genau mich die Laberflashs überfielen, konnte ich nicht kontrollieren, und für meine Freunde bedeutete das so viel wie, dass sie mein aufgekratztes Geplapper sowohl beim gemeinsamen Mittagessen als auch im Rahmen diverser nächtlicher Spontananrufe (in der Regel zwischen zwei und drei Uhr) ertragen mussten.

Doch es nützte alles nichts. 48 Stunden vor Abflug war mein Hirn dermaßen vom Nervengift zerfressen, dass mein gesunder Menschenverstand ein für alle Mal ausradiert war, ich nicht einmal mehr Todesangst (Angst würde ja noch Hoffnung beinhalten) empfinden konnte und die *Heulphase* von Phase Nummer vier, der *Todesgewissheit*, abgelöst wurde. Als diese Phase begann, war ich drauf und dran, die ganze Sache doch noch abzublasen und mein Ticket auf den letzten Drücker im Internet zu versteigern. Da ich jedoch irgendwo in einer tief verborgenen Falte meines Hirns wusste, dass meine Gefühle und Gedanken nicht rational, sondern vergiftungsbedingt waren, kam ich letztendlich doch noch zu dem Schluss, dass ich so kurz vor dem Ziel nicht aufgeben durfte und endlich wieder zur Vernunft kommen musste.

Unter »wieder zur Vernunft kommen« verstand ich Folgendes: Ich musste eine Strategie entwickeln, wie ich mich zwar in das Flugzeug reinsetzen konnte, meinen Tod aber trotzdem nicht live miterleben brauchte. Sprich, ich musste einen Weg finden, um gleich nach Platzeinnahme einzuschlafen und den Start zu verpennen. Das ist nämlich das Schlimmste, weil Gefährlichste am Fliegen ... der Start. Innerhalb der ersten 2.000 Meter passieren die meisten Unfälle und wenn man diese Grenze erst einmal überschritten hat, ist alles nur noch halb so wild. Die Landung ist statistisch gesehen zwar auch nicht ohne, doch davor hatte ich komischerweise keine Angst. Je näher man dem Boden kommt, desto geringer wird in meinen Augen die Gefahr. (Bei der Landung, versteht sich. Nicht beim Absturz.)

Aber wie dem auch sei, ich musste, wie gesagt, eine Strategie gegen das bewusste Wahrnehmen des Starts entwickeln. Was also tun? Mich vor dem Abflug zu betrinken, ging nicht, weil ich dann nicht mehr durch die Sicherheitskontrollen gekommen wäre. Schlaftabletten schätzte ich ebenfalls als problematisch ein, weil ich von den Dingern nicht besonders viel halte und sie irgendwie unheimlich finde. Der letzte Ausweg hieß also: durchmachen. Und zwar so lange wie möglich und mit aller Gewalt. Dank spezieller Gymnastik und dem literweisen Genuss von Kaffee und Energy Drinks schaffte ich es tatsächlich, die letzten 27 Stunden vor Abflug wach zu bleiben. Allerdings knackte ich auf der gemütlich schaukelnden Zugfahrt von Berlin nach Frankfurt sofort ein und fühlte mich, in Frankfurt angekommen, wieder fit wie ein Turnschuh.

Der erhoffte Effekt blieb also aus. Das war im Grunde genommen aber auch egal, denn alles zuvor Gedachte, Geplante und Gefühlte war von nun an ohnehin bedeutungslos. Der Grund dafür war der Start von Phase fünf: der sogenannten *Resignationsphase*. Nachdem ich meinen Koffer abgegeben, die Sicherheitskontrollen mit butterweichen Knien hinter mich gebracht und das Gate erreicht hatte, fürchtete, bangte und betete ich nicht mehr, sondern schritt stolz und stumm wie William Wallace in *Braveheart* meiner selbst gewählten Hinrichtung entgegen. Für mich bestand kein Zweifel mehr daran, dass ich in den nächsten Minuten sterben würde. Mit dem irdischen Leben hatte ich abgeschlossen und meinen Frieden mit mir und der Welt gemacht. Es gab nichts mehr, das ich tun konnte, um meinem Ende zu entgehen, und das hatte sogar etwas Beruhigendes an sich. Jetzt galt es nur noch zu klären, wie ich dem Tod möglichst würdevoll entgegentreten konnte.

Warum ich mir das alles überhaupt angetan habe? Nun, um diese Frage zu beantworten, muss ich ein wenig ausholen. Australien war mein großer Traum. Ich meine nicht das Land Australien im Speziellen, sondern das Reisen im Allgemeinen. Das Erkunden ferner Länder ist meine Passion, meine Berufung und mein Lebenselixier. Mehr noch: Ich glaube, die Welt zu bereisen ist die eine Aufgabe, die meinem Leben einen Sinn gibt. Das denke ich, seit ich sechs Jahre alt bin. Ich kann mich noch genau daran erinnern, wie ich am Tag meiner Einschulung in der kleinen Pause am Fenster des Klassenzimmers stand und nach draußen in eine Grünanlage blickte. Die Luft flimmerte fiebrig und die kraftvollen Kastanienbäume rauschten wohlig unter der sie zärtlich streichelnden Sommerbrise. Eine pelzige Biene huschte emsig brummend von einer Blüte zur anderen und vergrub ihren Rüssel tief in dem süßen Nektar der lieblichen Geranien. Aus einem spontanen Impuls heraus blickte ich nach oben – und entdeckte ein Flugzeug, das friedlich durch den klaren Himmel glitt und die azurblaue Fläche mit zwei leuchtend weißen Kondensstreifen schmückte.

Das war der Moment, in dem mich zum ersten Mal das Fernweh überkam und ich ganz tief in meinem Herzen begriff, dass die Welt ein Wunder und mein Leben ein Geschenk war.

Auch wenn es kitschig klingt, aber in diesem Moment war es, als hätte der Himmel mir ein Zeichen geschickt und mir meine

Bestimmung offenbart. Man kann darüber streiten, ob man Reisen tatsächlich als eine »Bestimmung« bezeichnen kann, denn was könnte ich der Welt damit schon Gutes tun? Was aber außer Frage steht, ist, dass mich Reisen glücklich macht. Auch, wenn wir niemals erfahren werden, was unsere Mission auf Erden ist, so können wir doch sicher sein, dass wir uns auf dem richtigen Weg befinden, solange unser Tun von der Energie der Begeisterung durchdrungen wird. So ähnlich hat es zumindest Paulo Coelho in seinem Roman *Der Zahir* beschrieben.

Und genauso war es auch. Als ich mich im Alter von zehn Jahren zusammen mit meiner Mutter und meiner älteren Schwester das erste Mal in ein Flugzeug setzte, hob ich im wahrsten Sinne des Wortes ab. Ich war hellauf begeistert und witzigerweise empfand ich gerade den Start als das Allertollste am Fliegen. In den darauffolgenden Jahren tat ich daher alles, um so oft wie möglich eine Maschine zu besteigen und in ein anderes Land zu fliegen. Sei es nach Spanien, San Fransisco, Costa Rica oder Hongkong – alle Stationen hatte ich auf dem Programm und die Glückseligkeit immer im Gepäck.

Als ich mein Abitur im Sommer 2002 in der Tasche hatte und meine beste Freundin und ich zur Feier des neuen Lebensabschnitts nach Afrika reisten, passierte allerdings etwas Merkwürdiges. Der Hinflug war vollkommen unproblematisch verlaufen, doch kaum hatten wir uns auf den Rückweg gemacht und in die Maschine von Ägypten nach Frankfurt gesetzt, da fing eine Frau mit Flugangst neben mir an, hysterisch zu weinen und zu zappeln. Ich versuchte, sie zu trösten und zu beruhigen, und redete ihr gut zu. Da es während des Fluges jedoch bedenklich rumpelte und polterte, blieben meine Bemühungen ohne Erfolg. Kurz vor Frankfurt war es dann so weit. Die Frau rammte mir – freilich ohne es zu wollen – den Stachel der Angst ins Fleisch.

Ich weiß noch, wie ich auf einmal dachte: Mann, Linda. Jetzt fang du nicht auch noch an. Du kannst dir doch beim besten

Willen nicht vorstellen, dass morgen in der Zeitung steht: »Flugzeug über Frankfurt abgestürzt«. So etwas passiert einfach nicht. Und dann schoss mir auf einmal ein neuer Gedanke durch den Kopf, der mein Urvertrauen in seinen Grundfesten erschütterte: Warum eigentlich nicht? Von diesem Tag an veränderte sich mein Leben komplett. Das hing nicht nur damit zusammen, dass ich fortan panische Angst vorm Fliegen hatte und Flugzeuge so gut wie gar nicht mehr von innen sah, sondern lag auch daran, dass meine unbeschwerte Schulzeit endete, ich zum Studieren nach Süddeutschland zog und anschließend wieder in meiner Heimatstadt Berlin und in einem Job landete, der mir zwar Erfolge und ein gutes Gehalt bescherte, mich aber nicht ausfüllte.

Und obwohl ich mich ganz geschickt anstellte, mein Chef nett und zufrieden mit mir war und ich sogar einen unbefristeten Vertrag angeboten bekam, wollte ich irgendwann nur noch eins: wieder raus.

Dummerweise kollidierte mein Wunsch nach Freiheit mit der gerade losbrechenden Wirtschaftskrise und fast jeder, dem ich von meinen Gedanken erzählte, tippte sich mit dem Finger an die Stirn und fragte, ob ich nicht mehr alle Tassen im Schrank hätte. »Linda, bist du wahnsinnig? Du hast so einen Klassejob, verdienst gutes Geld und hast jetzt auch noch die Aussicht auf einen unbefristeten Vertrag. Das kannst du doch nicht einfach so aus einer Laune heraus aufgeben. Gerade jetzt! Mach das mal noch ein paar Jährchen, dann kannst du dich immer noch nach etwas Neuem umschauen.« Auch hier also wieder: Angst, Unsicherheit und Sorge. Das war alles, wovon mein Leben dieser Tage gelenkt und bestimmt wurde.

Vernünftig sein, an die Zukunft denken und vor allem: bloß kein Risiko eingehen. Und das tat ich auch nicht. Ich hatte zu viel Angst davor, zu kündigen und mich in die Ungewissheit zu stürzen.

Doch dann, eines Tages, änderte ich plötzlich meine Meinung. Ich saß auf meinem kleinen Balkon in Berlin-Friedrichshain, blickte in den Hinterhof und beobachtete gedankenverloren eine Biene, die zwischen den Blumenkübeln hin und her flog – und schlagartig fiel mir mein erster Schultag wieder ein. Ich kam ins Grübeln. Durfte man wirklich kein Risiko eingehen? War eine sichere Zukunftsperspektive wirklich alles, was zählte? Und musste man wirklich alles so nehmen, wie es kam? Nein, natürlich nicht! Man hat immer die Wahl. Klar hatte ich Angst davor, den sicheren Hafen zu verlassen. Doch nur wer Angst hat, kann auch mutig sein, und welchen Wert hätte ein Sieg, wenn man ihn sich nicht erkämpfen müsste? Die Erkenntnis wirkte wie ein Befreiungsschlag. Ich musste weg, raus, ganz einfach fort von hier. Wohin, war mir egal. Die Hauptsache war, dass ich endlich wieder träumen konnte, endlich wieder Abenteuer erlebte und das Leben endlich wieder als ein Wunder begriff. Und als hätte ich es beim Universum bestellt, landete eine Woche später eine Nachricht von einer alten Studienfreundin in meinem E-Mail-Postfach, in der sie mich fragte, ob ich nicht Lust und Zeit hätte, sie in Australien zu besuchen und bei einem Projekt mitzuarbeiten – sie bräuchten noch jemanden für die Öffentlichkeitsarbeit.

Als ich einige Wochen später um 23 Uhr in den Flieger nach Australien stieg, alle Flugangststationen durchlaufen und die *Resignationsphase* erreicht hatte, hatte ich jedoch auch all diese Gedanken und Gefühle wieder vergessen und meine Ideale über Bord geworfen. Ich musste verrückt gewesen sein! So verrückt, dass ich einen Superjob in einer Superfirma gekündigt, eine Superwohnung in einer Superlage aufgegeben und mich nun auch noch für eine Reise mit einer Höllenmaschine entschieden hatte. Doch jetzt war es zu spät. Die Flugzeugtüren waren zu. Hier kam ich nicht mehr raus.

Angespannt drückte ich mich in den unbequemen Sitz des gigantischen Langstreckenflugzeugs, das mich von Frankfurt über Singapur und Australien bis in den Tod fliegen sollte, und starrte ins Nichts. Den wohlfrisierten Schlipsträger neben mir nahm ich nur wie durch einen milchigen Schleier wahr. Die Anschnallzeichen machten »Bling!« und das Flugzeug setzte sich in Bewegung. Gut, das war's jetzt also. Ob es wehtun wird, wenn ich sterbe? Wie werde ich dabei aussehen? Werde ich mich krümmen und kreischen oder einfach nur die Augen schließen und in ein helles Licht am Ende des Tunnels schreiten? Sollte ich vorher noch meine Eltern anrufen und ihnen sagen, dass ich sie liebe?

Das Flugzeug raste über die Startbahn, ich spürte ein Ziehen in der Magengrube – und dann hob die Maschine ab. Nun wurde ich doch wieder hysterisch. Panisch schlug ich die Hände vor die Augen. »Können Sie mir bitte sagen, wenn wir die 2.000-Meter-Grenze erreicht haben? Bitte, bitte! Sie müssen es mir unbedingt sagen!«, ratterte es aus mir wie aus einem Maschinengewehr heraus. – »Ach Gottchen, Sie armes Ding. Ich sag Ihnen sofort Bescheid!«, versprach der amüsierte Schlipsträger. Plötzlich gab es einen prasselnden Windstoß, der das Flugzeug heftig nach links schleuderte und sich anhörte, als donnerten eine Million Hagelkörner gegen die rechte Seite der Maschine.

»Nein, bitte nicht!« Reflexartig versuchte ich, mich irgendwo festzuhalten – und krallte dem Geschäftsmann mit voller Kraft in die Eier. – »Aeiouuuu!« Wäre der arme Kerl während des Starts nicht zum Sitzenbleiben verpflichtet gewesen, er wäre sofort aufgesprungen und hätte mich erwürgt. – »Oh, Gott! Oh, nein! Oh, wie furchtbar! Es tut mir so leid! Das wollte ich wirklich nicht. Ich ... oh, Mann. Tut es sehr weh?« – »Es geht schon«, presste der sich vor Schmerzen krümmende Geschäftsmann zwischen zusammengebissenen Zähnen hervor. Ich leuchtete auf wie ein Leuchtturm. »Das ist mir ja so peinlich! Kann ich nicht irgendwas für Sie tun?« – »Ja! Halten Sie die Klappe!« Oh. Erschrocken richtete ich meinen Blick auf das graue Hochklapptischchen vor mir und kaute beschämt auf dem Ärmel meines Pullis herum. Meine ampelrote Gesichtsfarbe verfärbte sich in ein dunkles Purpur. – »Die 2.000-Meter-Grenze haben wir übrigens erreicht«, sagte mein unfreiwilliger Flugbegleiter nach ein paar Minuten unvermittelt. Es klang wie ein Friedensangebot. »Das ist gut«, antwortete ich. Und dann mussten wir beide lachen. Ich schallend – er, so gut er konnte. »Das heißt, ich muss mit keinen weiteren Kastrationsversuchen mehr rechnen?« – »Nein, das müssen Sie nicht«, versprach ich lächelnd und blickte erleichtert aus dem Fenster.

Zwei Stunden später stierte ich immer noch gebannt nach draußen. Der Himmel war pechschwarz und die Sterne funkelten so hell und orange wie in einem Märchen aus Tausendundeiner Nacht. Fast fühlte ich mich wie eine Prinzessin aus dem Orient, die auf ihrem fliegenden Teppich durch die Nacht und ins Abenteuer segelte. Im Flugzeug war es ganz still. Es war bereits nach Mitternacht. Ich blickte weiter aus dem Fenster und entspannte mich mehr und mehr. So absurd es auch klingen mag, doch genau dieser Windstoß, der während des Starts – aus welchen Gründen auch immer – gegen die Maschine geknallt war, ließ nun neues Vertrauen in mir wachsen. Wenn schon so eine Naturgewalt nichts gegen das riesige Flugzeug und die Souveränität der Piloten ausrichten konnte, dann musste es hier drin doch wirklich sicher sein. Es war wie eine Neugeburt. Der Stachel war futsch. – »Schön, nicht wahr? Ich liebe Nachtflüge«, murmelte der Geschäftsmann, der sich in ein dickes Kissen gekuschelt hatte, aber noch nicht ganz eingeschlafen war. – »Ja, wunderschön. Auf einem Flug nach Afrika hat meine beste Freundin mal zu mir gesagt, über den Wolken fühle sie sich der Quelle so nah.« – »Was für einer Quelle denn?« Ich zuckte mit den Schultern. »Sie meinte wahrscheinlich so etwas wie die Lebensquelle, den Sinn des Lebens, Gott, oder wie auch immer man das nennen möchte.« Der Mann überlegte kurz. Dann grinste er vielsagend. »Hm. Kann sein. Da muss man nur erst mal hinkommen, was?« – »Haha. Da haben Sie wohl recht. Für so ängstliche Leute wie mich ist das ganz schön schwer.« – »Ja, ja. Angst ist ein schlechter Ratgeber. Aber jetzt haben Sie es ja geschafft.« Ich nickte stolz. »Jawohl, das habe ich.« Und wie ich so in den Sternenhimmel blickte und mir vor Müdigkeit die Augen zufielen, bemerkte ich plötzlich ein Gefühl in mir, das ich seit Jahren nicht mehr gespürt hatte: Begeisterung.

Schlussbemerkung der Autorin: Heute arbeitet Linda in der Marketingabteilung einer internationalen Airline in Shanghai. Die Erfahrungen, die sie in Australien gesammelt hatte, eröffneten ihr den Weg dorthin.

DIE 18. GESCHICHTE ÜBER SCHRÄGE PHOBIEN

Strangers in the Night

Tarik (27), Mediengestalter für Bild und Ton, Köln,
über
Gynophobie (Angst vor Frauen)

Ich stehe in einem Fahrstuhl. Ganz allein. Aus den Lautsprechern plätschert Musik und die Leuchtstoffröhren an der Decke surren leise. Plötzlich kommt die Kabine zum Stehen. Die Tür springt auf und vor mir steht eine atemberaubend schöne Frau. Das lange braune Haar fällt ihr in Locken auf die Schultern und die enge Bluse und der schwarze Bleistiftrock lassen keinen Zweifel an ihrer perfekten Figur. Sie betritt den Fahrstuhl, stellt sich neben mich und die Türen schließen. Sie mustert mich aus den Augenwinkeln und ich lächle schüchtern. Einen kurzen Moment verharren wir in dieser Position. Rumps! Sie haut auf den Stoppknopf. Ich zucke erschrocken zusammen. Bevor ich fragen kann, was los ist, hat sie sich schon die Bluse vom Leib gerissen und mich auf den Mund geküsst. – So ungefähr sieht mein allerschlimmster Albtraum aus.

Mit einer Frau zu schlafen, die ich nicht kenne und der ich nicht hundertprozentig vertraue, ist so ziemlich das Unangenehmste, was ich mir vorstellen kann. Für manche Männer mag Sex mit einer Unbekannten eine Offenbarung sein – für mich bedeutet es den absoluten Höllentrip. Der Grund: Ich fürchte mich vor fremden Frauen. Ständig habe ich Angst, dass ich etwas Falsches sagen oder machen und die Frau anschließend schlecht über mich denken könnte. Das heißt nicht (nur), dass ich rot oder nervös werde, wenn mich eine Frau anspricht. Nein. Ich meine, ich fürchte mich. Ich fürchte mich fürchterlich. So, wie sich manch einer vor einem Sprung vom Zehnmeterturm im Schwimmbad fürchtet, fürchte ich mich vor Gesprächen oder auch der bloßen Kontaktaufnahme mit unbekannten Frauen. Vor allem dann, wenn sie auch noch besonders schön aussehen oder sehr selbstbewusst wirken. Wenn ich mit so einer Frau in einem Raum bin, wenn mir eine auf der Straße begegnet oder mich eine im Supermarkt oder der Disco anspricht (und sei es nur, weil sie eine Frage hat oder Feuer haben will), bekomme ich Schweißausbrüche, Herzrasen, Adrenalinstöße und Übelkeitsgefühle. Darüber hinaus verlerne ich schlagartig das Sprechen.

Sollte ich also tatsächlich mal mit einer sexhungrigen Schönen in einem Fahrstuhl gefangen sein, würde ich mich wahrscheinlich eher in die Ecke verkrümeln und am Daumen nuckeln, als dass ich ihr zu einer Ekstase verhelfen könnte. Klar, manch einer wird nun sicher denken, ich sei einfach extrem schüchtern, was auch nicht falsch ist, doch ich glaube, es steckt noch etwas mehr dahinter als nur Nervosität. Logischerweise sind für mich daher auch One-Night-Stands oder coole Anmachsprüche undenkbar. Und das, obwohl ich Türke bin. Sollte es tatsächlich so etwas wie einen Klischee-Türken geben, dann bin ich ohne Frage sein formvollendeter Gegenentwurf. Während sich die Jungen aus der Nachbarschaft am Wochenende zum Fußballspielen trafen, saßen meine Mutter und ich verzückt auf dem Sofa und zogen uns einen romantischen Schwarz-Weiß-Film nach dem anderen rein. Die Helden meiner Jugend hießen nicht He-Man und Captain Universe, sondern Frank Sinatra und Fred Astaire. Ich bewunderte ihren rauen Charme und ihre schlichte Eleganz und wünschte mir inbrünstig, eines Tages so tanzen zu können wie sie.

Um an dieser Stelle eines gleich ganz deutlich zu machen: Nein, ich bin nicht schwul! Nicht im Geringsten! Nichts wünsche ich mir so sehr wie eine durch und durch feminine Freundin, die ich von ganzem Herzen lieben und verwöhnen darf. Ich wünsche mir eine Freundin, mit der ich träumen und in einem leidenschaftlichen Tanz davonfliegen kann. So wie Fred Astaire und Ginger Rogers.

Und genau das ist das große Dilemma meines Lebens. Denn dass sich das Unterfangen »Mann mit Frauen-Phobie sucht Frau fürs Leben« relativ schwierig gestaltet, dürfte jedem klar sein. Das geht schon bei der Arbeit los. Wenn mir auf dem Flur eine neue Mitarbeiterin entgegenkommt und mir zunickt oder mich gar grüßt, ignoriere ich sie, gucke weg und grüße schon gar nicht zurück. Am Anfang denken meine Kolleginnen daher häufig, ich sei arrogant, unhöflich oder könne sie nicht leiden. Das Gegenteil ist der Fall. Da meine Angst jedoch verfliegt, sobald ich eine neue Kollegin ein paar Mal gesehen habe, sie mir vorgestellt wurde oder ich in der Kantine mit ihr ins Gespräch gekommen bin, kann ich das schlechte Bild relativ schnell wieder geradebiegen.

In der Disco wird es hingegen schwieriger, denn hier bekommt man(n) nur selten die Möglichkeit, den schlechten ersten Eindruck wieder wettzumachen. Auch meine Kumpel können mir in solchen Situationen nicht helfen und bei der Discobekanntschaft ein gutes Wort für mich einlegen, denn sie kennen den wahren Grund für mein Verhalten nicht – und das soll auch so bleiben. Wer könnte so was schon verstehen? Ich verstehe es ja selbst nicht. Es vergeht kaum ein Tag, an dem ich mich nicht im Spiegel betrachte und zu mir selbst sage: »Junge, was geht denn ab? Trau dich doch mal was!« Aber der Junge im Spiegel will nicht hören.

Angefangen hat das alles, als ich im Alter von zwölf Jahren tatsächlich versuchte, meinen großen Vorbildern nachzueifern und Stepptanz zu lernen. Ich meldete mich auf eigene Faust in einer Tanzschule an – und entpuppte mich auch hier sofort wieder als Sonderling. Wir waren insgesamt 16 Teilnehmer, ich allerdings der einzige Junge. Hinzu kam noch, dass alle Frauen in der Stepptanz-Gruppe viele Jahre älter und mir somit sowohl körperlich als auch geistig haushoch überlegen waren. Am Anfang war ich noch ein unschuldiger und nichts ahnender Knirps und es machte mir nichts aus, zwischen den stolzen Tänzerinnen herumzustolpern. Doch als ich in die Pubertät kam und das andere Geschlecht so langsam für mich entdeckte, fühlte ich mich zusehends unsicherer. Nie war eine der Frauen gemein oder zickig zu mir. Ich kannte alle gut und die Tanzschule hat mir großen Spaß gemacht. Trotzdem entwickelte ich eines Tages eine entsetzliche Panik davor, dass ich irgendwas falsch machen und mich vor den Frauen blamieren könnte. Meine schlimmste Angst war die, dass ich – was für einen pubertierenden Jungen nun mal nicht ungewöhnlich ist – inmitten der prallen Tänzerinnen eine Erektion bekommen könnte, die durch mein enges Trikot natürlich sofort aufgefallen wäre und mich als notgeilen Wüstling entlarvt hätte. Außerdem quälte mich die Sorge, dass ich eine Tanzpartnerin im Eifer des Gefechts falsch oder zu hart anpacken und sie somit verletzen könnte. Und der Gedanke, dass mich die Jungs in der Schule oder die Frauen in der Tanzschule aufgrund meiner ungewöhnlichen Leidenschaft für schwul halten könnten, bereitete mir ebenfalls Bauchschmerzen.

Als ich meinem Tanzlehrer sagte, dass ich aufhören möchte, war er schrecklich enttäuscht. Ich sei doch so ein talentierter Schüler und hätte es schon so weit gebracht. Doch an meiner Entscheidung gab es nichts mehr zu rütteln. Ich fühlte mich schlicht nicht mehr wohl in meiner Haut. Auch als ich erwachsen geworden war, traute ich mich nicht, mich wieder bei der Schule anzumelden. Ich kann es nicht erklären, doch obwohl nie etwas Peinliches passiert ist, schäme ich mich trotzdem irgendwie. Und zwar bis heute. Vor wem und weswegen ich mich schäme, weiß ich nicht. Vielleicht schäme ich mich ja vor mir selbst für meine frivolen Gedanken? Ich habe keinen Schimmer. An dieser Stelle könnte man nun endlos darüber philosophieren, ob mir meine Frauenphobie meinen großen Traum vom Stepptanz vermasselt hat oder ob meine Phobie erst dadurch hervorgerufen wurde, dass ich versucht habe, mir meinen Traum zu erfüllen.

Wie es die Ironie des Schicksals will, erwies sich im Laufe der Jahre ausgerechnet meine Leidenschaft fürs Tanzen als hervorragender Schutzmechanismus. Wenn ich mal einen schlechten Tag und überhaupt keine Motivation für dieses nervenaufreibende Kennenlernspiel habe, stürme ich in der Disco nämlich sofort die Tanzfläche und rocke dermaßen ab, dass ich binnen Minuten vor Schweiß nur noch so triefe. Diese Taktik ist überaus praktisch und effizient, denn erstens tanze ich gern und zweitens wird man als triefender Stinkbolzen von keiner Frau im Raum auch nur eines Blickes gewürdigt. Die Methode funktioniert immer.

Auf Privatpartys kann ich meinen Trick allerdings fast nie anwenden, denn da stehen die Leute nur in der Küche rum und rauchen. Wenn ich auf einer Privatparty bin, auf der ich die meisten Leute nicht kenne, hefte ich mich daher an die Fersen eines Freundes und versuche, ihn den ganzen Abend lang in ein Gespräch zu verwickeln. Kommt dann doch mal eine Frau hinzu, die weder er kennt noch ich und die mir mein Kumpel demnach nicht vorstellen kann, flüchte ich auf die Toilette und schließe mich dort ein. Das ist nämlich der Knackpunkt an der Sache: das Vorstellen. Wenn mir ein Mädel erst einmal von einem Kumpel vorgestellt wurde und wir uns die Hände geschüttelt haben, ist alles nur noch halb so wild. Irgendwie bilde ich mir ein, durch den gemeinsamen Bekannten einen Sympathiebonus bei der Frau zu haben. Ich fürchte mich somit nicht mehr ganz so sehr davor, dass ich mich unbeliebt machen könnte, und eröffne sogar das Gespräch.

Ich stelle mich dabei zwar meist etwas ungeschickt an, doch das ist nicht weiter tragisch. Eher umgekehrt. Habe ich die erste Hemmschwelle überwunden, fühlt sich ein Großteil der Damenwelt durch meine Unsicherheit und mein leichtes Gestammel sogar umworben und geschmeichelt und so haben sich aus derlei Partygesprächen schon relativ viele gute platonische Freundschaften und auch einige Beziehungen ergeben. Die Frau fürs Leben war allerdings noch nicht dabei. Manchmal weckt meine Zerbrechlichkeit bei den Frauen aber auch den Mutterinstinkt, und das kann mitunter ganz schön demütigend sein. Bei meiner letzten Freundin war das beispielsweise so. Sie hieß Tanja, war acht Jahre älter als ich und hatte einen kleinen Sohn. Das war kein Hindernis für mich, denn wenn ich eine Frau liebe, dann liebe ich sie bedingungslos. Und da ich mir sehr gut vorstellen konnte, wie schwer es für eine alleinerziehende Mutter sein musste, den Alltag zu meistern und einen verständnisvollen Gefährten zu finden, stürzte ich mich mit Feuereifer in die Partnerschaft, griff Tanja beim Haushalt unter die Arme, brachte ihr regelmäßig Blumen mit und unternahm viel mit ihrem Sohn. Nach einem Monat waren der Kleine und ich dicke Kumpel geworden und ich zum coolen Onkel Tarik avanciert. Nach fünf Monaten zogen Tanja und ich zusammen. Und nach sieben Monaten hatte sie sich mit der Begründung »Du bist einfach viel zu lieb« auch schon wieder von mir getrennt.

Ich war danach am Boden zerstört und mein Weltbild geriet völlig ins Wanken. Was erwarten die Frauen nur von uns Männern? Wenn man sich wie ein Macho aufführt, ist das Gekreische groß. Doch wenn man sich Mühe gibt und Verständnis zeigt, wird man genauso zum Teufel gejagt. Diese ganzen romantisch verklärten Schwarz-Weiß-Schinken mit Frank Sinatra und Fred Astaire waren doch nichts weiter als ein lächerliches Märchen – und Frauen wie Ginger Rogers eine Illusion. Vielmehr sind die Frauen von heute männermordende Bestien, die nichts anderes im Sinn haben, als gutmütigen Trotteln wie mir das Herz zu brechen und sich gleichzeitig von irgendwelchen großmäuligen Arschlöchern flachlegen zu lassen. Oder wie sonst darf man Tanjas Ansage »Du bist zu lieb« verstehen?

Was mir außerdem Bauchschmerzen bereitete, war, dass dieser ganze Stress mit dem Entlieben, Verlieben, Jemand-Neues-Kennenlernen, Nervössein, Stottern, Schwitzen und Bangen nun – mal wieder – auf ein Neues losgehen würde. Für so jemanden wie mich sind die Jagd und der Beutezug nämlich kein Vergnügen, sondern einfach nur anstrengend und kräftezehrend und deswegen verzichtete ich vorerst auch darauf und vergrub mich mit unzähligen DVDs und einer Tonne Fastfood allein in meiner Wohnung.

Erst als mein bester Kumpel Malte einige Wochen später mit einem Sixpack vor meiner Tür stand, wurde ich wieder zu einem Teil der Zivilisation. Ein Kumpel von uns feierte eine Einweihungsparty und ich ließ mich breitschlagen, Malte zu begleiten. Eigentlich hatte ich überhaupt keinen Bock, doch das Bier hatte eine überzeugende Wirkung. Ziemlich angesoffen machten wir uns also auf den Weg und kamen nach ein paar ungeplanten Bierstopps und einer harmlosen Rauferei auf der Zülpicher Straße etwa gegen ein Uhr nachts in der Wohnung unseres Kumpels an.

Die Party war schon im vollen Gange und ich inzwischen in Feierlaune. Tanja hatte ich fast vergessen. Auf dem Flur wurden wir von Rauchschwaden und grölenden Alkoholopfern begrüßt. Zielsicher steuerten Malte und ich das Badezimmer an, denn wie auf fast allen WG-Partys wurden die Getränke auch hier in der mit Eiswürfeln gefüllten Badewanne gelagert. Wir schnappten uns jeder ein Bier und gingen zur Privat-Party-Phase zwei über: Rauchen in der Küche. Das Thema des Tages war der Kultregisseur Quentin Tarantino, dessen neuer Skandalfilm *Inglourious Basterds* die Gemüter der Tarantino-Fangemeinde seit geraumer Zeit erregte. Gemeinsam mit ein paar anderen Jungs starteten Malte und ich eine hitzige Debatte darüber, ob der Film nun das beste oder das schlechteste Werk von Tarantino sei und ob man die Schlusseinstellung in dem Pariser Kino tatsächlich als eine Hommage an *Metropolis* verstehen sollte. Als ich gerade dabei war, die Baseballschläger-Szene mit Eli Roth mit einem Nudelholz nachzustellen, fand unsere illustre Männerrunde ein jähes Ende. »Hey du, Rambo. Haste mal Feuer?« Vor mir stand ein Mädel mit schwarzen Haaren und stark geschminkten Augen. Zwischen ihren nass glänzenden Lipgloss-Lippen klemmte eine Zigarette, die sie mir selbstbewusst entgegenstreckte. Darauf war ich nicht vorbereitet gewesen. Der männerhungrige Vamp hatte sich eiskalt von hinten angeschlichen.

Während ich sie wortlos angaffte und das Nudelholz wie in einer Schockstarre immer noch in die Höhe hielt, trat mir langsam der Schweiß auf die Stirn. Die Radiomusik hörte ich nur noch aus weiter Ferne. Das Mädchen wurde ungeduldig und hob die Augenbrauen. Mein Atem ging schneller. Was sollte ich tun, was sagen, wohin verschwinden? Alle Blicke waren auf mich gerichtet. »Hey!« Als ich mich umdrehte und die Flucht ergriff, knallte das Nudelholz direkt vor ihre Füße. »Mann, Alter! Bist du nicht ganz dicht, oder was?« Ich reagierte nicht und stolperte unbeholfen aus der Küche. Nun war alles wieder da. Tanja, die Einsamkeit, die Angst. Als ich die Badezimmertür endlich hinter mir zugeknallt und abgeschlossen hatte, ließ ich mich auf den Boden sinken und weinte hemmungslos. Ich war müde. Müde vom Alkohol, von meinen Ängsten und von meinem ganzen armseligen Dasein. Maltes besorgtes Klopfen ignorierte ich stumpf. Ich legte meinen Kopf auf die Knie und schluchzte und fluchte so lange, bis ich keine Kraft mehr hatte und nur noch leise vor mich hin wimmerte. Dann hörte ich ein leises Räuspern. »Alles okay?«

Ich riss erschrocken den Kopf hoch und entdeckte zu meinem eigenen Entsetzen, dass links von mir ein Mädchen auf dem Badewannenrand saß und verlegen an ihrer Bierflasche nuckelte. Ich machte Anstalten aufzuspringen – doch ich war zu erschöpft und zu betrunken. Wo hätte ich in diesem Zustand auch hinlaufen sollen? Zurück in die Küche? Wohl kaum! Da zerriss man sich doch gerade eh das Maul über mich. »Warum bist du denn so traurig?« Ich antwortete nicht, sondern rubbelte mir nur hektisch die Tränen aus den Augen. Das Mädchen fischte eine Colaflasche aus der Badewanne und kam auf mich zu. Ich wandte den Blick ab, doch sie setzte sich mir direkt vor die Nase. Mit der rechten

Hand berührte sie meine Schulter, mit der linken reichte sie mir die Cola. Sofort verkrampften sich meine Glieder. »Ich bin Nina«, erklärte das Mädchen. Sie trug ein weißes T-Shirt und hatte ihr blondes Haar zu einem Pferdeschwanz gebunden. Ihre Stupsnase war mit Sommersprossen besprenkelt. So ein niedliches Mädchen hatte ich noch nie gesehen. »Wa-wa-was machst du denn hier?«, stammelte ich – und das auch noch viel unfreundlicher als beabsichtigt. Nina zuckte unbeeindruckt mit den Schultern. »Ich bin gerade erst hergezogen und kenne noch keinen. Mein Mitbewohner hat mich mit auf die Party geschleppt, aber ich kam mir blöd vor, die ganze Zeit bei ihm rumzustehen.« – »Ich hab auch keinen Bock auf die da draußen«, quengelte ich. Nina lächelte verständnisvoll. »Dann lass uns doch einfach hier bleiben.«

Ich überlegte kurz. Verglichen mit den blöden Sprüchen, die mich in der Küche erwarteten, war diese Situation wohl das geringere Übel. Und außerdem hatte ich mich eh schon zum Affen gemacht – was sollte also noch Schlimmeres passieren? Andererseits, meine Fehlerquote ließ sich bei Frauen ja anscheinend bis ins Unermessliche steigern. Also lieber doch noch mal auf Nummer sicher gehen. »Okay, ich bleibe. Aber ich habe keine Lust, mich zu unterhalten.« – »Hast du Musik dabei?« – »Magst du Frank Sinatra?« Das Sommersprossen-Mädchen nickte eifrig. »Ja, klar. Ich finde die Musik total schön!« – »Na gut.« Ich kramte meinen iPod aus der Hosentasche hervor und entwirrte die Kopfhörer-Kabel. Ohne ein weiteres Wort griff Nina nach einem der Stöpsel und setzte sich neben mich. Ich wollte protestieren – doch dann ließ ich es geschehen. Wir saßen in einem Badezimmer. Ganz allein. Die Leuchtstoffröhren an der Decke surrten leise. Ich steckte mir einen Stöpsel ins Ohr, lehnte den Kopf zurück und lauschte der wohlbekannten Stimme. *»Strangers in the night, two lonely people. We were strangers in the night up to the moment when we said our first hello ... Ever since that night we've been together. Lovers at first sight, in love forever. It turned out so right for strangers in the night.«*

DIE 19. GESCHICHTE ÜBER SCHRÄGE PHOBIEN

Total Banane

Katja (31), Vertriebsleiterin, Bonn,
über
Bananaphobie (Ekel vor Bananen)

Für mich sind Bananen das Abscheulichste auf der ganzen Welt, und wenn mich jemand damit jagt, bekomme ich Heulkrämpfe. Mein älterer Bruder hat das früher mit Vorliebe getan, doch außer ihm hat mich glücklicherweise nie jemand mit meinem Bananenekel aufgezogen. Zwar gucken meine Geschäftspartner manchmal etwas schräg, wenn ich – eine 31-jährige Vertriebsleiterin eines angesehenen Medienhauses – sie bitte, die Schale der just verputzten Pausenbanane in einem anderen Raum am Ende des Flures zu entsorgen, weil ich mich sonst nicht mehr auf das Meeting konzentrieren könne, aber das ist mir egal.

Das Einzige, was wirklich peinlich werden kann, sind erste Dates, denn irgendwie ziehe ich Bananen-Fans an wie fauliges Obst die Fruchtfliegen. Mein heutiger Freund war beispielsweise so ein Fall. Unser erstes offizielles Treffen fand in einer Eisdiele statt und kaum hatten wir unsere Plätze eingenommen, da orderte er auch schon ein Bananensplit. Ich stellte ihn daraufhin prompt vor die Wahl: Banane oder Liebe? Ohne mit der Wimper zu zucken, entschied sich der unverschämte Kerl für das Bananensplit. Das wiederum fand ich so witzig und frech, dass es ein paar Stunden und Zahnputzorgien später doch noch zur Annäherung kam.

Der Grund dafür, warum Banana Joe und ich niemals beste Freunde werden könnten und ich als Kind sogar Albträume von den »Bananas in Pyjamas« aus der gleichnamigen TV-Serie hatte, ist nicht, dass ich mal auf einer Bananenschale ausgerutscht wäre, sondern ein handfestes Ekeltrauma, das während meines zweiten Jahres im Kindergarten seinen Anfang nahm. Und das gestaltete sich so: Meine beste Freundin Laura und ich wollten *Mensch ärgere dich nicht* spielen. Da die Brettspiele in unserem Kindergarten auf einem Schrank gelagert wurden, musste ich mich auf einen Hocker stellen, um an die Schachtel heranzukommen. Der Stuhl war gerade hoch genug, dass ich mit meiner Hand an das Spiel heranreichte. Allerdings konnte ich nicht sehen, was sich noch alles auf dem Schrank befand. Ich streckte also meine kleine Hand aus, tastete nach dem *Mensch ärgere dich nicht*-Spiel – und patschte mit der gesamten Handfläche in irgendetwas Matschiges, das sich gleichzeitig weich und haarig anfühlte.

Da ich keine Ahnung hatte, was ich da gerade Entsetzliches entdeckt hatte (ich tippte spontan auf ein halb verwestes Tier), bekam ich so einen Schreck, dass ich rücklings vom Hocker stürzte und wie am Spieß zu schreien anfing. Eine Kindergärtnerin eilte sofort herbei und inspizierte aufgeregt die Schrankoberseite. Dort entdeckte sie eine Banane. Eine Banane, so breiig und vergammelt, dass es mehrere Jahre her gewesen sein musste, dass sie auf den Schrank gelegt worden und in Vergessenheit geraten war.

Die Schale war glitschig und blauschwarz und stellenweise mit einem graugrünen Pelz überzogen. In der Mitte war die Banane aufgeplatzt wie ein zu heiß gekochtes Bockwürstchen und förderte ein braunes Mus zutage, das so beißend nach Kompost und galligem Erbrochenen stank, dass sich meine Augen spastisch nach oben verdrehten, als die Betreuerin mit der Horrorbanane an mir vorbeihuschte. Zwar währte der Anblick der widerlichen Pampe lediglich ein paar Sekunden, doch ich war danach derart traumatisiert, dass meine Mutter mich abholen musste.

Obwohl ich Obst – besonders verschrumpelte, wurmstichige Äpfel und überreife Bananen mit braunen Flecken – noch nie besonders prickelnd fand, hatte ich mir immer mal wieder ein Bananenmüsli aufschwatzen lassen, doch nach diesem folgenschweren Tag im Kindergarten hätte ich die krummen Schleimstängel nicht einmal mehr angerührt, wenn die Banane die letzte Frucht auf Erden gewesen wäre. Da meine beste Freundin Laura jeden Tag zum Frühstück eine Banane mitbrachte, wollte ich fortan auch nicht mehr neben ihr sitzen, was zu viel Zank und heißen Tränen führte. Aber was hätte ich tun sollen? Quer über den Frühstückstisch reihern? Darauf hatte ich wenig Lust, doch genau das hätte ich mit Sicherheit getan, wäre ich neben Laura sitzen geblieben.

Kinder, die Bananen essen, sind nämlich einfach nur abartig und rufen bei mir – bis heute – einen krampfhaften Würgereiz hervor. Kinder essen Bananen nicht, sie malträtieren sie. Eigentlich zermalmen und zerdrücken sie die Dinger bloß und sabbern sie voll und verkleckern dicke Klumpen und sauen sich die Klamotten damit ein. Manchmal hängen ihnen auch diese dicken, labberigen Bananenfäden aus dem Mund und dazu dann noch der muffige Gestank und diese schrecklichen Schmatzgeräusche! Fürchterlich! Meine Kinder werden definitiv ohne Bananen und auch ohne Bananenbrei oder Bananenbrote aufwachsen, das kann sich mein Zukünftiger direkt auf die Erziehungsagenda schreiben! Doch nun weiter im Text.

Dadurch, dass ich mir einen neuen Sitzplatz am Frühstückstisch gesucht hatte, hatte ich meine beste Freundin ziemlich verletzt. Das war umso tragischer, da mir mein illoyales Verhalten nicht im Geringsten zu einem persönlichen Vorteil verhalf. Gerade so, als hätte sich alle Welt gegen mich verschworen, avancierte die Banane urplötzlich zum neuen Trendfrühstück, sodass es gar keine Rolle mehr spielte, wohin ich mich setzte. Die Bananenfresser waren überall! Darüber hinaus besaßen viele Kinder auch noch die Unverfrorenheit, sich von der Kindergärtnerin ein Krokodil aus ihrer Banane schneiden zu lassen. Dabei zuzusehen, wie die Betreuerin mit dem Obstmesser in der schmierigen, gelben Wurst herumpulte, sodass Augen, Maul und Rückenzacken entstanden, war so entsetzlich für mich, dass ich mir die Augen am liebsten mit einer heißen Nadel ausgestochen hätte. Der provisorische Sichtschutzwall, den ich fortan aus Cornflakes- und Müslipackungen um mich herum aufbaute, war der einzige Grund, warum ich die Kindergartenzeit seelisch einigermaßen unbeschadet überstanden habe.

Als ich 15 war, habe ich mir spaßeshalber einmal ausgemalt, was passieren müsste, damit ich eine Banane anfassen oder gar ein Stück von ihr abbeißen würde. Also, logisch, wenn jetzt das Leben meiner Mutter davon abgehangen hätte, dann hätte ich es natürlich getan, doch so etwas meinte ich nicht. Ich dachte an realistische Dinge. An Dinge, die theoretisch jederzeit passieren könnten.

Es war ein Sonntagabend und mein Bruder und ich flätzten gerade auf dem Sofa vor der Glotze rum, als mir das Gedankenspiel in den Sinn kam. Der Grund dafür war diese Kai-Pflaume-Sendung aus den späten Neunzigern, in der je sieben Kandidaten vor laufender Kamera ihre Ängste überwinden mussten. Die Show hieß *GlücksSpirale,* falls das irgendwem noch etwas sagt. Jedenfalls wurden die Teilnehmer hier, je nach Phobie, dazu genötigt, mit einem Fallschirm aus einem Flugzeug zu springen, Frösche zu küssen, minutenlang das Quietschen von Styropor zu ertragen oder in einem Becken voller Spinnen auf Tauchstation zu gehen. Als Belohnung winkte ein Preisgeld von 77.777 DM und ich weiß noch, wie ich empört ausrief: »Das wäre mir zu wenig!« – »Erzähl keinen Stuss! Weißt du überhaupt, wie viel Geld das ist?«, erwiderte mein Bruder daraufhin genervt. – »Klar, weiß ich das«, behauptete ich und erläuterte meinem Bruder, dass 77.777 DM, also um die 38.000 Euro, verglichen mit dem, was ich durchleiden müsste, lediglich ein Witz wären. Vielmehr erachtete ich für das Berühren einer Banane eine Aufwandsentschädigung von, grob kalkuliert, 50.000 Euro für angemessen. Mein Bruder winkte ab. »Ach, du tickst doch nicht richtig!«

Da mein Bruder sich offensichtlich nicht länger mit mir unterhalten wollte und die *GlücksSpirale* in meiner persönlichen Kosten-Nutzen-Analyse durchgefallen war, ging ich in mein Zimmer, legte mich aufs Bett und spielte das Gedankenexperiment weiter durch. Was müsste also passieren, damit ich eine Banane freiwillig anfasse oder esse? Mir kamen waghalsige Wetten, zehrende Hungersnöte und auch eine tragische Liebesaffäre mit einem »Chiquita«-Mitarbeiter in den Sinn, doch nichts davon schien mir realistisch genug zu sein. Irgendwann verwarf ich alle Ideen wieder – und ahnte noch nicht, dass ich die Antwort früher erfahren würde, als es mir lieb war.

Es war ein Dienstag. Ein Schultag also, wie jeder andere auch. Vermeintlich, jedenfalls. Erst hatten wir eine Doppelstunde Deutsch, dann eine Stunde Englisch, dann eine Stunde Geschichte. In der fünften und sechsten Stunde waren die Naturwissenschaften dran. Chemie und Biologie. Da die Naturwissenschaften nicht in unserem normalen Klassenzimmer, sondern in speziellen Fachräumen mit großen Gruppentischen unterrichtet wurden, mussten Laura (die trotz meines Verrats immer noch meine beste Freundin und an meiner Seite war) und ich uns den Tisch mit vier anderen Mädchen teilen, die wir nicht leiden konnten. Eine davon hassten wir ganz besonders: die großmäulige Angela. Kaum hatten wir uns auf die Stühle gepflanzt, als Angela auch schon eine fleckige Banane aus ihrer Schultasche kramte und sich gierig den Wanst damit vollschlug. Typisch!

»Boah, wie eklig! Kannst du dein Zeug nicht in der Pause fressen, so wie jeder andere auch?«, motzte ich Angela sofort an. Gut, meine Reaktion war vielleicht ein wenig übertrieben, aber was Bananen angeht, ist mit mir eben nicht gut Kirschen essen. – »Was geht dich das an?«, schnauzte Angela mit dicken Backen zurück. – »Mit vollem Mund spricht man nicht! Schon gar nicht, wenn er mit so einer widerlichen Bananenpampe vollgestopft ist!« – »Pardon, die Damen! Ich unterbreche euren Kaffeeklatsch nur äußerst ungern, aber hättet ihr die Freundlichkeit, dem Unterricht zu folgen?«, wies uns plötzlich der Chemielehrer zurecht. – »Entschuldigung.« – »Und du, Angela, lässt bitte sofort deine Banane verschwinden. Im Unterricht wird nicht gegessen und im Chemieraum schon gar nicht!« Beleidigt zog Angela eine der Schubladen unter dem Tisch auf und legte die halb gegessene Banane inklusive der Schale dort hinein. Das ging ja wohl gar nicht! »Spinnst du? Bring den Kram gefälligst auf den Flur!«, raunte ich ihr wutentbrannt zu. – »Ach, halt endlich die Klappe, du blöde Kuh!«

Panisch drückte ich den Ärmel meines Pullovers gegen Mund und Nase und stierte angestrengt aus dem Fenster. Die Erinnerung an die aufgeplatzte Schimmelbanane erwachte zu neuem Leben. Was, wenn Angelas Restfrühstück ebenfalls in Vergessenheit geraten und erst Jahre später in der Schublade gefunden werden würde? Nicht auszudenken! Ich presste den Ärmel stärker gegen meine Nase, doch die Bananengase bahnten sich trotzdem ihren Weg. Nur Affenkotze konnte appetitlicher duften!

Eine halbe Stunde später läutete es endlich und ich stürzte benommen und halb betäubt aus dem Chemieraum. – »Geht's wieder?«, fragte Laura. – »Nein! Mir ist schlecht!«, maulte ich. – »Ach, komm schon. Noch eine Stunde Bio und dann ist Feierabend«, munterte Laura mich auf. – »Okay, okay. Du hast ja recht.« Ermattet schulterte ich meinen Ranzen und schlurfte Laura in den Biologieraum hinterher. Als wir uns auf unsere Plätze setzten, hatte ich kurz das Gefühl, auch hier würde es nach Bananen stinken, doch ich hielt es für Einbildung.

Schließlich schneite unsere Biologielehrerin Frau Wörth herein. Frau Wörth war eine Ökotante mit Pferdeschwanz und Gesundheitslatschen, die immer entsetzlich gute Laune hatte und so tat, als ob sie unsere beste Freundin wäre. »Hallo, ihr Lieben! Heute möchte ich ein neues Thema starten. Ein Thema, das euch alle mächtig interessieren wird«, sprudelte es wasserfallartig aus ihr heraus. »Ihr seid ja gerade in einer Phase, in der sich sowohl körperlich als auch emotional vieles verändert. Und in dieser Phase möchte ich euch mit Rat und Tat zur Seite stehen.« Frau Wörth schaute stolz und erwartungsfroh in die Runde. »Na, könnt ihr euch schon denken, was für ein Thema das sein könnte?« Stille. »Aha. Gut, dann sage ich es euch. Wir beginnen heute mit Sexualkunde. Genauer: Mit der Erkundung des Präservativs.« Verstohlenes Gekicher in den hinteren Reihen. »Das ist ein heikles Thema, ich weiß. Aber keine Sorge! Mit mir könnt ihr über alles reden«, versicherte Frau Wörth im Seelsorgertonfall. Dann bückte sie sich unter ihr Pult und holte einige Packungen Kondome hervor. Dann bückte sie sich erneut – und legte eine Bananenstaude daneben. Ich fühlte mich einer Ohnmacht nahe.

»Das Präservativ dient nicht allein dazu, eine Schwangerschaft zu verhindern, sondern schützt uns außerdem vor sexuell übertragbaren Krankheiten wie Aids und Hepatitis. Heute möchte ich euch zeigen, wie es korrekt über den Penis gezogen wird«, dozierte Frau Wörth und demonstrierte uns anschließend betont ungeniert die fachgerechte Eintütung des männlichen Geschlechtsteils alias Banane. »So. Jetzt ihr. Wer möchte den Anfang machen?« Niemand meldete sich. Frau Wörth wurde unruhig. – »Ich finde, Katja sollte das machen. Immerhin ist sie Klassensprecherin!«, rief Angela plötzlich in die Stille hinein. – »Was? Das stimmt doch überhaupt nicht! Max ist …« – »Wunderbar. Die Klassensprecherin sollte immer mit einem positiven Beispiel vorangehen«, flötete Frau Wörth und rauschte auf mich zu – im Schlepptau eine Packung Kondome, eine Banane und eine Wolke widerwärtigen Gestanks.

»Frau Wörth, ich bin nicht die Klassensprecherin. Angela hat das nur gesagt, weil wir uns eben gestritten haben«, erklärte ich panisch, als die Lehrerin die Banane und die Kondome vor mir ausbreitete und meine Mitschüler sich gackernd und tuschelnd im Halbkreis um mich herum aufbauten. – »Ach, Katja. Du brauchst dich doch nicht zu schämen.« – »Ich schäme mich nicht!«, protestierte ich empört. – »Na, klar. Natürlich nicht«, erwiderte Frau Wörth und zwinkerte mir verschwörerisch zu. Ich schnappte nach Luft. »Max, jetzt sag ihr, dass *du* Klassensprecher bist!«, wandte ich mich wütend an das tatsächliche Klassenoberhaupt. Max schüttelte verängstigt den Kopf und schwieg. So ein Waschlappen! – »Frau Wörth?«, schaltete sich nun Laura ein. – »Ja?« – »Katja ist wirklich nicht die Klassensprecherin.« – »Ach, Kinder. Das ist doch völlig egal. Katja probiert das jetzt als Erste aus und fertig!«

Frau Wörth schob die Banane und die Kondome feierlich über den Tisch in meine Richtung. »Katja, wie wäre es, wenn du eins der Präservative auspackst?« – »Nein!«, brüllte ich und schob bockig die Hände unter meinen Po. Die anderen lachten hämisch. – »Ruhe, bitte! Hier braucht sich niemand über niemanden lustig zu machen! Das ist ein sehr sensibles Thema«, nahm mich meine Lehrerin in Schutz. Dann wandte sie sich wieder an mich: »Katja, was genau ist dir denn jetzt peinlich?« – »Frau Wörth, diese dämliche Penis-Kondom-Geschichte ist mir nicht peinlich!« – »Sondern?« – »Ich habe eine Bananenphobie. Das ist alles. Wenn Sie also eine Gurke für mich hätten ...?«

Frau Wörth entgleisten sämtliche Gesichtszüge. Die anderen grölten los, als hätte ich den Witz des Jahrhunderts gemacht. Genau wie meine Lehrerin hielten auch sie mein Benehmen für eine einzige Show. Das Gelächter meiner Mitschüler hallte durch meinen Kopf wie durch einen großen, leeren Flur. Plötzlich setzte Frau Wörth wieder die Therapeutenmiene auf. »Ich hätte mir wirklich nicht träumen lassen, dass ein modernes Mädchen wie du ein derart großes Problem mit seiner sexuellen Identität und dem männlichen Geschlechtsteil hat.« – »Ich habe kein Problem mit meiner sexuellen Identität, verdammt noch mal!«, ging ich nun vollends an die Decke. Es war zum Verrücktwerden! Je mehr man beteuerte, dass man sich nicht schämte, desto weniger wurde einem geglaubt.

»Also, Katja. Dass du eine Bananenphobie hast, glaubst du ja wohl selbst nicht, und ich finde es besorgniserregend, dass du solche fadenscheinigen Ausreden erfindest, nur um die Konfrontation mit einem Penissymbol zu vermeiden.« – »Frau Wörth, ich …« – »Entweder, du ziehst jetzt das Kondom über die Banane, oder ich sehe mich dazu gezwungen, dich nach der Stunde hierzubehalten und ein aufklärendes Gespräch unter vier Augen mit dir zu führen.« Oh Gott, alles, nur nicht das! Wer weiß, was diese wild gewordene Dr.-Sommer-Schnalle dann noch alles mit mir anstellen wird? Wahrscheinlich würde ich dann gleich zehn Bananen auf einmal eintüten müssen! Jetzt half nur noch die Flucht nach vorn.

Erschlafft ließ ich die Hände zu der Schachtel mit den Kondomen gleiten und kramte sie ungeschickt aus der Verpackung. Dann hielt ich die Luft an – und packte die Banane. Sie war kalt und hart und glatt. Sämtliche Muskeln meines Körpers zogen sich zusammen. So schnell, wie es mir mit meinen zittrigen Fingern möglich war, setzte ich eines der Kondome auf die Spitze der Banane, fixierte den Zipfel des Präservativs mit Daumen und Zeigefinger und rollte das glitschige Gummi über den nicht minder glitschigen Stängel. Nachdem ich fertig war, warf ich die Banane weit von mir und stöhnte inbrünstig. – »Sehr gut, Katja. War das denn nun wirklich so schlimm?« – Ich zog eine Schnute und schloss die Augen. – »Schön. Dann schmoll jetzt eben ein bisschen. Aber ich finde es toll, dass du deine Scham überwunden hast.«

Als ich wieder zu Hause war, führte mich mein erster Weg direkt unter die Dusche. Dort verharrte ich circa dreißig Minuten, schrubbte mich immer wieder von oben bis unten ab und grübelte über Angela, Frau Wörth und den ganzen beschissenen Tag. Zwar fühlte ich mich so zermürbt wie noch nie zuvor in meinem Leben, doch dafür kannte ich nun wenigstens die Antwort auf meine Frage: 77.777 DM konnten mich nicht dazu bewegen, meine Angst zu überwinden, sondern nur eine andere Angst. Eine Angst, die noch größer und allumfassender war als meine Abneigung gegen Bananen. Die Angst vor einer übermotivierten Sex-Pädagogin, die in der watschligen Stinkefrucht ein Symbol für das männliche Geschlechtsteil sah.

DIE 20. GESCHICHTE ÜBER SCHRÄGE PHOBIEN

Was für ein Theater

Julia (25), Diplom-Betriebswirtin, Kiel,
über
Automatonophobie (Angst vor Puppen)

Meine Kindheit war ebenso ungewöhnlich wie fantastisch. Ich bin ein Zirkuskind und als solches war ich von morgens bis abends von schillernden Seifenblasen, bunten Luftballons, süßer Zuckerwatte, märchenhaften Feuerspuckern, anmutigen Seiltänzerinnen, exotischen Tieren, heiterer Musik und schweren roten Samtvorhängen umgeben. Ich selbst assistierte meinem Vater, der nicht nur der Direktor des *Tournee Varieté,* sondern auch ein großer Zauberkünstler war, in der Rolle eines kleinen Reprise-Clowns und jagte ihn in den Umbaupausen mit Gummiknüppeln und Wasserpistolen quer durch die Manege. Er versuchte währenddessen, eine Schlange aus dem Hut zu zaubern, zog aufgrund meiner Streiche jedoch nur zappelige Fische und labberige Würstchen aus dem Zylinder.

Rückblickend betrachtet klingt das irgendwie total bescheuert und die Rolle meiner Schwester, die im Gegensatz zu mir nicht den Pausenclown, sondern die »schwebende Jungfrau« spielen durfte, war natürlich tausendmal cooler, doch ich hatte trotzdem einen Heidenspaß. Das war die gute Seite an meiner Kinderzeit. Die schlechte: Ich konnte den Zirkuszauber nie mit jemandem teilen und fühlte mich schrecklich einsam. Natürlich war ich als Mitglied einer Artistentruppe niemals wirklich allein. Da meine deutlich ältere Schwester und ich jedoch die einzigen Kinder im *Tournee Varieté* waren und wir ständig von Ort zu Ort zogen, fehlten mir die Kontakte zu anderen Kindern und ein Spielkamerad. Lediglich meinem Plüschlöwen Leo konnte ich mich stets anvertrauen. Er war mein bester Freund. Und mein einziger.

Als mein Vater mir und meiner Familie im Sommer 1993 (ich hatte gerade meinen achten Geburtstag gefeiert) überraschend eröffnete, dass das Geld nun endlich für ein eigenes Zelt und einen Theaterraum reiche und er beschlossen habe, nur noch in naher Umgebung zu reisen und in Kiel sesshaft zu werden, war ich logischerweise völlig aus dem Häuschen. Meine Schwester und ich sollten zur Schule gehen. In eine richtige Schule mit richtigen Kindern! Das war fast zu schön, um wahr zu sein. Bald schon würde ich Wurzeln schlagen und mir einen eigenen Freundeskreis aufbauen können. Dumm nur, dass die anderen Grundschulkinder wenig Interesse an einer Freundschaft mit mir zeigten – leider ist das fahrende Volk nämlich nicht nur berühmt, sondern auch berüchtigt.

»Mein Vater hat gesagt, deine Familie klaut« oder »mein Vater hat gesagt, du hast Läuse« oder »mein Vater hat gesagt, ihr quält eure Tiere« waren die knallharten Vorurteile, die mir bereits an meinem ersten Schultag um die Ohren gehauen wurden. Besonders die beiden beliebtesten Mädchen der Klasse, zwei verwöhnte Prinzesschen namens Kathrin und Adriane, hatten es auf mich abgesehen und sorgten dafür, dass ich täglich den dummen August spielen durfte und das trostlose Dasein einer Außenseiterin fristen musste.

Erschwerend kam hinzu, dass ich – war ich tatsächlich mal zu einer Geburtstagsparty eingeladen worden – nie so richtig mitspielen konnte und häufig wieder abgeholt werden musste. Warum? Ganz einfach. Ich habe entsetzliche Angst vor Puppen!

Nicht vor allen. Stoffpüppchen, die auch Stoffgesichter und Stoffaugen haben, finde ich beispielsweise einigermaßen akzeptabel, wenngleich ich sie niemals mit ins Bett nehmen würde. Sobald eine Puppe jedoch einem menschlichen Individuum ähnelt, sprich, sie aus hautfarbenem Hartgummi gefertigt ist, Glasaugen hat und mit den Lidern sogar klimpern kann, raste ich komplett aus und in den Kinderzimmern der anderen Mädchen wimmelte es nur so von fiesen Barbies und übergroßen »Baby Borns«.

Das wiederum führte dazu, dass ich beim Betreten der Zimmer sofort anfing zu flennen oder gleich ganz davonstob und nur noch eine wirbelnde Staubwolke hinterließ. Die irrationale Befürchtung, die Puppen könnten mich unvermittelt anspringen, mir an die Gurgel gehen oder mir eine blitzende Klinge in den Wanst rammen, war schlichtweg zu groß. Darüber hinaus bin ich bis heute felsenfest davon überzeugt, dass mich Puppen mit ihren toten, glasigen Augen beobachten und mich auf Schritt und Tritt verfolgen. Vor allem, wenn es sich, wie gesagt, um diese Klimper-Puppen handelt, bei denen die Augen von selbst zuklackern, wenn man sie auf den Rücken legt, und von selbst wieder aufklappen, sobald man die Puppe aufsetzt. Generell gilt: Wenn eine Puppe automatisch zwinkern, plappern, lachen, krabbeln oder irgendwas von allein machen kann, bricht bei mir die nackte Panik aus und keine grausamere Folter könnte man mir antun, als mich in der Spielwarenabteilung eines Kaufhauses oder einem Wachsfigurenkabinett einzusperren.

Der Auslöser für meine Phobie war, ganz klassisch, der Horrorfilm *Chucky – Die Mörderpuppe,* den ich kurz vor unserem Umzug nach Kiel heimlich und unerlaubterweise zusammen mit meiner flüchtigen Bekannten Nadine geguckt habe. Ich hatte Nadine zufällig auf einem Jahrmarkt, auf dem das *Tournee Varieté* gerade gastierte, kennengelernt und sie war mir von Anfang an suspekt gewesen. Da sie mich aber unaufhörlich mit der Bitte belatschte, mit zu ihr nach Hause zu kommen, und ich wie immer auf der Suche nach neuen Freunden war, ließ ich mich irgendwann breitschlagen, sie zu begleiten. Ich hätte meinem Bauchgefühl vertrauen sollen!

Als ich das Haus ihrer Eltern nachmittags um vier betrat, fühlte ich mich sofort abgestoßen und verängstigt. Und das aus gutem Grund. Immerhin hingen ihre Alten gerade gelangweilt vor der Glotze rum und zogen sich einen harten Porno rein. Echt krank! Nadine ließ sich davon nicht aus der Ruhe bringen und schleifte mich in ihr schmuddeliges Zimmer, um mir stolz ein paar ihrer *Bravos* zu präsentieren, die sich schon sehr bald als *Blitz-Illus* entpuppten. Spätestens jetzt war ich so verwirrt und angeekelt, dass ich eigentlich nur wieder wegwollte, doch aus irgendeinem unerklärlichen Grund schaffte ich den Absprung nicht. Mit den Worten »Guck mal, was ich meinem Bruder geklaut habe!« schob Nadine plötzlich eine Kassette in den Videorecorder und präsentierte mir: *Chucky – Die Mörderpuppe.* Eine gute halbe Stunde verfolgte ich schweißgebadet, wie der irre und rot zerzottelte »Good Guy« zum Leben erwachte und Kinder wie Erwachsene mit Messern, Äxten, Hämmern und Baseballschlägern zu Schaschlik verarbeitete. Dann sprang ich auf und flitzte plärrend zum Jahrmarkt und zum Wohnwagen meiner Eltern zurück.

In der anschließenden Nacht tat ich natürlich kein Auge zu, und während ich wie ein Häufchen Elend in meinem Bettchen lag und mir die Decke schlotternd bis zur Nasenspitze zog, stellte ich mir unentwegt vor, wie ich durch eine Geisterbahn voller Puppen schlich und die leblosen Figuren ganz langsam und lautlos ihre Plastikköpfe nach mir umdrehten und mich voller Abscheu musterten. Also ganz genau so, wie Chucky es zu Beginn des Films mit seinen wahnsinnigen eisblauen Augen macht. Und, tja, was soll ich sagen? Diesen Gedanken habe ich bis heute nicht mehr aus dem Kopf gekriegt.

Natürlich ist mir klar, dass *Chucky – Die Mörderpuppe* nur ein Film und nicht die Realität ist, und vielleicht wären die Erinnerungen an den Horrorschocker und den verstörenden Nachmittag bei Nadine irgendwann wieder verblasst, wenn sich nicht wenige Monate nach meiner Einschulung jene folgenschwere

Nacht im Kieler Gemeindezentrum ereignet hätte, die mich für immer traumatisieren sollte.

Um den Zusammenhalt der Klasse zu stärken, hatte unsere Lehrerin einen Wochenendausflug in das nahe gelegene Gemeindezentrum angesetzt, in dem wir von Freitag bis Sonntag mit Luftmatratzen und Schlafsäcken übernachten durften. An und für sich eine tolle Sache, auf die ich mich auch mächtig freute, doch leider hatte ich die Rechnung ohne Kathrin und Adriane gemacht. Bereits als meine Mitschüler und ich am Freitagnachmittag mit rot glühenden Bäckchen und schweren Rucksäcken auf dem Buckel in die Herberge einfielen, fingen die beiden Pissnelken auch schon wieder an, mich in einer Tour zu piesacken und die anderen Kinder gegen mich aufzuhetzen.

Nachdem es Abendessen gegeben und das offizielle Rahmenprogramm geendet hatte, war ich dermaßen geknickt, dass ich nur noch in meinen Schlafsack kriechen und mit Leo kuscheln wollte. Im Schlafsaal angekommen zog ich mich aus und streifte mir missmutig mein Nachthemd über. Dann krabbelte ich in meinen Schlafsack, zog den Reißverschluss hoch – und spürte plötzlich, wie mich etwas in die nackten Zehen zwickte! Erschrocken riss ich die Augen auf, tastete mit den Füßen nach dem Gegenstand und erfühlte Plastikhaare und ein Gesicht. In dem unteren Teil meines zugezogenen Schlafsacks kauerte Chucky! »Ah! Oh Gott! Hilfe!« Panisch versuchte ich, mich aus der hautengen Schlafwurst zu pellen, und fühlte mich plötzlich wie in eine würgende Zwangsjacke geschnürt. Von rasender Hysterie und Todesangst geschüttelt, zerrte ich an der Öffnung des Schlafsacks herum und verklemmte den dünnen Synthetikstoff in meiner Hektik in den metallischen kleinen Zähnchen des Reißverschlusses. Nun hing er vollends fest! Mir wurde heiß und kalt, vor meinen Augen explodierten Millionen weißer Sternchen. Ich war gefangen. Gefangen in einem Sack mit Chucky, der Mörderpuppe, und wie sich der kleine Dämon an meinen Füßen zu schaffen machte, konnte ich nicht einmal sehen.

Nur fühlen. Und auch ... hören? Hatte da nicht gerade jemand gekichert? Und mit was kitzelte mich das Biest da am Fuß? Mit einem Messer? Einer Rasierklinge? Oder gar mit einem glühenden Lötkolben? »Hilfäää!« Wie eine Irre begann ich, mit den Beinen zu strampeln und Chucky brutal in das kalte Hartgummigesicht zu treten. Die Puppe raschelte blitzschnell durch den Schlafsack – und biss mir mit voller Wucht in den Fuß.

»Mami!« Mit der übermenschlichen Kraft der Verzweiflung riss ich den verklemmten Reißverschluss geräuschvoll entzwei, stürzte aus dem Schlafsaal heraus und sprang wie Rumpelstilzchen höchstpersönlich im Gemeindehaus herum. »Mein Fuß! Chucky hat mich gebissen! Oh Gott, mein Fuß tut so weh!« Meinen verdutzten Klassenkameraden klappten die Kinnladen nach unten, einem Jungen fiel vor lauter Ungläubigkeit der Tischtennisschläger aus der Hand. Die betreuende Lehrerin hingegen, die sich gerade mitten in einer Partie *Mühle* mit dem Klassenpummelchen befand, erhob sich alarmiert und nahm sogleich die Verfolgung auf.

»Julia, bleib stehen!« – »Mein Fuß! Aua, aua, mein Fuß! Chucky hat mich gebissen! Chucky hat mich wirklich gebissen!« Mit wehendem Nachthemd und pochendem Herzen stob ich durch die Gänge, schlug gekonnt Haken um die hektisch herumfuchtelnde Lehrerin und sauste wie ein Pfeil auf die Haustür zu. Ich hatte den Ausgang fast erreicht, als mich die Aufseherin doch noch zu fassen bekam. »Ruhig, Kleine. Ganz ruhig. Es ist alles in Ordnung!«, flüsterte die Lehrerin und nahm mich in den Arm. Ganz ruhig? Hatte die Tussi einen Knall? Chucky befand sich immer noch in unmittelbarer Nähe! »Lass mich los!«, keifte ich und strampelte so ungestüm mit Armen und Beinen herum, dass ich der Lehrerin aus Versehen einen Kinnhaken verpasste. »Uff!«, machte sie verblüfft und schreckte zurück. Wieder einmal musste ich abgeholt werden.

Mein einziger Trost war, dass Kathrin und Adriane mächtig Ärger bekamen und ebenfalls nach Hause geschickt wurden. Wie sich nun herausstellte, hatten die beiden mir eine große Funktionspuppe Marke *Annabelle* in den Schlafsack gelegt, um sich »ein kleines Späßchen« mit mir zu erlauben. Was für Verwüstungen sie damit tatsächlich in meiner Kinderseele angerichtet hatten, war ihnen wahrscheinlich gar nicht klar.

Aber was soll's? Kinder können eben grausam sein, und als ich aufs Gymnasium kam – was Kathrin und Adriane zu meiner allergrößten Schadenfreude nicht schafften –, wendete sich in puncto Freunde doch noch alles zum Guten. Trotzdem verspürte ich im Alter von zwanzig Jahren das dringende Bedürfnis, mich von meiner Kindheit, meiner Heimat und meiner Varietévergangenheit endgültig abzunabeln und ein völlig neues Leben zu beginnen. Ich zog weg. Weit weg. So weit, wie es innerhalb Deutschlands überhaupt nur möglich ist – nämlich von der norddeutschen Küste an den schwäbischen Bodensee. Dort schrieb ich mich an einer Uni ein und studierte fortan BWL. Da meine Zirkussippe aber immer ziemlich knapp bei Kasse war und zu allem Überfluss irgendwann die unsäglichen Studiengebühren eingeführt wurden, lief auch bei diesem Neustart nicht alles glatt. Ich brauchte Kohle. Und zwar dringend, viel und sofort. Ein Nebenjob musste her!

Nach wochenlanger Suche bot sich mir die Aussicht auf eine Anstellung in einem Fitnessstudio für die schwäbische Upper Class. Dort sollte ich allerdings nicht als Tresenkraft oder Trainerin arbeiten, sondern lediglich die Kinder der Kursteilnehmerinnen betreuen und bespaßen. Zwar waren fremde Kinder nach wie vor nicht unbedingt meine allergrößte Stärke, aber das bisschen Bilderkritzeln, Fangenspielen und Schnürsenkelzubinden konnte ja wohl nicht so schwer sein.

»Hallo, Julia. Mein Name ist Sandra, ich bin die Serviceleiterin hier. Die ersten Kursteilnehmerinnen kommen in der Regel gegen zwei, und jetzt ist es zwanzig nach eins. Am besten wäre es also, du gehst schon mal nach hinten in die Spielecke und machst dich mit allem vertraut«, wies mich die adrette Blondine hinter dem

Tresen an meinem Probetag ein. »Der Chef oder ich kommen dann nachher mal vorbei und gucken, wie du dich so schlägst.« – »Alles klar. Ich gebe mein Bestes!«, erwiderte ich hoch motiviert und marschierte den Gang entlang in Richtung Kinderhort.

Am Ziel angekommen öffnete ich schwungvoll die Tür und inspizierte neugierig meine neue Wirkungsstätte. Der Raum war verwinkelt und hell und mit allerlei Spielsachen übersät. In der einen Ecke stand ein breiter Maltisch voller Pinsel, Stifte und Papierbögen, in der anderen stapelten sich Kisten voller knallbunter Legosteine. Ich ließ meine Augen weiter durch den Raum wandern, registrierte die albernen Pinguinmotive an der Tapete und ein mächtiges Sofa voller Plüschtiere und Bilderbücher, als mein Blick plötzlich an einem Einkaufsladen und einer kleinen Küche in einer Nische am anderen Ende des Raumes haften blieb.

Mit einem mulmigen Gefühl im Bauch machte ich zwei Sätze nach vorn und spähte um die Ecke. Um einen kleinen Tisch hinter der Küche saßen fünf übergroße Puppen und tranken Kaffee – und ich wurde einmal mehr zur Marionette meiner Angst. »Wir haben auf dich gewartet, Julia!«, bohrte sich die eingebildete Stimme einer der Puppen sofort in mein Hirn. – »Lasst mich in Ruhe!«, stieß ich unwillkürlich hervor und wankte vorsichtig ein paar Schritte rückwärts, um die unberechenbaren Biester nicht aus den Augen zu verlieren. Dann machte ich auf dem Absatz kehrt und ab ging die Post.

Sandra blickte erstaunt auf. »Was ist los?« – »Kannst ... kannst ... kannst du mir einen Gefallen tun?«, keuchte ich atemlos. – »Ähm, ja klar«, antwortete sie irritiert. »Worum geht's?« – »Kannst du bitte die Puppen aus dem Spielzimmer räumen?« Sandra fixierte mich perplex. Über ihrem Kopf blinkte ein riesiges Fragezeichen. »Ist das ein Witz?« Ich antwortete nicht, sondern flehte sie nur mit großen, hilflosen Augen an. Die junge Serviceleiterin merkte, wie ernst es mir war. »Du willst also wirklich, dass ich die Puppen wegräume?« Ich nickte. – »Warum?« Ich spürte, wie mir heiße Schamesröte in die Wangen stieg. »Ich ... ich fürchte mich vor Puppen«, flüsterte ich mit belegter Stimme und senkte den Kopf. – »Hast du einen an der Waffel?«, rief Sandra und wich vor mir zurück wie vor einem gefährlichen Tier. Vielleicht würde mich das Fitnessstudio doch nicht als Top-Anwärterin für den Job erachten ...

Die junge Frau trat wieder auf mich zu. »Entschuldige, Julia. Ich hab's nicht so gemeint. Aber glaubst du wirklich, dass ein Kinderhort in diesem Fall der beste Aufenthaltsort für dich ist?« – »Mit den anderen Sachen kann ich ja spielen«, murmelte ich mutlos. Sandra zog demonstrativ die Augenbrauen hoch und schüttelte genervt den Kopf. »Als ob ich nicht schon genug zu tun hätte! Aber gut, ich bringe sie gleich weg. Die ersten Kundinnen müssen jeden Moment kommen, das ist erst mal wichtiger. Nachher müssen wir aber ein ernstes Wörtchen miteinander reden!«

Eine Stunde später war der ganze Spuk schon wieder vergessen. Ich saß am Tisch und half einem kleinen Jungen beim Basteln, während sich zwei weitere Jungen mit Playmobiltreckern gegenseitig vor die Schienbeine fuhren und vor Freude jauchzten. Plötzlich lugte eine gepflegte Dame herein und schob ihre Tochter in den Raum. »So, Schatz. Geh schön spielen. Mami ist spät dran.« Die Frau nickte mir gehetzt zu, dann war sie auch schon wieder verschwunden. Nun richtete ich meine Aufmerksamkeit auf das etwas ratlos wirkende Kind – und unterdrückte einen Schreckensschrei. Unter dem Arm des Kindes klemmte, wie sollte es auch anders sein, ihre Lieblingspuppe. Was hatte ich nur verbrochen, dass Katastrophenpate Murphy derart verliebt in mich war? »Hallo, Kleine«, piepste ich und tuckerte wie ein programmiertes Spielzeug auf das Mädchen zu. Das künstliche Baby in ihrem Arm grinste mich diabolisch an. »Es tut mir leid, aber Spielsachen mitzubringen ist hier leider nicht erlaubt. Kannst du deine Puppe bitte nach draußen auf den Gang setzen?« Das Mädchen plärrte sofort protestierend los und drückte ihren Liebling fest an sich.

Die übrigen Kinder reckten schaulustig ihre Hälse nach uns. Jetzt nur nicht die Nerven verlieren!

»Pssst! Nicht weinen, bitte, bitte, nicht weinen!«, bettelte ich. Wenn die Serviceleiterin Sandra mich nach all der Aufregung auch noch mit einem heulenden Kind erwischte, würde ich den Job ganz sicher bekommen! Was sollte ich bloß tun? Dem Kind die Puppe entreißen? Wohl kaum. So etwas Grausames brachte ich nicht übers Herz – abgesehen davon konnte ich das schreckliche Teil ohnehin nicht anfassen.

»Pass auf, Kleine. Wenn du die Puppe nach draußen bringst, zeige ich dir auch einen ganz tollen Trick, okay?«, versprach ich – und schlug spontan ein graziles Rad quer durch den Raum. Die Jungs kamen neugierig näher und kicherten fröhlich. Leichtfüßig tänzelte ich zur Legokiste und drehte mich mit schwingenden Armen einmal um mich selbst. Dann griff ich einen blauen, einen roten und einen gelben Stein und startete eine tollkühne Jonglagenummer. Wirklich erstaunlich, wie gut ich das nach all der Zeit noch draufhatte! »Hereinspaziert, hereinspaziert! Erleben Sie halsbrecherische Akrobatik und Zaubertricks, die Ihnen die Sinne rauben! Wer von euch möchte einen Handstand sehen?« – »Ich! Ich! Ich!« Inzwischen hatten sich auch die glänzenden Augen des Mädchens vor Staunen geweitet. Sie überlegte kurz. Dann pfefferte sie ihre Puppe achtlos in die Ecke und schloss sich lachend meinem wild herumhüpfenden Publikum an. Ein Zirkuskind zu sein hat eben auch seine schönen Seiten. Das hatte ich schon fast vergessen.

(Elektro-)Schocktherapie

Ole (25), Mediendesignstudent, Stuttgart,
über
Electrophobie (Angst vor Elektrizität)

Als Kind fand ich kaum etwas so spannend, wie mich selbst unter Strom zu setzen. Mir mit einem Luftballon über den Kopf zu rubbeln, bis mir die Haare zu Berge standen, oder an elektrische Kuhzäune zu packen, bis es in den Fingerkuppen so richtig schön zwiebelte, waren nur meine leichtesten Übungen. Richtig elektrisiert war ich immer erst dann, wenn das hiesige Volksfest, der Cannstatter Wasen, am Ende des Jahres Einzug ins Städtle hielt und ich meine heiß geliebte Elektroschockmaschine wieder aufsuchen konnte.

Auf dem Cannstatter Wasen gab es früher so ein Jahrmarktgerät, das Stromschläge durch den Körper jagte, sobald man seine Finger um die Joysticks rechts und links von der Maschine klammerte und seine Daumen auf die oberen roten Knöpfe drückte. Ich weiß nicht mehr, wie genau diese Maschine offiziell hieß, aber ich weiß noch, dass sie so ähnlich aussah wie diese Treuetest-Automaten, bei denen man seine Finger auf rot blinkende Kontakte legen muss. Und ich weiß auch noch, dass zwischen mir und meinen Kumpeln jedes Jahr ein verbissener Wettstreit entbrannte, wer die Stromstöße am längsten aushalten konnte. Sie waren nicht wirklich schmerzhaft oder gefährlich, aber man spürte schon sehr deutlich, wie sich die Muskeln immer stärker verkrampften und zusammenzogen, und manchmal spannte sich mein Leib dermaßen an, dass ich die Zähne ganz fest aufeinanderbeißen musste und meine Kopfhaut zu kribbeln begann. Trotzdem ließ ich immer erst als Letzter los und ging somit regelmäßig als Sieger aus unserem vorpubertären Kräftemessen hervor. Auch wenn das für manche sicher schwer nachzuvollziehen ist: Zu spüren, wie eine unsichtbare Power durch meinen Körper strömte und die Kontrolle über meine Glieder übernahm, war für mich als Kind so ziemlich das Aufregendste, was ich mir vorstellen konnte.

Heute ist das alles anders. Ich finde Elektrizität zwar, genau wie früher, immer noch unheimlich faszinierend und stürze bei jedem Gewitter sofort begeistert ans Fenster, um mit offenem Mund und Gänsehaut auf dem Rücken die grell und energetisch zuckenden Blitze am Himmel zu bestaunen, doch mir selbst einen Elektroschock zu verpassen ist heute nicht mehr drin. Mehr noch: Heute gibt es nichts, vor dem ich mich mehr fürchte als vor einem Stromschlag. Wie es zu diesem plötzlichen Sinneswandel kam? Nun, das hängt mit zwei Schlüsselerlebnissen zusammen, die sich innerhalb eines einzigen Jahres abspielten – und zwar im Jahr 1996. Damals war ich elf Jahre alt, also schon in einem Alter, in dem man weiß, dass Elektrizität etwas ist, das man nicht auf die leichte Schulter nehmen sollte, obwohl ich das tatsächliche Gefahrenpotenzial noch nicht richtig einschätzen konnte. Angefangen hat alles damit, dass die Leute aus unserer Straße eines Tages mit sorgenvoll gedämpfter Stimme über einen Jungen aus der Nachbarschaft zu tuscheln begannen, der bei einem Stromschlag fast ums Leben gekommen wäre. Angeblich habe der Junge als Aushilfe in einem von diesen neuartigen amerikanischen Fastfood-Läden gejobbt und als er abends wischen wollte, sei er mit dem nassen Lappen an einen nicht ordnungsgemäß isolierten Stromanschluss gekommen und auf der Stelle umgekippt. Ins Krankenhaus habe man den armen Kerl fahren müssen, und es sei immer noch nicht klar, wie es mit ihm weitergehen würde. Sein Herz habe ganz schön was abbekommen und wahrscheinlich würde er für den Rest seines Lebens an Herzrhythmusstörungen leiden. Und wer weiß, wie schlimm es tatsächlich um ihn stand? Womöglich musste die bedauernswerte Mutter von nun an jederzeit damit rechnen, dass ihr lieber Junge einfach tot umkippte.

Heute weiß ich, dass das nur eine düstere und, wie mein Vater meinte, typisch schwäbische Legende war, doch damals machte sie mächtig Eindruck auf mich. Fortan befürchtete ich, dass auch mein Herz während der spannungsgeladenen Wettspielchen auf dem Cannstatter Wasen in Mitleidenschaft gezogen worden sein könnte, und bat meinen Vater daher mindestens einmal pro Woche, meinen Puls zu überprüfen. Mein Vater, ein »neigschmeckter« Kölner Jeck, nahm meine Sorge und den Fastfood-Skandal allerdings nicht besonders ernst, sondern machte sich lieber über die »schwäbischen Lästermäuler« und seinen sich ständig hibbelig an die Brust fassenden Sohnemann lustig.

Dass er mich »Magneto«, »Cable Guy« oder »Blitzableiter« nannte, fand ich ja noch ganz witzig, doch als er mir eines Nachmittags einen Unfall à la Hinrichtung auf dem elektrischen Stuhl vorgaukelte, ging der Spaß entschieden zu weit. Mein Vater wollte eine neue Lampe bei uns in der Küche anbringen und als er mich fragte, ob ich ihm nicht helfen wolle, willigte ich natürlich sofort ein. Handwerkerarbeiten mit Papi sind für kleine Jungs ja immer der Hit. Mein Vater stellte sich also auf eine Leiter in der Küche und machte sich an der Decke und der Lampenfassung zu schaffen. Ich stand auf dem Fußboden und reichte ihm die benötigten Werkzeuge an. »Gib mir doch bitte mal den Schraubenzieher, Ole.« – »Bist du auch wirklich, wirklich ganz sicher, dass alles aus ist? Oder soll ich lieber noch mal nach dem Sicherungskasten gucken?«, fragte ich nervös. – »Keine Sorge. Ich habe alles überprüft.« – »Na gut.« Zittrig reichte ich meinem Vater den Schraubenzieher. Er nahm ihn und steckte ihn in die

Fassung. »Dödödödödödödö!« Plötzlich verzerrte mein Vater sein Gesicht und zappelte an der Lampenfassung wie ein Fisch am Haken. Seine rechte Hand, mit der er den Schraubenzieher immer noch tief in die Decke bohrte, verkrampfte sich spastisch – und ich bekam nun tatsächlich Herzrhythmusstörungen. »Papa! Lass los! Lass den Schraubenzieher los!«, schrie ich, wahnsinnig vor Angst, und zerrte mit meinen kleinen Kinderhändchen verzweifelt an dem wild zuckenden Bein meines Vaters herum. Mein Vater starb. Direkt vor meinen Augen. Und ich konnte nichts dagegen tun. »Papa! Oh, nein! Papa!« – »Haha, reingelegt!« Einen kurzen Moment lang war ich starr vor Schreck und Entsetzen. Dann wich mir die Farbe aus dem Gesicht und ich kippte um, k. o., game over! Als ich einige Minuten später wieder zu mir kam, blickte ich in das schuldgeplagte Gesicht meines Vaters, der mich in seinen Armen hielt und besorgt an sich drückte. »Oh, mein Junge ... das wollte ich nicht.«

Tja, was soll ich noch sagen? Bei diesem Erlebnis sind mir schlicht und ergreifend ein paar Sicherungen durchgeknallt, denn seit diesem Tag in der elterlichen Küche ist mein Verhältnis zu Elektrizität vollkommen gestört. Meine Abneigung gegen Strom geht heute so weit, dass es mich sogar aggressiv macht, wenn ich beim Händeschütteln oder Küsschengeben eine gewischt bekomme. Ich heule dann nicht oder so, aber ich kann das einfach nicht ab und bin dann richtig geladen. Gut leitende Kleidungsstücke, wie Schuhe mit Gummisohlen oder Fleecejacken, versuche ich daher so selten wie möglich zu tragen, und wenn ich sie doch aus irgendeinem Grund mal anziehe oder anziehen muss, bemühe ich mich, Berührungen mit Menschen oder metallischen Gegenständen zu vermeiden.

Da man sich beim Autofahren extrem auflädt, wenn man Schuhe mit Gummisohlen trägt, erfordern das Aussteigen und das Schließen der Autotür beispielsweise ganz spezielle Moves mit Hintern und Oberschenkel, um die Tür nicht mit den Händen anfassen zu müssen und somit keine gewischt zu bekommen. All das finde ich aber noch ganz amüsant und erträglich, immerhin lachen sich meine Freundin und ich uns jedes Mal schlapp, wenn ich mich halb in mich selbst verknotet aus dem Auto herausschiebe.

Eine Sache gibt es jedoch, die mir gehörig auf den Wecker geht, weil sie genau den Bereich in meinem Leben betrifft, der mir am allermeisten am Herzen liegt: die Musik. Ich bin Hobby-DJ und lege, wer hätte das gedacht, elektronische Musik wie Minimal Techno und Deep House auf, aber immer, wenn es ans Anschließen und Verkabeln der Anlage geht, kriege ich das große Flattern. Eigentlich kenne ich mich viel zu gut mit Hi-Fi-Zeug aus, als dass ich ernstlich Angst vor einem isolierten Kabel oder einer Steckdose kriegen könnte. Sobald allerdings Feuchtigkeit ins Spiel kommt oder Leitungen und Anschlüsse nicht gut sichtbar sind, ist mir die Sache nicht mehr geheuer, und beides ist in den modrigen und runtergerockten Elektroschuppen, in denen ich für gewöhnlich auflege, nun mal leider der Fall. Und das nervt mich. Ich bin überzeugt davon, dass ich die Bude noch tausendmal mehr zum Beben bringen könnte, wenn ich mir während des Auftritts nicht ständig den Kopf über die Elektronik zerbrechen würde.

Meine schlimmste Befürchtung ist immer die, dass mir während der Performance ein Stecker oder Ähnliches rausfliegt und der Boden nass ist, denn dann müsste ich die Party unterbrechen, irgendjemanden von der Tanzfläche nach oben holen und um Hilfe bitten. Obwohl … wahrscheinlich würde ich das nicht machen. Realistischer ist, dass ich vor lauter Scham mit voller Absicht in einen der Anschlüsse packen und mich so lange mit Wasser überschütten würde, bis ich endlich tot umfiele.

Mindestens genauso erniedrigend: Als ich meiner Freundin vor ein paar Monaten bei ihrem Umzug half, konnte ich es nicht über mich bringen, die Glühbirnen in die Fassungen zu drehen oder auch mit einem Bohrer in die Wand zu bohren. Erst fand meine Freundin das lustig. Doch dann brach die Nacht herein und wir standen immer noch im Dunkeln da. Am Ende rief sie ihren Exfreund an. Er erledigte sämtliche Handwerkerarbeiten innerhalb einer einzigen Stunde.

Obwohl ich Angst vor Elektrizität habe, liebe ich es gleichzeitig, andere Leute dabei zu beobachten, wenn sie einen Stromschlag kriegen. Also ich meine jetzt natürlich keine gefährlichen oder schmerzhaften Schläge, sondern diese kleinen, harmlosen, die Clowns manchmal per Händedruck abfeuern und über die der Betroffene dann auch selbst lachen muss. Aus diesem Grund habe ich mir vor vier Jahren auf einer Thailand-Reise einen Gag-Kugelschreiber gekauft, der elektrische Stöße aussendet, wenn man auf den Taster am Stiftende drückt. Sprich, wenn man mit dem Kuli rumklickt, kriegt man einen kleinen Schlag in den Daumen gepfeffert.

Ich selbst habe es in den ganzen vier Jahren noch nicht ein einziges Mal geschafft, den Spaßstift auszuprobieren, doch wenn mich meine Kumpel besuchen, ist das Erste, was ich mache, ihnen den Kuli in die Hand zu drücken und das Geschehen gebannt zu verfolgen. Kriegt einer meiner Kumpel dann eine gewischt und jault überrascht und erschrocken auf, freue ich mich jedes Mal wie ein kleines Kind an Weihnachten. Fies, ich weiß. Doch ich kann nicht anders – dieses Schauspiel fasziniert mich einfach viel zu sehr. Und dabei ist es auch noch so leichtsinnig! Immerhin muss ich damit rechnen, dass meine Kumpel *mich* nach der Aktion ebenfalls dazu nötigen, den Stift zur Hand zu nehmen, und das würde bedeuten, dass meine Deckung aufflöge. Ein Risiko, das es eigentlich unbedingt zu vermeiden gilt! Seit dem Erlebnis in der Küche weiß ich nämlich, dass das Wissen um meine Ängste unweigerlich Verarschungsaktionen wie die meines Vaters nach sich zieht, und so etwas möchte ich nie wieder durchleiden müssen! Es ist das uralte Prinzip von Ursache und Wirkung, und ich bin in jedem Fall besser dran, wenn ich mein spezielles Verhältnis zur Elektrizität verschweige.

Dass ich mit dieser Theorie mehr als richtig liege, musste ich gerade erst vor einem Jahr wieder feststellen. Im vergangenen Sommer zog ich in eine neue WG und somit mit einem anderen Studenten namens Till zusammen. Heute ist Till einer meiner besten Kumpel, doch als wir zusammenzogen, kannten wir uns noch nicht besonders gut. Um das Eis zu brechen und unsere angehende Männergemeinschaft stilecht zu begießen, beschlossen wir, am Abend auf eine Goa-Party in ein nahe gelegenes Waldstück zu gehen. (Eine kleine Anmerkung für die noch nicht Erleuchteten: »Goa«, auch bekannt als Hippie-Trance, ist eine Stilrichtung der elektronischen Musik, die vor allem auf Outdoor-Floors gespielt wird.) Bevor Till und ich zu unserem psychedelischen Tanzhappening aufbrachen, wollte Till unsere Bude aber noch junggesellentauglich machen und einen Boxsack im Wohnzimmer aufhängen und da ich mich nicht traute, den dafür nötigen Haken in die Decke zu bohren und nicht gleich als faule Sau gelten wollte, musste ich Till notgedrungen von meinen strombedingten Ausfällen erzählen. »Ist ja echt strange. Aber kein Ding. Dann dreh ich den Haken eben rein.« Das ging also noch. Die blöden Witze blieben aus. Zumindest vorerst.

Als wir die Party mit jeder Menge Bier im Rucksack erreichten und reichlich angesoffen zwischen den ersten Langhaarfreaks und Batikklamottenträgern auf den Wald- und Wiesenwegen vor der Bühne herumschlappten, erwachte doch noch der Voyeur in Till. »Du, Ole, wegen dieser Stromgeschichte. Also, ich finde das echt komisch. Du legst doch selbst auf und so. Hast du da denn keine Angst, dass du eine gewischt kriegen könntest?« – »Doch, irgendwie schon. Aber ich reiß mich dann halt zusammen. Geht mir aber tierisch auf den Sack, das Ganze. Vor allem, weil ich Elektrizität und elektronische Musik und Lichter und Blitze und das alles im Grunde ja total geil finde.« Till nahm einen tiefen Schluck aus seiner Bierflasche. »Hm, tja. Da hilft wohl nur eine Schocktherapie, würde ich sagen.« Mit diesen Worten packte mich

Till am Schlafittchen und zerrte mich zu einem Zaun neben der Tanzfläche. Trotz des sich mehr und mehr verdichtenden Bass-Gewitters, das der DJ der Partygemeinde inzwischen entgegendonnerte, registrierte ich plötzlich mit gespitzten Ohren, wie der Strom summend und knisternd durch die grauen Drähte des Weidezauns pulsierte. »Was soll der Scheiß? Willst du mich da jetzt reinschmeißen, oder was?« – »Alter, mach dich locker. Ich mache eine Wette mit dir, okay? Ich packe jetzt den Zaun an, und wenn du ihn danach auch anfasst, mache ich uns nachher Magic Mushrooms klar. Was meinst du?« (Erneute Anmerkung: Magic Mushrooms sind halluzinogene Pilze und wirken so ähnlich wie LSD, nur nicht ganz so doll und ganz so lange.) »Ha! Das ist doch mal 'ne Ansage!« Plötzlich war ich unheimlich aufgeregt. Ich fühlte mich genauso wie als Kind vor der Maschine auf dem Cannstatter Wasen, nur, dass es dieses Mal was richtig Tolles zu gewinnen gab.

»Okay, dann mal los.« Till packte an den Zaun, es machte »Pitsch!« und Till zuckte kurz zusammen. Eigentlich relativ unspektakulär, doch ich spürte trotzdem, wie nun das Adrenalin in mir hochstieg und ich Till affiziert und angewidert zugleich anstarrte. Das Blut hinter meinen Schläfen pochte heftig. Meine Hände wurden feucht. »Okay, jetzt du.« Das Pochen im Kopf wurde stärker. »Oh, Mann. Ja … also. Hm. Jetzt sind meine Hände schon ganz feucht.« – »Und?« – »Vielleicht ist der Stromschlag dann noch stärker als bei dir.« – »Quatsch, jetzt sei doch nicht so eine Pussy! Hast doch gesehen, dass nichts Schlimmes passiert.« Ich trat wie ein kleiner Junge von einem Fuß auf den anderen. Es war wie verhext! Obwohl ich genau wusste, dass es eine Zeit gab, in der ich ganz anders über die Sache gedacht und es sogar geliebt hätte, Kuhzäune anzufassen, wollte es mir einfach nicht gelingen, die alten Denkmuster erneut abzurufen. »Mann, das gibt's doch nicht!«, rief ich und gackerte wie ein Mädchen. Till wurde das Spiel zu öde. »Ach, scheiß drauf. Lass uns endlich rocken gehen. Ich hol uns trotzdem ein paar Mushrooms.«

Fünf Stunden später: Der Schamane hinter den Plattentellern breitete die Arme aus und warf seinen Kopf nach hinten. Seine Elektrojünger jubelten und klatschten und dankten ihm pfeifend und schreiend für die gewaltigen Bässe, mit denen er ihre Seelen massierte. Till und ich waren die Lautesten von allen. Wir befanden uns inmitten der rhythmisch zuckenden Partysekte und zerstampften das trockene Stoppelfeld zu unseren Füßen. Aus den Baumkronen sprühten neonfarbene Regenbogen, am Rand der Tanzfläche jonglierten bunt gekleidete Gaukler mit brennenden Fackeln, pausbäckige Englein warfen goldenen Glitter. Verstohlen beobachtete ich Till, wie er seine schweißnassen Haarsträhnen ekstatisch durch die Lüfte schwang, und verspürte plötzlich eine starke Zuneigung zu ihm. Was hatte ich doch für einen coolen neuen Mitbewohner! Till bemerkte meinen seligen Blick, grinste und boxte zum Takt der Musik mit seiner Faust in die Luft. Auf einmal sah es so aus, als würde Till sich sehr viel schneller und hektischer bewegen als eigentlich nötig – und mich überkam eine unerträgliche Anspannung.

Besorgt sprang ich auf ihn zu und drückte ihm meine Hand auf die Brust. »Ist mit deinem Herzen alles in Ordnung?« – »Was?« – »Hör auf dein Herz, Till! Bitte, Till! Versprich mir, dass du auf dein Herz hörst!« – »Ich glaub, du hast dir ein paar Pilze zu viel reingezogen.« Verzweifelt schlang ich die Arme um Till und drückte ihn fest an mich. In diesem Moment war ich mir sicher, dass der Stromschlag vom Weidezaun bei Till zu denselben Spätfolgen führen würde wie bei dem Fastfood-Jungen. »Till, ich hab dich so gern und ich will nicht, dass du mich verlässt! Bitte, hör auf dein Herz!« – »Mann, Alter! Hör gefälligst auf, mich anzuschwulen!«, brüllte Till und schubste mich unsanft zu Boden.

Ich blieb verwirrt liegen. Überall um mich herum bewegten sich Füße und wirbelten Staub auf. Langsam wurde ich wieder klar im Kopf und begriff, was gerade geschehen war. Was für eine Demütigung! Mir wurde übel. Schnell sprang ich auf die Füße und suchte die Menge mit den Augen nach Till ab. Er war verschwunden. Dafür entdeckte ich wieder die jonglierenden Gaukler und registrierte entsetzt, dass ihnen knorrige Hörner wuchsen. Die Engel warfen nicht länger Glitter, sondern Rasierklingen und die neonfarbenen Regenbogen tropften zähflüssig auf die Erde und verwandelten sich in giftgrüne Galle, die nun in kleinen Bächen durch die Feldwege rann.

Eine halbe Stunde später entdeckte ich endlich Till. Er hatte sich etwas abseits vom Geschehen ins Gras gesetzt und lehnte mit dem Rücken an einem Holzpfahl. – »Hey, Mann. Boah, tut mir echt total leid! Ich hab voll den Film geschoben!« – »Hab ich gemerkt. Geht's denn wieder? Oder muss ich jetzt damit rechnen, dass du heute Nacht unter meine Bettdecke krabbelst?« – »Nein, quatsch! Ich bin nicht schwul!«, dementierte ich zornig. Till lachte. »War nur Spaß. Du mit deinem Elektrotick, ey! Wahnsinn.« – »Sollen wir nach Hause gehen? Mir ist irgendwie voll schlecht.« – »Jo. Ich bin auch müde. Hilf mir mal hoch, bitte.« Till streckte mir seine Hand entgegen. Ich packte zu – und bekam eine gewischt. »Aua! Was war das denn?«, rief ich und schüttelte verdattert meine Hand hin und her. Till kugelte sich über den Boden und lachte sich kringelig. Plötzlich registrierte ich, dass er wieder vor dem Weidezaun gesessen hatte. – »Haha! Du hättest mal dein Gesicht sehen sollen!« – »Wie hast du das gemacht?«, fragte ich irritiert. – »Mit der einen Hand den Zaun anpacken, mit der anderen eine Person berühren. Leitet wunderbar!« Einen kurzen Moment lang war ich sauer. Gleichzeitig fühlte ich aber, wie das Kribbeln in den Fingern eine längst vergessene Erregung in meiner Magengrube heraufbeschwor und an meinen Nerven kitzelte. Zack! Blitzschnell ließ ich die Hand nach vorn sausen und spürte das wohlbekannte Zwiebeln in den Fingerkuppen. Kurz grinste ich und freute mich. Doch dann verfinsterte sich meine Miene wieder und ich hoffte, dass ich morgen keine Herzrhythmusstörungen bekommen würde.

Sei doch kein Frosch

Christine (47), Zahntechnikerin, Diepholz,
über
Ranida- und Bufonophobie (Angst vor Fröschen und Kröten)

Eigentlich hatte der Tag sehr schön begonnen, denn alles war genau so, wie ich es mir immer gewünscht hatte. Meine kleine Tochter spielte vergnügt in ihrem Zimmer, und Gerhard und ich lümmelten in Jogginganzügen am Tisch herum und ließen uns das verspätete Frühstück schmecken. Ein Luxus, den wir uns freilich nur am Wochenende gönnten. Wenige Wochen waren erst vergangen, seit ich mit Gerhard zusammengezogen war – und das war wahrlich ein großer Schritt für mich gewesen. Nach der Scheidung von meinem ersten Ehemann hatte ich mich nämlich einige Jahre als alleinerziehende Mutter durchgeschlagen und am Ende schon befürchtet, dass ich mich nie wieder in einen Mann verlieben könnte. Doch dann traf ich Gerhard und schöpfte neue Hoffnung.

Auch er hatte schon eine Ehe und diverse Sorgerechtsstreitereien hinter sich und war, was Beziehungen anging, ein gebranntes Kind. Wir verstanden uns aber so gut, dass wir schließlich, trotz aller Bedenken, einen neuen Versuch wagten und in ein gemeinsames Haus am Dorfrand zogen. Gerhard hatte eine eigene Firma und diese lag direkt neben unserem Haus. Einige der Firmenräume waren vollkommen ungenutzt und Gerhard ermöglichte es mir, dass ich mir darin ein eigenes Dental-Labor einrichten und mich somit als Zahntechnikerin selbstständig machen konnte. Das gab mir eine gehörige Portion Selbstwertgefühl zurück, und auch meine kleine Tochter hatte ich auf diese Weise immer in meiner Nähe. Es war ein einziger Traum!

Und als Gerhard und ich unser gemütliches Frühstück beendet hatten und ich beschloss, mich zum ersten Mal auf unseren Garten zu stürzen und unser Wohnglück mit ein paar neu gepflanzten Blumen und Bäumchen zu komplettieren, war ich in einer fast feierlichen Stimmung. Während Gerhard es sich mit einem Buch auf dem Sofa bequem machte und ein Auge auf die Kleine hatte, stapfte ich voller Tatendrang und mit Eimer und Schaufel bewaffnet in den Garten und machte mich fröhlich ans Werk. Doch kaum hatte ich die ersten Spatenstiche getan, als mein Blick plötzlich auf den kleinen Erdhaufen neben mir fiel und ich wie vom Donner gerührt innehielt. – Ich war nicht allein.

Auf dem Hügel saß eine dicke Erdkröte und glotzte mich schweigend an. Anscheinend hatte ich sie gerade aus ihrem Winterdomizil herausgebuddelt. Ein Albtraum! Jetzt hieß es, sie oder ich. Es herrschte Totenstille. Kein Lüftchen regte sich. Ich musste handeln. Und zwar sofort. Darin bestand meine einzige Chance. Die Kröte war noch ziemlich verschlafen und wusste noch nicht so recht, wie ihr geschah. Doch eine falsche Bewegung von mir und sie würde schlagartig munter werden und mich anspringen. Das war gewiss. Meine Beine zitterten und meine Hände umklammerten den Griff des Spatens immer fester. Weit und breit war niemand zu sehen, der mir helfen konnte, und ich schreckte davor zurück, Gerhard mit einer solchen Lappalie beim Lesen zu stören. Er war nicht nur pflichtbewusster und erfolgreicher als mein erster Mann, sondern auch konservativer und strenger. Mit derlei Weiber-Wehwehchen wollte ich ihn lieber nicht nerven. Ich musste es allein schaffen. »Tu es, Tini! Tu es!«, flüsterte ich mir selbst zu. Doch ich stand immer noch wie gelähmt da. Das Herz schlug mir bis zum Hals. Plötzlich knackte es im Gebüsch. Da! Sie hatte sich bewegt. Das Geräusch hatte die Kröte aus ihrer Winterstarre erweckt. Ich durfte nicht länger warten. Flehend warf ich einen letzten Blick gen Himmel, dann riss ich tapfer den Spaten in die Höhe, stieß einen wilden Kampfschrei aus und stürmte auf sie zu. Blitzschnell ließ ich den Spaten in den Erdhügel unter ihr sausen, stemmte die Kröte samt Erde nach oben und pfefferte sie über den Gartenzaun. Dann verließen mich meine Kräfte und ich sank erschöpft auf die Knie.

Dass mir meine gute Laune an diesem schönen Frühlingsmorgen ausgerechnet von einer Erdkröte verdorben werden musste, war mal wieder typisch. Ich ziehe die Viecher einfach magisch an. Und das obwohl (oder vielleicht gerade weil) ich mich vor nichts so sehr fürchte wie vor Kröten oder Fröschen. Sei es im Keller, in der Garage oder im Luftschacht: Wo immer sich ein Frosch oder eine Kröte aufhält – ich bin diejenige, die sie findet. Als ich noch allein lebte, ist mir das sehr oft passiert. Mein einziges Glück war, dass meine beste Freundin Martina, die mich fast jeden Tag besuchte, schnell zur Stelle war, um mich aus meiner Not zu erretten. Sie war sehr hart im Nehmen und selbst als sie einmal einen Frosch in ihrem Schuh hatte, sah Martina die Sache mit Humor. Da sie und ihr Mann, ganz im Gegensatz zu Gerhard und mir, einen Teich im Garten hatten, war eines Nachts ein Frosch durch die Schiebetür in ihr Schlafzimmer gehüpft und hatte es sich in einem ihrer Puschen bequem gemacht. Und als Martina am nächsten Morgen in ihre Hausschuhe schlüpfen wollte und feststellen musste, dass einer ihrer Schuhe anscheinend über Nacht zu klein geworden war, staunte sie nicht schlecht. Prüfend hielt sie sich den Schuh vor die Nase und *zack!* sprang ihr der Frosch mitten ins Gesicht. Wenn mir das passiert wäre, wäre ich auf der Stelle kollabiert. Kröten finde ich zwar viel hässlicher, doch vor Fröschen habe ich panische Angst. Kröten kann man nämlich ganz gut im Auge behalten, während Frösche ständig wie wild durch die Gegend springen und völlig unberechenbar sind.

Trotzdem muss Martina mir die Geschichte jedes Mal erzählen, wenn wir uns sehen. Das ist ganz komisch bei mir, denn obwohl ich mich vor Fröschen und Kröten fürchte, will ich ständig Geschichten über sie hören und sie mir im Fernsehen oder Zoo immer angucken. Da wir in der Nähe eines großen Moores wohnen, stehen in der Tageszeitung auch häufig Artikel über Frösche. Zum Beispiel, wenn es Naturschützern nach jahrelanger Arbeit gelungen ist, dort eine seltene Froschart wieder anzusiedeln. Diese Berichte lese ich mir dann immer drei- oder viermal durch, weil sie mich auf grauenhafte Art und Weise faszinieren. So wie andere Leute gern Gruselfilme gucken, höre und lese ich eben gern Geschichten über Frösche. Wenn ich den Zeitungsbericht oft genug durchgelesen habe, bekomme ich allerdings ein Problem: Ich kann die nächste Seite nicht lesen, weil ich die Seite mit dem Froschartikel nicht umblättern kann. Das Bild eines Frosches anzugucken geht in Ordnung. Anfassen ist dann aber doch zu viel des Guten. Und wenn ich die Seite umblättern und die nächste lesen würde, dann würde meine Hand die Rückseite mit dem Froschbild berühren – und das ist unmöglich für mich. Schon als kleines Kind habe ich beim Memoryspielen so manches Mal absichtlich verloren, weil mir ein unheilvolles Froschbild in die Quere kam. Ich hatte nämlich ein Memoryspiel, bei dem man gleich zwei Zwillingspärchen mit Laub- und Grasfröschen darauf aufdecken musste. Diese habe ich so lange geknickt, bis ich von außen sehen konnte, unter welchen Karten sich die Biester befanden und ich eine Berührung in jedem Fall ausschließen konnte.

Beim Zeitungslesen bleibt mir allerdings nichts anderes übrig, als eine Seite zu überblättern und erst bei der übernächsten weiterzulesen. Dass mir dabei interessante Informationen durch die Lappen gehen könnten, nehme ich gern in Kauf.

Als ich noch mit meinem ersten Mann verheiratet war, habe ich ihn immer gebeten, die Zeitung vor dem Frühstück nach Froschartikeln zu durchforsten und sie auszuschneiden. Auf diese Weise konnte ich sie zwar lesen, doch die anschließenden Unannehmlichkeiten blieben mir erspart. Bei Gerhard würde ich einen derartigen Wunsch aber niemals äußern. Auch von meiner Gartenbegegnung mit der Erdkröte erzählte ich ihm lange Zeit nichts. Erst, als einige Monate vergangen waren und der Sommer schon vor der Tür stand, erfuhr er von meiner Phobie – freiwillig gestand ich mein Geheimnis allerdings nicht.

Eines Abends war ich, wie so oft, mit dem Fahrrad zu Martina gefahren. Wie in jedem Frühsommer war auch in diesem die Krötenwanderung in vollem Gange. Ich musste ein kleines Waldstück durchqueren, in dem sich immer besonders viele Kröten und Frösche tummelten. Da ich aber genau wusste, wo sich die heiklen Stellen befanden, hatte ich über die Jahre einen ganz guten Trick entwickelt. Sobald ich mich dem Waldstück näherte, trampelte ich wie verrückt in die Pedale, sodass ich ordentlich Schwung bekam. Anschließend konnte ich mich die ganze Waldstraße entlang mit zugekniffenen Augen rollen lassen und die Beine in die Luft strecken. An dem besagten Abend hatte ich mir (ermutigt durch ein paar Gläschen Prosecco) vorgenommen, endlich über meinen Schatten zu springen und zumindest die Augen offen zu lassen, während ich über den Waldweg fuhr. Ein Fehler!

Das schwache Licht meines surrenden Dynamos fiel auf mehrere dickliche Frösche und Kröten, die schwerfällig über die Straße hopsten und dabei dumpfe Platschgeräusche verursachten. Dann entdeckte ich plötzlich einen einzelnen Frosch auf der rechten Fahrbahnspur. Er machte Anstalten vorwärtszukommen, bewegte sich aber seltsamerweise nicht vom Fleck. Erst als ich näher kam, erkannte ich, warum. Ein Auto hatte ihn halb überfahren und seine Hinterbeine klebten nun blutverschmiert und matschig auf dem warmen Asphalt. Der tapfere kleine Kerl mühte sich aber dennoch redlich ab, die Straße zu überqueren, doch leider konnte er nur noch nach oben und nicht mehr nach vorn springen. Mich überkam ein namenloses Grauen.

Von Übelkeit und Entsetzen geschüttelt, raste ich nach Hause und landete direkt in Gerhards Armen. Und weil ich vor lauter Heulen und Zähneklappern keinen geraden Satz mehr zustande brachte und Gerhard sich ernstlich Sorgen machte, musste ich schließlich wohl oder übel mit der Sprache herausrücken. Mein Mann reagierte sehr liebenswürdig und verständnisvoll, und ich war froh, dass mein Geheimnis nun gelüftet war und ich meine Angst nicht länger zu verstecken brauchte.

Gerhard hingegen freute sich schon sehr bald überhaupt nicht mehr, denn von nun an machte ich ihn zu meinem persönlichen Vollstrecker. Einige Wochen später fuhren wir beispielsweise zu unserem neuen Ferienhaus an die Ostsee. Um das Haus zu verlassen und zum Strand zu gelangen, musste man durch einen dicht bewachsenen Garten gehen und unter jedem Blatt und Strauch vermutete ich natürlich einen lauernden Frosch. Also schickte ich Gerhard los, um den kompletten Garten und das Gebüsch zu inspizieren. Ich blieb währenddessen mit meiner Tochter im Haus und wartete so lange, bis Gerhard jeden noch so kleinen Winkel durchkämmt hatte. Am ersten Tag machte er sich noch recht eifrig an die Arbeit, doch als ich das Spiel jeden Morgen auf ein Neues wiederholte, wurde Gerhard immer mürrischer und rollte zuletzt nur noch mit den Augen.

Auch als der Urlaub vorbei war und wir wieder zu Hause weilten, besserte sich Gerhards Stimmung nicht. Im Gegenteil, jetzt ging das Theater erst richtig los, denn ich brachte Gerhard von einer peinlichen Situation in die andere. Ein Beispiel: Gerhard hatte einen Arbeitskollegen, der häufig Pilze sammelte. Unter anderem auch Pfifferlinge, die man bei uns im Norden nur sehr selten findet. Und da Gerhard und ich sehr gern Pfifferlinge essen, machte sich sein Kollege im Herbst nach unserem Ostseeurlaub auf die mühsame Suche und pflückte welche für uns. Am Abend brachte er mir ein ganzes Apfelsinennetz voller Pilze mit und schlug vor, diese doch gleich zu dritt zu verspeisen. Gesagt, getan. Während die Männer im Wohnzimmer saßen und Fußball schauten, machte ich mich in der Küche daran, das Pilz-Omelette zuzubereiten. Ich kippte das Netz über dem Küchentisch aus und verteilte die Pfifferlinge weitläufig, damit sie trocknen konnten. Als ich mich an den Herd stellte und eine Pfanne aufsetzte, sah ich plötzlich aus dem Augenwinkel, wie sich etwas zwischen den Pilzen bewegte. Hüpf! Hüpf! Ein kleiner gelbbrauner Babyfrosch sprang mitten auf dem Küchentisch herum. Er war nicht größer als ein Fingernagel und sogar irgendwie süß, doch ich schwang mich trotzdem auf einen der Esszimmerstühle und begann, lauthals zu kreischen. Gerhard und sein Arbeitskollege stürzten alarmiert herein. »Bringt ihn raus! Bringt ihn raus!«, schrie ich und deutete mit dem Zeigefinger auf den Minifrosch. Danach weigerte ich mich, die Pilze weiter zuzubereiten, und Gerhard war stocksauer.

Und als wäre das noch nicht genug gewesen, blamierte ich Gerhard kurze Zeit später gleich noch ein zweites Mal vor seinen Arbeitskollegen. Er hatte mich zu einem Geschäftstermin in die USA mitgenommen, wo sich am Abend alle Kunden und Geschäftspartner zu einem eleganten Dinner auf einem Schiff trafen. Dem Anlass entsprechend hatte ich mich mit Hochsteckfrisur und Cocktailkleid ordentlich in Schale geworfen und ich fand, dass ich eine ziemlich gute Figur an der Seite meines Unternehmergatten machte – zumindest, bis das Essen serviert wurde. Ich habe ja schon gesagt, dass ich Frösche (wie sich nun herausstellte, tot wie lebendig) magisch anziehe. Wen wundert es da noch, dass sich der Herr neben mir prompt Froschschenkel bestellte?

Die finde ich übrigens nicht nur ekelerregend, weil es sich um die Gliedmaßen eines toten Frosches handelt, sondern auch, weil ich es moralisch unvertretbar finde, dass den Fröschen die Schenkel bei lebendigem Leib abgerissen werden. Nur meinem Mann zuliebe verbiss ich mir einen spitzen Kommentar. Doch dann kam es, wie es kommen musste: Der Herr bot mir ein Stück seines Froschschenkels zum Probieren an. Ich lehnte dankend ab, doch der hartnäckige Businessman ließ sich nicht so leicht abwimmeln. Er pikte ein Stück des Froschschenkels auf seine Gabel und hielt es mir direkt vor den Mund. »Probier doch mal! Das ist total lecker! Schmeckt wie Hühnchen! Hier, probier doch mal! Probier doch mal!« Ich schüttelte den Kopf, doch er wurde immer aufdringlicher. »Los, jetzt probier doch wenigstens mal!« – »Nein!«, brüllte ich und schlug ihm die Gabel mit voller Wucht aus der Hand. Mit angehaltenem Atem beobachtete ich, wie die Gabel in hohem Bogen und scheinbar in Zeitlupe über die Köpfe der Geschäftsleute hinwegflog und geräuschvoll neben dem Tisch landete.

Als wir wieder in unserem Hotelzimmer waren, sprach Gerhard zwar nicht von Scheidung, doch er würdigte mich keines Blickes mehr. »Vielleicht solltest du mal über eine Therapie nachdenken«, sagte er nur kühl und knipste demonstrativ die Nachttischlampe aus. Ich war danach am Boden zerstört und dachte tatsächlich über eine Therapie nach. Es wäre sicher eine große Erleichterung für unsere Ehe gewesen, wenn ich meine Phobie endlich losgeworden wäre. Auf der anderen Seite befürchtete ich aber, dass ich im Rahmen einer Therapie sicherlich dazu gezwungen worden wäre, einen Frosch anzufassen. Und davor hatte ich solche Panik, dass ich mich am Ende doch dagegen entschied. Ich nahm mir aber vor, mich in Zukunft besser zusammenzureißen, und hoffte einfach darauf, dass mir keine Frösche mehr begegnen würden. Meine Hoffnung war vergebens.

Kaum waren wir im darauffolgenden Sommer wieder zu unserem Ferienhaus gefahren, wurde unsere Terrasse von Fröschen nur so besiedelt. Jedes Mal, wenn wir abends aus der Stadt kamen und uns noch nach draußen setzen wollten, waren sie schon da. Ich öffnete die Tür, schaltete das Licht ein – und da saßen sie. Mindestens fünf fette Frösche, die erschrocken durch den plötzlichen Lichteinfall aufgeregt quakend hin und her sprangen. Ich weinte und schrie wie am Spieß, doch mein Göttergatte reagierte nicht. Das war vielleicht seine Art der Therapie. Hatte er die Frösche womöglich erst dorthin gesetzt? Nein! So etwas durfte ich nicht einmal denken. Gott sei Dank stand mir in diesem Sommer aber Martina zur Seite, denn sie und ihre Familie hatten uns zur Ostsee begleitet. Und sobald Martina mein Geschrei hörte, stürmte sie mit einem Besen herbei und fegte die Frösche schwungvoll von der Terrasse. Doch so sehr sie sich auch abmühte – spätestens am nächsten Abend kamen die blöden Viecher zurück.

Eines Nachmittags blieben Martina und ich allein im Ferienhaus, weil unsere beiden Ehemänner mit unseren Töchtern zum Drachensteigenlassen an den Strand gegangen waren. Martina und ich leiteten den Tag indes mit einem feucht-fröhlichen Sektfrühstück ein und wollten anschließend noch zum Bummeln und Eisessen auf die Promenade gehen. Angeheitert und mit einem lustigen Lied auf den Lippen wollten wir uns gerade auf den Weg machen, als ich einen braungrünen Monsterfrosch direkt vor unserem Gartentor erblickte. Das durfte doch nicht wahr sein! Die Mistkerle verfolgten mich wie ein Fluch. »Martina, bitte! Ich kann da nicht langgehen«, schluchzte ich verzweifelt. – »Soll ich ihn wegbringen?«, fragte sie liebevoll. – »Das bringt doch nichts! Die kommen doch eh immer wieder. Und wer weiß! Vielleicht hüpft er uns aus Rache bis zur Promenade nach!«, jammerte ich – durch den Alkohol wohl etwas zu Übertreibungen neigend. Martina strich mir zärtlich die Haare aus dem Gesicht. »Gibt es denn gar nichts, das ich für dich tun kann?« Ich schluckte und blickte meine Freundin aus großen flehenden Augen an. »Töte ihn!«

Martina erschrak und wollte etwas erwidern, doch dann marschierte sie mit entschlossener Miene nach draußen in Richtung Schuppen. Ich versteckte mich hinter einer Gardine und beobachtete alles vom Fenster aus. Martina kam aus dem Schuppen zurück. In der Hand hielt sie eine rostige Schippe. Sie erreichte das Gartentor und betrachtete den ahnungslosen Frosch. Dann bekreuzigte sie sich, hob die Schippe über den Kopf – und schlug zu. Immer und immer wieder. Ich hatte meinen Fensterplatz längst verlassen und kauerte nun auf einem Stuhl und hielt mir die Ohren zu. Was hatte ich bloß getan?

Plötzlich stand Martina wieder vor mir. Ich starrte sie entsetzt an, doch sie ließ sich nichts anmerken und warf mir nur fröhlich meine Handtasche zu. »Wir können gehen.« – »W…w…wie war's?«, fragte ich verwirrt. – »Puh. Ich wusste gar nicht, wie zäh diese blöden Viecher sind. Wir können wirklich von Glück reden, dass gerade kein Greenpeace-Aktivist in der Nähe war.« Ich erschrak. »Soll das etwa heißen, du hast ihn wirklich plattgemacht?« Martina zwinkerte mir zu. »Natürlich nicht. Aber ich habe ihn in den umzäunten Teich des Nachbarn gesetzt. Er wird uns also zumindest nicht verfolgen.« Ich stutzte – und dann prustete ich los. Wir lachten und lachten, bis uns die Bäuche wehtaten und uns dicke Tränen über die Backen kullerten. Unseren Ehemännern haben wir bis heute kein Sterbenswörtchen von diesem Vorfall erzählt. Trotzdem hat sich die Legende von Martinas ritterlichem Wagemut wohl irgendwie herumgesprochen, denn – so unwahrscheinlich es auch klingt – seit diesem Tag an der Ostsee hüpfen mir deutlich weniger Frösche über den Weg als früher. Vielleicht hat sich aber auch nur meine Wahrnehmung verändert, denn wie heißt es doch so schön: Lachen ist die beste Medizin.

DIE 23. GESCHICHTE ÜBER SCHRÄGE PHOBIEN

Küssen verboten

Moritz (32), Online-Redakteur, München,
über
Chiclephobie (Ekel vor Kaugummis)

Ihre großen rehbraunen Augen blickten mich zärtlich an. »Da bist du ja endlich«, flüsterte sie und strich mir eine Haarsträhne aus dem Gesicht. Ihre Bettwäsche duftete nach Lavendel und das Kerzenlicht warf flackernde Schatten an die Wände. »Du siehst schön aus«, erwiderte ich. Sie hauchte mir einen zarten Kuss auf die Lippen und ich bekam Gänsehaut. Noch nie war ich so verliebt in ein Mädchen gewesen wie in Lisa. Sie deutete lächelnd auf den CD-Player, der gerade *Mmm Mmm Mmm Mmm* von den Crash Test Dummies spielte. – »Vielleicht kannst mir das Lied ja mal auf der Gitarre vorspielen? Deine Stimme ist mindestens genauso toll wie die von Brad Roberts!« – »Mal sehen. Vielleicht mache ich das sogar mal«, antwortete ich und zwinkerte ihr vielsagend zu. Sie küsste mich erneut vorsichtig auf die Lippen. – »Moritz?« – »Ja, Lisa?« – »Ich bin so weit.« Ich sah ihr fest in die Augen. »Bist du dir sicher?« – »Ja. Ich vertraue dir.« Ich nahm ihr Gesicht zwischen meine Hände und küsste sie. Lisa schmeckte nach Pfefferminz. Wahrscheinlich hatte sie sich nachmittags mir zuliebe extra noch einmal die Zähne geputzt. Wie süß! Unsere Küsse wurden immer leidenschaftlicher und zwischen meinen Beinen begann es sich zu regen. Fordernd drückte ich meine Lenden gegen Lisas warmen

Unterkörper und drang mit meiner Zunge tief in ihren Mundraum ein. Der Pfefferminzgeschmack wurde intensiver. Alarmiert tastete ich mit der Zunge nach Lisas Backenzahn – und in meiner Hose herrschte schlagartig Flaute.

Dass Lisa ausgerechnet dann ein Kaugummi hinter ihrem Backenzahn verstecken musste, als wir das erste Mal miteinander schlafen wollten, war denkbar ungeschickt von ihr gewesen. Was für ein Lustkiller! Allein der Gedanke an das verschrumpelte Ding in Lisas Mund löste einen Brechreiz bei mir aus. Warum nur mussten Mädchen ständig diese ekelhaften Kaugummis kauen? Diese kleinen, glitschigen Klumpen, die ständig nur irgendwo festklebten und so penetrant nach Pfefferminz oder Heidelbeere stanken, dass sich mir schon allein bei dem Gedanken daran der Magen umdrehte. Niemals hätte ich mir träumen lassen, dass Lisa ebenfalls zu dieser Sorte Mädchen gehörte. Wenn nämlich jemand ein Kaugummi-Fan ist, dann merkt man das für gewöhnlich in den ersten paar Minuten. Kaum hat man sich irgendwo hingestellt oder hingesetzt, kramt derjenige auch schon seine Kaugummipackung hervor, stopft sich eines in den Mund und bietet seinem Gegenüber mit den Worten »Willst du auch eins?« ebenfalls ein Kaugummi an. Das ist ein ähnlicher Automatismus wie bei Rauchern und sicher nett gemeint, doch mir stellen sich allein bei der Geste die Nackenhaare auf. Sobald mir jemand diesen flachen, silbrigen Streifen unter die Nase hält und ich mir gezwungenermaßen vorstellen muss, wie ich das stinkende Kaugummi auspacke und in den Mund stecke, wird mir auf der Stelle schlecht. (Dass ich im Supermarkt immer einen großen Bogen um die Regale mit den Kaugummipackungen mache, ist daher nur verständlich.)

Ein Mädchen kann noch so hübsch sein – wenn sie mir ein Kaugummi anbietet oder gar eins im Mund hat, verliere ich sofort das Interesse an ihr. Vor allem, wenn sie auch noch Blasen damit macht und somit ein Ekelgefühl ungeahnten Ausmaßes in mir hervorruft. Doch leider beherrschen viele Mädchen genau diese Abart bis zur Perfektion. Meine Schwester, die ihre Hubba Bubbas schon in Kindertagen als Druckmittel und Folterinstrument gegen mich einsetzte, ist eine von ihnen. Wann immer wir uns zankten, warf sie mich auf den Rücken, drückte meine Hände auf den Boden und machte eine riesengroße Blase direkt vor meiner Nase, und wenn die Blase schließlich zerplatzte, verteilten sich Spucketröpfchen und Kaugummistückchen über mein ganzes Gesicht.

Als ich irgendwann älter und stärker wurde, konnte meine Schwester ihre Folternummer freilich nicht mehr abziehen. Dafür überlegte sie sich aber eine andere Gemeinheit, die fast genauso ekelerregend war: Wenn sie mir in der Küche gegenübersaß, schmatzte sie absichtlich so laut auf ihrem Kaugummi herum, dass mir schon der Appetit verging, noch bevor meine Mutter das Essen auf den Tisch gestellt hatte. »Jetzt ärgere ihn doch nicht. Du weißt doch, dass er das nicht mag«, pflegte mein Vater dann zu mahnen. Meine Schwester spielte die Ahnungslose. »Stimmt. Entschuldige, Moritz.« Daraufhin wickelte sie unschuldig summend ihr Kaugummi in ein Papiertaschentuch und legte es neben ihren Teller auf den Tisch – wohl wissend, dass mir nun erst recht kotzübel werden würde.

Ob ein zusammengeknülltes Taschentuch zum Schnäuzen oder zum Einwickeln eines Kaugummis benutzt worden ist, erkenne ich nämlich auf zehn Meter Entfernung. Und das bloße Wissen um die Anwesenheit des Kaugummis genügt, um mir einen kalten Schauer über den Rücken zu jagen. Genau aus diesem Grund fahre ich auch nie mit der U-Bahn, denn in den großen Aschenbechern unter den Fenstern wimmelt es nur so von den ekligen Schrumpeldingern. Das Gleiche gilt für die Schule. Einen Tisch zu finden, unter den im Laufe der Jahre kein Kaugummi gepappt worden war, grenzte an ein Ding der Unmöglichkeit. Und da ich die Teile selbstverständlich nicht entfernen oder gar anfassen konnte, blieb mir zu Schulzeiten nichts anderes übrig, als die Kaugummis mit meinen Löschblättern zu überkleben und den Geruch zu ertragen.

Von alldem konnte Lisa aber nichts wissen, denn ich hatte ihr nie etwas von meiner Kaugummi-Abneigung erzählt. Es hatte keinen Anlass dazu gegeben. Vier Wochen lang waren wir nun schon ein Paar und bis dahin hatte Lisa nie ein Kaugummi gekaut oder mir eins angeboten. Das berechtigte mich zu der Annahme, dass sie sich nie welche kaufte. Und als ich eine halbe Stunde nach dem missglückten Schäferstündchen enttäuscht und verschämt mit meinem Moped nach Hause knatterte, kam ich zu dem Schluss, dass keinen von uns beiden eine Schuld traf. Weder Lisa noch ich hatten etwas von der Kaugummi-Abneigung beziehungsweise der Kaugummi-Sympathie des anderen wissen können. – Und genau das wollte ich ihr am nächsten Morgen in der Schule sagen.

Da Lisa erst 16 und somit ein Jahr jünger war als ich und in eine andere Klasse ging, musste ich mit meiner Ansprache allerdings bis zur großen Pause warten. Als es endlich läutete und ich mit meinen Kumpeln Andi und Fabian über den Schulhof schlenderte, waren Lisa und ihre Freundinnen bereits in der inoffiziellen Raucherecke (dem kleinen Waldstück hinter den Kunsträumen) eingetroffen. »Hallo Süße«, sagte ich und gab Lisa einen Begrüßungskuss. – »Hi«, sagte sie knapp und pustete lässig ihren Zigarettenrauch aus. Ich zog sie ein Stück zur Seite. »Du, Lisa ... also wegen gestern ...« – »Nein, nein. Alles gut. Alles cool. Ich werde das mit den Kaugummis nicht mehr machen. Kann ja noch nicht wissen, worauf du so stehst. Sind ja erst seit Kurzem zusammen.« – »Ja, okay. Darüber würde ich mich auch sehr freuen. Ich wollte dir aber trotzdem noch sagen, dass ...« – »Hey Lisa!«, rief mein Kumpel Andi plötzlich und drängelte sich zwischen uns. »Komm uns doch heute Nachmittag mal bei der Bandprobe in Fabians Garage besuchen. Und bring deine hübschen Freundinnen mit. Fabian und ich kommen nämlich nicht so oft zum Zug wie dieser tolle Hengst hier!« – »Verpiss dich, Andi. Wir haben gerade etwas Wichtiges zu besprechen«, motzte ich und schob ihn grob zur Seite. – »Schon gut! Man wird ja wohl noch einen kleinen Spaß unter Freunden machen dürfen!« Andi trottete beleidigt davon. Ich wandte mich wieder Lisa zu. »Vergiss den Typen. Der meint das nicht so«, sagte ich und lächelte reumütig. – »Kein Ding. Aber ich würde tatsächlich gern mit den anderen zu eurer Bandprobe kommen. Du wolltest mir doch was von den Crash Test Dummies vorspielen, weißt du noch?« – »Hm. Na ja.« So ganz wohl war mir nicht bei der Sache. »Weißt du, unsere Band hat eigentlich eher einen punkigen Sound. Nicht, dass ich die Crash Test Dummies schlecht finde, aber ...« Plötzlich läutete es. Die Pause war vorbei. Mist! Nun hatten wir gar nicht über die Kaugummi-Komplikationen gesprochen. Und dabei war mir das doch so wichtig gewesen. »Ach, weißt du was, komm einfach nachher mit deinen Freundinnen bei Fabian vorbei. Dann reden wir weiter.«

Als die Jungs und ich wieder im Klassenzimmer saßen und auf den Lehrer und den Unterrichtsbeginn warteten, fühlte ich mich irgendwie niedergeschlagen. Das Gespräch mit Lisa war nicht nach Plan verlaufen. Andi konnte wirklich ein Idiot sein – und das stellte er kurz darauf ein weiteres Mal unter Beweis.

»Du bist wohl ganz schön verknallt in die Kleine, was?« Ich zuckte gelassen mit den Schultern. »Alles so weit ganz easy, Andi.« – »Und? Hat sie dich schon rangelassen?«, wollte Fabian nun wissen. Ich grinste vielsagend. »Ein Gentleman schweigt und genießt.« Die Wahrheit über den gescheiterten Liebesakt und die fiese Kaugummiattacke gegen meine Standfestigkeit würde ich ihnen sicher nicht auf die Nase binden.

Als Fabian gerade weiterbohren wollte, betrat plötzlich Elke Meier den Raum und zog sogleich Fabians und Andis volle Aufmerksamkeit auf sich. Ein Glück! Das heißt: Glück für mich. Elke hingegen dürfte sich weniger gefreut haben, denn da sie ziemlich ungepflegt aussah und mindestens 15 Kilo zu viel auf den Rippen hatte, wurde sie täglich zum Objekt des allgemeinen Spotts ernannt. – »Hey Elke. Kennst du eigentlich mein Lieblingslied von den Ärzten? Es heißt: *Die fette Elke*!«, rief Fabian, und Andi bog sich vor Lachen. – »Halt die Klappe!«, hielt Elke wenig kreativ dagegen. Dann ließ sie sich schwerfällig auf ihren Stuhl in der Reihe vor uns plumpsen. »Sie ist ein echter Brocken, drei Meter im Kubik; sie sieht so aus wie Putenbrust mit Gurke in Aspik«, stimmte Fabian den Song an, und die ganze Klasse grölte. Elke blieb reglos auf ihrem Stuhl sitzen und kehrte uns strafend den Rücken zu. Ich hatte Mitleid mit ihr – Fabian und Andi hingegen hatten immer noch nicht genug.

Sie tuschelten geheimnisvoll, dann wandte sich Andi an ein Mädchen vom Nebentisch und steckte sich schnell etwas in den Mund. »Hey Elke. Dreh dich doch mal um! Willst du uns denn nicht angucken? Nein? Na gut, dann hast du es so gewollt.« Mit diesen Worten griff sich Andi zwischen die Lippen und feuerte einen dicken Kaugummiklumpen in Elkes Richtung. Er landete prompt in ihren langen Zottellocken. »Igitt, ist das eklig! Ihr blöden Arschlöcher!«, schimpfte Elke und versuchte hektisch, sich das rosafarbene Kaugummi aus den braunen Haaren zu ziehen. Dabei verfing es sich jedoch nur noch mehr in ihren Locken. Elke begann zu heulen, und ich fühlte mein Bewusstsein schwinden. Das war der Super-Ekel-GAU! »Was seid ihr bloß für Vollidioten!«, brüllte ich. Mit einem Schlag herrschte absolute Stille. Ich hatte Andi und Fabian vor der gesamten Klasse bloßgestellt. Es dauerte einen Moment, bis Andi die Sprache wiedergefunden hatte. »Was ist denn mit dir los? Bist du jetzt ihr Anwalt, oder was? Deine neue Rolle als Frauenversteher geht mir ganz schön auf den Sack. Weicheier können wir in unserer Punkband nicht gebrauchen, klar?« – »Soll das vielleicht eine Drohung sein?« – »Nö. Ich sag's nur mal so.« Dann betrat der Lehrer den Raum.

Obwohl ich schon damals wusste, dass Andi und Fabian nicht unbedingt der beste Umgang für mich waren und das Ekelgefühl nach dem Vorfall in der Schule einfach nicht aus meiner Magengrube weichen wollte, ließ ich mir später bei der Bandprobe nichts anmerken. Ich liebte Musik über alles, und Andi und Fabian waren nun mal die Einzigen, mit denen ich meine Leidenschaft ausleben konnte. Und ausgerechnet an diesem Tag hatten wir einen so genialen Drive wie schon lange nicht mehr. Andächtig setzte ich das Plektrum an die Gitarrensaiten und wollte gerade so richtig loslegen, als wir plötzlich ein Kichern vor der Garagentür hörten. Die Mädchen waren da. Die hatte ich schon völlig vergessen.

Lisa und ihre Freundinnen lugten unsicher durch die Tür und winkten. »Nur herein, die Damen«, sagte Fabian. Ich nickte Lisa flüchtig zu und bedeutete ihr, sich irgendwo hinzusetzen. Irgendwie passte es mir nun gar nicht mehr in den Kram, dass sie da war. Der heutige Tag war wahrlich aufregend genug gewesen und außerdem wehte mir schon wieder eine verdächtige Pfefferminzfahne aus ihrer Richtung entgegen. »Na gut, Jungs. Dann lasst uns mal weitermachen«, sagte ich knapp. Nachdem wir eine Weile gespielt hatten, hielten Fabian und Andi plötzlich inne und wandten sich an unsere Zuhörerinnen. »Na, was sagt ihr?« Keines der Mädchen gab einen Mucks von sich. Es herrschte betretenes Schweigen. Dann meldete sich unvermittelt Lisa zu Wort. »Es ist irgendwie so laut und hat gar keine richtige Melodie. Könnt ihr nicht mal etwas Ruhigeres spielen? Zum Beispiel von den Crash Test Dummies?« Sie warf mir einen bedeutungsvollen Blick zu. Fabian und Andi guckten sich an – und dann grölten sie ungehalten los. »Crash Test Dummies? Was glaubst du denn, wo du hier bist? Auf der Bravo Supershow?« Lisa war sichtlich beleidigt. »Jetzt tut doch nicht wieder so cool. Die Musik von denen ist richtig klasse. Moritz hört die auch gern.« Oh lieber Gott, bitte, lass sie das gerade nicht gesagt haben! – »Das wird ja immer besser. Jetzt zieht sich unser Frauenversteher auch noch heimlich Kuschelrock rein.« – »Quatsch!«, dementierte ich heftig. »So eine Schwuchtelkacke hör ich doch nicht.« Lisa zuckte zusammen und blickte mich groß und traurig an. Ich schwieg. Dann stand Lisa auf und ging. Ihre Freundinnen folgten ihr. »Jetzt komm bloß nicht auf die Idee, ihr nachzulaufen«, drohte Andi. »Die beruhigt sich schon wieder.« – »Und was, wenn nicht?«, erwiderte ich zerknirscht. – »Dann ist es auch egal. Für so was haben wir keine Zeit. Die Sex Pistols wurden von einer Frau zugrunde gerichtet, Mann!« Mit dieser Bemerkung hatte Andi nicht ganz unrecht. Trotzdem wollte ich Lisa nicht einfach so ziehen lassen. »Lisa! Warte!«

Unbeholfen stolperte ich durch die Garagentür nach draußen. Lisa und ihre Freundinnen hatten sich bereits mit ihren Fahrrädern auf den Weg gemacht und schon fast das Ende der Straße erreicht. Ich rannte ihnen hektisch winkend hinterher. »Lisa, jetzt warte doch bitte mal!« Lisa bremste und stellte ihre Füße auf den Boden. »Was willst du?«, fragte sie unfreundlich. Ich rang nach Atem. »Das ist heute irgendwie alles blöd gelaufen.« – »Aha.« – »Ja ... Ich weiß auch nicht. Also, eigentlich wollte ich dir sagen, dass ...« Lisa hob die Augenbrauen und begann, ungeduldig zu schmatzen. Ich stutzte. »Sag mal, hast du etwa schon wieder ein Kaugummi im Mund?« Lisa stampfte wutentbrannt mit ihrem Fuß auf den Boden. »Was anderes hast du mir nicht zu sagen, oder was? Mann, Moritz!« – »Nein. Doch. Ich meine, ich kann mich eben nicht vernünftig mit dir unterhalten, wenn du so laut auf deinem Kaugummi herumschmatzt! Das ist ekelhaft.« – »Du bist doch nicht ganz dicht.« – »Was soll das denn jetzt? Ich finde die Teile nun mal abscheulich, und als meine Freundin kannst du ja wohl ein bisschen Rücksicht darauf nehmen.« Lisa verschränkte die Arme vor ihrer Brust. »Ach, ich bin deine Freundin? Das wäre mir aber neu. Bisher hast du doch immer gesagt, du willst dich nicht festlegen und keine Verpflichtungen eingehen und es lieber locker angehen lassen.« Verdammt! Das hatte ich wirklich gesagt. Diese bescheuerten Rockstar-Attitüden! »Und außerdem dachte ich, dass dich Kaugummis nur beim Küssen stören.« – »Ja ... Nein ...«, stammelte ich hilflos. Ich war vollkommen überfordert. »Das heißt, beim Küssen stören sie mich ganz besonders.« – »Na, siehst du«, sagte Lisa. »Küssen will ich dich sowieso nicht mehr!«

Das hatte gesessen. Ohne ein weiteres Wort setzte sich Lisa wieder auf ihr Fahrrad und rauschte davon. Ich blickte ihr reglos und traurig hinterher. Was war ich nur für ein Trottel! Womöglich hatte ich Lisa nun endgültig vergrault. Es sei denn – mein Blick fiel auf die Bushaltestelle und den Kaugummiautomaten auf der gegenüberliegenden Straßenseite. Es sei denn, ich würde ihr endlich beweisen, wie wichtig sie mir tatsächlich war.

Am nächsten Morgen in der Schule schlappte ich wie immer mit Andi und Fabian über den Pausenhof in Richtung Raucherecke. Die beiden brabbelten irgendwas von einem neuen Ärzte-Song, doch ich hörte nicht hin. Heute hatte ich Bedeutungsvolleres im Kopf. Als wir die Raucherecke erreichten und ich Lisa und ihre Freundinnen entdeckte, steuerte ich schnurstracks auf sie zu. Entschlossen tippte ich Lisa auf die Schulter. Als sie sich zu mir umdrehte, ließ ich mich wortlos vor ihr auf die Knie fallen und streckte ihr eine provisorisch zusammengeklebte Pappschachtel entgegen. »Lisa!«, sagte ich mit fester Stimme. »Willst du meine feste Freundin werden?« Lisa hielt sich die Hand vor den Mund und kicherte. Doch als sie nach der Schachtel griff und den Inhalt erspähte, stieß sie unwillkürlich einen kleinen Freudenschrei aus. – »Ich musste acht Kaugummis aus dem blöden Automaten holen, bis ich endlich an den Ring gekommen bin. Das hat mich ganz schön Überwindung gekostet«, erklärte ich und grinste etwas schief. – »Sehr heldenhaft von dir«, scherzte sie. Ich erhob mich vom Boden und klopfte mir den Dreck von der Hose. »Wie lautet denn nun deine Antwort?« – »Natürlich will ich deine Freundin sein, du alter Blödmann!«, rief sie und schlang mir die Arme um den Hals. »Und wenn es dich wirklich so sehr stört, werde ich auch nie wieder ein Kaugummi kauen.«

An dieses Versprechen hielt sich Lisa zwar nicht immer so ganz. Doch auch wenn wir uns in den Folgejahren gelegentlich wegen eines nicht ordnungsgemäß entsorgten Kaugummis im Badezimmer oder im Auto-Aschenbecher in die Haare kriegten, sind Lisa und ich bis heute ein glückliches Paar. An meinem 30. Geburtstag vor zwei Jahren habe ich ihr sogar einen Heiratsantrag gemacht – dieses Mal aber mit einem echten Ring.

DIE 24. GESCHICHTE ÜBER SCHRÄGE PHOBIEN

Fahrstuhl in die Hölle

Nele (24), Floristin, Bremen,
über
Klaustrophobie (Angst vor und in engen oder geschlossenen Räumen)

Ich bin zwar nicht mit Klaustrophobie auf die Welt gekommen, doch ich habe seit meiner Kindheit damit zu kämpfen. Genauer: Ab und zu habe ich damit zu kämpfen, denn so häufig gerät man unfreiwillig ja nicht in enge, geschlossene und/oder fensterlose Räume. Sollte ich aus irgendeinem unerfindlichen Grund allerdings tatsächlich mal in eine derartige Folterkammer geraten, ist alles vorbei. Im Wortsinn. Denn dann glaube ich zu ersticken. Und der Erstickungstod ist ohne jeden Zweifel die allergrässlichste Todesart, die einem Säugetier widerfahren kann. Das sehen Sie anders? Dann halten Sie doch einfach mal die Luft an und warten Sie ab, was passiert!

Die Gründe für meine panische Angst vor der tödlichen Atemnot sind facettenreich. Meine beiden älteren Brüder, denen es früher maßloses Vergnügen bereitete, mich im Bettkasten einzusperren und anschließend auf der Matratze Trampolin zu spielen, steuerten sicher den Löwenanteil zu meiner klaustrophobischen Störung bei.

Aber auch der tragische Zwischenfall, der sich im Elternhaus meiner Kindergartenfreundin und Nachbarin Janina ereignete, sollte bei einem Erklärungsversuch nicht vernachlässigt werden.

Eines Nachmittags ging ich zu Janina rüber, um Verstecken mit ihr zu spielen. Da meine Freundin und ich gar nicht genug von dem »Mäuschen, sag mal Piep!«-Thrill bekommen konnten, waren alle guten Verstecke schon sehr bald ausgereizt und ich musste kreativer werden, um nicht als Loser nach Hause zurückzukehren. Clever, wie ich glaubte zu sein, sauste ich ins Badezimmer und krabbelte in die Trommel der Waschmaschine. Zunächst ging mein Plan auf, denn mein Versteck war wirklich gut. So gut, dass Janinas Mutter, die kurz darauf ins Badezimmer geschlurft kam, mich glatt übersah und die Waschmaschinentür mit ihrem Knie fest zudrückte.

Obwohl Janinas Mutter – dem Himmel sei Dank! – sofort auf mein entsetztes Klopfen und Kreischen reagierte und mich aus der Trommel befreite, war ich spätestens seit diesem Nachmittag vollkommen traumatisiert. Richtig bewusst wurde mir das jedoch erst, als ich im Alter von 14 Jahren wegen meiner Migräne mit einem Kernspintomografen konfrontiert wurde.

Um mein Gehirn untersuchen und die effektivste Medikamentenbehandlung für mich festlegen zu können, sollte mein Kopf in einen Tomografen gezwängt werden, der ungefähr so eng wie ein Motorradhelm war – nur eine Sichtschutzscheibe, die hatte das Gerät leider nicht.

»Versuchen Sie sich zu entspannen und ganz ruhig zu bleiben«, schlug die Ärztin vor. – »Und wenn ich nicht ruhig bleibe? Oder ersticke?«, gab ich zu bedenken. Die Ärztin lächelte sanft und drückte mir eine Art Fernbedienung in die Hand. »Wenn es Ihnen zu viel wird, Frau Pleister, aktivieren Sie einfach den Alarm. Dann hole ich Sie wieder raus. Versprochen!« Sofort drückte ich den dicken schwarzen Gummiknopf. Es ertönte ein schrilles »Dingdong«. – »Also, Frau Pleister …« – »Ich wollte nur ausprobieren, ob die Fernbedienung auch wirklich funktioniert. Wann haben Sie beispielsweise die Batterien das letzte Mal ausgetauscht?« – »Das ist keine Fernbedienung, wie Sie sie aus Ihrem Wohnzimmer kennen, sondern ein elektronischer Melder, und der funktioniert auf jeden Fall. Vertrauen Sie mir.« Behutsam delegierte mich die Ärztin auf ein Rollbrett und schob mich in Richtung Tomograf. Ding-dong! »Frau Pleister. Jetzt stellen Sie sich bitte nicht so an!« Die Ärztin schob mich weiter. Ding-dong! »Frau Pleister. Bitte ... so geht das nicht ...« Die Ärztin begann, mir den Motorradhelm überzustülpen. DING-DONG! DING-DONG! DING-DONG! Die Ärztin seufzte und drückte den Apparat wieder zur Seite. »So hat das wirklich keinen Sinn.«

Zehn Minuten später hatte ich mich so sehr gesträubt, gewehrt und ausgepowert, dass ich schließlich vor Erschöpfung einschlief. Vielleicht wurde ich auch ohnmächtig, da möchte ich mich nicht so genau festlegen. Wahrscheinlich war es eine Mischung aus beidem. Jedenfalls konnte ich auf diese Weise dann doch noch untersucht und medikamentös korrekt eingestellt werden. Und das war auch gut so. Immerhin ist die Migräne, an der ich seit der Pubertät leide, so heftig, dass die Schmerzen ohne die richtigen Tabletten gar nicht zu ertragen wären. Lichtempfindlichkeit, Schüttelfrost, Erbrechen und eine grüne Gesichtsfarbe – alles habe ich in puncto Begleiterscheinungen anzubieten.

Meine Migräne ist übrigens auch eine der vielen Interdependenzen, mit denen meine Klaustrophobie zusammenhängt. Um mich wohlzufühlen, brauche ich nämlich blaue Himmel und frische Luft, und wenn ich mich in einem stickigen Raum mit geschlossenen Fenstern befinde, kriege ich sofort Kopfschmerzen. Das bilde ich mir jedenfalls ein.

Als ich 18 war, hatte ich beispielsweise einen Freund, der nur schlafen konnte, wenn die Schlafzimmertür zu und die Jalousien runtergelassen waren, und das konnte ich überhaupt nicht leiden. Ich schlafe am besten, wenn sämtliche Türen und Fenster weit geöffnet sind, und wann immer es geht, schlafe ich im Sommer sogar draußen. Auf einer Liege, in der Hängematte oder mit einem Schlafsack auf einer weichen Wiese. Das Schlafzimmer meines damaligen Freundes versprühte in dem verrammelten Zustand aber den Charme eines vakuumversiegelten Bunkers, und wenn ich bei meinem Exfreund übernachtete, erwachte ich regelmäßig schweißgebadet und mit fürchterlichen Kopfschmerzen. Mein damaliger Freund hingegen bekam angeblich Kopfweh, wenn auch nur der winzigste Lichtstrahl durch die Jalousien drang. Wir trennten uns relativ schnell wieder voneinander.

Generell liegt mir Offenheit sehr am Herzen – und damit meine ich nicht nur die räumliche. Während meiner Ausbildung zur Floristin habe ich etwa in einer Zehner-Kommune gelebt und (bis auf den Partner) alles geteilt, was man überhaupt nur teilen kann. Ich bin ein Vogel in jeder Hinsicht und eingeengt und eingesperrt zu werden kann ich nicht ertragen. Da gehe ich ein. Eben wie ein Vogel im Käfig, der nicht mehr fliegen darf. Und ich brauche immer einen Schwarm um mich herum – vor Einsamkeit fürchte ich mich nämlich ebenfalls.

Das Einzige, was noch schlimmer wäre, als mich mit vielen großen Menschen in einem einzigen klitzekleinen Raum zu befinden, wäre daher, allein in einem klitzekleinen Raum zu sein. Lebendig begraben zu werden zum Beispiel – hört man doch immer wieder, dass bei Friedhofsrenovierungen alte Särge ausgebuddelt werden, an deren Deckelinnenseiten tiefe Kratzspuren prangen. Und jetzt male man sich aus Freude am Masochismus nur mal aus, man wäre ein Vampir und könnte nicht ersticken, sprich, nicht sterben und müsste die Ewigkeit atemlos und einsam in einer Kiste fristen … In dem Film *Interview mit einem Vampir* ist das etwa so. Vampir Louis (Brad Pitt) wird hier von feindlichen Vampiren in einen Sarg gepfercht und anschließend in eine Wand eingemauert. Über Kopf!

Glücklicherweise wird er später gefunden und befreit, aber man stelle sich vor, dass nicht … Uuuaaah! Allein bei dem Gedanken daran könnte ich mich vor lauter Angst und Entsetzen auf der Stelle übergeben! Oder ohnmächtig werden! Oder mir in die Hose machen! Oder alles zusammen! Ich will definitiv nicht begraben werden. Ich bestehe darauf, dass mein Körper verbrannt und die Asche über das Meer gestreut und vom Winde verweht wird.

Übrigens gibt es neben *Interview mit einem Vampir* noch sehr viele andere Filme, die Menschen wie mir den Atem rauben. Regisseur und Drehbuchautor Wes Craven ist mit ultraharten Schockern wie *The Hills Have Eyes* 2 (Menschenschlachtung in einem Minenschacht) und Psychothrillern wie *Red Eye* (Opfer und Killer sind zum Nebeneinandersitzen in einem Flugzeug verdammt) unangefochtener Spitzenreiter – was nebenbei bemerkt auch kein Wunder ist: Immerhin ist der Urvater des modernen Horrorkinos selbst Klaustrophobiker.

Und wo ich schon beim Schlaumeiern bin, möchte ich gleich noch ein riesengroßes Missverständnis aus der Welt schaffen, das mir schon seit geraumer Zeit auf den Wecker geht: Klaustrophobie und Platzangst haben überhaupt nichts miteinander zu tun! Fast immer wird der Begriff »Platzangst« von Laien als umgangssprachliches Synonym für Klaustrophobie verwendet. Doch das ist falsch. Platzangst ist das wissenschaftlich anerkannte Synonym für die Agoraphobie, also für die Angst vor weiten Flächen (Parkplätze, Markthallen, Wiesen ect.). Wie und warum sich der semantische Fehlgebrauch eingeschlichen hat, weiß ich nicht. Wahrscheinlich glauben die Leute, Klaustrophobie sei dasselbe wie Platzangst, weil die Betroffenen sich davor fürchten, zu wenig Platz zu haben. Tatsächlich steht Platzangst aber für Agoraphobie, weil der Agoraphobiker sich genau davor fürchtet. Vor (zu viel) Platz. Und das ist noch tausendmal schlimmer als die Klaustrophobie, denn Agoraphobiker können allein gar nicht vor die Tür gehen. Doch diese Infos nur zur »phobitical« correctness.

Kommen wir nun zu meinen klaustrophobischen Horrorvisionen zurück. Obwohl mir der Angstschweiß freilich literweise ausbräche, säße ich in einem Minenschacht fest, wäre es dennoch das Grausamste, in einer Kiste zu ersticken. In einem Sarg, einer

Truhe … oder einem engen Fahrstuhl. Und seit mich die Ärztin als 14-Jährige in den Kernspintomografen schieben wollte und ich mir meiner Ängste bewusst geworden bin, bete ich täglich zu Gott, dass mich so ein entsetzlicher Tod niemals ereilen möge. Blöd nur, dass das Leben bekanntermaßen kein Wunschkonzert ist und es da außerdem noch die Sache mit der »self-fulfilling prophecy« gibt.

Normalerweise würde ich einen Fahrstuhl niemals freiwillig betreten. Als mein Freund Tom und ich im vergangenen Sommer unseren Kumpel Olli in Berlin besuchten, tat ich es aber doch. Der Grund dafür war eine Verkettung vieler unvorhergesehener Ereignisse. Eigentlich hatten Tom, Olli und ich uns in der berühmt-berüchtigten Panorama Bar in Berlin-Friedrichshain die Gnade geben wollen, doch auf dem Weg dorthin trafen wir in der U-Bahn auf eine Gruppe feuchtfröhlicher Männer, die sich als Kumpel von Olli entpuppten. Unter ihren Armen klemmten mehrere Sixpacks und sie waren allesamt schon ziemlich gut dabei. Genau wie wir. »Habt ihr nicht Bock, mit nach Mitte zu kommen? Da steigt 'ne fette WG-Party auf der Dachterrasse. Das sind total coole Leute, die da wohnen. Das ganze Haus wird mitfeiern. Mit der Polizei wird es also keinen Stress geben. Lohnt sich bestimmt! Und wenn's nur für ein, zwei Stunden ist.« Tom, Olli und ich beratschlagten uns rasch. Da die Panorama Bar noch bis mittags geöffnet sein würde und »WG-Party« außerdem der Code für »All you can drink for free« ist, nahmen wir die Einladung sogleich dankend an.

Nachdem wir die U-Bahn verlassen hatten, liefen uns auf der Straße noch einmal ein paar singende Männer in die Arme, die wiederum Freunde von Ollis Freunden waren, und so torkelte am Ende eine ganze Horde grölender Saufköpfe durch Berlin-Mitte und in Richtung WG-Party. Außer mir war nur ein einziges anderes Mädchen dabei, das sich mir als Svenja vorstellte.

Als wir den Ort des Geschehens schließlich erreicht hatten und durch die sperrangelweit aufstehende Haustür gewankt waren, wusste ich nicht so recht, wie mir geschah. Der Strom zog mich einfach mit und außerdem war ich gerade in ein höchst interessantes Frauengespräch mit Svenja vertieft. Direkt vor dem Fahrstuhl angekommen begriff ich dann aber doch und hielt erschrocken Ausschau nach meinem Freund. Tom war einem der Männer mit den Sixpacks hinterhergetrabt wie ein Esel dem Stock mit der Mohrrübe und befand sich bereits mitten im Lift.

Kurz überlegte ich, ob ich die Treppe nehmen sollte, doch die ganzen zehn Stockwerke allein zu erklimmen, dazu hatte ich auch wieder keinen Bock. Außerdem war ich sternhagelvoll und nicht allein. Die Stimmung war fröhlich und gelöst und länger als ein paar Sekunden würde die Fahrt ja auch nicht dauern. Andererseits ... »Kommst du?«, fragte Svenja, die die Aufzugtür mit dem Fuß offen hielt. »Ja.«

Nervös zwängte ich mich zwischen die anderen und die vier silbrig glänzenden Metallwände. Jetzt erst bemerkte ich, wie proppenvoll es hier drin war. Wir standen wie die Orgelpfeifen und als sich die schwere Tür zuschob, schloss ich sofort die Augen und bemühte mich, ruhig zu atmen. Svenja bemerkte es nicht. Sie hatte gerade angefangen, mit einem unserer Begleiter rumzuknutschen.

»Will nicht mal einer drücken?«, rief irgendwer. – »Ick hab schon jedrückt!«, berlinerte ein anderer zurück. – »Drück noch mal!« Der Mann neben mir drückte mit dem Zeigefinger auf den Knopf mit der Aufschrift »10« – und der Fahrstuhl fuhr nach unten! Schlagartig war ich wieder nüchtern.

»Was ist? Warum fahren wir runter?« – »Wahrscheinlich, weil im Keller jemand uff den Knopf jedrückt hat, Keule!«, plapperten die Männer durcheinander. Der Lift kam zum Stehen. Doch die Tür öffnete sich nicht. Im Keller hatte niemand auf den Knopf gedrückt.

»Au, scheiße, Leute. Ich glob, da hat keener druffjedrückt. Wir sind runterjesackt.« – »Für wie viele Personen ist der Aufzug überhaupt zugelassen?« – »Acht.« – »Wie viele sind wir?« – »Äh, eins, zwei, drei ... 15!« Ich hatte die Augen immer noch geschlossen und machte keinen Mucks, doch ich lauschte mit gespitzten Ohren.

»Dann sind wa wohl zu schwer, wa. Wir müssen uns in zwee Gruppen uffteilen. Mach mal die Tür uff.« Gepolter und Geklopfe. »Sie geht nicht auf!« Ich krallte mir die Fingernägel in die Unterarme. – »Wie? Echt, jetzte? Versuch noch mal!« Fußtritte gegen die Tür. Ich begann, leicht zu hyperventilieren. – »Nüscht! Die Tür bewegt sich nicht.« Ich fing an, heftig zu hyperventilieren. – »Kacke. Wir sind echt stecken geblieben.«

Bong! Bong! Bong! Bong! Bong! Wie eine Irre ließ ich meine Faust auf den Alarmknopf niederschmettern und scannte gleichzeitig die wuscheligen Männerköpfe hinter mir im Zickzack nach Tom ab. Er wusste zwar nichts von meiner Phobie, aber als mein geliebter Freund und Seelenverwandter würde er meine Angst womöglich erspüren und mich irgendwie hier herausbringen. Ich entdeckte ihn am hinteren Ende der Kabine und registrierte durch den milchigen Schleier der Panik, wie er gerade eine Flasche Bier wie eine erlegte Beute in die Höhe streckte und grunzend frohlockte: »Ein Glück steh ich neben dem Mann mit dem Sixpack!« Ich drehte mein Gesicht wieder zur Tür. Womöglich würde Tom meine Angst doch nicht erspüren ... Dafür spürte *ich* nun aber, dass es plötzlich tierisch heiß und die Luft sauer wurde.

»Jetzt drückt doch mal uff den Alarm, da vorn!« – »Ich drück doch schon die ganze Zeit!«, wimmerte ich. Es war das Erste, was ich sagte, seit wir in den Fahrstuhl gestiegen waren. – »Echt? Warum hört dat denn keener? Handyempfang ham wa hier unten och nicht, wa?« – »Nö.« – »Aber genug Bier!«

Ich erwiderte nichts und presste mein Gesicht nur apathisch gegen den Türschlitz, um besser Luft zu bekommen. Die Antwort auf die Frage kannte ich ganz genau. *Da steigt 'ne fette WG-Party auf der Dachterrasse. Das sind total coole Leute, die da wohnen. Das ganze Haus wird mitfeiern.*

Es wurde immer heißer und immer schwüler. Ein letztes Mal zog ich unter enormer Kraftanstrengung die Augenlider hoch und blickte mich hilfesuchend um. Die Decke war so niedrig, dass die größeren Männer ihre Köpfe einziehen mussten. Die Menschen um mich herum zerquetschten mich, die silbrig blitzenden Metallwände kamen immer näher. Ich machte die Augen wieder zu. »Alles in Ordnung, Nele?«, wollte auf einmal Svenja wissen, die mein Unwohlsein nun wohl doch bemerkt hatte.

Obwohl mir schon ganz schwindelig vor Atemnot war und die grelle Leuchtstoffröhre an der Decke mit meinem Kopf um die Wette surrte (bald würden beide explodieren), antwortete ich nicht, sondern blieb stumm und reglos wie ein Stein. Ich durfte nicht reden, nicht weinen und schon gar nicht schreien und um mich schlagen, denn erstens ließ der Platz das nicht zu und zweitens würde dann eine Massenhysterie losbrechen und der Sauerstoff noch schneller verbraucht sein. So klar konnte ich in diesem Moment noch denken.

Während ich meine Stirn gegen die kalte Metalltür presste und meine Nase schon fast komplett in den Türschlitz gedrückt hatte, malte ich mir in meiner Fantasie aus, wie sich die Fahrstuhlinsassen gegenseitig an die Gurgel gingen und brutal niederschlugen, um mehr Sauerstoff für sich zu haben. So wie die grauen Herren in *Momo,* die sich am Schluss gegenseitig die Zeit-Zigarren aus den spröden aufgeplatzten Mündern reißen.

»Scheiße, Leute. Ich glaub, die hat 'ne Panikattacke«, diagnostizierte Svenja, an die Männer aus der vorderen Reihe gewandt. – »Dann hilf ihr doch.« – »Super Tipp! Und wie soll ich das machen? Ich kann die Tür wohl schlecht auftreten.« – »V...versuch's doch mal«, fiepte ich und zog die Nase aus dem Türschlitz, um die Bahn frei zu machen. – »Das geht doch nicht, Nele. Ich würde die Tür nur verbeulen und verbiegen und dann würde sie gar nicht mehr aufgehen. Wir müssen warten, bis jemand kommt.« – »Es wird aber niemand kommen«, fiepte ich atemlos weiter. »Die sind alle auf dem Dach.« – »Dann kommt irgendwer, der auch mit dem Aufzug fahren will und merkt, dass er feststeckt.« – »Nein, nein, nein.« Ich verdrückte ein paar Tränchen. Svenjas Blick wurde mitleidig. »Ach Gott, du Arme!« Svenja trat auf mich zu und umarmte mich. Ich stieß sie weg. In ihren Armen hätte ich sonst noch richtig losgeheult und wäre sofort erstickt. Doch der letzte Sauerstoff … nun, ja. Der war jetzt eh weg. Durch die hastige Bewegung hatte ich ihn komplett verbraucht. Jetzt war es also so weit. Ich erstickte. In einem Fahrstuhl. Einer Kiste. Einem Sarg aus Metall. Mein Albtraum war wahr geworden.

Ich mühte mich ab, Toms Namen zu rufen. Wenn ich schon starb, dann wollte ich das wenigstens in seinen Armen tun. Aber es kam kein Laut aus meiner Kehle. Mir fehlte die Luft. Dicke Schweißperlen tropften in Zeitlupe von meiner Nasenspitze und zerplatzten auf dem dreckigen Liftfußboden. Ich konnte hören, wie das Platzen durch den Fahrstuhl hallte. Es war vorbei. Schicksalsergeben sackte ich auf die Knie.

»Jetzt tut doch endlich was!«, schrie Svenja die Männer hinter mir an. Auch der ganz hinten stehende Tom horchte nun auf. »Was sollen wir denn machen?«, keiften die Männer zurück. – »Keine Ahnung! Brecht irgendwie diese Scheißtür auf!« Zwei Männer aus der mittleren Reihe, die augenscheinlich auch langsam Panik bekamen, drängelten sich an den anderen und mir vorbei bis ganz nach vorn. Sie steckten ihre Finger so weit sie konnten in den Türschlitz. »Auf drei! Eins, zwei, drei!« Mit aller Gewalt versuchten sie, die Tür aufzuziehen, doch es tat sich nichts. »Noch mal!«, befahl Svenja. »Gut. Eins, zwei, drei!« Die Männer stemmten erneut mit aller Gewalt – und nun sprang die Tür tatsächlich auf! Sofort schlug mir eiskalte Kellerluft ins Gesicht.

Flink wie ein Wiesel krabbelte ich auf den Gang, bevor der Fahrstuhl seine übrigen nass geschwitzten Passagiere ausspucken konnte. Ich zitterte wie Espenlaub und machte Anstalten, mich aufzurichten, fiel jedoch gleich wieder hin. Nun gingen endlich meine Schleusen auf. Aber so richtig. Hahn bis zum Anschlag, und die Sturzbäche sprudelten los. »Oh, Gott. Mein Engel! Warum hast du denn nichts gesagt?«, flüsterte Tom, der sich neben mich auf den Boden gesetzt hatte und mich beruhigend hin und her wiegte. »Ich ... füü... füü... äh... ich ... uhuhuhuuu«, antwortete ich bebend und wenig aufschlussreich. – »Ist ja gut, mein Engel. Alles ist wieder gut«, versprach Tom und ließ mich ein paar Minuten in Ruhe sein T-Shirt vollschnoddern. Die anderen polterten an uns vorbei und hasteten grölend die Treppe rauf. Nur Olli blieb bei Tom und mir stehen. »Wir gehen schon mal hoch! Bis gleich an der Theke!« Mein Gott, diese Berliner hatten wirklich nur das eine im Kopf!

Irgendwann, als ich wieder reden und ruhig atmen konnte, liefen auch Tom, Olli und ich die Treppe rauf – und ich wurde für alles entschädigt. Denn alles war genauso, wie Tyler Durden (Brad Pitt) es einst in dem Film *Fight Club* einem fremden Mann nach einem vorgetäuschten Mord prophezeit hatte: Die Luft war so frisch, wie sie noch nie zuvor frisch gewesen war, die Sterne funkelten so hell, wie sie noch nie zuvor gefunkelt hatten, die sanfte Chill-out-Musik umschmeichelte mich, wie mich noch nie etwas umschmeichelt hatte, die Blumen auf der Dachterrasse dufteten, wie noch nie zuvor etwas geduftet hatte, und Toms Küsse schmeckten so süß, wie mir noch nie zuvor etwas süß geschmeckt hatte. Die Hölle hatte mich verschluckt, zerkaut, verdaut und wieder ausgeschissen. Und genau so sah ich gerade auch aus. Es war mir scheißegal. Ich war durch die Hölle gegangen. Durch meine persönliche Hölle. Doch nun war ich im Paradies. Ich war gestorben – und neu geboren worden.

Viel Gebell um nichts

Trixie (30), Medizinstudentin, Hamburg,
über
Canophobie (Angst vor Hunden)

Hastig stürzte ich ins Wohnzimmer, griff nach meiner Handtasche, kramte einen Tampon hervor und flitzte weiter Richtung Bad. Als ich die Toilette erreicht hatte, zog ich mir ruckartig die Pyjamahose runter und ließ mich erleichtert auf die kalte Kloschüssel plumpsen. Das war wirklich höchste Eisenbahn gewesen! Eigentlich hatte ich heute auspennen und so lange wie möglich im Bett bleiben wollen, aber mein Tampon war schon fast am Überlaufen gewesen und zu aller Peinlichkeit musste ich auch noch dringend eine große Ladung loswerden. Außerdem war es sowieso ganz gut, dass ich schon so früh wach war. Mein Flieger von Hamburg nach Heidelberg würde zwar erst in drei Stunden gehen, doch so hatte ich noch genügend Zeit, um mir in aller Ruhe einen fettigen Pfannkuchen hinter die Kiemen zu schieben, gemütlich zum Flughafen zu düsen und mich gedanklich schon mal auf den Surftrip in Südfrankreich einzustimmen – ein Abenteuer, auf das ich mich schon seit Monaten freute. Zwar hatte ich noch nie gesurft und schon gar nicht auf dem Atlantik, doch meine Kommilitonin Sophia (die genau wie ich Single und dreißig war) und ich fanden, dass es an der Zeit sei, endlich mal etwas vollkommen Durchgeknalltes zu starten.

Via Internet hatten wir uns mit einer Gruppe Surferboys verabredet, die uns in Heidelberg treffen und uns in ihrem VW-Bus mit an die Atlantikküste nehmen wollten. Die nötige Campingausrüstung hatte ich mir am Abend zuvor von meiner Schwester Maja geborgt, und weil sich ihre Wohnung näher am Flughafen befand als meine, war ich über Nacht einfach bei ihr geblieben.

Nachdem ich mein Geschäft erledigt hatte, streckte ich meine Nase in die Luft und schnupperte prüfend. Puh, da hatte ich aber einen ordentlichen Stinker in die Schüssel geknallt. Aber was soll's. Ich war schließlich auch nur ein Mensch und außerdem waren keine Zeugen in der Nähe. Fenster auf Kipp und los!

Fröhlich zog ich meine Pyjamahose wieder hoch und tänzelte leichtfüßig zur Badezimmertür. Dieser Frankreich-Trip würde sicher ein supergeiler Urlaub werden. Und wer weiß? Vielleicht würde ich am Strand von Mimizan endlich mal wieder einen sexwilligen Jüngling kennenlernen und einen prickelnden Flirt inklusive heißer Liebesnacht unter kühlem Sternenzelt erleben oder mit einem von den Surferboys aus Heidelberg anbandeln. Sowohl meiner Libido als auch meinem Ego würde das jedenfalls mehr als guttun. Ich warf einen flüchtigen Blick in den Spiegel. Ein wenig blass und verquollen sah ich ja schon aus. Egal, die Sonne und das Salzwasser würden das schon richten. »Trixie, das wird der Hammer! Diesen Urlaub hast du dir verdient!«, sagte ich zu meinem Spiegelbild. Dann drückte ich die Klinke hinunter, öffnete schwungvoll die Badezimmertür – und fiel vor Schreck fast hintenüber. Vor mir standen Eirun und Marrakesch, die beiden deutschen Doggen meines Schwagers Vincent, und bellten derart laut und heftig los, dass mir die Haare zurückflogen und ich das Gefühl hatte, jemand hätte einen Subwoofer vor mein Gesicht gestellt.

Erschrocken knallte ich die Tür wieder zu und stolperte so hastig rückwärts, dass ich mich in dem roten Mickey-Maus-Duschvorhang, den meine Schwester einmal in einem Moment geistiger Umnachtung auf einem Flohmarkt erstanden hatte, verhedderte, die Duschstange aus der Halterung riss und mitsamt Vorhang und Stange in das Bodenbecken krachte.

Meine Kopfhaut kribbelte, mein Herz flatterte, meine Hände wurden feucht. Mit jeder Faser meines Körpers witterte ich Gefahr, doch anstatt etwas zu unternehmen, lag ich nur wie ein tollpatschiger Welpe da und strampelte hilflos unter dem Duschvorhang herum. Ein Schockzustand, wie er bei mir einzig durch das Gebell von Hunden ausgelöst werden kann. Hunde zu sehen ist schon schlimm. Von Hunden angebellt zu werden ist der absolute Horror.

Endlich beruhigten Eirun und Marrakesch sich wieder und beendeten ihre ohrenbetäubende Kläffattacke. Vorsichtig krabbelte ich aus der Dusche heraus, schlich auf Samtpfoten durch den Raum und ließ mich lautlos auf den weichen Läufer vor der Toilette sinken. Es stank immer noch nach Güllefass. Ich hielt mir die Nase zu und lauschte angestrengt. Eirun und Marrakesch pirschten winselnd durch die Küche vor dem Badezimmer, rutschten dabei immer wieder auf dem glatten Parkettboden aus und verursachten kratzende Geräusche mit ihren groben Krallen.

Sorgenvoll schaute ich auf meine Armbanduhr. Neun Uhr. Maja musste, ganz im Gegensatz zu ihrem komatösen Langschläfer von Ehemann, schon aus dem Haus und im Büro sein. Vincent, der gerade arbeitslos war und nachts in einer Kneipe jobbte, würde seinen übermüdeten Hintern dagegen nicht vor Mittag aus der Kiste bekommen. Es sei ihm ja gegönnt, aber mir passte das gerade mal so gar nicht in den Kram! Spätestens in eineinhalb Stunden musste ich mich auf den Weg zum Flughafen machen, und Eirun und Marrakesch würden bis dahin sicher nicht aufgegeben haben. Die beiden hatten ja sonst nichts zu tun!

Nervös zerkaute ich meine Fingernägel wie ein hungriger Hund einen lang ersehnten Knochen. Wie sollte ich bloß aus diesem beknackten Badezimmer herauskommen? Durch das Fenster? Keine gute Idee! Majas Wohnung lag im sechsten Stock.

Angespannt rutschte ich zur Tür hinüber und spähte durchs Schlüsselloch. Eirun und Marrakesch schnüffelten gelangweilt vor der Tür herum. Ob sie die Klinke runterdrücken konnten? So abwegig war das gar nicht, immerhin gab es keinen Schlüssel und im aufgerichteten Zustand reichten mir die beiden bis zur Schulter. Ich kniff angestrengt die Augen zusammen. Plötzlich liefen Eirun und Marrakesch zu alter Form auf und jaulten derart kläglich los, als wäre in der Küche gerade der Vollmond aufgegangen. Wie alle Hunde wollten sie wahrscheinlich nur mit mir spielen oder etwas zu fressen haben, doch darauf konnten die alten Flohkutschen wirklich lange warten!

Seitdem ich als Vierjährige die putzigen Schäferhundwelpen unseres Nachbarn streicheln wollte und mich die knurrige Mutter kompromisslos in den Arm gebissen hatte, habe ich so einen entsetzlichen Schiss vor Hunden, dass ich bei ihrem Anblick sofort davonjage und mich, je nach Aufenthaltsort, auf Mülltonnen, Bäume, Tische und seit Neuestem auch in Duschen rette. Dass meine Mutter selbst eine Hundephobie hat und mich, wie sie mir Jahre später reumütig beichtete, im Säuglingsalter einmal mitsamt dem Kinderwagen auf einer Wiese stehen ließ, weil irgendwo am Horizont ein tonnenschwerer Bernhardiner aufgetaucht war und sie panisch davonspringen musste, machte die Sache natürlich nicht besser.

Schade eigentlich, denn im Grunde genommen mag ich Hunde ganz gern. Vorausgesetzt, sie sind lieb und gut erzogen. Beides trifft auf Eirun und Marrakesch zwar mehr oder weniger zu, doch wenn man bedenkt, dass die beiden in Wesen und Statur an zwei ungestüme Ponys erinnern und darüber hinaus Zähne so groß und blank wie Fleischermesser haben, kann die Erziehungsfrage schon mal vernachlässigt werden.

Wenn ich zu Besuch kam, sperrte meine Schwester Eirun und Marrakesch mir zuliebe für gewöhnlich in der Wäschekammer ein, doch dieses Mal musste sie das wohl vergessen haben. Obwohl … das konnte ich mir eigentlich nicht vorstellen. Immerhin war gerade Maja diejenige gewesen, die ich mit meinen Panikanfällen jahrelang im wahrsten Sinne des Wortes tierisch auf Trab gehalten hatte.

Auf dem Weg zur Schule mussten wir nämlich an insgesamt vier Häusern von Hundebesitzern vorbei und natürlich tollten die blöden Kläffer (darunter ein dickliches Chow-Chow-Duo mit langen blauen Sabberzungen) immer genau dann im Garten herum, wenn Maja und ich zur Schule oder wieder nach Hause gingen. Dass sich die Hunde jedes Mal derart über meine Stippvisite freuten, dass sie die Gartenzäune beinahe dem Erdboden gleichmachten, war Anlass genug für mich, zweimal täglich einen Sprint hinzulegen. Da ich aus Konditionsgründen aber nicht jeden Tag den kompletten Weg rennen konnte, beschränkte ich meine Joggingeinlagen auf die heiklen Stellen vor den Gärten der Hundebesitzer. Sprinten. Verschnaufen. Gehen. Sprinten. Verschnaufen. Gehen. Sprinten. Verschnaufen. Gehen. So hielt ich es während der gesamten Schulzeit, und Maja hatte es all die Jahre über mitgemacht.

Meine Schwester war es auch gewesen, die mir als Teenager zur Seite gestanden hatte, als ich den Parkbesuchern in der Grünanlage von »Planten un Blomen« meinen nackten Arsch präsentiert hatte, weil mich ein englischer Setter beim Pinkeln im Gebüsch überrascht hatte und ich mit runtergelassenen Hosen überstürzt davongestolpert war. Nein. Maja hatte sicher nicht vergessen, Eirun und Marrakesch wegzusperren. Wahrscheinlich war Vincent in der Nacht noch einmal bei seinen beiden Lieblingen gewesen und hatte danach die Tür nicht wieder zugemacht.

9:30 Uhr. Vielleicht konnte ich Vincent aufwecken, wenn ich nur genügend Lärm machte? Hektisch blickte ich mich im Badezimmer um und griff kurz entschlossen nach der Duschstange. Mit hochrotem Kopf begann ich, Vincents Namen zu brüllen und dazu mit der Stange auf die Holzkommode unter dem Waschbecken zu donnern. Damit erreichte ich zweierlei. Erstens: Die Holzkommode bekam eine dicke Macke. Zweitens: Eirun und Marrakesch begannen wieder zu bellen. Aufgeschreckt sprang ich in mein altes Versteck zurück und zog mir blitzschnell den Mickey-Maus-Vorhang über den Kopf. So eine verfickte Kacke!

9:55 Uhr. Immer noch kein Lebenszeichen von Vincent. Ihn vor Mittag aus dem Bett zu bekommen war anscheinend ein Ding der Unmöglichkeit. Ich musste mir etwas anderes einfallen lassen. Das Fenster! Ich riss es auf und rief um Hilfe. Eirun und Marrakesch unterstützten mich jaulend.

Auf den Hinterhofstraßen des Hamburger Schanzenviertels war niemand zu sehen. Das hätte ich mir auch denken können. In diesem Stadtteil war man wirklich nur von nichtsnutzigen Langschläfern umgeben! Lediglich auf einem Balkon ein paar Häuser weiter konnte ich ganz klein einen Typen erkennen, der gerade eine Zigarette rauchte. Vielleicht zog er aber auch einen Joint durch und war schon längst im Nirwana. Das war für einen Schanzenbewohner auch morgens um zehn durchaus nicht unüblich und würde zudem erklären, warum er mich nicht hörte. Wie sollte ich mich bloß bemerkbar machen? Wieder tastete ich hektisch das Badezimmer mit den Augen ab. Na, klar doch!

Ich griff einmal mehr nach der Duschstange, doch dieses Mal benutzte ich sie nicht als Knüppel, sondern schob sie durch das Badezimmerfenster, sodass der knallrote Mickey-Maus-Vorhang wie eine Flagge vor der Hauswand hing, die ich nun wie wild hin und her schwenkte. »Hallo? Hilfe! Ich bin hier drüben!« Keine Reaktion. »Hallo? Mann, Alter! Jetzt guck doch mal! Ey! Hier drüben!« – »Was geht denn hier ab?« Ein junger, verschlafener Mann steckte seinen blonden Lockenkopf durch das Fenster auf der rechten Seite. Gott sei Dank, endlich hatte mich ein Nachbar gehört! »Alles okay? Das hat eben schon so gepoltert bei euch.« – »Das war ich! Ich bin hier eingesperrt!« – »Wieso das denn? Halten Maja und Vincent sich seit Neuestem eine Haussklavin?« – »Sehr witzig! Ich bin die Schwester von Maja und ich kann nicht aus dem beschissenen Badezimmer raus, weil die verfluchten Hunde vor der Tür stehen! Das sind Doggen!« – »Ich weiß«, antwortete der Lockenkopf amüsiert. – »Ich hab Angst vor Hunden!« – »Ach, sag bloß. Schöne Fahne hast du da übrigens. Sehr vorbildlich von dir, hier auf der Schanze Rot-Front zu zeigen. Oder machst du Werbung für Walt Disney?« – »Das ist nicht lustig! Ich muss zum Flughafen!« Der unverschämte Typ lachte schallend. Wenn ich nicht so aufgebracht gewesen wäre, hätte ich ihn richtig lecker gefunden. »Hast du Vincents Handynummer?« – »Ja.« – »Dann ruf ihn an! Oder klingle an der Tür ... oder nein. Lieber nicht. Dann bellen die Hunde wieder. Tu jedenfalls irgendwas, um ihn aufzuwecken und mich aus dem Badezimmer zu befreien!« – »Okay, Rapunzel. Ich komm mal kurz rüber und rette dich aus deinem Turmverlies. Ich hab einen Ersatzschlüssel. Vincent ist doch bestimmt eh nicht da, oder? Den Krach hätte er doch gehört.« – »Nein. Der pennt!« – »Na gut, wie auch immer. Ich komm rüber. Bis gleich.«

Mit diesen Worten war der Lockenkopf verschwunden und ich starrte einen Moment lang ungläubig ins Leere. Der hübsche Kerl mit den wilden blonden Locken und den sanften braunen Augen »kam mal kurz rüber«. Zu mir. Und ich sah nicht nur aus wie Scheiße, hier roch es auch noch so.

Keuchend hievte ich die Duschstange und den Vorhang zurück ins Badezimmer und schmiss beides achtlos auf den Boden. Dann sprang ich auf, stopfte mir Majas Zahnbürste in den Mund, fuhr mir grob mit den Fingern durch die morgendliche Strubbelmähne und versprühte gleichzeitig eine halbe Flasche Deo im Raum. Plötzlich hoffte ich, es würde noch einen Moment dauern, bis mein Retter auf der Bildfläche erschien und die Hunde endlich verschwanden.

Als ich gerade Majas Puderdose geöffnet hatte, hörte ich, wie die Wohnungstür aufgeschlossen wurde und Eirun und Marrakesch freudig bellend davonjagten. Zum Make-up-Auflegen war es nun wohl zu spät. Nervös zupfte ich an meinem Pyjama herum. Dann klopfte es. »Hallo, Prinzessin? Bist du da drin? Ich hab die Drachen besiegt und in die Wäschekammer gesperrt.« Mein Gott, wie kitschig. Aber auch irgendwie süß. Was sollte ich darauf bloß erwidern? Eine schlagfertige Antwort musste her. »Ja, holder Ritter. Ich din hier brin! Äh ... ich meine: Ich bin hier drin!« Autsch, das hatte wehgetan! Der Versprecher war ja noch verzeihlich, aber »holder Ritter«?

Mein Retter steckte vorsichtig seinen Lockenkopf zur Tür herein und inspizierte neugierig den Raum. Als er die herausgebrochene Halterung des Duschvorhangs entdeckte, schürzte er die Lippen und nickte anerkennend. »Nicht schlecht!« Ich zuckte mit den Schultern und lächelte verlegen. Hoffentlich fiel ihm der Gestank nicht auf. – »Sag mal, wonach riecht das hier? Revier mit Frauenduft markiert, was?« – »Wie bitte? Du spinnst wohl! Was für eine Unverschämtheit! Ich war überhaupt nicht auf Klo! Ich hab mir nur die Zähne geputzt, damit du's weißt! Hier hat es schon vorher so gestunken!« – »Äh ... ja. Ich meinte eigentlich den penetranten Deo-Geruch. Aber danke für die Info.« – Ups, dachte ich. »Ups«, sagte ich. Der Lockenkopf grinste frech. Was für ein Arschloch!

»Wo soll's denn jetzt noch hingehen?« – »Warum?« Lud er mich vielleicht zum Frühstück ein? – »Ich denke, du musst zum Flughafen.« – »Scheiße! Ja, stimmt.« Ich schaute auf meine Armbanduhr. »Oh nein! Schon halb elf. Ich muss mich sofort umziehen und zur S-Bahn. Um zwölf Uhr geht mein Flieger.« – »Soll ich dich hinfahren? Ich hab ein Auto hier. Das geht schneller als mit der S-Bahn.« – »Ehrlich? Das wäre supernett von dir.« – »Klaro.« Eilig und immer noch ein wenig wackelig auf den Beinen stapfte ich aus dem Badezimmer.

»Oh Mann, was für ein Chaos. Und alles nur wegen Vincent! Den werd ich jetzt erst mal aus dem Bett schmeißen!« – »Vincent ist schon lange wach und außerdem gar nicht zu Hause. Er hat dir eine Nachricht auf dem Küchentisch hinterlassen, vorausgesetzt, dein Name ist Trixie.« Mit diesen Worten hielt mir der Lockenkopf einen kleinen Zettel mit einer Notiz darauf vor die Nase. Sie lautete: *Moin Trixie. Ich bin beim Arbeitsamt. Eirun und Marrakesch sind im Wohnzimmer. Tür zulassen! Falls wir uns nicht mehr sehen: Guten Flug und viel Spaß in Frankreich! Hau rein, Vincent.*

Nachdem ich die Zeilen mehrmals gelesen und verinnerlicht hatte, spürte ich, wie mir heiße Schamesröte in die Wangen stieg. Da also lag der Hund begraben. »Ich ... ich hab die Wohnzimmertür aufgemacht!« Was war ich nur für eine blöde Ziege! »Schönes Ding!« Der Lockenkopf lachte wieder. »Aber mach dir nichts daraus. Konntest du ja nicht wissen. Und das mit der Dusche ist halb so wild. Das werde ich Vincent und Maja schon verklickern.« Der Lockenkopf machte eine kurze Pause, dann setzte er wieder sein schelmisches Grinsen auf. »Aber so langsam frage ich mich, wer von euch bissiger ist. Die Doggen oder du.« – »Ach, ich will nur spielen.« Ha! Endlich mal eine vernünftige Antwort. Der Lockenkopf pfiff anerkennend durch die Zähne. »Na gut. Dann schnack mal nicht länger rum und hol deine Sachen. Ich fahr schon mal den Wagen vor.« – »Wie heißt du eigentlich?« – »Basti.«

Eine halbe Stunde später erreichten wir endlich den Flughafen und Basti stoppte das Auto vor dem Abflug-Terminal A. »So, Trixie. Es war mir eine Ehre. Viel Spaß im Urlaub. Schreib mir mal 'ne Karte.« – »Wenn du willst ... Deine Adresse kenn ich ja schon.« – »Ich würde mich freuen. Und wenn du Maja und Vincent das nächste Mal besuchst, kannst du ja vorher kurz bei mir vorbeikommen. Dann verrate ich dir auch noch meine Telefonnummer. Also, nur wenn du willst, natürlich.« Mit seinen blonden Locken, den braunen Augen, den hohen Wangenknochen und dem durchtrainierten Oberkörper sah Basti wirklich zum Anbeißen aus. Und das wusste er. Trotzdem wirkte er in diesem Moment jungenhaft und schüchtern. Das machte ihn nur noch appetitlicher. Am liebsten hätte ich ihn vollgesabbert. Unwillkürlich schlang ich meinem Retter die Arme um den Hals und drückte ihm einen feuchten Schmatz auf die Wange. »Vielen Dank für alles. Und hoffentlich bis bald!« Danach kramte ich rasch meine Sachen zusammen und stieg ungeschickt aus dem Auto. Als ich in Richtung Flughalle marschierte, hörte ich Basti jäh etwas rufen: »Funke! Mein Nachname ist Funke! Wegen der Postkarte!« Ich nickte eifrig und winkte ihm zum Abschied lachend zu. Es war wirklich absurd. Noch nie hatte ich mich schon vor dem Urlaub so darauf gefreut, wieder zurück in die verregnete Hansestadt zu kommen.

In Teufelsküche

Ilse (59), Verkäuferin, Stuttgart,
über
Murophobie (Angst vor Mäusen)

Wer mich in meinem schnuckeligen Häuschen im Schwabenländle besucht, den erwarten Lebensfreude, Heiterkeit, Wohlfühlatmosphäre und, vor allem, gutes Essen, denn nichts macht mir so viel Freude, wie meine Lieben zu bekochen und ihnen einen schönen und gemütlichen Abend zu bereiten. Als junge Frau habe ich daher oft davon geträumt, eines Tages einen Catering-Service auf die Beine zu stellen oder mit einer eigenen Kochsendung groß rauszukommen. Was mir vorschwebte, war eine Kult-Show wie *The French Chef,* in der die quirlige Amerikanerin Julia Child in den Sechzigerjahren regelmäßig ein heilloses Durcheinander veranstaltete, sich ständig aus Versehen in den Finger schnitt und die abgemurksten Hühnchen mit Namen wie Mrs Roaster oder Mrs Broiler ansprach, um die Art der Zubereitung zu verdeutlichen.

Trotzdem habe ich meinen Traum nie in die Tat umgesetzt oder vielmehr in die Tat umsetzen können, denn als die älteste Tochter einer schwäbischen Arbeiterfamilie wurde von mir erwartet, direkt nach der Schule eine handfeste Ausbildung zu absolvieren und die Haushaltskasse mit meinen zusätzlichen Einnahmen zu füllen. Außerdem wurde ich schon sehr früh Ehefrau und Mutter, was rückblickend betrachtet mit Sicherheit noch tausendmal schöner war als das Dasein einer Starköchin, denn meine Tochter Nina und mein Sohn Daniel sind ohne Zweifel das Beste, was mir je im Leben passiert ist.

Aber dennoch: Als ich auf die sechzig zuging und Nina und Daniel längst ausgezogen waren und ihr eigenes Leben lebten, machte sich Wehmut in mir breit. Ich hatte es nicht einmal probiert – doch das sollte sich nun ändern! Immerhin gab es eine technische Errungenschaft, die jedem frei zugänglich war und mir den Weg für meine Selbstverwirklichung eröffnete: das Internet. Hier wollte ich meine verspätete Karriere mit einer Kochsendung namens *Schwäbische Delikatessen* via YouTube einleiten. Nina und Daniel sollten das Video drehen. »Mama, das ist doch Quatsch. Kochsendungen gibt es schon wie Sand am Meer.« – »Aber ich kann ja wohl gut kochen!« – »Ja, das kannst du. Aber darauf allein kommt es bei einer Kochsendung nicht an.« Nun war ich verunsichert. Vielleicht hatten meine Kinder recht? So eine alte, dicke Krücke wie mich wollte doch niemand mehr über den Bildschirm humpeln sehen. Oder vielleicht doch? Immerhin war ich witzig und hatte Wiedererkennungswert. War das nicht das Rezept zum Erfolg?

»Ich möchte es aber wenigstens versuchen.« – »Na, schön. Wenn es dir wirklich so wichtig ist, drehen wir die Sendung natürlich mit dir.« Hätten Nina und Daniel geahnt, dass mir ausgerechnet an meinem ersten Drehtag eine Maus in die Quere kommen und die Küche anschließend in Schutt und Asche liegen würde, hätten sie bestimmt nicht eingewilligt. Sogar mit einem Luftgewehr wurde an diesem Tag herumgeballert, doch bevor ich weitererzähle, sollte ich erst von ein paar vorangehenden Ereignissen berichten.

Das erste Schockerlebnis, an das ich mich im Zusammenhang mit Mäusen erinnere, spielte sich in der Küche meiner Eltern ab. Ich war zehn Jahre alt und musste in dieser Nacht auf meine neun Monate alte Schwester Almut aufpassen, weil unsere Eltern ausgegangen waren. Draußen tobte ein entsetzlicher Sturm und die grellen Blitze und der grollende Donner schlugen so brutal auf die Erde und die ächzenden Bäume nieder, dass es mich unter meiner Bettdecke bei jedem Knall nur so schüttelte vor Schreck. Meinem Schwesterchen ging es genauso. Unentwegt schaukelte ich Almut in ihrer Wiege hin und her und summte ihr Gutenachtlieder vor, doch sie hörte einfach nicht auf zu schreien.

Da ich schon damals um die tröstende Wunderwirkung von gutem Essen wusste, entschloss ich mich dazu, ihr ein frisches, warmes Fläschchen zu machen und sie noch einmal zu füttern. Ich setzte mir also mein Schwesterchen auf den Arm, schlüpfte in meine Hausschuhe und schlich wie ein Gespenst durch das große schummrige Haus meiner Eltern. Draußen pfiff der Wind heulend durch die Dielen, und die knorrigen Äste der Obstbäume trommelten wütend gegen die Fensterscheiben und verhießen Unheil.

Als ich endlich die Küche erreicht hatte, knipste ich schnell das Licht an. Das brachte aber nicht viel, denn alles, was wir 1961 als Beleuchtung zur Verfügung hatten, war eine funzelige 40-Watt-Glühbirne. Um das Fläschchen zuzubereiten, reichte die Beleuchtung aber geradeso. Ich setzte Almut in ihren Hochstuhl am Küchentisch und wollte mich an die Arbeit machen, als ich plötzlich einen kleinen Schatten blitzschnell über die Wand huschen sah. Alarmiert fuhr ich herum, doch ich entdeckte nichts. Plötzlich zischte ein Blitz über den Himmel und in der Küche wurde es für einen kurzen Moment taghell – und vor mir offenbarten sich lange gelbe Zähne und ein widerlicher nackter Schwanz! Schreiend stürzte ich aus der Küche und rannte über den Flur, bis mir meine kleine Schwester Almut wieder einfiel. Hastig eilte ich zurück und stierte auf den Küchenboden, doch in dem schwachen Licht der Glühbirne war nichts zu erkennen. Almut hatte inzwischen wieder angefangen zu heulen, und ich hatte entsetzliche Angst um sie.

Todesmutig schlich ich in die Ungewissheit über den dunklen Fliesenboden und hob Almut aus ihrem Stuhl. Da zuckte wieder ein Blitz auf und erhellte die Küche auf ein Neues. Die Maus saß immer noch an der gleichen Stelle. Ihre verkrümmten Vorderpfoten umklammerten einen Brotkrümel. Synchron zu Almut begann nun auch ich wieder zu kreischen, und ich warf einen Hausschuh nach dem garstigen Nagetier, doch die Maus rührte sich nicht vom Fleck. Ich warf einen letzten Blick auf mein weinendes Schwesterchen, dann drückte ich Almut an mich und sprang verzweifelt über die Maus hinüber. Von Panik und Entsetzen getrieben stürzte ich aus der Haustür und eilte barfuß durch den peitschenden Regen bis zu unseren Nachbarn, die uns für den Rest der Nacht beherbergten.

Diesen Vorfall werde ich mein Lebtag nicht vergessen. Bis heute werde ich von Albträumen verfolgt, in denen ich zu spät in die Küche zurückkomme und die verfressene Maus mein wehrloses Schwesterchen bereits angeknabbert hat. Eine Horrorvorstellung! Angst vor Mäusen hatte ich zwar schon immer, auch schon als ganz kleines Kind, doch seit dieser Nacht weiß ich, wie furchtlos und unverschämt diese kleinen Biester sein können, und tue daher alles, um weitere Zusammenstöße mit ihnen zu vermeiden.

Bevor ich das Haus verlasse, stecke ich beispielsweise erst den Kopf aus dem Fenster und suche je nach Jahreszeit den Schnee oder den Erdboden nach Mäusespuren ab, und wenn ich allein einen Garten, Keller oder Reitstall betrete, fange ich lauthals an zu singen, um die eventuell ansässigen Mäuse zu vertreiben. Sogar, wenn ich ein Nagetier auf einer Abbildung in Büchern oder im Fernsehen sehe, mache ich schnell die Augen zu oder wechsle den Sender.

Es ist mir wirklich schleierhaft, wie jemand diese scheußlichen Viecher süß finden oder gar Cartoons wie *Tom und Jerry* oder *Speedy Gonzales* entwickeln kann. Immerhin können Mäuse richtig gehässig und gefährlich werden und sogar Krankheiten übertragen. Trotzdem werde ich von fremden Leuten meist nur müde belächelt, wenn ich ihnen von meiner panischen Mäuseangst erzähle. »Die sind doch niedlich« oder »die tun doch gar nichts« oder »die haben mehr Angst vor dir als du vor ihnen« sind die hirnrissigen Ansagen, die ich mir dann in aller Regel anhören darf. Mehr Angst vor mir als ich vor ihnen? Dass ich nicht lache! Die Maus in der Küche meiner Eltern hatte nicht die Spur einer Angst vor mir. Und niedlich? Haben die Leute einen Vogel? Diese grässlichen Mistviecher sind doch nicht niedlich! Die sehen abscheulich aus! Allein, wenn ich über diese kleinen pelzigen Dinger rede oder nur an sie denke, bricht auf meiner Stirn der Angstschweiß aus.

Da ich diese überflüssigen Diskussionen über die etwaige Niedlichkeit einer Maus einfach nicht ertragen kann, habe ich es sehr schnell aufgegeben, fremden Menschen von meiner Mäuseangst zu erzählen. Es gibt aber noch einen zweiten Grund, warum ich heutzutage lieber Stillschweigen über meine Phobie bewahre, und der heißt: unverschämte Männer. Während meiner Ausbildung hatte ich nämlich einen Arbeitskollegen, dem meine Panikattacken eine derart perfide Freude bereiteten, dass er eines Morgens eine Maus in einem Plastikbehälter in meiner Schreibtischschublade versteckte und mich somit vor den Augen meines Chefs als hysterisch kreischende Irre bloßstellte.

Zum Glück gab es aber auch einige Männer, die meine Angst akzeptierten und sich mir gegenüber wirklich ritterlich verhielten. Mein Ehemann Joachim zum Beispiel. Nachdem Joachim und ich geheiratet hatten und in ein kleines buntes Haus am Stuttgarter Stadtrand gezogen waren, tat er nämlich alles, um mir die Mäuse vom Leib zu halten. Um ehrlich zu sein, hatte er auch gar keine andere Wahl, aber er erledigte seine Aufgaben, ohne zu murren. Zumindest meistens. Wenn er jedoch im Winter allein Schnee schippen musste, weil ich vor der Garage Mäusespuren entdeckt hatte, oder ich ihn nach einem Albtraum mitten in der Nacht aus dem Bett schmiss und ihn am nächsten Morgen um acht in den Baumarkt schickte, um mindestens zwanzig Mausefallen zu besorgen, wirkte er doch etwas zerknirscht.

Als ich ihn einmal vormittags aus dem Büro zurückzitierte, weil die Nachbarskatze zwei Mäuse gefangen und jeweils eine vor die Haus- und die Terrassentür gelegt hatte und ich fast an einem Herzinfarkt verendet wäre und das Haus nicht mehr verlassen konnte, wurde Joachim sogar richtig sauer. Mit Schupfnudeln und Sauerkraut war mein Göttergatte aber schnell wieder milde zu stimmen, und so spielten Joachim und ich unser augenzwinkerndes und meist auch recht amüsantes Katz-und-Maus-Spiel, bis unsere Kinder erwachsen waren und das Haus verließen. Erst, als Joachim zu einem ebenso liebenswerten wie wunderlichen Rentner mutiert war, der in seiner Freizeit mit einem nagelneuen Luftgewehr verbeulte Blechbüchsen vom Gartenzaun schoss, und ich den Einfall mit der YouTube-Sendung hatte, kam es zur ersten mittelschweren Katastrophe.

Nina und Daniel hatten zu dieser Zeit ihr Studium bereits beendet und arbeiteten beide als Art Director in verschiedenen Werbe- und Kreativagenturen in der Stuttgarter Innenstadt, und meine Mutterbrust schwoll jedes Mal an vor Stolz, wenn ich meinen drei besten Freundinnen Irene, Helga und Hildegard aus dem Rentnerinnenclub von meinen Kindern erzählte. Auch von der Idee mit der Internet-Kochsendung berichtete ich meinen Freundinnen und sie waren allesamt begeistert. So begeistert, dass ich sie schließlich zum Videodreh einlud.

Am Freitagabend um halb sechs war es fast so weit. Noch eine Stunde und der Videodreh und meine Karriere als Starköchin würden endlich beginnen. Meine Freundinnen wuselten natürlich alle längst wie aufgescheuchte Hühner in meiner Wohnung herum und halfen mir dabei, meine Küche in ein fachmännisches Kochstudio umzubauen. Joachim verdrückte sich indes lieber in den Garten.

Vor dem Ofen hatte ich einen langen Tapeziertisch aufgestellt, auf dem nun alle erdenklichen Küchengeräte verstreut lagen. Netterweise hatten mir meine Freundinnen noch jede Menge Kochlöffel, Töpfe, Pfannen, Schneebesen und Fressalien mitgebracht, obwohl ich selbstverständlich alles selbst in doppelter Ausführung besaß und am Vormittag Zutaten im Wert von hundert Euro eingekauft hatte, doch wir wollten lieber auf Nummer sicher gehen. »Ilse, schau mal!«, rief meine Freundin Helga. »Ich habe dir noch eine neue Schürze mitgebracht.« – »Und ich ein hochwertiges Puder aus der Drogerie, um den Glanz abzudecken. Das machen die beim Fernsehen so«, schaltete sich nun auch Irene ein und nickte fachkundig.

Plötzlich ging die Tür auf, und Nina und Daniel traten ein. Über ihren Schultern baumelten schwere schwarze Riementaschen und eine große Kamera. Meine Freundinnen und ich verstummten andächtig. »Ach, du meine Güte.« Daniel und Nina waren sichtlich erstaunt. »Hallo zusammen. Na, wie geht's?« Schlagartig ging das aufgeregte Geschnatter wieder los. »Daniel, wir sind noch nicht fertig.« – »Genau, ich muss die Dekoration noch herrichten.« – »Ilse will Sauerbraten und Spätzle machen.« – »Nina, hast du eigentlich einen neuen Freund?« – »Wo ist der Rotwein?«

Eine halbe Stunde und viele hektische Schmink- und Dekorationsversuche später konnte es endlich losgehen. Nina, Daniel und meine Freundinnen hatten sich in einem Pulk hinter der Kamera und dem Stativ aufgebaut und beobachteten gespannt, wie ich unsicher in einer Schüssel herumrührte. – »So, Mama. Leg mal einfach los. Wir müssen eh erst ein paar Einstellungen ausprobieren.« – »Na schön. Also gut. Ähm. Ich fang dann einfach mal an. Liebe Zuschauer, herzlich willkommen bei *Schwäbische Delikatessen,* meiner neuen Kochsendung.« – »Toll! Das ist aber ein schöner Name! Hast du dir den ausgedacht?« – »Ruhe bitte, Irene. Die Kamera läuft.« Daniel war hochkonzentriert. Richtig professionell machte er das. Was hatte ich doch für einen tollen Sohnemann! – »Ich bin ja schon still. Ich meinte ja nur, zur Motivation …« – »Psst!« – »Ja. Entschuldigung.« – »So, Mama. Noch mal von vorn.« Ich nahm meinen ganzen Mut zusammen. »Liebe Zuschauer, herzlich willkommen bei *Schwäbische Delikatessen,* meiner neuen Kochsendung. Heute möchte ich Ihnen Herrn Sauerbraten und Frau Spätzle vorstellen.« Nina prustete los. »Mama! Das geht doch nicht. Wie kommst du denn auf so was?« – »Julia Child spricht ihr Essen auch so an«, erwiderte ich beleidigt und verschränkte die Arme vor meiner Kochschürze. – »Genau. Das ist doch klasse!«, insistierten meine Freundinnen, deren Solidarität natürlich mir gehörte. – »Ruhe! Jetzt lasst sie doch einfach mal machen!« Ich setzte zum dritten Mal an. »Liebe Zuschauer …« Plötzlich fiel mein Blick auf den Küchenboden – und schlagartig hatte ich meinen Text und die Kamera komplett vergessen.

»Hilfääää! Eine Maus!«, schrie ich mich in Rage. Meine treuen Freundinnen stimmten mit ein. Warum nur mussten diese pelzigen Scheusale immer ausgerechnet die Küche, also den Ort, an dem ich mich am allerwohlsten fühle, entern? Panisch versuchte ich, hinter dem Tapeziertisch hervorzukommen, und rannte ihn dabei mit meiner Leibesfülle um. Der Tisch, die Zutaten und die Küchengeräte gingen scheppernd zu Boden. Die Maus raste aufgebracht und orientierungslos inmitten des von mir verursachten Chaos herum, und ich schrie noch lauter. Meine Freundinnen, zu einem hysterischen Kollektiv vereint, eilten herbei, um mir zu helfen, doch Helga rutschte in ihrem Übermut auf einem kleinen Haufen Spätzle aus und landete ebenfalls auf den Fliesen. Ich war inzwischen klitschnass vor Schweiß. »Wo ist sie? Wo ist sie?« – »Da!« Irene deutete mit ihrem Zeigefinger auf die Wand. Die Maus war die Küchenzeile emporgeklettert. – »Tut doch was! Sonst kriecht sie gleich noch in den Ofen!« PENG! Auf einmal gab es einen ohrenbetäubenden Knall – und dann war es mucksmäuschenstill.

Ungläubig starrte ich ein paar Sekunden lang auf das Loch in der Wand, dann wandte ich langsam meinen Kopf zur Tür und entdeckte meinen Ehemann, der sein Luftgewehr stolz durch die Luft wedelte. Er hatte die Maus mit dem ersten Schuss getroffen. »Euer Gekreische hat man ja bis in den Garten gehört! Nur gut, dass ich schon so viel mit meinem Gewehr geübt habe, was?« Ich war zu keiner Antwort fähig und warf den Umherstehenden hilfesuchende Blicke zu. Nina und meine Freundinnen waren blass vor Schreck und schlugen wortlos die Hände über den Köpfen zusammen. Daniel dagegen hatte Tränen in den Augen – und zwar vor Lachen. Immer noch hielt er die Kamera auf mich gerichtet. »Das nenn ich mal eine Pilotfolge! Wenn die keine Klicks auf YouTube bringt, dann weiß ich's auch nicht!«

Obwohl Daniel mit seiner fachkundigen Einschätzung sicher recht gehabt hat, entschieden wir uns am Ende trotzdem dafür, das Video lieber nicht im Internet hochzuladen. Unseren Vermietern und den Tierschützern hätte es sicher nicht so gut gefallen. Sobald die Küche wieder auf Vordermann gebracht und das Loch in der Wand zugegipst ist, will ich aber einen neuen Versuch starten, denn ich glaube fest an meinen Erfolg. Auch, wenn ich kein Profi oder spindeldürres Model bin – so eine chaotische und unterhaltsame Ulknudel wie Julia Child, die bin ich allemal!

Ich kann's nicht mehr hören

Sandra (34), Diplom-Sportwissenschaftlerin, Osnabrück,
über
Styrophobie (Angst vor Styroporquietschen)

Als Kind wurde ich jahrelang missverstanden und gequält. Nachdem ich den Kindergarten verlassen hatte und eingeschult worden war, verlangten meine Eltern nämlich von mir, dass ich den Weg zur nahe gelegenen Grundschule mit dem Fahrrad zurücklegte.

Grundsätzlich wäre das kein Problem gewesen, denn ich, eine nun 34-jährige Sportwissenschaftlerin und Aerobictrainerin, hab schon immer einen auf Sporty Spice gemacht. Hätte sich unser Fahrradständer nur nicht in dem Schuppen mit der Styroporwand befunden! Und wäre ich nur nicht das Nesthäkchen gewesen und hätte ich nur nicht den Stellplatz ganz außen neben der Wand mit den angenagelten Styroporplatten zugewiesen bekommen! Und wäre es in der bescheuerten Hütte nur nicht so eng gewesen! All das führte nämlich dazu, dass ich jeden Morgen, jeden Nachmittag und wann immer ich meinen Drahtesel in den Ständer schob oder wieder heraushievte, mit dem Lenker über das Styropor schrappte, das weiche Schaumstoffmaterial tief zerfurchte, ein bremsenartiges Quietschen verursachte und beispiellose Qualen durchlitt.

Die gesamte Grundschulzeit über ließ ich nichts unversucht, um der entsetzlichen Fahrradschuppen-Folter zu entgehen. Wenn es mittags klingelte, stopfte ich hysterisch meine Hefte in den Ranzen, peste auf den Schulhof, schwang mich auf mein Fahrrad und trat wie eine Irre in die Pedale, um bloß vor meiner älteren Schwester wieder zu Hause zu sein und mein Fahrrad in den noch freien Mittelständer schieben zu können. Häufig war meine Schwester aber vor mir da und dieser Umstand zwang mich dazu, zu Plan B (Rad verbotenerweise hinter der Hütte abstellen und hoffen, dass Papa es nicht merkt) überzugehen. Dummerweise ging Plan B aber nie auf und so schimpfte mein Vater mich abends in aller Regelmäßigkeit wegen der vermeintlichen Autoritätsuntergrabung aus und nötigte mich trotz lautstarken Protests dazu, mein Fahrrad doch noch in den Schuppen und den Ständer zu schieben.

Welch grauenvolles Unrecht er mir damit antat, ahnte mein Vater nicht. Freilich war alles lediglich eine pädagogische Maßnahme und keine böse Absicht von ihm gewesen, denn eigentlich ist mein Vater ein sehr liebevoller Mensch. Doch wenn bei uns zu Hause Regeln aufgestellt wurden, dann hatten wir Mädchen die auch zu befolgen, und scheinbar kindisch-rebellische Argumente wie »Ich finde das Styropor aber doof!« oder »Das quietscht immer so blöd!« ließ mein Vater nicht gelten.

Dass ich überhaupt nicht frech oder aufmüpfig sein wollte, sondern mich das Styropor tatsächlich bis ins Mark verängstigte, konnten meine Eltern schlicht und ergreifend nicht verstehen. Wie auch? Sie konnten sich nicht vorstellen, wie es ist, wenn schrilles Quietschen den Gehörgang derart überreizt, dass metallisch schmeckende Spucke im Mund zusammenläuft. Sie konnten sich nicht vorstellen, wie es ist, den Mund vor lauter Ohrendruck so weit aufreißen zu müssen, dass sich der Kiefer ausrenkt. Sie konnten sich nicht vorstellen, wie es ist, wenn sich der Körper vor Ekel derart spastisch verkrampft, dass man am nächsten Morgen Muskelkater hat. Sie konnten sich nicht vorstellen, wie es ist, wenn man eine Styroporphobie hat und sein Fahrrad in einen Ständer neben einer Styroporwand quetschen muss.

Ob meine Phobie durch diese Kindheitserlebnisse hervorgerufen oder nur verschlimmert wurde, kann ich nicht mit Sicherheit sagen. Ich könnte mir aber vorstellen, dass ich auch dann eine Abneigung gegen Styropor entwickelt hätte, wenn es den Schuppen und die Missverständnisse mit meinen Eltern nicht gegeben hätte. Meine Ohren nämlich sind mindestens so sensibel wie die eines Hundes und das Quietschen von Styropor ist meine persönliche Hundepfeife.

Sei es das Schaben von Pappe, das Kreischen einer bremsenden U-Bahn oder das Pfeifen eines Teekessels – sämtliche Geräusche, die irgendwelche kratzenden, hohen oder fiependen Töne und Frequenzen enthalten, jagen mir seit jeher eine Gänsehaut über den Rücken. Doch das ist vergleichsweise harmlos. Wenn das Quietschen von Styropor erschrillt, zerplatzt mir fast der Schädel. Und das Trommelfell sowieso. Besonders, wenn man Styroporplatten oder Styroporkästen aus einem Karton herauszieht oder hineinschiebt, zerfetzt das Gequietsche mir das Hirn. Aber auch, wenn Styropor an Styropor schabt, verkrampfe ich mich und stopfe mir sofort die Zeigefinger in die Ohren. Deswegen kann ich es auch nicht aushalten, mit Styropor im selben Raum zu sein. Steht ein gelber Sack voll zerbröseltem Styropor in meiner Nähe, könnte es schließlich passieren, dass ich oder jemand anders aus Versehen mit dem Fuß dagegenkommt und die Styroporstücke raschelnd und schabend durcheinanderpurzeln. Allein der Gedanke daran reicht aus, um mir den kompletten Tag zu vermiesen.

Neu gekaufte elektronische Geräte oder Möbel auszupacken, die mit Styropor fixiert und in Kartons gezwängt wurden, ist eine Tortur für mich. Da ich aber nicht der Typ bin, der seine Schwächen gern zugibt, und ich außerdem nicht will, dass meine Freunde denken, ich hätte einen an der Klatsche, hole ich trotzdem nie jemanden zu Hilfe. Und das wiederum führt dazu, dass ziemlich viel Zeit verstreichen kann, bis ich meine Neuerwerbung das erste Mal in Gebrauch nehme. Wenn ich mir beispielsweise einen DVD-Player besorge, überwinde ich entweder meinen Ekel und packe das Gerät selbst aus (das dauert mitunter bis zu einer halben Stunde), oder aber ich lasse den Karton einfach im Wohnzimmer stehen und warte, bis jemand zum Videoabend vorbeikommt, dem ich beiläufig die Aufgabe übertragen kann: »Ach, ich bin noch gar nicht dazu gekommen, den DVD-Player auszupacken. Könntest du das eben machen? Dann geh ich schon mal in die Küche und bereite die Knabbereien vor.« Ist das Gerät erst einmal ausgepackt (worden), muss ich das Styropor unverzüglich mit spitzen Fingern vom Boden aufpicken und in den Hof-Container befördern. Und sollten dann noch winzige Styroporkrümel auf dem Teppich zurückgeblieben sein, werden diese noch vor Filmstart weggesaugt. Dass meine Freunde glauben, ich wäre ein Putz- und Müllentsorgungsneurotiker, kann ich ihnen daher nicht verübeln.

Die einzigen Situationen, in denen es – wie im Fahrradschuppen meiner Eltern – kein Entkommen mehr gibt, sind Umzüge. Vorausgesetzt, es müssen viele Neuanschaffungen getätigt werden, versteht sich. Und genau das war der Fall, als ich vor drei Jahren mit meinem damaligen Freund Nils zusammenzog. Dass ausgerechnet er, also die Person, die vor allen anderen ein offenes Ohr für meine Bedürfnisse hätte haben sollen, mir gegenüber kein Einfühlungsvermögen aufzubringen vermochte, hätte mir schon deswegen auffallen müssen, weil Nils den kompletten Umzug mir überließ. Während ich mir eine Woche Urlaub genommen hatte und sämtliche Wände allein strich, ging Nils weiterhin zur Arbeit, und wenn er abends nach Hause kam, beklagte er sich darüber, dass ihm die Farbe nicht gefiel. Freilich trieben mich seine chauvinistischen Allüren zur Weißglut. Da die Idee mit der ersten gemeinsamen Wohnung von mir gekommen war, fühlte ich mich jedoch in der Verantwortung und im Zugzwang und wollte die Arbeit von meinem Freund fernhalten und ihn nicht unnötig belästigen. (Ich weiß, ich weiß. Für diese selbstwertlose Einstellung würde Alice Schwarzer mir die Ohren lang ziehen, doch damals habe ich eben noch so gedacht.)

Nachdem alle Wände gestrichen waren und es an das Auspacken und Aufbauen der Möbel und Küchengeräte ging, musste ich das Zepter dann aber doch noch aus der Hand geben und begriff endlich, was für ein empathieloser Egoist Nils war.

»Weißt du, Sanni, es würde alles sehr viel schneller gehen, wenn du nicht ständig das Styropor rausschleppen, sondern mir mal beim Zusammenbauen der Schränke helfen würdest!«, schnauzte Nils, als ich zum geschätzten zehnten Mal im Begriff war, eine besonders fiese Styroporstange nach draußen zu tragen. »Ich kann das aber nicht aushalten, wenn das Zeug auf dem Boden herumliegt.« Nils verdrehte demonstrativ die Augen. »Glaubst du, das springt dich an und beißt dich, oder was?« Ich schluckte erschrocken ob seines harten Tonfalls. »Nein«, flüsterte ich perplex. »Nein, natürlich nicht. Aber wenn du oder ich mit dem Fuß dagegenkommen ... dann schabt das so komisch ... und tut mir in den Ohren weh.« – »Mein Gott! Ihr Weiber seid immer so empfindlich! Wenn du so weitermachst, sind wir nächstes Jahr noch nicht mit dem Umzug fertig.« – »Was ist denn so schlimm daran, wenn es etwas länger dauert? So ein Umzug in die erste gemeinsame Wohnung ist doch etwas Aufregendes und Schönes und macht Spaß. Du tust so, als wäre es eine lästige Pflichtübung, die so schnell wie möglich erledigt werden muss. Sei mal nicht so verbissen.« – »Jetzt hör mal gut zu, Madame! Wenn ich von der Arbeit komme, will ich meine Ruhe haben! Und ich habe keinen Bock, jeden Abend und jedes Wochenende irgendein Scheißregal zusammenzubauen und für den Rest meines Lebens auf einer Luftmatratze zu schlafen. Vor zwei Wochen sind wir umgezogen und jetzt steht noch nicht einmal das Bett. Und alles nur, weil du irgendwelche Wehwehchen mit deinen Ohren hast und vom Müllwegbringen besessen bist!« – »Jetzt hör *du* mir mal gut zu,

Kamerad!« Meine heftig pulsierenden Halsschlagadern drohten zu zerplatzen. »In diesem Ton redest du nie wieder mit mir, damit das klar ist! Und wenn dich armes Würstchen ein Umzug in eine Zwei-Zimmer-Wohnung derart überfordert, hättest du mir das vorher sagen müssen. Dann hätte ich eine Umzugsfirma beauftragt und dir ein Paar Pantoffeln besorgt.« Einen kurzen Moment lang funkelte Nils mich feindselig an. Dann griff er nach der Styroporstange auf dem Boden – und schlug sie über seinem Knie entzwei.

Es knarzte, knackte und quietschte. Unzählige weiße Krümel sprühten durch die Luft. Ich zuckte zusammen, schrie auf und steckte mir entsetzt die Finger in die Ohren. »Oh, Gott! Bist du wahnsinnig?« Nils grinste überlegen. Fassungslos presste ich ein tränenerstickes »Leck mich am Arsch!« hervor. Dann rannte ich ins Schlafzimmer und schlug die Tür hinter mir zu.

Das war Nils' und mein erster krasser Streit. Es sollte nicht der letzte bleiben. Und als ein paar Monate später so richtig die Fetzen flogen, flog in letzter Konsequenz auch Nils – und zwar mit gepackten Koffern auf die Straße. Parallel dazu brach die Wirtschaftskrise über die Finanzmärkte herein und die Stimmung auf der Arbeit war angespannt und mies. Und als wäre all das nicht genug, entwickelte sich auch noch ein heftiger Familienkonflikt, der mir sehr nahe ging und mich bis zur Schmerzgrenze belastete. Für meine Doktorarbeit und meine beiden Nebenjobs, die ich zu dieser Zeit zusätzlich am Hacken hatte, fand ich kaum noch Muße und Motivation.

Das Resultat von alldem: Wenn ich zur Arbeit ging, meckerten die Kollegen über zu viel Stress und Hektik. Wenn ich mich mit meinem Exfreund traf, um die Aufteilung des Hausrats zu diskutieren, flogen mir Anschuldigungen und Forderungen um die Ohren. Wenn ich meine traurigen Eltern anrief, klagten sie über die Missverständnisse und Probleme im Familienkreis, während ich wie immer die Starke spielen wollte und meinte, es obliege allein meiner Verantwortung, die Situation zu entkrampfen und sämtliche Parteien miteinander zu versöhnen.

Eines Tages, an einem Dienstagabend um halb acht, wurde es mir zu viel. Ich konnte den ganzen Mist nicht mehr hören. Im Wortsinn. Ich erlitt einen Hörsturz.

Ich war Anfang dreißig, als die Schockdiagnose gestellt wurde. Der behandelnde Arzt schickte mich sofort in die Reha, wo ich mehrere Wochen bleiben musste. Die Tage in der Klinik zogen sich zäh dahin. Und mir tat alles weh. Innerlich. Denn nun, da mein Körper nicht mehr hören wollte, musste ich fühlen. Und was ich fühlte, gefiel mir gar nicht.

Ich fühlte mich gnadenlos an meine Grenzen geführt und das stimmte mich wütend und traurig zugleich. Vor allem anderen fühlte ich aber Verwirrung. Ich fragte mich, wie gerade mir so etwas hatte passieren können. War ich doch immer so erfolgreich gewesen. Immer in Aktion, immer fleißig, immer sportlich, immer auf Party und immer gut gelaunt. Quasi von Geburt an war ich eine Macherin gewesen. Meine Leistungsfähigkeit schien unbegrenzt – nun musste ich einsehen, dass sie es womöglich doch nicht war.

Als ich aus der Reha entlassen wurde, war mein Gehörsinn zwar zurückgekehrt, doch dafür wurden meine Ohren nun von einem permanenten Piepen und Fiepen malträtiert. Und das machte mich wahnsinnig. Egal, ob ich mich unter die Dusche stellte, in der Badewanne abtauchte oder mir ein Kissen über den Kopf stülpte: In meinem Kopf herrschte niemals Stille. Viele Monate lang schlief ich keine einzige Nacht durch.

Erschwerend kam hinzu, dass meine Ohren extrem empfindlich geworden waren. Also noch empfindlicher als vorher, meine ich. Fahrradklingeln und Bremsenquietschen waren beispielsweise so unerträglich für mich, dass ich auf dem Weg zum Supermarkt vor Angst mit dem Rücken zur Wand an den Häusern entlangschlich und in einer Tour den Mund aufriss und um mich schlug. Ich muss gewirkt haben, als hätte ich das Tourettesyndrom, und nicht selten befürchtete ich, gleich würde eine Horde Weißkittel antraben, mich mit einem großen Kescher einfangen und in die nächstgelegene Klapse sperren.

Auch zu Hause fand ich keinen Frieden – damit kein klirrendes oder schepperndes Geräusch entstand, brauchte ich zum Spülmaschineausräumen mehr als eine halbe Stunde. Das Gleiche galt für sämtliche Alltagsabläufe, die ein unangenehmes Geräusch verursachen konnten. Alles musste langsam, bedacht und vorsichtig vonstattengehen. Und obwohl mir das erzwungene Schneckentempo anfangs tierisch auf den Nerv ging, war genau das die einzig richtige Therapie für mich, denn auch in meinem Inneren kehrte Ruhe ein.

Nachdem mein Leben mehrere Monate gemächlich und (schall-) isoliert von der Außenwelt vor sich hin geplätschert war, verschwand das lästige Nachpiepen aus meinem Gehör. Auch die Empfindsamkeit meiner Ohren nahm ab. Die Nacht, in der ich mich zum ersten Mal seit Monaten ins Bett legte und erst um acht Uhr morgens entspannt die Augen wieder aufschlug, werde ich nie vergessen.

Auch zur Arbeit und auf Partys ging ich seit einiger Zeit wieder – wenngleich mir das Quietschen der Turnschuhe auf den Böden zu schaffen machte und ich die Feten wegen der lauten Musik auf einer Bank sitzend vor den Discos oder Festzelten verbringen musste. Zwar blieb immer einer meiner Freunde bei mir, brachte mir Getränke und unterhielt sich mit mir, doch ich wünschte mir nichts sehnlicher, als endlich wieder wummernde Bässe in der Magengrube zu spüren und auf einer coolen Elektro-Party hemmungslos abzutanzen.

Eines Abends im Juli war es dann so weit. Meine Ohren waren fast vollkommen genesen und meine beste Freundin Britta und ich beschlossen, auf die Privatparty eines Kumpels zu fahren und, ganz wie früher, so richtig die Sau rauszulassen. Zum ersten Mal seit Monaten wollte ich mich wieder mitten in den Trubel und auf die Tanzfläche wagen, und weil das etwas ganz Besonderes für mich war, vergingen zwei geschlagene Stunden, bis ich das richtige Outfit gewählt und meine störrische Lockenmähne zufriedenstellend gebändigt hatte. »Du siehst super aus!«, befand Britta, während ich mich prüfend im Spiegel betrachtete. »Ha! Na, dann kann ja nichts mehr schiefgehen!«, rief ich fröhlich. Dann stopfte ich mir meine maßgeschneiderten Ohrstöpsel rein und feixte: »So. Jetzt noch 'ne Duracell in den Hintern und ab geht die wilde Luzie!«

Die Party fand ziemlich weit außerhalb in einem Waldstück statt und so mussten Britta und ich relativ lange mit dem Nachtbus fahren. Die Location, die unser Kumpel für seine großangelegte Geburtstagsparty auserkoren hatte, war eine baufällige Butze aus Stein, die in zwei große Räume unterteilt war. In dem einen Zimmer wurde getanzt, in dem anderen geredet, getrunken und geraucht. Über hundert Leute waren da.

Britta und ich holten uns jeder einen Wodka Red Bull und stürmten sofort die Tanzfläche. Elektrisiert zog ich die Spange aus meinem Haar und wirbelte übermütig meine blonden Locken durch die Luft. Ich fühlte mich frei. Plötzlich bemerkte ich einen Mann, der sich am Rand der Tanzfläche herumdrückte und mich beobachtete. Er versuchte, unauffällig zu wirken, und verriet sich allein dadurch schon. Ich grinste. Der Typ trug eine zerschlissene Jeans, ein weißes T-Shirt und eine dunkelbraune Lederjacke. Seine schwarzen Haare waren zu einer Johnny-Cash-Tolle aufgestellt. Er sah verwegen und unverschämt gut aus.

»Das ist Kerem«, raunte Britta mir verschwörerisch ins Ohr. »Kerem ist Single!« – »Soso«, machte ich und lächelte Kerem frech an. Er lächelte ebenfalls. Dann drehte er sich um und verschwand in der Menge. Verdutzt hörte ich zu tanzen auf. »Wo geht er denn hin?«, fragte ich Britta, die die Antwort natürlich genauso wenig kannte wie ich. »Weiß ich doch nicht! Geh hinterher!« – »Wieso? Soll er doch kommen, wenn er was will.« – »Ach, los jetzt! Geh hinterher und flirte ein bisschen! Das tut dir gut.« Ich schnaufte. Eigentlich wollte ich lieber tanzen, doch der Typ sah echt verdammt lecker aus. »Na, schön. Ich kann uns ja mal eben neue Getränke holen und gucken, ob ich ihn zufällig irgendwo sehe.«

Vergnügt trippelte ich zur Bar und hielt Ausschau nach Kerem. Er war nirgends zu sehen. Nun war ich fast beleidigt. Aber was soll's? Die Musik war ja noch da! Eilig kaufte ich zwei neue Drinks und marschierte wieder zurück. Als ich die Tanzfläche fast erreicht hatte, fiel mein Blick auf den Durchgang zum Nebenraum. Ob ich einen Blick riskieren sollte? Nur einen ganz flüchtigen?

Kurz entschlossen stellte ich die Gläser auf einem Stehtisch ab, zündete mir eine Alibi-Zigarette an und ging hinein. Eine gute Entscheidung. Kerem war da. Er stand im hinteren Ende des Zimmers, lehnte lässig mit der Schulter an der Wand und unterhielt sich mit einem anderen Mann, der ihm gegenüberstand und ebenfalls mit einer Schulter an der Wand lehnte. Kerem entdeckte mich sofort, winkte amüsiert und deutete mir mit einer Handbewegung an, dass ich zu ihm kommen solle. Unbekümmert lief ich los – kurz darauf zuckte ich jedoch erschrocken zusammen und blieb abrupt wieder stehen.

Ich hatte mich bereits beim Hereinkommen gefragt, warum die Wand, an der Kerem lehnte, im Gegensatz zu den anderen Wänden nicht grau, sondern so weiß war, dass sie selbst im schummrigen Partylicht grell leuchtete. Jetzt, da ich näher gekommen war, erkannte ich den Grund. Kerem lehnte an einer Wand aus Styropor! An exakt so einer Wand, wie wir sie in unserem Fahrradschuppen gehabt hatten!

Automatisch riss ich den Mund zum Druckausgleich auf, steckte die Finger in die Ohren, merkte, dass ich Stöpsel drin hatte, und ließ die Hände wieder sinken. Kerem starrte mich irritiert an. Beschämt machte ich auf dem Absatz kehrt und ergriff die Flucht. Kurz vor dem Durchgang überlegte ich es mir in letzter Sekunde anders. Die Blöße konnte ich mir echt nicht geben!

Mit zusammengepressten Lippen fuhr ich herum und lief ein zweites Mal auf Kerem zu. Er beobachtete mich mit hochgezogenen Augenbrauen. Sein Blick wurde immer ungläubiger. Beinahe hatte ich ihn erreicht, als Kerem sich plötzlich zur Seite bewegte und mit seiner dunkelbraunen Lederjacke über die schneeweiße Styroporwand rutschte. Das Quietschen des Styropors war so laut, dass sich der grelle Ton durch die umherfliegenden Gesprächsfetzen und das Ohropax hindurch bis in meine Hirnwindungen bohrte, mir sogleich bitteres Wasser im Mund zusammenlief und ich krampfartig die Arme um mich selbst schlug. Offenbar waren meine Ohren doch noch nicht so ganz genesen. Als so schrecklich hatte ich Styroporquietschen noch nie empfunden, und es war mir ein echtes Rätsel, warum nicht sämtliche Bierflaschen und Gläser ob der hohen Frequenz in Millionen kleine Stücke zersprangen. Schmatzend streckte ich die Zunge raus, um den metallischen Geschmack wieder loszuwerden. Kerem, der alles aufmerksam verfolgt hatte, wich verstört ein paar Schritte zurück. Wahrscheinlich würde er gleich die Männer mit dem Kescher rufen. Bei der hastigen Bewegung rutschte Kerem erneut mit seiner Lederjacke über das Styropor, wieder quietschte es und nun war ich ein für alle Mal auf und davon. Der Abend war gelaufen.

Überstürzt verabschiedete ich mich von Britta, holte meine Jacke und spurtete aus der Hütte und über den Waldweg, bis ich die Bushaltestelle erreicht hatte und mich zittrig auf eine Bank plumpsen ließ. Ich ekelte mich fürchterlich. Und zwar vor Kerem. Jemand, der mit einer speckigen Lederjacke freiwillig und unbedarft über eine glatte Styroporwand rutschte, war in meinen Augen einfach nur widerlich! Hoffentlich würde ich ihn nie wieder sehen! Ermattet pflückte ich die Stöpsel aus meinen Ohrmuscheln und atmete einige Mal tief in den Bauch. Es dämmerte bereits zum Morgen. In der Ferne erklang das vereinzelte Gezwitscher der frühsten Vögel. Mein Herzschlag und mein Atem beruhigten sich wieder.

Eine Viertelstunde später bog nicht der Bus, sondern Kerem um die Ecke und rief: »Mann, hab ich ein Glück! Den ganzen Abend habe ich vergeblich darauf gewartet, dass wir miteinander ins Gespräch kommen. Und jetzt fährst du trotzdem mit mir nach Hause.« Verdutzt blickte ich auf. Plötzlich fand ich Kerem wieder attraktiv. Seine Lederjacke war überhaupt nicht speckig. Kerem setzte sich neben mich. »Ich heiße übrigens ...« – »Kerem«, fiel ich ihm ins Wort. Kerem pfiff durch die Zähne. Er hatte eine leichte Fahne. »Aha. Du neigst also nicht nur zu komischen Krämpfen, sondern bist auch noch eine Stalkerin. Vielleicht sollte ich mich besser von dir fernhalten ... Sanni!« Überrascht lachte ich auf. »Und du bist ganz schön unverschämt, Kumpel!« Kerem strahlte über das ganze Gesicht. »Oder bist du womöglich doch so toll, wie du aussiehst?« – »Oh, ha. Jetzt fährst du aber ganz schön schweres Geschütz auf.« Kerem kniff die Augen zusammen. »Scheiße! Auf die Schleimnummer stehst du wohl nicht.« – »Nope.« – »Hm. Na, gut. Was anderes fällt mir gerade nicht ein. Wie wär's, wenn wir einfach nebeneinander sitzen bleiben, eine rauchen und auf den Bus warten?« – »Das können wir gern machen.«

Kerem und ich zündeten uns jeder eine Zigarette an, lehnten uns zurück und blinzelten in den Sonnenaufgang. Früher hätte ich mich in so einer Situation anders verhalten. Ich hätte geplappert, geworben, coole Sprüche gerissen und mich wegen der Ereignisse in dem Raum mit der Styroporwand zu rechtfertigen versucht. Doch an diesem Morgen war alles anders. Ich hatte gelernt, dass die glücklichsten Momente im Leben die stillen sind.

Schmierige Angelegenheiten

Gunnar (32), Cutter, Berlin,
über
Cremephobie (Ekel vor Creme und Bodylotion)

Mit Worten ist es wie mit Creme. Wenn sie erst mal aus der Tube raus sind, ist es unmöglich, sie wieder hineinzubekommen. Und wenn man es trotzdem versucht, ergibt das eine Riesensauerei. Das wurde mir bewusst, als meine Freundin Leni und ich ungefähr ein halbes Jahr zusammen waren und wir erstmals gemeinsam verreisten. Das Ziel war eine gemütliche Pension in dem Hafenstädtchen Alassio an der italienischen Riviera. Eigentlich hatte der spontane Kurztrip ein romantisches Abenteuer für Frischverliebte werden sollen – als Leni und ich uns bereits am Check-in-Schalter wegen ihres Übergepäcks in die Wolle kriegten, ahnte ich jedoch, dass an der viel zitierten »Überdosis Zweisamkeit« womöglich doch etwas dran sein könnte.

In Italien und der Pension angekommen, versöhnten wir uns wieder – doch der Frieden währte nicht lange. Kaum hatten wir tags darauf den Strand erreicht, ging das Drama erst so richtig los. »Huhu, Gunnar! Willst du nicht mal zu mir in die Sonne kommen? Du kannst doch nicht den ganzen Tag im Schatten rumgammeln und lesen.« Irritiert blickte ich von meinem Comicheft auf. »Warum nicht?« – »Das ist doch öde«, urteilte Leni, die am Fußende meiner Liege stand und demonstrativ mit einer Tube Sonnencreme winkte. – »Find ich nicht«, antwortete ich knapp. – »Mir ist aber langweilig! Kannst du dich nicht ein bisschen zu mir setzen?« – »Wieso? Du lässt dich doch eh bloß brutzeln und hörst Musik.« – »Manno!« Leni stampfte bockig mit dem Fuß auf. Ich verstand nicht, was sie von mir wollte. – »Dann crem mir wenigstens den Rücken ein«, forderte sie nörgelig. – »Nein.« – »Nein?«, wiederholte sie ungläubig. – »Nein. Ich kann Creme nicht ab. Sorry.« – »Bist du allergisch, oder was?« – »Nö. Ich will das Zeug nur nicht an den Händen haben.« – »Aha. Na, das höre ich heute aber zum ersten Mal.« – »Das könnte daran liegen, dass ich es dir heute zum ersten Mal erzählt habe.« – »Meinst du das jetzt ernst oder hast du nur keine Lust, mich anzufassen, weil ich dir zu fett geworden bin?«, fragte Leni, halb im Spaß. – »Leni! Hör auf mit dem Quatsch! Das ist doch lächerlich.« – »Wieso lächerlich? Du warst es doch, der neulich noch meinte, dass mein Hintern ganz schön rund geworden sei.« Langsam, aber sicher fing Leni an, mir auf die Eier zu gehen. »Ja, und? Das heißt doch nicht, dass ich dich nicht mehr anfassen will!« Schlagartig verschwand das Lächeln aus Lenis Gesicht. »Aber du findest das tatsächlich, ja? Also, dass ich zugenommen habe?« Ich zuckte mit den Schultern und vertiefte mich wieder in den Comic. »Ja. Hast du. Ziemlich sogar.« – »Wie bitte? Das ist ja wohl die Höhe! Du siehst auch nicht gerade aus wie Adonis höchstpersönlich!« – »Hä? Das habe ich auch nicht behauptet. Es ist doch nicht schlimm, dass du zugenommen hast. Ich finde dich trotzdem schön.« – »Du kannst mich mal!«, schrie Leni und rannte weinend davon. Ich blieb verwirrt zurück. Was hatte ich denn jetzt schon wieder falsch gemacht?

Dass Leni die Geschichte mit der Creme ein wenig kurios vorkam, konnte ich ja noch verstehen, aber deswegen musste sie doch nicht gleich heulen! Schließlich war alles, was ich gesagt hatte, ernst gemeint gewesen und hatte nicht das Geringste mit ihr zu tun. Ich finde Cremes, Bodylotions und Körperöle ganz einfach ekelhaft und sogar Haargel und Haarwachs sind mir unsympathisch. Wenn man sich eincremt, kann man danach für Stunden nichts anfassen, weil das Fett nur so aus den Poren trieft und quillt und man an sämtlichen Gegenständen schmierige Fingerabdrücke hinterlässt.

In der U-Bahn hat mir beispielsweise mal eine Frau mit einem tief ausgeschnittenen Trägertop gegenübergesessen, die sich offenbar kurz zuvor den Oberkörper mit irgendeiner goldig schimmernden Glitzerlotion eingeölt hatte. Die künstlichen Pigmente auf ihrem Dekolleté funkelten aufdringlich, und ihre Arme waren so schmierig, dass der Oberarm, mit dem sie die Scheibe links von sich berührte, regelrecht an dem milchigen Plexiglas festklebte. Wenn die U-Bahn eine Kurve fuhr und die Frau von der Fliehkraft zur Seite gedrückt wurde, löste sich der Arm jäh mit einem schmatzenden Geräusch und gab den Blick auf einen cremigen Riesenfettfleck an der Scheibe frei. Die unfeine Schickimicki-Tante bemerkte das gar nicht, doch ich empfand den Anblick als derart abstoßend und widerwärtig, dass ich lange vor meiner eigentlichen Haltestelle aus der U-Bahn flüchtete, um der glänzend aufgelegten Dame nicht mitten in ihren peinlichen Glitzer-Ausschnitt zu reihern.

Mein Verhältnis zu Creme ist deswegen so speziell, weil mir unter diesem öligen Film auf meiner Haut immer so warm wird und ich tierisch zu schwitzen beginne. Wenn meine überbesorgte Mutter mich früher im Urlaub dazu nötigte, mich mit Sunblocker Stärke vierzig einzuschmieren, fühlte sich das für mich immer an, als hätte man mir bei vierzig Grad im Schatten noch einen dicken Pelzmantel übergestreift. Diese ganze Sonnenschutz-, After-Sun-, Feuchtigkeitspflege- und Antifaltengeschichte ist meiner Meinung nach sowieso nur ein werbedienliches Märchen der Kosmetikindustrie, aber mich fragt ja keiner.

Als Leni nach einer halben Stunde noch nicht wieder aufgetaucht war, riss ich mich schweren Herzens von meinem Comic und dem schattigen Plätzchen los und machte mich genervt auf die Suche nach ihr. Eigentlich hasste ich diese »Ich laufe beleidigt weg und du musst mich finden und dich entschuldigen«-Spielchen wie die Pest, aber wenigstens an unserem ersten Urlaubstag wollte ich meinen guten Willen demonstrieren.

Schließlich entdeckte ich meine Freundin. Sie saß auf einer Bank an der Promenade und schleckte griesgrämig an einem überdimensionalen Hörnchen mit Schokoladeneis. Das war wieder typisch Frau! Wenn Leni sich bei jeder noch so kleinen Verstimmung mit Süßigkeiten tröstete, musste sie sich auch nicht wundern, wenn sie in die Breite ging. »Warum bist du weggelaufen, Leni?« Leni setzte eine leidende Miene auf. »Findest du wirklich, dass ich so sehr zugenommen habe?« – »Ach, nur ein ganz kleines bisschen«, log ich taktisch klug und legte Leni zärtlich einen Arm um die Schultern. »Und überhaupt: Das mit der Sonnencreme hat rein gar nichts damit zu tun! Ich mag das Zeug nur nicht. Mochte ich noch nie. Ich selbst creme mich nicht ein und ich möchte auch niemand anderen eincremen.« – »Kriegst du denn nie Sonnenbrand?« – »Nö. Außerdem bleibe ich eh lieber im Schatten und lese.« – »Ach so«, seufzte Leni und senkte traurig den Blick. – »Was ist denn jetzt schon wieder?« Leni schaute mich verdrießlich an. »Irgendwie habe ich mir unseren Urlaub anders vorgestellt.«

»Was meinst du?« – »Na ja. Du liegst auf der Liege und liest Comics, ich sitze allein am Strand und höre Musik. Das ist unromantisch!« – »Was wäre dir denn lieber?« – »Dass wir nebeneinanderliegen und uns stundenlang unterhalten, dass wir am Meer entlangspazieren und leidenschaftlich knutschen, dass wir uns gegenseitig massieren oder uns Liebesgedichte vorlesen, oder so.« – »Liebesgedichte?« – »Ja, Liebesgedichte. Ich habe neulich ein ganz tolles von der englischen Dichterin Elizabeth Barrett Browning gefunden. Darin gibt es wunderschöne Passagen! Zum Beispiel …« Leni machte eine künstliche Pause und signalisierte mir mit einem schmachtenden Augenaufschlag, dass der folgende

Satz ihre eigenen Gefühle zu mir widerspiegeln sollte. »… Ich liebe dich so tief und hoch und weit, wie meine Seele reicht.« – »Aha. Also 1,65 Meter.« – »Haha. Sehr witzig.« – »Oder wachsen die Seele und die Liebe proportional zur Breite?« Wutentbrannt sprang Leni von der Bank und pfefferte ihre halb gelutschte Eistüte in den Sand. Sie war völlig außer sich. »Ach, Leni! Das war doch nur Spaß! Ich wollte nur die Stimmung ein wenig auflock…« – »Du bist so ein bescheuertes Ober-Assi-Voll-Arschloch, das ist echt nicht zu fassen!« Wieder einmal rannte Leni davon. Dieses Mal blieb ich sitzen.

Da der Tag am Strand der absolute Reinfall gewesen war, besorgten Leni und ich uns am nächsten Tag einen Mietwagen und unternahmen einen Ausflug aufs Land. Ich hatte mich gerade hinter das Steuer gesetzt, als sich Leni plötzlich runterbeugte und die unergründlichen Tiefen ihrer Frauenhandtasche zu erkunden begann. Nachdem sie ein paar Sekunden darin herumgewühlt hatte, fischte sie eine blau-weiße Tube heraus – und cremte sich die Hände ein. – »Was soll das denn jetzt? Das machst du doch sonst nicht.« – »Richtig. Aber in so einem trockenen Klima wie hier sollte man darauf achten, dass die Hände nicht zu viel Feuchtigkeit verlieren. Sonst werden sie rissig.« – »So ein Quatsch!« – »Lass mich doch einfach machen«, motzte Leni gereizt. Dann fuhr sie fort, die breiige Masse in ihre Haut einzumassieren. Ihre Finger glänzten wie kleine fettige Salamistangen. Ihre Handrücken sahen feucht und verschwitzt aus. Leni bemerkte meinen Blick. »Was gibt es da zu glotzen?« Ich verzog angewidert das Gesicht. »Das ist echt eklig, Leni.« Meine Freundin stoppte mitten in der Bewegung. Zwischen den Fingerknöcheln ihrer rechten Hand hingen noch nicht verteilte Cremeklümpchen, die in der Sonne schimmerten wie dicke weiße Glibberpopel. – »Ach, Gunnar. Spinn nicht rum. *Ich* werde *mich* ja wohl noch eincremen dürfen!« Wortlos richtete ich den Blick nach vorn und fixierte die Straße. Sicher, wenn sie unbedingt wollte, durfte Leni sich natürlich eincremen. Das Problem: Weil ich fortan nicht mehr Händchen mit ihr halten wollte, endete auch dieser Tag im Desaster.

Am nächsten Morgen entschieden wir uns aus Mangel an Kreativität erneut für einen Strandbesuch. Zunächst gestaltete sich alles wie gehabt. Leni steuerte schnurgerade ihre Sonnentankstelle an, ich legte mich in den Schatten und schmökerte in meinem Comic. Nach einer halben Stunde erspähte ich über den Rand des Heftes, wie sich ein braungebrannter Typ zu Leni gesellte und begann, ihren Rücken mit Unmengen von Sonnencreme zu besudeln. Das gefiel mir gar nicht – doch ich verhielt mich ruhig. Ein Mann hat schließlich auch seinen Stolz.

Als der Typ 15 Minuten später immer noch an meiner Freundin rumknetete, wurde es mir aber doch zu bunt. Dieser Schmierlappen sollte gar nicht erst versuchen, mir ins Revier zu pinkeln! Wütend stapfte ich auf Leni und ihren neuen Verehrer zu. Der konnte was erleben! »Na, stör ich?« – »Ah, Gunnar. Gut, dass du kommst. Das ist Luigi. Er war so freundlich, mir den Rücken einzucremen. Wenn wir Lust haben, zeigt er uns demnächst den Ort. Er kommt von hier.« Luigi erhob sich und streckte mir seine Hand entgegen. Ich ignorierte sie. Ganz im Gegensatz zu mir war Luigi bis in den kleinen Zeh durchtrainiert und mit deutlich weniger Brusthaar gesegnet. Unwillkürlich hielt ich die Luft an und zog meinen Bierbauch ein.

»Du biste also die berühmte Gunnar«, stellte Luigi schließlich fest und ließ die Hand wieder sinken. »Musste nix böse sein. Aber kannst du eine so schöne Frau doch nicht allein an Strand lassen.« Na, bitte! Noch mehr Öl hätte Luigi gar nicht ins Feuer gießen können. Unruhig blickte ich zu Leni, die nun selbstgefällig ihr langes blondes Haar nach hinten warf und amüsiert schmunzelte. »Tja, Gunnar. Was soll ich dazu sagen?«, fragte sie schnippisch. Der Triumph stand ihr förmlich ins Gesicht geschrieben. Ich blickte wieder Luigi an und kniff abschätzig die Augen zusammen. »Jetzt bin ich ja da.«

Luigi ging nicht auf die Provokation ein, sondern setzte sich stumpf neben Leni. Ich tat es ihm gleich. Danach stierten wir aufs Meer hinaus und schwiegen. Luigi saß rechts, ich links, Leni in der Mitte. Die Stimmung war so angespannt, ich hätte sie zerschneiden können. Irgendwann hielt ich den Druck nicht mehr aus und knurrte: »Du, Luigi. Hast du eigentlich nichts Besseres zu tun, als den ganzen Tag neben der Freundin eines anderen rumzusitzen?« Leni boxte mir in die Rippen. »Gunnar! Was ist denn in dich gefahren!«, wisperte sie beschämt. Luigi hingegen blieb locker. Natürlich. Er war ja auch der obercoolste Sonnyboy-Wichser »ausse ganze Bella Italia«.

»Glaubste du, Strand gehören dir allein?«, fragte er und streckte sich gähnend auf seinem Handtuch aus. Ich antwortete nicht, sondern machte mich ebenfalls lang. Solange du nicht gehst, werde ich auch nicht gehen, dachte ich grimmig – und döste schließlich ein.

Als ich wieder zu mir kam, war die Sonne bereits ein gutes Stück gen Westen gewandert. Ich blinzelte schlaftrunken und machte Anstalten, mich aufzusetzen. Plötzlich bemerkte ich ein Spannungsgefühl am Bauch, das sich langsam, aber sicher über meinen kompletten Körper ausbreitete und von Sekunde zu Sekunde heftiger ziepte. Meine Wangen glühten feurig und mein Kopf fühlte sich an, als tobte ein tropisches Fieber in ihm. Ich stöhnte auf. Das Spannungsgefühl verwandelte sich in einen brennenden Schmerz. Noch halb betäubt von Schlaf und hochsommerlicher Hitze drehte ich den Kopf zur Seite und öffnete unter enormer Kraftanstrengung die Augen. Leni lag neben mir und schlief. Luigi war verschwunden. Das war auch besser für ihn! »Leni?«, flüsterte ich. »Leni? Wach auf! Sollen wir ein bisschen schwimmen gehen? Ich brauch 'ne Abkühlung.« Leni gähnte und rekelte sich genüsslich. Dann zog sie benommen die Augenlider nach oben – und erstarrte. »Oh, Gott! Gunnar …« Lenis Kinnlade klappte nach unten. Ihre Augen wurden groß wie Untertassen. – »Was ist?« – »Du siehst ja aus wie ein Krebs!« – »Wer? Ich? Wieso?« – »Du bist feuerrot! Und zwar überall. Ich glaube, so einen schlimmen Sonnenbrand habe ich überhaupt noch nicht gesehen!«

Die nächsten beiden Tage verbrachte ich im abgedunkelten Schlafzimmer der Pension und tat das, was jeder echte Kerl mit Sonnenbrand getan hätte: Ich aalte mich in Selbstmitleid. Immerhin waren die Schmerzen so stark, dass ich Verbrennungen dritten Grades erlitten haben musste. Mindestens! Leni blieb bei mir, versorgte mich stündlich mit Wasser, Quark und Milch und las mir schnulzige Verse aus ihrem mitgebrachten Gedichtband vor. Unsere tragische Zweisamkeit erinnerte mich an das Kriegs-Liebesdrama *Der englische Patient.* Leni war die sanftmütige Pflegerin und ich der Todgeweihte.

Am dritten Tag hatte Leni allerdings keine Lust mehr, die Krankenschwester zu spielen. »Gunnar, ich weiß, das ist sicher blöd für dich, aber ich muss heute einfach mal wieder raus.« Erschrocken sprang ich aus dem Bett. »Raus? Wo willst du denn nur hin? Du kannst mich doch in diesem Zustand nicht allein lassen!«, rief ich und fuchtelte theatralisch mit den Armen herum. – »Gunnaaar«, mahnte Leni und zog dabei das »a« bedrohlich in die Länge. Ich setzte mich ergeben aufs Bett und legte die Hände in den Schoß. »Ja«, seufzte ich. »Ja, ich weiß. Ich soll nicht so übertreiben.« – »Genau«, lachte Leni und drückte mir einen Kuss auf die Stirn. Ich startete einen Bestechungsversuch: »Wenn du hier bleibst, massiere ich dich!« Leni pfiff durch die Zähne. »So ist das also. Wenn du was willst, kannst du mich plötzlich massieren. Aber ohne Creme oder Öl macht das sowieso keinen Spaß.« – »Ach, Leni. Bleib doch bitte hier. Wo willst du überhaupt hin?« – »Ich gehe in die Stadt und treffe mich mit Luigi.« Pow! Der ging unter die Gürtellinie. »Was? Wieso das denn? Das verbiete ich!« – »Komm mal wieder runter! Nur weil du zu faul warst, dich einzucremen, muss ich nicht den ganzen Urlaub in einer dunklen, kalten Kammer hocken. Und außer Luigi kenne ich hier niemanden. Er will mir doch bloß den Ort zeigen.« – »Ja, und deiner nassen Muschi seinen stinkenden Italiener-Schwanz!« – »Gunnar!« Erschrocken schlug ich mir die Hand vor den Mund. Hatte ich das gerade laut gesagt? Lenis Augen rannten im Zickzack über mein Gesicht. Ihre Lippen zuckten – und bespuckten mich endlich mit einem giftigen »Fuck you!«. Dann fuhr Leni herum und eilte zur Tür. Ich stolperte ihr ungeschickt hinterher. »Leni! Leni! Das ist mir so rausgerutscht! Ich hab doch nur Angst um dich! Worauf dieser Schleimbolzen aus ist, riecht man ja wohl zehn Meter gegen den Wind!« Leni blieb abrupt stehen. »Das heißt also, du traust mir zu, dass ich mich gleich, nachmittags um drei, mit einem fremden Italiener treffe, um mit ihm zu vögeln?« – »Ja! Nein! Ich meine, *ihm* traue ich das zu. Dir nicht!« – »Na, also.« Ohne ein weiteres Wort öffnete Leni die Tür und wehte davon.

Nervös stapfte ich im Schlafzimmer von einer Ecke in die andere. Wahrscheinlich traf sie sich gar nicht mit diesem Luigi. Das war eine clevere Lüge. Eine List. Psychologische Kriegsführung. Nichts weiter. Sie wollte mich aus der Reserve locken. Aber was genau erwartete sie jetzt von mir? Sollte ich ihr nachrennen und auf Knien rutschen? Nein. Aus dem Alter waren wir wirklich raus. Wahrscheinlich wollte sie bloß Aufmerksamkeit. Ja! Genau! Das war es! Sie wollte, dass ich sie nicht länger als Krankenschwester und Strandbegleitung sah, sondern als meine anbetungswürdige Freundin, der es die Sterne vom Himmel zu holen galt. Doch wie sollte ich das am geschicktesten angehen? Eine Massage! Das war die passende Strategie! Damit würde ich sie nachher überraschen! Aber nicht mit so einem Larifari-Kram, sondern mit einem verschwenderischen Verwöhnprogramm mit Öl und Kerzen und allem Drum und Dran. Ihr zuliebe würde ich alles tun!

Als ich mich eine halbe Stunde später in einem Kosmetikgeschäft am Ende der Promenade wiederfand, musterten mich die Verkäuferinnen, als wäre ich ein giftiges Insekt. Auf meinem glühenden Kopf thronte eine Basecap, von meiner krebsroten Nase baumelten abgepellte Hautfetzen, die schützende Jeans und der langärmlige Pulli klebten wie eine zweite Haut an meinem schweißnassen Körper und ja, man muss es einfach so sagen: Ich sah richtig scheiße aus.

Hinzu kam noch, dass ich mir vorkam wie ein kleiner Junge, der sich verlaufen hat. In meiner Not gab ich einer Verkäuferin mit Händen und Füßen zu verstehen, dass ich auf der Suche nach einem Massageöl war. Nach anfänglichen Kommunikationsproblemen überreichte sie mir schließlich ein braunes Plastikfläschchen. Meine Hände wurden sofort feucht – und das, obwohl sie noch nicht einmal mit dem Öl in Berührung gekommen waren. Unsicher schraubte ich den Deckel ab und hielt mir das Fläschchen prüfend unter die Nase. (Das musste man ja so machen. Hatte ich mal in einem Werbespot gesehen.) Mutig roch ich drauflos, doch einen besonderen Duft konnte ich nicht erschnuppern. Ich hielt mir den Behälter noch dichter vor die Nase und drückte vorsichtig auf dem weichen Bauch des Fläschchens herum. Wieder nichts. Ungeduldig schloss ich die gesamte Hand ums Fläschchen und drückte kraftvoll zu und – Glückwunsch! – da schoss ein harter Strahl fruchtig stinkenden Massageöls direkt in meine Nasenlöcher.

Der Strahl spritzte so weit nach oben, dass sich beide Nasennebenhöhlen mit der glitschigen Schleimsuppe füllten und ich das Gefühl hatte, das Öl würde mir bald zähflüssig aus den Augen rinnen. Hinter meiner Stirn begann es zu prickeln und zu drücken, als hätte ich einen Liter Wasser eingeatmet. Entsetzt ließ ich das Fläschchen auf den Boden fallen und schüttelte hilflos den Kopf hin und her. Der Druck hinter der Stirn blieb. »Aiuto! Aiuto!« Die Verkäuferinnen stürzten wild gestikulierend auf mich zu und klatschten mir einen nassen Waschlappen ins Gesicht. »Ich krieg keine Luft! Ich krieg keine Luft!«, röchelte ich und schubste die aufgekratzt auf Italienisch brabbelnden Frauen unsanft von mir. –

»Gunnar!?« Verdutzt hob ich den Kopf. In der Tür des Ladens standen Leni und Luigi.

»Was machst *du* denn hier?«, näselte ich wie ein Transsexueller. – »Ich wollte mir neues Waschgel kaufen. Und *du*?« Ich glotzte Leni an wie ein begossener Pudel. Aus meiner abgeschälten Nase tropfte öliger Schnodder. »Ich wollte Massageöl kaufen und dich damit überraschen und dann wollte ich ausprobieren, wie es riecht, und ...«, wütend registrierte ich, wie sich Salzwasser in meinen Wimpern sammelte und überzuschwappen drohte. Ich schniefte und wischte mir ärgerlich mit dem Ärmel über die Augen. »... Und dann ... dann habe ich alles in die Nase gekriegt.« In Lenis Augen blitzte es auf. »Och, Mensch.« Gerührt lief Leni auf mich zu und schloss mich in die Arme.

»Brauchste nicht zu weine, Gunnar. Iste auch so schon peinlich genug«, kommentierte Luigi plötzlich ungefragt. – »Ach, halt die Klappe, du Lackaffe! Du gehst mir schon die ganze Zeit auf die Nerven!«, fuhr Leni ihren italienischen Reiseführer an und führte mich an der Hand aus dem Geschäft heraus. Bevor wir um die Ecke gebogen waren, warf ich einen letzten Blick auf Luigi und hob die Hand zum Abschiedsgruß. Als er verwirrt zurückwinkte, drehte ich ihm den Handrücken zu und klappte die Finger ein. Aber nicht alle. Den Mittelfinger ließ ich stehen.

An der Nordseeküste

Beate (44), Krankenschwester, Bremen,
über
Ichthyophobie (Angst vor Fischen)

So ziemlich jeder kennt wohl die Liedzeilen: »An der Nordseeküste am plattdeutschen Strand sind die Fische im Wasser und selten an Land.« Was aber kaum jemand weiß, ist, dass das Schlager-Duo Klaus & Klaus mit dieser Textpassage eine himmelschreiende Lüge in die Welt gesetzt hat. Ich möchte nicht kleinlich sein, doch da ich als Kind fast jeden Sommer mit meiner Familie im Nordseeurlaub war und zudem nur eine Autostunde vom Jadebusen entfernt wohne, ist es mir ein Bedürfnis, die Wahrheit zu verkünden: An der Nordseeküste sind die Fische ständig an Land!

Sei es hinter Schränken, im Bett oder auf Bäumen – hierzulande findet man Fische einfach überall. Und darüber ist niemand unglücklicher als ich, fürchte und ekle ich mich doch seit Kindertagen vor nichts so sehr wie vor Fischen. Art, Farbe und Größe spielen dabei keine Rolle. Alle anderen Wasserbewohner – Seesterne, Seepferdchen, Tintenfische, Krebse und ja, sogar Quallen und Kaulquappen – kann ich gut leiden. Aber Fische? Gott steh mir bei! Diese glitschigen Schuppenviecher bringen das Blut hinter meinen Schläfen schon dann zum Pulsieren, wenn sie mich nur von der Seite einer Supermarktbroschüre aus anglotzen. Was passiert, falls eines dieser glubschäugigen Schmatzmäuler mein Bein während eines Bades in Meer oder See umzappeln sollte? Nun, ich will es mal so ausdrücken: Dann könnten Jesus und ich einen rasanten Wettlauf übers Wasser starten.

Wenig überraschend ist somit, dass ich der größte Chlor-Fan aller Zeiten bin und freie Sommertage vorzugsweise damit verbringe, mich zusammen mit den anderen Ölsardinen über die plattgemähten Rasenflächen der Bremer Freibäder zu rollen. Wer nun allerdings glaubt, die Vermeidung natürlicher Gewässer würde mir phobientechnisch gesehen ein friedvolles Leben bescheren, fischt definitiv im Trüben. Ich hatte ja bereits erwähnt, dass Fische in nördlichen Gefilden ständig an Land sind. Und das habe ich auch so gemeint.

Schon im Kindergarten musste ich mich ganz oft hinter das Sofa in der Puppenecke verkrümeln, weil die anderen Kinder eine Vorliebe für dieses Magnet-Angelspiel mit den kleinen bunten Plastikfischen entwickelt hatten. Auch zu Hause bekam ich keine Ruhe. Mein älterer Bruder besaß einige ausgestopfte Tiere und er fand kaum etwas so unterhaltsam, wie seinen trocken präparierten Südseefisch in meinem Kleiderschrank, unter meiner Bettdecke oder in meiner Nachttischschublade zu verstecken. Wenn er richtig gut drauf war, beliebte mich mein Bruderherz mit seinem fragwürdigen Anschauungsobjekt auch quer durch den Garten oder die Siedlung zu scheuchen, bis ich nur noch auf dem Boden liegen und nach Luft japsen konnte. Meine Eltern hießen derlei Vorkommnisse zwar nicht für gut, doch sahen sie das Problem eher in mir als in meinem Bruder. Eine Fischphobie, so urteilten sie, schicke sich nicht und müsse therapiert werden. Aus diesem Grund kauften sie ein voluminöses Aquarium und positionierten es auf der Flurkommode vor der Eingangstür. Wann immer ich das Haus verlassen oder wieder betreten wollte, musste ich fortan notgedrungen an zwei dreieckigen Skalaren, zehn rotblau gestreiften Salmlern und drei Algen fressenden Saugwelsen vorbei.

Obwohl mir beim Anblick der knallbunten Kiementiere automatisch der Angstschweiß auf die Stirn trat und es mich zutiefst beunruhigte, dass meine Eltern ausgerechnet ein Aquarium ohne Deckel ausgesucht hatten, gelang mir die Umrundung des unheimlichen Glaskastens stets ohne nennenswerte Komplikationen. Als ich eines Tages aus der Schule kam und nur noch neun statt zehn Salmlern zählen konnte, brach dann aber doch die große Panik aus. »Mamaaa! Papaaa! Ein Fisch ist geflüchtet!« – »Erzähl keinen Unsinn, Kind!« – »Doch! Ich weiß es genau! Im Becken waren zehn Stück von den Blauroten! Jetzt sind es nur noch neun!« Mein Vater runzelte die Stirn. »Vielleicht ist einer rausgesprungen«, mutmaßte er. – »Geht das denn?«, fragte meine Mutter ungläubig. – »Geht das denn?«, fragte ich, hysterisch schreiend. – »Kann schon mal vorkommen.«

Mir wurde schwindelig. Ein Fisch war aus dem Aquarium gehüpft! Mit Absicht! Und ich wusste, was er vorhatte: Er wollte mich verfolgen, mich mit seinen starren Glubschaugen beobachten und mir auf Schritt und Tritt hinterherzappeln. Die Vorstellung brachte mich fast um den Verstand. »Wir müssen ihn finden!« – »Beruhige dich, Kind! Der wird da schon irgendwo liegen und wahrscheinlich längst tot sein.« – »Wir müssen ihn findäään! SOFOOORT!«

Seufzend marschierten meine Eltern in den Flur und suchten den Boden nach dem Freischwimmer ab. Als sie ihn zehn Minuten später noch nicht gefunden hatten, wurde ich so panisch, dass ich in mein Zimmer stolperte und heulend unter mein Bett robbte – freilich nicht ohne den Fußboden aus den Augen zu lassen. In jeder Ecke sah ich etwas Silbriges zappeln.

Weitere zehn Minuten später fanden meine Eltern den Salmler. Er lag zwischen Wand und Holzkommode und war vertrocknet. Das glaubten zumindest meine Eltern. Ich hingegen kannte die grauenvolle Wahrheit: Der Fisch hatte sich nur versteckt und tot gestellt, um des Nachts unbemerkt aus seinem Hinterhalt zu hüpfen und kaltblütig über mich herzuglibbern. Und wenn ein Salmler zum Wegelagerer avancieren konnte, dann konnten es die anderen auch. Kennst du einen, kennst du alle!

Es ist daher nur logisch, dass ich in den darauffolgenden Nächten vor lauter Angst kein Auge zubekam und lediglich dann einigermaßen Ruhe fand, wenn ich die Wohnzimmerwolldecke zusammenrollte und von innen vor den unteren Spalt meiner Zimmertür stopfte. Nur so konnte ich verhindern, dass es die Salmler bis in mein Zimmer und zu meinem Bett schafften. Dank dieser Taktik erreichte ich außerdem, dass meine entnervten Eltern endlich einsahen, dass die Aquarium-Therapie nur wenig Erfolg versprach, und so brachte mein Vater das Aquarium und die Fische ungefähr eine Woche später wieder in die Zoohandlung zurück.

Trotz allem hielt meine Familie meine Phobie aber schlicht für eine Spinnerei. Dass mein Vater meinte, mich und meinen Bruder noch im selben Jahr mit in das Nordseeaquarium des *Zoo am Meer* in Bremerhaven und auf einen Fischkutter zum Hochseeangeln zerren zu müssen, spricht Bände.

Weil ich mich mit Händen und Füßen gegen den Aquariumsbesuch wehrte (Fische über, unter und neben mir hätte ich nicht überlebt), konnte ich die diesbezüglichen Pläne meines Vaters zwar noch in letzter Sekunde vereiteln, doch beim Kutter kannte mein Vater kein Erbarmen. Da wurde ich stumpf unter den Arm geklemmt und an Bord verschleppt und während die Männer grölend und Rum saufend ihre Angelschnüre auswarfen und die sich im Todeskampf windenden Makrelen aus der Nordsee zogen, rannte ich heulend und zähneklappernd von einer Ecke in die andere und bangte um mein Leben.

Weder zu fliehen noch sich zu verstecken war auf dem ollen Kahn möglich und so blieb mir nichts anderes übrig, als mit anzusehen, wie sich die silbernen Kadaver Makrele um Makrele zu einem stinkenden und stetig wachsenden Haufen stapelten. Ihre Mäuler waren weit geöffnet, ihre Flossen hingen schlaff, ihre Augen waren leblos und starr – und dennoch wusste ich, dass die Makrelen jede Sekunde lebendig werden und stöhnend wie Zombies auf mich zuhüpfen konnten. Spätestens seit der Salmler-Attacke lautete mein Credo: Traue niemals einem toten Fisch!

Auf dem Kutter wurde ich, außer in meiner Fantasie, zwar nicht Zeugin einer gruseligen Auferstehung, aber als wir im darauffolgenden Sommer wieder in den Nordseeurlaub fuhren und meine Familie es sich in den Kopf gesetzt hatte, frische Flundern auf dem Markt zu kaufen und sie am Strand zu grillen, zeigte sich überdeutlich, wie berechtigt mein Sorge gewesen war.

»Keine Angst, Mäuschen. Die Fische sind tot. Die können dir nichts tun«, versprach mein Vater, nachdem er die tiefgekühlten Flundern eingetütet und in den Kofferraum unseres Familienvans verfrachtet hatte. Für mich packte er noch ein paar Würstchen mit ein, denn dass ich Fisch esse, ist in etwa so wahrscheinlich, wie eine Meerjungfrau aus einem Gartenteich zu angeln. Allerdings hatte ich auf die Würstchen nun auch keinen Appetit mehr, so nah, wie mein Vater sie neben die ekligen Flundern gelegt hatte, denen ich – wie ich nochmals betonen möchte – von Anfang an misstraute.

Und kaum hatte ich mich zitternd auf die Rückbank neben meinen Bruder gekauert, als es hinter mir auch schon bedrohlich zu rascheln begann. Das Schlimmste befürchtend spähte ich über die Bank, registrierte entsetzt das asymmetrische Todeszucken der glitschigen Leiber – und war mit einem Satz auf dem Beifahrersitz und dem Schoß meiner Mutter. Mein Vater erschreckte sich so sehr, dass er um ein Haar eine Massenkarambolage auf der A29 verursacht hätte und mich anschließend wutentbrannt zusammenfaltete. Ich fand seine Reaktion einfach nur fies und ungerecht. Mit so einer Panikattacke musste er immerhin rechnen, wenn er einen Sack Fische hinter meinem Rücken lagerte. Aber ich kann mich nur wiederholen: Mich und meine Ängste nahm niemand für voll.

Dafür spricht auch, dass meine gemeinen Mitschüler mich in den Langeoog-Klassenfahrten nicht selten mit angespülten Fischkadavern über den plattdeutschen Strand jagten und mich »Wichtigtuerin« schimpften. Einzig meine Freunde aus der Kanu-AG brachten Verständnis für mich auf. Dass ich mich jedes Mal wand und krümmte wie ein Zitteraal am Haken, wenn wir unsere Kanus ins Wasser schubsen mussten, blieb ihnen schließlich nicht verborgen. Trotzdem konnten die anderen Kanuten mir natürlich kaum helfen. Was hätten sie schon tun sollen? Ein feinmaschiges Netz auswerfen und sämtliche Fische aus dem Wasser holen? Wohl kaum. Das Einzige, das ihnen übrig blieb, war, mich ernst zu nehmen und beruhigend auf mich einzureden. »Genieß einfach die Fahrt, Beate, und denk nicht an die blöden Viecher unter dir. Solange du im Kanu bist, können sie dir nicht zu nahe kommen.« Wie ich mir wünsche, dass meine Freunde recht behalten hätten!

Die verhängnisvolle Trainingseinheit auf dem Steinhuder Meer, die sich als weiteres Indiz im Fall »Beate gegen Klaus & Klaus« entpuppen sollte, verlief zunächst unspektakulär. Zwei selige Stunden lang paddelten wir über das Wasser und ließen uns von der Sonne braun und knusprig braten. Als wir jedoch wieder an Land (!) waren und das Wasser aus unseren Kanus kippten, wurde ich einmal mehr von einem Fisch heimgesucht. Mein Boot war zwar sauber, doch kaum hatte der Junge neben mir begonnen, das Wasser aus seinem aufgestellten Kanu zu gießen, als auch schon ein winziger Fisch durch die Lüfte und auf die Wiese sprang und hüpfend die Verfolgung aufnahm. »Hilfe! Oh Gott! Lass mich in Ruhe!«, kreischte ich hysterisch und rannte dem zappeligen Angreifer so schnell, wie ich nur konnte, davon. – »Beate! Warte! Ich hab ihn erwischt! Er ist schon wieder im Wasser!«, rief der besorgte Kanute mir noch nach, doch es war mir einerlei. Erst als ich mich in der Umkleidekabine des Vereinshauses versteckt hatte, normalisierten sich mein Adrenalinspiegel und mein Herzschlag wieder einigermaßen.

Von diesem Tag an bin ich selbst bei hochsommerlichen Temperaturen nur noch mit abgedichteter Spritzdecke gefahren, und dass die Fische mich dazu genötigt hatten, derlei Maßnahmen zu ergreifen, machte mich wütend. Als geborenes Fast-Küstenkind liebte ich Seen und das Meer nämlich über alles, und wenn ich schon nicht in natürlichen Gewässern schwimmen gehen konnte, dann wollte ich wenigstens ungestört darauf herumpaddeln dürfen! Selbst das gönnten die schuppigen Mistviecher mir nicht.

Aber wie pflegte meine Oma immer zu sagen: Nichts hat Bestand. Nicht mal das Leid. Und so waren auch die Zeiten der Nordseeurlaube, Zoobesuche, Klassenfahrten und Trainingslager irgendwann vorbei, und ich wähnte mich endlich im sicheren Hafen. Nachdem ich die Schule beendet hatte, fing ich eine Ausbildung zur Krankenschwester an, landete einen tollen Fang mit meinem damaligen Freund und heutigen Ehemann Bernd und viele, viele Jahre begegnete ich keinem einzigen Fisch mehr.

Das einzige Ärgernis bestand darin, dass in den Supermarktbeilagen der Tageszeitungen regelmäßig Fische abgebildet wurden und die Broschüren somit nicht selten in hohem Bogen durch die Küche flogen. Um auch diese höchst unangenehmen Begegnungen ein für alle Mal ausschließen zu können, überwand ich eines Tages meinen inneren Schweinehund und bat Bernd, die Beilagen nach Fischbildern zu durchsuchen, bevor ich sie zur Hand nahm. Am Anfang erledigte mein Mann seinen Job sehr vorbildlich, doch mit der Zeit verflog seine Motivation. Ich weiß, so langsam nervt es, aber ich muss an dieser Stelle schon wieder darauf hinweisen: Der Ernst der Lage war nie jemandem klar! Nicht einmal mein Ehemann schwamm gegen den Strom der Ignoranz, denn eines Morgens »übersah« er ein plakatives Forellenfoto.

Zunächst fiel auch mir die Werbung für das glotzäugige Riesenvieh nicht auf, doch das lag daran, dass ich Bernd blind vertraute und die Supermarktbroschüre für eine fischfreie Zone hielt. Geschlagene fünf Minuten lang studierte ich die Kleinanzeigen auf der rechten Seite, ohne zu ahnen, dass mein linker Daumen reglos auf dem Forellenbild auf der anderen Seite ruhte. Als ich es jedoch bemerkte, stürzte ich in eine tiefe Krise. »Igitt! Meine Hand, meine Hand! Oh, nein! Meine Hand!« Schreiend stürzte ich ins Badezimmer und hielt meine geschundene Flosse entsetzt unter den Wasserstrahl. Doch so sehr ich auch schrubbte, seifte und rubbelte – das Kribbeln ließ nicht nach. Meine Hand brannte, prickelte und schmerzte geradezu. So, als hätte ich soeben eine ätzende Chemikalie umklammert. – »Was ist denn los, Schatz?«, fragte Bernd, nachdem er mir perplex ins Bad gefolgt war. – »Du hast doch gesagt, in der Broschüre sei kein Fischbild!« – »Und?« – »Das war eine Lüge!« Bernd stierte betreten zu Boden. »Huch. Entschuldige, Schatz. Da muss ich wohl was übersehen haben.«

Übersehen. Tja, was soll man dazu noch sagen, ohne einen handfesten Ehekrach vom Zaun zu brechen? Am besten gar nichts. Und daran hielt ich mich. Dennoch zog ich meine Konsequenzen: Egal was Bernd bezüglich etwaiger Fischfotos behauptete – die Supermarktbeilagen packte ich selbst mit der Greifzange nicht mehr an! Zwar war das ein wenig schade, denn für gewöhnlich bereitete es mir Freude, in den Anzeigenheften zu schmökern, doch dafür war ich nun ein für alle Mal von der Fischplage befreit. Weder live noch als Farbfoto konnten sie mir in die Quere kommen. Das dachte ich. Doch ich irrte mich gewaltig.

Ungefähr einen Monat nach dem Zwischenfall mit der Zeitung beschloss ich eines Samstagnachmittags, ein paar neue Tulpen in unser Gartenbeet zu pflanzen. Bernd machte es sich indes mit einer Decke auf dem Rasen gemütlich, füllte ein Kreuzworträtsel aus, lauschte dem Vogelgezwitscher und zerpflückte träge ein paar Gänseblümchen. Ich hatte meine Arbeit fast erledigt und die Zwiebelknolle der letzten Tulpe in der dunklen Blumenerde versenkt, als aus der Baumkrone unseres hochgewachsenen Ahorns plötzlich ein dicker weiß-roter Brocken plumpste und wenige Zentimeter neben mir dumpf auf die Wiese prallte. Irritiert musterte ich den merkwürdigen Klumpen – und dann fiel es mir wie Schuppen von den Augen. Neben mir lag ein zerfledderter Koi-Karpfen! Sein Bauch war aufgerissen und blutverschmiert, das Maul war aufgesperrt wie zum stummen Schrei, rechts und links baumelten schleimig-schuppige Fäden von der stinkig-matschigen Wunde hinab. Katze, Möwe oder Fischreiher: Irgendein Tier musste den Koi so zugerichtet, in den Baum geschleppt und aus Versehen fallen gelassen haben.

Ein paar endlose Sekunden war ich vollkommen fassungslos und stand unter Schock. Dann fand ich die Besinnung wieder und rannte und schrie, wie ich noch nie zuvor gerannt war und geschrien hatte. Ich stolperte, fiel und strauchelte, doch die Panik verlieh mir übermenschliche Kraft. Immer wieder sprang ich auf die Füße und setzte meine atemlose Flucht fort. In meine Kopfhaut pikten tausend Nadeln. Ich rannte und rannte. Rannte so schnell und verzweifelt, dass Bernd mich erst auf dem Bürgersteig vor unserem Haus einholte und zu fassen bekam.

Eine halbe Stunde später – Bernd hatte den Fischkadaver im Müllcontainer am Ende der Straße entsorgt – saß ich tattrig neben meinem Mann auf der Terrasse und kippte Nordhäuser Doppelkorn. – »Oh, mein Liebling. So habe ich dich ja noch nie erlebt. Wenn ich doch nur gewusst hätte, wie groß deine Angst ist … Nun habe ich ein noch schlechteres Gewissen wegen der Supermarktbroschüre.« – »Jetzt plag dich nicht länger«, antwortete ich und tätschelte Bernds Wange. »Ist schon gut.« – »Danke! Aber du kannst dir sicher sein, dass ich die Broschüren von nun an durchforsten werde, als ginge es um mein Leben! Ab sofort kannst du sie wieder ganz in Ruhe lesen und brauchst dir keine Sorgen mehr zu machen.« Während mein Ehemann das beteuerte, nickte er heftig, um seinen Worten Nachdruck zu verleihen. Ich glaubte Bernd zwar noch nicht so ganz, doch ich lachte und äffte sein übertriebenes Nicken nach, um die Stimmung aufzulockern. Es funktionierte. Bernd kicherte unwillkürlich. Schließlich schloss er sich meinem spontanen Umtrunk an, und als wir so richtig in Schnapslaune gekommen waren, beschlossen wir, einen Brief an Klaus & Klaus zu schreiben, um sie über die Fehlinformationen in ihrem Schlagerhit aufzuklären und ihnen eine modifizierte Version anzubieten. Als wir tags darauf wieder nüchtern waren, verwarfen wir die Idee sogleich wieder, doch den genialen Liedtext, den das Duo Bernd & Beate entwickelt hatte, habe ich aufgehoben:

An der Nordseeküste

Damals, vor nicht ganz langer Zeit,
Da machten die Fische im Hause sich breit.
Die Jahre vergingen in Angst und in Graus,
Und Beate, det Dirn, wusst' nicht ein noch nicht aus.

An der Nordseeküste,
Am plattdeutschen Strand,
Sind die Fische im Wasser
Und ständig an Land.

Nach Flut kommt die Ebbe, nach Ebbe die Flut,
Beate, der ging es mal schlecht und mal gut.
Die Fische, sie wandern an Land hin und her
Vom Auto ins Kanu, jedenfalls ungefähr.

An der Nordseeküste …

Die Seehunde singen ein Klagelied
Sie jaulen: »Beate, die Arme, nee wat für ein Scheet!«
Die Fische, die hüpfen wie blöd übern Deich,
Und mit Hilfe der Möwen kommt der Baumflug dann gleich.

An der Nordseeküste …

Nein, meine Soße ess ich nicht!

Hannah (27), Werbefachfrau, Rostock,
über
Dishophobie (Ekel vor Geschirr)

Bis heute hat sich mir der Sinn von Tellern, Tassen und Gläsern nicht erschlossen. Besteck? Na gut. Das braucht man wirklich ab und zu. Aber Teller, Tassen & Co.? Wozu? Am liebsten esse ich sowieso Süßigkeiten und Eis am Stil. Und Spaghetti und Ravioli können ohne Weiteres direkt aus dem Topf gefuttert werden. Auch was Getränke angeht, sehe ich kein Problem. Was spricht dagegen, Sprudel und Milch direkt aus der Flasche beziehungsweise der Tüte zu trinken? Und Kaffee? Den gibt es in meinem atemlosen Werbeagentur-Alltag sowieso nur als Pappbecher-to-go-Version.

Übrigens empfinde ich persönlich meine Einstellung als äußerst umweltbewusst und vorbildlich. Gut, über die Sache mit den Kaffeebechern lässt sich streiten, aber abgesehen davon möchte ich erwähnt wissen, dass ich für den Abwasch bemerkenswert wenig Wasser verbrauche! – Okay, okay. Ganz so selbstlos, wie ich gerade getan habe, bin ich auch wieder nicht. Aber diese selbstschmeichlerische Notlüge ist ein altbewährter Trick, um die tatsächliche Motivation für mein merkwürdiges Benehmen zu verbergen. Der wahre Grund ist, dass ich mich, so weit meine

Erinnerung reicht, vor Geschirr ekle. Genauer: Ich ekle mich vor dem Geruch von Geschirr.

In meiner Nase stinken Teller und Tassen häufig so bestialisch, dass es sich anfühlt, als würde mir jemand mit der Faust in den Magen schlagen. Und zwar mit einer solchen Wucht, dass ich fast brechen muss.

Bei Gläsern ist das nur manchmal so, zum Beispiel wenn sie frisch aus der Spülmaschine kommen und gerade zusammen mit ganz vielen Tellern und Tassen gewaschen wurden. Wahrscheinlich hängt der Gestank mit dem Material, sprich mit dem Porzellan, zusammen. Glasteller sind nämlich wieder okay. Aber diese Porzellanteile ... Pfui! Die müffeln derart, dass selbst das köstlichste Essen sofort verdorben ist, sobald es auf den Teller kommt. Das Gleiche gilt für Kaffee und Tassen, ferner auch für Limo und Gläser. Das Essen und der Kaffee nehmen sofort den Geruch des Tellers oder der Tasse an und dementsprechend schmecken sie dann auch. Nämlich nach ... ja, wonach eigentlich? Ich kann das gar nicht exakt beschreiben. Irgendwie riecht Geschirr nach nassem Hund. Ungefähr so, als würde ein dreckiger, tropfnasser Rauhaardackel vor einem stehen, hecheln und mit großen Augen betteln: »Iss von mir! Iss von mir!« Man könnte auch sagen, Geschirr riecht modrig und fischig. So wie Hafenmole. Eben nach ollem Wasser.

Damit an dieser Stelle keine Missverständnisse entstehen: Geschirr stinkt nicht immer. Unter anderem kommt es beispielsweise auf die Umgebung an. In hippen italienischen Restaurants ist der Geruch des Geschirrs komischerweise immer in Ordnung. Zwänge man mich hingegen dazu, nur noch in Cafés rund um den Bodensee zu speisen oder täglich mit einem Kaffeedampfer zur Insel Mainau zu tuckern, wäre ich trotz eines reichhaltigen Tortenangebots schneller verhungert als der Suppenkasper in seiner Rebellionsphase. Rentnercafés gehen nämlich gar nicht! Vor allem solche, in denen Schwarzwälder Kirschtorte und Café HAG serviert werden und wo die Luft von einer penetranten »4711«-Note geschwängert ist. Da stinken die Porzellanservice derart modrig und muffig, dass ich nicht einen Bissen oder Schluck hinunterkriegen könnte – was vielleicht auch besser für alle Beteiligten ist. Ekle ich mich doch so sehr vor dem Geruch und dem chronischen Schmatzzwang der Rentner, dass ich mir mein Essen direkt wieder durch den Kopf gehen lassen müsste und gepaart mit einer Schwarzwälder Kirschtorte eine ziemliche Sauerei veranstalten würde.

So viel zu den Oma-Cafés. Weiter geht's mit Geruchsverstärker Nummer zwei. Geschirr stinkt nicht nur dann, wenn es sich um Großmutters bestes Teeservice handelt, sondern auch, wenn es zu lange im Schrank gestanden hat oder frisch gewaschen wurde. Das ist sowieso das Allerschlimmste! Wenn ein Teller direkt aus der Spülmaschine kommt und am besten noch brühwarm auf den Tisch gestellt wird. Uah! Da reicht der bloße Gedanke, und mir dreht sich schon der Magen um. Deswegen werde ich auch niemals begreifen, warum ausgerechnet gastronomische Großbetriebe genau diese Abart bis zur Perfektion beherrschen. Sie müssten es eigentlich besser wissen. Tun sie aber nicht.

Als Schülerin habe ich mich einmal als Servicekraft in einem Saalbetrieb versucht. Das pompöse Bankett eines internationalen Autohändlers, das kurz nach meiner Einstellung in einer Mehrzweckhalle veranstaltet wurde, war meine Feuertaufe.

Im Grunde mussten meine Kolleginnen und ich nichts weiter tun, als in einer Tour Teller abzuräumen und neue zum Buffet zu bringen. Doch das ist leichter gesagt als getan! Die Teller abzuräumen war noch halbwegs in Ordnung, wenngleich ich die Essensreste und die abgenagten Hühnerbeine nicht besonders lecker fand. Der wahre Höllentrip war es jedoch, die frischen Teller stapelweise unter den Arm zu klemmen und zum Buffet zu tragen! Man muss sich einen riesengroßen Metallkasten von Spülmaschine vorstellen, der in der Küche neben der Arbeitsfläche in einer Ecke stand und ohne Unterlass rumpelte und kochende Fontänen spie. Da in der Gastronomie bekanntermaßen alles fixer als fix gehen muss, beliefen sich die Spüleinheiten auf wenige Minuten – waren dafür aber umso heißer und intensiver. Und kaum war die Spülzeit vorüber, da wurden die Teller auch schon aus der Maschine gerissen und uns heiß und nass direkt unter den rechten Arm gestopft.

Für mich war das logischerweise kaum erträglich und so dauerte es nicht lange, bis mein Chef und die anderen Serviererinnen mich dazu ermahnten, endlich mal zu lächeln und ein freundliches Gesicht zu machen. Doch das gelang mir nicht. Als mir vor lauter Frust und Unbehagen auch noch ein ganzer Haufen Teller mitten im Saal laut scheppernd auf den Boden knallte, wurde ich im Sinne der Schadensbegrenzung für die Theke eingeteilt und durfte nur noch Gläser polieren. Kein Wunder also, dass ich so schnell wie möglich kündigte und letztendlich im Autoschalter von McDonald's landete.

Manch einer wird nun sicher denken, dass ich mir alles nur einbilde und schlicht einen Sprung in der Schüssel habe. Und das kann ich verstehen. Trotzdem sage ich nichts als die Wahrheit. Der Beweis: Mein Vater hat genau den gleichen Spleen wie ich, und wir haben den Test gemacht.

Die Idee dafür hatte meine Mutter, denn sie hat uns ebenfalls lange nicht geglaubt und deswegen eines Tages eine Versuchsreihe gestartet. Auf dem Esstisch in der Küche verteilte sie mehrere Teller, Tassen, Untertassen und Gläser, und mein Vater und ich mussten unabhängig voneinander hereinkommen und sagen, welches Geschirrstück müffelt und welches nicht. Unsere Angaben stimmten zu hundert Prozent überein.

Von da an nahm meine Mutter uns ernst und bemühte sich redlich, es mir und meinem Vater recht zu machen. Nicht selten eröffnete sie uns vor dem Mittagessen euphorisch, dass sie ein völlig neues System entwickelt habe, um den Tellergeruch zu neutralisieren. Meistens roch das Geschirr meiner Mutter ohnehin gut, aber mein Vater und ich ließen es uns nicht nehmen, meine Mutter ein wenig zu veräppeln und weiterhin zu behaupten, der Gestank sei unerträglich. Wenn meine Mutter aufgekratzt erläuterte, sie habe das Geschirr dieses Mal exakt einen Tag im Schrank stehen lassen, weil sie glaubte, dass dies die beste Methode gegen Übelgerüche sei, griffen mein Vater und ich sogleich zum Teller auf dem Tisch, hielten ihn uns vor die Nase, sogen geräuschvoll Luft ein und behaupteten: »Nö. Stinkt immer noch.« Am nächsten Tag erklärte meine Mutter, sie habe die Teller dieses Mal ausgiebig im Garten durchgelüftet. »Nö. Stinkt immer noch«, flunkerten mein Vater und ich weiter. Und so nahm das Spielchen seinen Lauf.

Meiner Mutter gegenüber war das natürlich ein bisschen gemein, aber irgendwann haben mein Vater und ich unsere Verschwörung auch wieder aufgelöst und meiner lieben Mama zur Entschädigung einen Blumenstrauß geschenkt. Das Beste an der Sache war, dass mein Vater und ich auf diese Weise tatsächlich ein probates Mittel gegen den Gestank gefunden haben: Man muss den Teller mit eiskaltem Wasser abspülen! Ist das erst mal erledigt, vermag selbst das muffigste Teeservice zu einem harmlosen Gebrauchsgegenstand zu avancieren. Allerdings darf man beim Abwaschen auf keinen Fall die Rückseite des Tellers vergessen. Das ist ganz gefährlich! Dann kriecht der Gestank während des Essens ganz fies von hinten um die Ecke, sodass einem der Bissen im wahrsten Sinne des Wortes im Halse stecken bleibt. So jemandem wie mir oder meinem Vater passiert eine derartige Fahrlässigkeit selbstverständlich nur ein einziges Mal im Leben.

Doch so simpel und effektiv die »Kaltwassermethode« auch ist – die Lösung sämtlicher Probleme bedeutet sie dennoch nicht. Wenn man zu Besuch bei fremden Familien ist, kann man schließlich schlecht anmerken: »Frau Müller, tun Sie mir die Torte bitte noch nicht auf. Ihre Teller riechen so komisch. Ich wasch die mal eben ab!« Ich persönlich könnte jedenfalls nie so ein Rotzlöffel sein. Dafür bin ich viel zu gut erzogen. Mein Vater macht in derlei Situationen zwar immer sofort reinen Tisch (»Bäh! Wie das stinkt!«), doch was das Taktgefühl angeht, komme ich eben eher nach meiner Mutter. Im Kreise meiner Familie oder Freunde kenne ich kein Pardon. Da wird geschnüffelt und gespült, was das Zeug hält. Aber im Beisein von Fremden meinen Unmut äußern? Niemals! Da wird gegessen, was auf den stinkenden Teller kommt, und wohl oder übel in die saure Torte gebissen. Und wenn es lediglich zwei, drei qualvolle Happen sind. Nur ein einziges Mal ist es mir in meinem Leben passiert, dass ich mich in der Öffentlichkeit vergessen habe. Und das auch noch in einem total überfüllten IKEA-Restaurant.

Was diese überaus peinliche Anekdote betrifft, muss ich zu meiner Verteidigung vorwegschicken, dass die Schnellrestaurants der schwedischen Möbelkette ein ganz besonders heikler Fall sind. Anscheinend geht es in den IKEA-Küchen noch hektischer zu als in denen der Saalbetriebe, sodass manchmal sogar die Tabletts noch warm und nass sind! Unter diesen Umständen können IKEA-Restaurants fast so widerlich sein wie Oma-Cafés, und es ist daher nur verständlich, dass ich mich gezwungen sehe, eine Geruchsprobe vom Geschirr zu nehmen, bevor ich mir Essen auf den Teller lade. An jenem beschämenden Einkaufstag war ich außerdem mit meiner Mutter unterwegs und im Beisein meiner Mama fühle ich mich immer sehr wohl. So wohl, wie man sich eigentlich nur zu Hause fühlt. So wohl, dass es mir vor lauter Wohlfühlen glatt entfallen war, dass ich mich in einem proppenvollen Schnellrestaurant befand.

»Ich will einen Apfelstrudel mit Vanillesoße!«, nörgelte ich mit Kinderstimme, nachdem meine Mutter und ich die Möbel für meine neue Wohnung ausgesucht hatten. – »Also, Hannah! Du kannst doch nicht schon wieder Hunger haben! Wir haben eben erst einen Hotdog gegessen.« – »Na und? Jetzt will ich eben Apfelstrudel!« Meine Mutter seufzte. »Gut, Kind. Ich kauf dir einen.« –

»Juchhu!« (Auch, wenn ich eine gertenschlanke Blondine bin und mir das nie jemand glaubt: Ich fresse wie ein Scheunendrescher!) Meine Mutter und ich marschierten zum Schnellrestaurant. – »Och, nö! Ist das voll hier! Willst du dich da wirklich anstellen, Hannah?« – »Ja! Ich hab Hunger!« Meine Mutter seufzte einmal mehr. »Na, schön.« Meine Mutter und ich quetschten uns in die Schlange, ich griff nach einem Tablett, stellte erfreut fest, dass es nicht feucht war, und rückte Zentimeter um Zentimeter in Richtung Kuchen vor. »Wie geht's Papa eigentlich?« – »Wieder besser. Er hat sich gut von seinem Schnupfen erholt. Gestern war er schon wieder arbeiten.« – »Schön! Wann fahrt ihr noch mal in Urlaub?« – »In drei Wo... HANNAH!« Meine Mutter schrie entsetzt auf. Ich erstarrte mitten in der Bewegung. Ohne mir dessen bewusst gewesen zu sein, hatte ich – ganz wie zu Hause – einen Kuchenteller gepackt, ihn mir vor die Nase gehalten und lautstark riechend von rechts nach links gezogen. Es muss sich so angehört haben, als hätte ich eine fette Line Koks direkt vom Teller geschnupft.

Das Gerede und Geklapper um uns herum verstummte schlagartig. Beim vorsichtigen Blick über den Tellerrand registrierte ich, wie die Leute indigniert auf den Boden schauten und nervös mit den Füßen scharrten. Die Augen meiner Mutter waren groß wie Untertassen. Genau wie die der Frauen vor und hinter uns. Ich tat, als ob ich nichts bemerkte. Unschuldig summend lud ich den Apfelstrudel und die Vanillesoße auf den Kuchenteller – dann hastete ich mit dem Tablett davon wie Mr Bean in einem seiner Sketche, wenn er gerade mal wieder Unsinn angestellt hat, und verzog mich in die hinterste Ecke des Restaurants. Meine Mutter bezahlte rasch den Kuchen und trabte mir kopfschüttelnd hinterher. Ein Glück nur, dass der Teller an diesem Tag gut gerochen hatte und ich den Apfelstrudel nicht auch noch hatte reklamieren müssen.

Von diesem beschämenden Zwischenfall einmal abgesehen war ich bisher aber immer Herr meiner Sinne. Was gutes Benehmen angeht, bin ich äußerst diszipliniert. Und darauf bin ich stolz. Zumindest meistens. In manchen Situationen wünsche ich mir allerdings, ich wäre so mutig wie mein Vater. Beim ersten Besuch bei meinen Schwiegereltern in spe beispielsweise – da hätte ich seine Eier wirklich gut gebrauchen können!

Mein neuer Freund Dirk und ich waren erst zwei Wochen zusammen, doch wir waren dermaßen verknallt ineinander, dass er mich sofort in seinen hessischen Heimatort mitnehmen und seiner Familie vorstellen wollte. Ich war natürlich total gerührt und willigte ein. Wäre mir allerdings bewusst gewesen, dass die Hessen in Sachen Sprache und landestypischen Gerichten mindestens genauso nationalstolz wie die Bayern sind, hätte ich mir die Sache eventuell noch anders überlegt. Heute wissen Dirks Eltern zwar von meiner Eigenart und akzeptieren sie, doch damals, vor drei Jahren … nun ja. Da ahnte noch nicht einmal mein Freund etwas von meinem Tick.

»Das ist Grie Soß, eine hessische Spezialität«, erklärte Dirks Mutter und goss eine kalte Kräutergrütze auf meine dampfenden Kartoffeln. »Die habe ich extra für dich gemacht, Hannah! Bin gespannt, wie dir das schmeckt.« Da war Dirks Mutter offensichtlich nicht die Einzige. Sowohl Dirk als auch sein Vater, sein Bruder und dessen Freundin ließen ihre Augen gespannt zwischen meinem Teller und meinem Gesicht hin und her wandern. Unsicher pikte ich meine Gabel in ein Stück Kartoffel, tunkte es in den grünen Brei und steckte es mir in den Mund. »Grie Soß« schmeckte ungewöhnlich, aber nicht schlecht. »Mmmmhhhh«, machte ich und rieb mir demonstrativ mit der flachen Hand über den Bauch. »Das schmeckt aber gut!« Dirk und die anderen Familienmitglieder lehnten sich zufrieden in ihre Stühle zurück.

»Gute Frau hast du dir da ausgesucht, Dirk!«, entschied Dirks Vater, womöglich etwas vorschnell. – »Ich weiß!«, gab Dirk spitzbübisch grinsend zurück und drückte mir einen Kuss auf die Stirn. Ich lächelte glücklich. Nicht zuletzt, weil die Teller kalt waren und gut rochen. Dirks Mutter hatte sie mir zu Ehren offensichtlich nicht noch einmal extra in die Spülmaschine gekloppt. Gott sei Dank!

Ich wollte gerade fröhlich und erleichtert die Kartoffeln mit »Grie Soß« verdrücken, als plötzlich etwas Merkwürdiges passierte. Der Teller begann zu müffeln! Aber richtig! Die Kombination aus Porzellan, heißen Kartoffeln und kalter Soße musste eine Art chemische Reaktion ausgelöst haben, die nun den Porzellangestank in voller Blüte zutage förderte. »Oh, nein!«, flüsterte ich und zog mir verstohlen mein Halstuch über Mund und Nase. Am liebsten hätte ich mir eine Wäscheklammer auf den Riechkolben geklemmt, doch das wäre sicher genauso wenig angekommen, wie den Teller mit kaltem Wasser abzuwaschen – was nebenbei bemerkt eh nicht ging, weil ja schon das Essen darauf lag. »Was ist?«, zischelte Dirk mit vollem Mund. – »Nichts. Ich hab nicht so viel Hunger«, zischelte ich zurück. – »Quatsch! Du isst immer doppelt so viel wie ich! Also, was ist?« – »Nichts. Hör auf, mich das zu fragen!« – »Na, gut«, respektierte Dirk meinen Wunsch.

»Hannah? Bist du schon satt? Das kann doch nicht sein! Oder ... oder schmeckt dir unser Nationalgericht etwa nicht?!« – »Nein, nein, Frau Kluge. Ich esse nur immer sehr langsam und bewusst«, log ich. Dann hielt ich die Luft an und griff wieder nach der Gabel. Meine Hand zitterte so stark, dass ich fast danebenpikte.

Unendlich langsam schob ich die Kartoffel inklusive »Grie Soß« in meinen Mund und kaute tapfer drauflos. Es schmeckte wie verfaulte Eier an zarter Salmonellen-Pute, geschwenkt in lauwarmem Kanalwasser. Mir trat der Schweiß auf die Stirn. Ohne ein weiteres Mal zu kauen, schluckte ich den Brocken im Stück hinunter. Bevor ich vom Brechreiz übermannt werden konnte, schob ich hastig noch ein zweites Kartoffelstück hinterher und würgte es ebenfalls im Ganzen hinunter. Mir war so schwindelig. Und so schlecht. Es fehlte nicht mehr viel und ich würde mit der grünen eingedickten Soße aus Hessen eine noch viel größere Schweinerei anrichten als mit der Schwarzwälder Kirschtorte vom Bodensee.

Endlich hatte ich den Teller leer gegessen. Doch noch bevor ich bis drei zählen konnte, machte Dirks verzückter Vater auch schon Anstalten, mir eine zweite Portion auf den Teller zu klatschen. – »NEIN!«, schrie ich, viel schriller, als ich eigentlich wollte. Die Tischgesellschaft verstummte erstaunt. – »Nein«, sagte ich wieder, dieses Mal etwas kleinlauter. »Ich ... ich bin satt!« – »Ach, Mädsche! An dir ist doch nichts dran! Du kannst das doch vertragen!«, befand Dirks Vater und tunkte die große Silberkelle aufmunternd in die »Grie Soß«-Schüssel. Ich schloss ermattet die Augen.

»Lass sie, Papa. Wenn Hannah sagt, sie ist satt, dann ist sie satt.« Verliebt und dankbar schielte ich zu Dirk. – »Na, gut. Wenn ihr alle fertig seid, kann ich ja den Nachtisch holen«, stellte Dirks Mutter fest. – »Oh, wie schön. Nachtisch gibt's auch noch ...«, piepte ich, völlig erledigt. – »Ja. Pudding.« – »Uuuuh. Toll.« Dirks Mutter stellte einen gigantischen Pott Schokopudding und Glasschälchen auf den Tisch. Daneben heiße Vanillesoße. Der Nachtisch schmeckte zwar lecker und eine chemische Reaktion gab es dieses Mal auch nicht, doch mir war so übel, dass ich trotzdem nur drei Löffel schaffte. Dirks Eltern gefiel das gar nicht, so skeptisch, wie sie mich beäugten. Doch sie sagten nichts.

Eine Viertelstunde später war ich endlich erlöst und die hessische Sippe verlagerte sich ins Wohnzimmer, um zu plaudern und »Äppler« zu trinken. (Äppler ist ein landestypischer Apfelwein.) Nun wurde es wirklich noch sehr nett, und ich grünte zusehends wieder durch. Dumm war nur, dass mein Magen so wütend knurrte, dass ich mich kaum am Gespräch beteiligen konnte. Ich hatte entsetzlichen Hunger. Doch obwohl die Liebe an diesem Tag nicht gerade durch den Magen gegangen war, fühlte ich mich meinem hessischen Freund so verbunden wie noch nie. Allein dafür, dass Dirk mich vor weiteren Gaumenfoltern bewahrt hatte, würde ich ihn eines Tages heiraten – und zu meiner eigenen Genugtuung mindestens fünf Polterabende veranstalten.

Nackte Tatsachen

Berit (37), Kosmetikerin, Lüneburg,
über
Arachnophobie (Angst vor Spinnen)

Den Leuten in meinem Heimatdorf bin ich schon früh aufgefallen. Und zwar negativ. Seit ich klein war, habe ich nämlich permanent für Wirbel und den einen oder anderen Skandal gesorgt und die braven Bürger des gut Zehntausend-Seelen-Nests in Empörung versetzt. Eigentlich hätten sie mir dankbar dafür sein sollen, denn dank mir hatte die verschlafene Gemeinde endlich mal wieder etwas, über das sie sich nach Herzenslust echauffieren und das Maul zerreißen konnte. Ich empfand mich daher weniger als eine missratene Göre, sondern vielmehr als eine Art Entertainerin, die ein wenig Aufregung und Farbe in den drögen Dorfalltag brachte. Mein Vater, ein hoch angesehener Landarzt mit einer gut laufenden Praxis, sah das allerdings anders.

Das mag wohl auch daran gelegen haben, dass er bei seiner morgendlichen Sprechstunde immer aus erster Hand von seinen Patienten erfuhr, was ich tags zuvor wieder angestellt hatte. Und es war wirklich erstaunlich, welches Ausmaß die Tatsachenverfälschung dabei annehmen konnte. Hatte ich beispielsweise mit einem Schulfreund auf dem Dorfspielplatz heimlich eine geraucht, erzählte man sich am nächsten Tag, die Berit vom Doktor hätte auf offener Straße mit einem verwahrlosten Kerl rumgeknutscht und Haschisch inhaliert. Färbte ich mir in einer experimentellen Phase die Haare lila, hieß es, ich sei zum Punk mutiert und hätte mir Intimpiercings stechen lassen. Während der Pubertät war ich außerdem ungefähr fünfmal schwanger und nicht selten dealte ich auch mit harten Drogen. So weit die Angaben unserer Nachbarin Inge Maier.

Ich weiß auch nicht, warum die Leute ausgerechnet mich in die Rolle des schwarzen Schafes drängten. Ich meine, auf einige Tratschtanten mag es sicherlich befremdlich gewirkt haben, dass ein zartes Mädel wie ich den Schützenkönig regelmäßig unter den Tisch soff, doch deswegen war ich noch lange nicht Christiane F. vom Bahnhof Zoo. Außerdem hatte ich drei Brüder, die mich schon sehr früh an die männlichen Trinkgewohnheiten herangeführt und mich somit von jeder Schuld entbunden hatten. Das war jedenfalls meine Sicht der Dinge.

Um ehrlich zu sein, hing meine übermäßige Kaffeeklatsch-Präsenz aber nicht nur mit meinem – zugegebenermaßen reichlichen – Alkoholkonsum zusammen. Erschwerend kam hinzu, dass ich im Laufe meiner Jugend zweimal (halb) nackt und lauthals schreiend durchs Dorf gepest bin. Doch auch das kann ich erklären. Ich bin nicht etwa verrückt oder eine Nudistin (wie Inge Maier ihren Kegelclub-Freundinnen hinter vorgehaltener Hand erzählte), sondern habe einfach nur panische Angst vor Spinnen. Sobald mir so ein abscheuliches Krabbelvieh über den Weg läuft, kommt für mich nur noch eins infrage: Rennen! Und zwar so schnell mich meine Beine tragen. Warum ich das mache? Keine Ahnung. Ich glaube zum Beispiel nicht, dass eine Spinne giftig und bissig sein könnte und somit eine ernst zu nehmende Gefahr darstellt. Trotzdem wird mir beim Anblick von diesen ekligen Geräten derart schlecht vor Angst, dass ich wie von der Tarantel gestochen Reißaus nehme. Vor allem, wenn sie groß und haarig sind.

Meine Brüder wussten das natürlich und in ihrer kindlichen Bosheit bereitete ihnen nichts so viel Freude, wie mich mit meiner

Spinnenangst in den Wahnsinn zu treiben. Dass sie mir hinterrücks kleine Krabbeltiere auf die Hand setzten oder mir vor dem Einschlafen erzählten, in der Kanalisation unter unserem Haus wohne eine atomverseuchte Mutantenspinne, die kleine Kinder in ihr klebriges Netz einwebe, war schon schlimm genug. Das wahre Ausmaß ihrer Niedertracht offenbarte sich aber erst, als wir den zwölften Geburtstag meines ältesten Bruders Jonathan bei uns zu Hause im Garten feierten und er eine pechschwarze und mit glibberigen Haaren übersäte Gummispinne von unserem Cousin geschenkt bekam. Den halben Nachmittag lang hetzten mich die Jungs damit durch den Garten und da wir anfangs im Planschbecken gespielt hatten und mein Cousin erst später dazugekommen war, ging die spontane Verfolgungsjagd ohne Kleider vonstatten.

Als mich meine Kräfte irgendwann verließen und die Jungs immer näher kamen, machte ich einen verzweifelten Satz über den Zaun und hastete lauthals brüllend auf die vermeintlich sichere Straße. Hier lief ich jedoch unserer Nachbarin Inge Maier in die Arme, die gerade den Bürgersteig vor ihrem Hof kehrte und von meinem rüpelhaften Benehmen nur wenig entzückt war. Als ich sie erreichte, packte sie mich bei den Schultern und scheuerte mir eine. »Hör mit diesem hysterischen Geschrei auf, Mädchen! So was gehört sich nicht für eine Dame. Und zieh dir gefälligst etwas an, wenn du auf die Straße gehst!« Ich ignorierte sie und den brennenden Schmerz auf meiner Wange und nahm erneut die Beine in die Hand. Als ich in den nächsten Seitenweg eingebogen und aus Inge Maiers Sichtfeld verschwunden war, versteckte ich mich kurz entschlossen in der Krone eines Kirschbaums und verweilte dort den Rest des Tages auf einem großen, dicken Ast. Erst als es dämmerte, traute ich mich, mein Versteck zu verlassen und schnatternd vor Kälte den Heimweg anzutreten.

Meine Brüder hatten nach diesem Tag ein derart schlechtes Gewissen, dass sie mich nie wieder mit meiner Spinnenangst aufzogen. Als ich mich der Nachbarschaft im Alter von 16 Jahren einmal mehr höchst freizügig präsentierte, trugen sie keine Schuld daran – dafür war aber wieder eine Spinne mit im Spiel.

Es war ein Freitagabend und ich machte mich gerade für ein Schützenfest zurecht. Es war allerdings nicht nur irgendein Schützenfest, sondern das wohl wichtigste Schützenfest meines Lebens. Als Jugendliche empfand ich das zumindest so. Ich wusste nämlich, dass Marcel auch kommen würde, und in Marcel war ich damals bis über beide Ohren verliebt. Ein paar Tage zuvor hatten Marcel und ich uns nachmittags auf dem Skateplatz hinter der Schule zum ersten Mal geküsst. Ganz zaghaft und unverbindlich allerdings. Ob wir nun richtig fest zusammen waren, wusste ich nicht, und das bedeutete für mich vor allem eins: Dranbleiben! Besonders, weil die blöde Melanie, die auch ein Auge auf Marcel geworfen hatte und zu allem Überfluss weitläufig auch noch als Dorfmatratze bekannt war, ebenfalls ihr Unwesen im und vor allem hinter dem Festzelt treiben würde. Die musste ich im Auge behalten. Außerdem handelte es sich um den letzten Schützenball der Saison und am Montag würde in der Schule über nichts anderes als all die peinlichen Verfehlungen und weltbewegenden Ereignisse dieser Nacht gesprochen werden. Bei dieser Party nicht mitzumischen kam in meiner Welt einem gesellschaftlichen Selbstmord gleich.

Meine Freundinnen und ich hatten daher schon Tage zuvor unsere Outfits zusammengestellt, und als ich mich am Freitag nach einer ausgiebigen Dusche in mein Zimmer begab, um mich anzuziehen und zu schminken, musste ich mir vor lauter Aufregung erst einmal eine Zigarette anstecken. Auf das ausdrückliche Verbot meines Vaters, der mir das Rauchen und vor allem das Rauchen im Haus strengstens untersagt hatte, konnte ich dabei leider keine Rücksicht nehmen.

Nachdem ich mich eingecremt, meine Unterwäsche angezogen und meine Augen verwegen mit Kajal umrandet hatte, stellte ich den Aschenbecher mitsamt der qualmenden Zigarette auf die Fensterbank und griff nach meinen Klamotten, die ich in einem großen Klumpen auf einem Stuhl aufgetürmt hatte. Als ich gerade mein neues Spaghettiträger-Top aus dem Kleiderhaufen geangelt hatte, hüpfte mir plötzlich etwas auf die Hand – und mein Herzschlag setzte für ein paar Sekunden aus. Das war die größte und widerlichste Spinne, die ich in meinem ganzen Leben je gesehen hatte.

Ich stieß einen grellen Schrei aus, schüttelte meine Hand wie wild hin und her und dann rannte ich los. Die Treppe hinunter bis ins Erdgeschoss, durch die Küche, über die Diele, aus der Wohnungstür heraus und zwei Mal um das ganze Haus herum. Meine Arme streckte ich dabei weit von mir und wedelte panisch in der Luft herum. Ich muss in etwa so ausgesehen haben wie Macaulay Culkin in der Treppenszene von *Kevin – Allein zu Haus*, mit dem einzigen Unterschied, dass ich ein 16-jähriges Mädchen und lediglich mit Slip und BH bekleidet war.

Mein Vater hatte sich währenddessen mit ein paar Nachbarn zum gemütlichen Abendplausch auf der Straße vor unserem Haus versammelt, und als ich plötzlich wie eine Irre an der Gruppe vorbeisauste, fiel meinem alten Herrn vor Schreck glatt die Pfeife aus dem Mund. Erst als ich mich beruhigt hatte und schnaufend neben dem Müllcontainer hinter unserem Haus kauerte, holte er mich ein. »Großer Gott, Berit! Was ist passiert? Geht's dir gut?« Mein Vater sah so aus, als ob er sich nicht zwischen Lachen und Weinen entscheiden könnte. Als ich ihm den Grund für meinen exhibitionistischen Anfall verriet, entschied er sich fürs Lachen. Fürsorglich legte er mir seine Jacke um die Schultern und führte mich ins Haus zurück. »Wollen wir doch mal sehen, ob wir Spiderman nicht das Handwerk legen können«, scherzte er. Als wir mein Zimmer betraten, war es mit seiner guten Laune jedoch schlagartig wieder vorbei. Die Zigarette! So ein Mist.

Der Stummel qualmte immer noch vor sich hin, war inzwischen allerdings auf den Boden gefallen, wo er bereits ein kleines braunes

Loch in den Teppich gekokelt hatte. »Das darf doch wohl nicht wahr sein, Berit! Ich glaube, du spinnst!« – »Das hab ich doch nicht extra gemacht!« – »Ja, aber angezündet hast du dir die Zigarette ja wohl mit Absicht! Mir reicht es langsam mit dir!« Mein Vater trampelte den Kippenstummel wutentbrannt im Teppich fest. »Ständig bist du nur am Rauchen und am Saufen mit deinen komischen Freunden und jetzt rennst du auch noch halb nackt auf der Straße rum und fackelst fast die ganze Bude ab!« – »Jetzt übertreib mal …« – »Du hast wohl inzwischen gar keine Selbstbeherrschung mehr. Ich hab die Schnauze voll! Heute Abend bleibst du zu Hause. Und das nächste Wochenende auch.« – »Nein, Papa! Bitte, bitte nicht! Es tut mir doch leid! Ich bleib von mir aus die ganzen nächsten Monate zu Hause, aber heute Abend *muss* ich dahin gehen! Das ist die wichtigste Party des ganzen Jahres. Bitte, Papa! Bitte, bitte, bitte!« – »Zu spät, junge Dame! Das hättest du dir früher überlegen sollen.« Mit diesen Worten stapfte mein Vater aus dem Zimmer und schlug zornig die Tür hinter sich zu. Was für eine Ungerechtigkeit! Konnte ich vielleicht etwas dafür, dass ich im Moment der größten Schwäche von Tarantula höchstpersönlich angegriffen worden war? Sei's drum. Betteln würde heute nichts mehr bringen. Es gab ja noch Plan B.

Als ich einige Stunden später im Bett lag, klopfte mein Herz so stark, dass ich befürchtete, es könne jeden Moment zerspringen. Die Spinne musste sich noch irgendwo im Raum befinden, da konnte meine Familie behaupten, was sie wollte. Zwar hatten weder meine Mutter noch meine Brüder trotz wiederholter Zimmerdurchsuchungen die Spinne ausfindig machen können, doch ich fühlte einfach, dass sie noch da war. Und je dunkler es draußen wurde, desto mehr befürchtete ich, das klebrige Scheusal würde sich meinem Bett aus einem Hinterhalt heraus nähern und mir unbemerkt in den Mund hineinkrabbeln. Erst vor Kurzem hatte ich wieder gelesen, dass der Mensch im Schlaf pro Jahr mindestens acht Spinnen verschluckt. Das muss man sich mal vorstellen!

Da wacht man morgens auf und stellt beim Blick in den Spiegel fest, dass einem ein haariges Spinnenbein zwischen den Zähnen klemmt. Gibt es eigentlich etwas Grauenvolleres?

Unruhig knipste ich die Nachttischlampe an und inspizierte den Fußboden und die Wände. Von der Spinne war weit und breit keine Spur. Ich schaute auf meinen Radiowecker. 23:15 Uhr. Noch eine Viertelstunde und meine Eltern würden sich endlich schlafen legen und ich durch das Fenster zum Schützenfest verschwinden können. Bestimmt wartete Marcel schon auf mich. Ob Melanie ihn bereits angegraben hatte?

23:20 Uhr. Die Minuten wollten einfach nicht verstreichen. Endlich hörte ich Geräusche im Wohnzimmer – meine Eltern gingen zu Bett. Eine weitere Viertelstunde verharrte ich mit angehaltenem Atem unter meiner Decke, dann huschte ich zum Fenster und kletterte flink wie ein Eichhörnchen das Rosengitter an der Hauswand hinab.

»Bloß nicht nach unten sehen! Bloß nicht nach unten sehen!« Als ich einige Stunden und viele Schnäpse später das Rosengitter zittrig und schnaufend wieder hinaufkletterte, dröhnte mein Schädel wie ein Nebelhorn. Meine Augen waren verklebt von Lidschatten und Wimperntusche und in meinem Magen rumorte es. Wenigstens hatte ich es geschafft, noch vor Sonnenaufgang wieder zu Hause zu sein und mich unbemerkt durch die Dunkelheit zu schleichen oder, besser gesagt, zu schlurfen und zu torkeln. Die Party war aber auch zu schön gewesen. Die ganze Nacht über war Marcel bei mir geblieben und hatte seinen Arm um mich gelegt. Zwischendurch waren wir auch Autoscooter gefahren und hatten Pommes und Zuckerwatte gegessen. Die meiste Zeit hatten wir allerdings bei seinen Kumpeln gesessen und Trinkspiele gespielt – die Quittung dafür bekam ich jetzt.

Wie ein nasser Sack ließ ich mich in mein Zimmer plumpsen und blieb einen Moment auf dem Fußboden liegen. Dann kroch ich stöhnend und röchelnd auf mein Bett zu und legte meinen

Kopf darauf ab. Alles drehte sich. Ich schloss kraftlos die Augen. Die Umdrehungen wurden schneller. Ich öffnete die Augen. Das Schwindelgefühl blieb. Plötzlich durchfuhr mich ein Blitz der Übelkeit und schoss mir direkt in die Magengrube. Oh nein, auch das noch! Hektisch sprang ich auf die Füße und stürzte in Richtung Toilette und blieb kurz darauf wieder wie vom Donner gerührt stehen.

Auf der Türklinke des Badezimmers saß Tarantula – und so sternhagelvoll, wie ich in diesem Moment war, sah ich sie auch noch doppelt. Ich schlug die Hand vor den Mund und unterdrückte einen grellen Schrei. Mein Vater durfte mich auf keinen Fall hören. Wenn er mich in diesem Zustand vorfand, bedeutete das: Hausarrest auf Lebenszeit. Was sollte ich bloß tun? Mich aus dem Fenster zu übergeben kam nicht infrage. Das hatte ich schon einmal gemacht, als ich es nach einer Party vor ein paar Monaten nicht mehr schnell genug aufs Klo geschafft hatte, und war danach natürlich prompt aufgeflogen, weil die ganzen stinkenden Brocken in den Rosen an der Hauswand hängen geblieben waren. Nein. Wenn ich nicht enterbt und unehrenhaft aus der Familie verstoßen werden wollte, musste ich irgendwie das Spinnenvieh von der Türklinke bekommen und ins Badezimmer gelangen. Das Mistding anfassen konnte ich aber nicht.

Verzweifelt rannte ich in mein Zimmer und griff kurzerhand nach einer Dose Haarspray. Wieder zurück, stellte ich mich fest auf beide Beine und sprühte todesmutig und mit einem Sicherheitsabstand von etwa einem Meter auf das haarige Etwas ein – und erreichte gar nichts. Im Gegenteil. Die Spinne fiel nicht etwa von der Klinke runter, sondern klebte daran fest. Wieder rannte ich in mein Zimmer zurück und presste mir erneut die Hand vor den Mund. Dieses Mal aber, um die Kotze zurückzuhalten. Panisch suchten meine Augen das Zimmer ab und blieben abrupt an meinem heiß geliebten Michael-J.-Fox-Poster hängen (Es waren die Achtziger und ich ein fanatischer *Zurück in die Zukunft*-Fan).

Mit letzter Kraft riss ich es herunter, formte hastig eine Tüte daraus und übergab mich in das knittrige Papier. Danach knüllte ich das Poster zusammen und schob es erleichtert unter mein Bett. Zumindest ein Problem war somit gelöst. Doch was sollte ich bloß mit der festgeklebten Spinne machen? Irgendwann würden meine Eltern aufstehen und ins Bad gehen und der merkwürdige schwarze Brocken an der Klinke würde zu vielen unangenehmen Fragen führen. Außerdem musste ich mich noch duschen und mir die Zähne putzen, bevor ich zum Frühstück antreten und die Rolle der frisch ausgeschlafenen Berit spielen konnte. Ich überlegte fieberhaft. Mit dem neuen Turbostaubsauger meiner Mutter könnte es vielleicht gehen. Ich musste nur schnell sein und alle Türen schließen, dann würden meine Eltern nichts hören.

Gesagt, getan. Nervös kramte ich den Staubsauger aus dem Putzschrank auf dem Flur und flitzte damit so leise wie möglich zum Badezimmer zurück. Nachdem ich alle Türen geschlossen hatte, richtete ich angewidert das Staubsaugerrohr auf die Türklinke und drückte auf die Starttaste. Es funktionierte nicht so gut, wie ich gehofft hatte, und als ich gezwungenermaßen anfing, die Spinne mit dem Rohr von der klebrigen Klinke herunterzukratzen, stieg erneut die Übelkeit in mir hoch.

Endlich war mein Werk getan. Atemlos schaltete ich den Staubsauger wieder aus und lauschte. Es war nichts zu hören, meine Eltern hatten anscheinend nichts bemerkt. Gut, die erste Schlacht war geschlagen. Nun musste ich nur noch den Staubsaugerbeutel und seinen unappetitlichen Inhalt loswerden. Im Haus konnte er jedenfalls nicht bleiben. Es war zwar wahrscheinlich, dass ich die Spinne mit meiner Haarsprayattacke getötet hatte (andernfalls hätte ich mich ihr gar nicht so weit annähern können), doch so hundertprozentig sicher war ich mir jetzt doch nicht mehr. Was wäre, wenn sie noch lebte? Vielleicht würde sie dann wieder aus dem Staubsaugerrohr herauskrabbeln? Oder, noch schlimmer, Eier in den Beutel legen, sodass bald Tausende von Babyspinnen bei uns im Haus herumtrippeln würden? Nein, der Staubsaugerbeutel musste weg! Ihn aus dem Gehäuse zu kramen, brachte ich nach all der Anstrengung aber nicht auch noch über mich. Das war wirklich zu viel des Schlimmen!

Irgendwann beschloss ich, den Staubsauger nach draußen zu stellen und später einen meiner Brüder zu bitten, den Beutel zu entsorgen. Bei der Gelegenheit packte ich auch gleich noch meine provisorische Kotztüte mit ein und schmiss sie in den großen Container hinter unserem Haus. Den Staubsauger positionierte ich daneben. Wieder zurück, befreite ich die Badezimmerklinke mit einem feuchten Lappen von dem restlichen Haarspray, duschte mich, putzte mir die Zähne und kroch endlich ermattet in mein Bett. Draußen dämmerte es bereits – hoffentlich hatte mich niemand gesehen.

Als ich mich ein paar Stunden später an den Frühstückstisch setzte, war es bereits nach zehn und die Sonne stand schon hoch und warm am Himmel. Mein Vater musterte mich prüfend. »Na, Berit? Irgendwelche ungewöhnlichen Vorkommnisse heute Nacht?« – »Nö. Wieso?« – »Du warst heute Morgen nicht draußen und hast hinter unserem Haus herumgespukt?« – »Quatsch. Ich hab bis eben geschlafen.« Mein Vater zog die Augenbrauen hoch und begann, sein Brötchen mit Marmelade zu bestreichen. »Das ist aber komisch. Mama hat nämlich eben Inge Maier beim Brötchenholen getroffen, und da hat Frau Maier sie gefragt, ob Mamas neuer Turbostaubsauger schon wieder kaputt sei.« – »Warum kaputt?« Mein Vater rümpfte die Nase. Offensichtlich rang er um Fassung. Mich überkam eine unheilvolle Vorahnung. – »Na, weil du ihn heute Morgen rausgestellt hast und er kurz danach abgeholt worden ist.« – »Warum abgeholt? Von wem denn?« – »Es ist Samstag, der zwölfte, Berit.« – »Und?«, fragte ich und bemühte mich um einen möglichst lässigen Tonfall. Mein Vater schloss die Augen und atmete tief durch. Dann öffnete er sie wieder und brüllte: »Heute war Sperrmüllabfuhr!«

So schmeckt der Sommer

Sebastian (25), Jura-Student, Münster,
über
Xylophobie (Ekel vor Holzstielen)

Wenn man mich heute bitten würde, den Sommer 2006 fachmännisch zu analysieren, müsste ich mich wohl so ausdrücken: In diesem Sommer habe ich nur Volltreffer gelandet – einige davon stellten sich jedoch als Eigentore heraus.

Obwohl ich selbst ein gut bezahlter Profi-Fußballer bin und in besagtem Sommer die Fußball-WM alias *Das Sommermärchen* in den deutschen Straßen tobte, rede ich aber gerade nicht vom Sport. Viel wichtiger als das Gekicke war in jenem Sommer für mich, dass ich zu studieren anfing und in meine erste eigene Bude nach Münster zog. Die luxuriöse Fünf-Zimmer-Wohnung über dem Juweliergeschäft Gendig in der Münsteraner Altstadt war der erste Volltreffer, den ich landete. Dass ich kurz darauf eher aus Freude an Geselligkeit als aus finanziellen Zwängen drei weitere Studenten mit an Bord holte und eine Junggesellen-WG mit ihnen gründete, war phobientaktisch gesehen natürlich weniger klug.

Generell war es super, mit den Jungs zusammenzuwohnen, denn Mathias, Axel und Stefan waren echt coole Typen. Mein Pech war nur, dass man auf so engem Raum seine Macken kaum verbergen kann. Es ist nun mal eine genetische Eigenart des männlichen Geschlechts, dass man(n) sofort zum Sturm ansetzt, sobald der

Gegenspieler eine Abwehrschwäche offenbart. Das weiß niemand besser als ich. Vor allem, wenn der Schwachpunkt so eine absurde Phobie ist wie die meine. Ich ekle mich nämlich vor Holzstielen.

Sobald ich einen Holzstiel berühre, fangen meine Fingerkuppen an, zu kribbeln und zu jucken. So sehr zu kribbeln und zu jucken, dass ich die Fingernägel schon dann nervös in die Jeans kralle, wenn ich nur von Holzstielen spreche. So sehr zu kribbeln und zu jucken, dass es mich vor Gänsehaut schüttelt, sich mein gesamter Körper verkrampft und ich den Holzstiel reflexartig wegschmeiße, sollte er mit meiner Haut in Kontakt kommen.

Meine Tante kann ein Lied davon singen. Auf einer Familienfeier im Sommer vor zwei Jahren habe ich ihr – freilich ohne böse Absicht – ein halb geschmolzenes Eis am Stiel in den Ausschnitt gepfeffert, weil ein übermotivierter Kellner mich während eines intensiven Gesprächs mit meiner Tante kalt erwischt und mir den Holzstiel kommentarlos in die Hand gedrückt hat.

Spätestens seit diesem Tag weiß ich, wie wenig nachvollziehbar meine Abneigung ist. Meine Tante jedenfalls kann bis heute nur wenig Verständnis für meine Phobie aufbringen – was wohl auch daran liegt, dass ich überhaupt nicht erklären kann, warum und wovor ich mich ekle. Grundsätzlich habe ich nämlich gar nichts gegen Holz. Den Parkettboden in meinem Schlafzimmer finde ich beispielsweise schick, und es macht mir auch nichts aus, ihn anzufassen oder barfuß durch mein Schlafzimmer zu laufen. Auch Holzscheite könnte ich, wäre ich nicht so faul, zerhacken und zu Haufen stapeln. Alle hölzernen Gegenstände jedoch, die kleiner und dünner als, sagen wir mal, eine Leitersprosse sind, machen mich fertig. Vor allem, wenn sie naturbelassen, sprich unlackiert sind. Pommes, Eis und chinesisches Essen liebe ich zwar, doch wenn Holzgabeln, Stiele und Stäbchen ins Spiel kommen, verordne ich mir prompt eine strikte Diät.

Das Verrückteste an allem ist, dass ich die Phobie erst vor ein paar Jahren entwickelt habe. Während der Schulzeit hatte ich sie noch nicht – da habe ich Eis am Stiel vertilgt wie die Holzwürmer die verwitterte Scheune von meinem Opa Gerd. Meine Phobie kam erst zwischen Abi und Studium, also während der Zivi-Zeit, zum Vorschein. Das genaue Datum kann ich allerdings nicht benennen. Genauso wenig wie den Grund. Womöglich habe ich in betrunkenem Zustand irgendwas Traumatisches erlebt, an das ich mich nicht mehr erinnern kann. Allerdings könnte es sich auch um eine Art Virus oder genetischen Defekt handeln, der sich erst im Erwachsenenalter bei mir bemerkbar gemacht hat. Mein Bruder ekelt sich nämlich ebenfalls vor Holzstielen und weist genau die gleichen Symptome wie ich auf. Der einzige Unterschied ist, dass er den Tick von Kindesbeinen an hatte.

Natürlich macht mich meine Phobie ziemlich angreifbar. Deswegen kann ich es Mathias, Axel und Stefan auch kaum verübeln, dass sie kurz nach meinem unfreiwilligen Phobie-Outing einen Großangriff gegen mich starteten. Dass ich unsere hölzerne Grillzange heimlich gegen eine aus Metall ausgetauscht hatte, hatte ich mit einer Notlüge gerade noch erklären können. Als Mathias jedoch befunden hatte, es sei eine coole Idee, eine Rockband zu gründen, und ich ob meiner musikalischen Talentfreiheit für das Xylofon eingeteilt worden war, war ich leider doch noch aufgeflogen. Fortan ließen meine neuen Mitbewohner keine Gelegenheit aus, um meine Phobie in den Dienst ihres persönlichen Live-Entertainments zu stellen. Mathias, Axel, Stefan und ich hatten es uns beispielsweise zur Gewohnheit gemacht, einmal die Woche *Sauf-Monopoly* zu spielen. (Manchmal schafften wir sogar eine ganze Runde.) Nachdem ich den hölzernen Xylofonschläger fluchend durch das Zimmer unseres Bandleaders Mathias geschleudert hatte, war *Sauf-Monopoly* aber urplötzlich nicht mehr angesagt. Die Jungs wollten lieber *Mikado* spielen.

»Wer ruckelt oder nicht zieht, muss trinken!«, erklärte Mathias, bevor er die bunt bemalten Stäbchen auf dem Küchentisch verteilte. Nun gut. Für mich bedeutete das eben, dass ich mir jede

Runde einen Schnaps hinter die Binde kippen musste und ziemlich bald keinen geraden Satz mehr sprechen konnte. Trotzdem musste Mathias noch vor mir kotzen. Dieser Punkt ging also an mich. Aber wie heißt es doch so schön: Nach dem Spiel ist vor dem Spiel. Und kaum hatte ich meinen Rausch ausgeschlafen und den *Mikado*-Abend erfolgreich verdrängt, als auch schon mein Geburtstag vor der Tür stand und sich die Jungs erst so richtig ins Zeug legten.

»Lieber Freund und Mitbewohner. Anlässlich deines 21. Geburtstages haben wir keine Kosten und Mühen gescheut, um dir ein ganz besonders originelles Geschenk zu bereiten«, spotteten die Jungs, nachdem wir uns an einem Donnerstagnachmittag auf unseren Balkon gesetzt hatten, um auf meinen Ehrentag anzustoßen und ein paar Flaschen kaltes Bier zu zischen. »Wir hoffen, du wirst damit genauso viel Spaß haben wie wir.« Nachdem sie ihre Ansprache beendet hatten, stellten mir die Jungs ein unförmiges Gebilde vor die Nase, das in etwa so groß wie eine Weihnachtskrippe war. Sie hatten ein schwarzes Tuch darübergelegt. »Bereit zur Enthüllung?«, fragte Axel. – »Jo! Hau wech die Scheiße!«, lachte ich. Axel grinste schelmisch und lüftete den Schleier. Auf dem Tisch vor mir offenbarte sich eine Art mehrstöckige Hütte, gebaut aus Eisstielen, Zahnstochern und Pommesgabeln. In den einzelnen Zimmerchen steckten zusammengerollte Geldscheine.

Einigermaßen überrascht nahm ich einen großen Schluck aus meiner Bierflasche und nickte anerkennend. »Respekt! Da habt ihr euch ja richtig Mühe gegeben.« Mathias, Axel und Stefan kicherten aufgekratzt und angesoffen. »Darauf kannste wetten, Alter! Zwei Tage haben wir daran gebastelt!« – »Ich fühle mich geehrt.« – »Und wir haben zusammengeschmissen. In dem Haus befinden sich 150 Euro in Fünfern, Zehnern und Zwanzigern. Die Scheine, die du schaffst herauszuziehen, darfst du behalten. Die anderen nehmen wir zurück.« – »Pah! Habt ihr euch das wirklich gut überlegt? Irgendwie werde ich die Kohle da schon rausbekommen!«, riss ich die Fresse mal wieder auf. – »Schön. Dann viel Spaß!«, höhnte Mathias und drückte mir zwei chinesische Essstäbchen in die Hand.

»Ihr Schweine!«, brüllte ich und ließ die Stäbchen sofort auf den Boden fallen. Meine Finger pikten und juckten so sehr, als hätte ich sie mit einem Strauß Disteln abgerubbelt. – »Haha! Au Mann, Basti! Du hast doch nicht ernsthaft geglaubt, dass wir es dir so leicht machen!« – »Freut euch nicht zu früh, ihr Spacken! Das krieg ich schon noch hin!«, verkündete ich großspurig und leerte meine Bierflasche zügig auf ex. Dann fingerte ich wieder nach den Greifutensilien, überwand meinen Ekel und führte die Stäbchen in Richtung des ersten Scheins. Allerdings krampfte, schwitzte und zitterte ich dabei wie ein Zahnarztphobiker bei einer Wurzelbehandlung ohne Betäubung und riss mit meinen tattrigen Kribbelhänden das halbe Häuschen nieder, noch bevor ich einen einzigen Schein ergattert hatte. Die hellbraunen Zahnstocher, Eisstiele und Pommesgabeln purzelten klackernd auf den weißen Plastiktisch und den grauen Balkonfußboden. Unwillkürlich schrie ich auf und sprang zur Seite. Die anderen freuten sich tierisch.

»Hey! Tobt gefälligst nicht so rum da oben! Ihr vergrault mir noch die ganze Kundschaft! Habt ihr überhaupt schon mal gelernt, seit ihr hier eingezogen seid? Ihr verwöhnten, nichtsnutzigen Bengel!«, krähte plötzlich Frau Gendig, die pummelige Besitzerin des noblen Juweliergeschäfts, vom Bürgersteig zu uns hinauf. Spätestens seit wir die Nachmittage nicht mehr für Uni-Besuche, sondern für feuchtfröhliche Bandproben nutzten (die anderen als Musiker, ich als Manager), machte Frau Gendig keinen Hehl mehr daraus, dass sie vier versoffene Studenten nicht unbedingt als Wunschnachbarn erachtete. – »Jup. Entschuldigung, Frau Gendig!«, würgte Stefan die grantige Schmuckverkäuferin ab und machte jedem von uns noch ein Bier auf. Frau Gendig rauschte schimpfend ins Geschäft zurück. – »Vielleicht sollten wir die Party lieber in der Stadt fortsetzen«, schlug ich vor, nicht zuletzt, weil ich hoffte, dass das Holzhütten-Fiasko endlich ein Ende nehmen würde. – »Besser ist das«, meinte Axel. – »Und was machen wir jetzt mit der ganzen Kohle?« Die Jungs musterten mich schmunzelnd. Dann beratschlagten sie sich rasch und entschieden: »Das Geld legen wir für dich zurück. Für einen guten Zweck.«

Zugegeben: Ein paar der Foulspiele aus den eigenen Reihen waren in der Tat ein bisschen grob. Wer nun allerdings glaubt, meine Mitbewohner hätten nichts weiter im Sinn gehabt, als mich auszuknocken und zu foppen, befindet sich definitiv auf dem Holzweg. Oft genug haben die Jungs mich auch aus der Scheiße gezogen und mich aus brenzligen Situationen befreit. Als ich eine süße Studentin namens Anna kennenlernte und ich mich während des ersten Dates komplett zum Vollhonk machte, war mir mein Team zum Beispiel beherzt zu Hilfe geeilt. Damit hatten sie alles zwar nur noch schlimmer gemacht, aber der gute Wille war vorhanden gewesen.

Anna hatte ich – als ich tatsächlich einmal hingegangen war – in der Uni kennengelernt, weil sie in der Vorlesung neben mir saß. Wir kamen gleich ins Gespräch und kurz darauf auch ins Plänkeln und so lud ich sie für später auf ein paar Drinks ein. Und das obwohl am Abend Deutschland im WM-Gruppenspiel gegen Polen antreten würde! So heiß fand ich meine Uni-Bekanntschaft!

Dass ich Anna in eine edle Cocktailbar in der Innenstadt ausführte, entpuppte sich als eines der besagten Eigentore. Zunächst standen alle Zeichen auf Sieg, denn Anna war von der Location begeistert und lobte mich für meinen guten Geschmack. Als uns jedoch zwei »Sex on the Beach« mit Fruchtspießen serviert wurden, sah ich meine Trefferchancen auch schon wieder schwinden. – »Möchtest du deine Kirsche und deine Ananas nicht?«, fragte Anna und klimperte mit ihren atemberaubend langen Wimpern. Ich schielte auf den Holzspieß und die darauf steckenden Früchte und spürte schon wieder das fiese Jucken in den Fingern. »Och … nö. Ich mag dieses künstliche Obst nicht so gern.« – »Super! Mehr für mich! Ich liebe das Zeug! Magst du mir deinen Spieß mal gerade geben?« – »Äh … Willst … willst du dir den Spieß nicht lieber selbst nehmen?« – »Quatsch! Ich grabsch dir doch nicht ins Glas! Gib ihn mir doch einfach.«

Welche Alternativen blieben mir noch? Das Obst mit den Fingern anzufassen und vom Stiel zu pflücken hätte von schlechten Manieren gezeugt. Einer tollen Frau beim ersten Date zu verklickern, dass ich ein Vollpfosten war, der sich nicht traute, Holzspieße anzufassen, fand ich andererseits auch nicht gerade prickelnd. – »Sebastian?« – »Ja?«, nuschelte ich, während ich nervös auf meinem Strohhalm kaute und über eine Strategie nachdachte. – »Der Holzspieß?« – »Ach, ja. Richtig. Äh … also gut.« In Ermangelung besserer Ideen ließ ich meine zittrige Hand zum Glas gleiten und klemmte den Holzspieß zwischen die Scheide von Zeige- und Mittelfinger, um eine Berührung von Stiel und Fingerspitzen in jedem Fall ausschließen zu können. Bedingt durch unbeschreiblichen Ekel und die merkwürdige Haltung meiner Hand verkrampften und verkrümmten sich meine Gliedmaßen derart, dass mir der nasse Spieß auf halbem Wege entglitt und inklusive der saftigen Früchte in Annas Schoß klatschte.

»Igitt! So ein Mist, Mensch! Mein bestes Kleid! Warum hältst du den Spieß denn auch so komisch? Hast du irgendwelche Krämpfe?« – »Äh … äh … äh … tschuldige!«, argumentierte ich schlagfertig. »Ich hol dir Klopapier zum Abwischen!« – »Nimm doch die Servietten von der Theke«, rief Anna mir verwirrt hinterher, doch da war ich schon aufgesprungen und zur Toilette gespurtet. Dort angekommen kramte ich panisch mein Handy aus der Hosentasche und rief die Jungs an. (Heute würde ich mich freilich sehr viel reifer benehmen, aber damals war ich gerade mal 21 und mit derlei Situationen noch heillos überfordert.) »Hallo, Männer! Ich hab meinem Date gerade einen klitschnassen Fruchtspieß auf den Schoß geschmissen. Sie ist total sauer! Ich glaub, das wird nichts mehr. Was soll ich jetzt machen?« – »Wo bissu denn?«, lallte Axel am anderen Ende der Leitung. Offensichtlich hatte Deutschland bereits ein Tor geschossen. »In der Kaktusblüte, der neuen Cocktailbar neben dem Dom. Warum?« – »Subba! Wir sind ganz in der Nähe beim Pubwuing! Wir holdi ab!« – »Nein, nein! Das braucht ihr …« Tut, tut, tut. Axel hatte aufgelegt.

Zehn Minuten später – ich saß Anna wieder gegenüber, schwieg sie beschämt an und überlegte, ob ich ihr von meiner Phobie erzählen oder mich als Halbseitenspastiker ausgeben sollte – machten die Jungs ihre Drohung tatsächlich war. »Finale! Oho! Finaaale! Ohoho!« – »Wer ist das?«, wollte Anna entsetzt wissen, als Axel, Stefan und Mathias mit Deutschland-Schals, Fahnen, Tröten und Hüten bewaffnet in die Kaktusblüte einfielen und debil grinsend auf uns zu wankten. Mein Date war offensichtlich kein besonders großer Sportsfreund. »Das sind meine Mitbewohner«, gab ich zu und wusste nicht so recht, ob ich lachen oder weinen sollte. – »Hey, ihr Schlaftabletten! Sieg! Deutschland hat gewonnen! Basti muss sofort mitkommen! Autokorso!«, grölte Mathias, der sich wohl noch am besten von allen artikulieren konnte. – »Echt? Deutschland hat gewonnen? Wie geil!«, rief ich, aufrichtig erfreut. Dann warf ich Anna einen hilflosen Blick zu und zuckte entschuldigend mit den Schultern. »Tja … da … da kann man wohl nichts machen, was? Autokorso ist Pflicht. Willst du mitkommen?« – »Pffff!«, machte Anna nur. – »Na, gut. Schade. Also, dann. Wir sehen uns in der Uni.« Schnell legte ich einen Schein auf den Tisch und folgte den Jungs nach draußen. Ich fühlte mich erleichtert. Lieber verhielt ich mich wie ein Arschloch, als dass ich meine Schwäche zugegeben hätte. Als ich die Cocktailbar verlassen, das erste Mal tief durchgeatmet und ein paar Schlucke Bier getrunken hatte, änderte ich meine Meinung jedoch. Ich war wirklich ein Holzkopf! Und ein vollkommen kindischer obendrein.

In den folgenden Tagen überlegte und plante ich, wie ich in die Vorlesung gehen und mich gestenreich bei Anna entschuldigen würde. (Ihre Telefonnummer hatte ich nicht). Irgendwie kamen aber zu viele Partys, WM-Spiele und Trainingslager meines eigenen Vereins dazwischen und so verschob ich den Uni-Besuch jeden Morgen auf den nächsten Tag. Am Freitag, den 30. Juni, also ganze zwei Wochen später, hatte ich es immer noch nicht geschafft, mich wieder in der Uni blicken zu lassen. Trotzdem trug dieser Tag, der Tag, an dem um 17 Uhr Deutschland gegen Argentinien im Viertelfinale spielte, zu einer entscheidenden Wendung bei. Axel, Mathias, Stefan und ich hatten keinen Bock auf Public Viewing gehabt und deswegen beschlossen, unseren Fernseher auf den Balkon zu verfrachten und nebenbei zu grillen. Sehr zum Leidwesen von Frau Gendig sollte ich noch hinzufügen, denn die Juwelier-Schreckschraube hatte sich durch das muntere Treiben in den Straßen offensichtlich zusätzliche Laufkundschaft erhofft und einen Stand mit ihrem teuersten und edelsten Geschmeide vor ihrem Schaufenster aufgebaut. Bereits um 16 Uhr positionierte sie sich das erste Mal auf der Straße, stemmte die fleischigen Arme in die dicken Hüften und schnauzte mit Zornesfalte auf der Stirn, dass wir endlich »die Klappe halten« und »die blöde Glotze leiser drehen« sollten. Wir reagierten nicht. Als der Anstoß gegen 17 Uhr getan war und wir die ersten Wurstkringel-Spieße auf den Grill gelegt hatten, leistete ich mir jedoch einen Schnitzer, den wir nicht ignorieren konnten.

Genau wie wir anderen starrte auch Stefan – der an diesem Tag die Funktion des Grillmeisters innehatte – gebannt auf die Mattscheibe und verfolgte fassungslos und mit offenem Mund, wie Lukas Podolski nach seinem harten Einsatz gegen Luis González in der 4. Minute die Gelbe Karte sah. Gedankenverloren nahm Stefan den ersten Wurstkringel-Spieß vom Grill und vergaß bei all der Aufregung, dass er mir das Fleisch wie üblich erst von dem hölzernen Stiel hätte abziehen müssen. »Hier, Basti. Deine Wurst.« Ohne die Augen vom Fernseher abzuwenden, streckte ich den Arm aus, Stefan drückte mir den Spieß in die Hand, ich spürte, wie es in den Fingerspitzen kribbelte und mir ein eiskalter Schauer über den Rücken jagte und da hatte ich auch schon »Igitt!« geschrien und den Spieß mit den fettigen und leicht verkohlten Wurstkringeln durch die Luft sausen lassen. Er flog und flog und flog. Über den Balkon bis über das Geländer auf den Bürgersteig und landete schließlich – wieder mal ein Volltreffer – im eigenen Tor, genauer gesagt auf der wertvollsten Herrenuhr-Kollektion des Juweliergeschäfts Gendig.

»Aaaahhhh! Schweinebande! Euch werd ich's zeigen!« Erschrocken stürzten Stefan, Axel, Mathias und ich zum Geländer und bemühten uns mit Engelszungen um Schadensbegrenzung. Dieses Mal war Frau Gendig diejenige, die die Ansagen der Gegenseite ignorierte. Mit hochrotem Kopf düste sie wie ein dicker Brummkreisel vor ihrem Stand herum und streckte uns drohend die geballte Faust entgegen. »Das werdet ihr mir büßen! Am Montag ruf ich euren Vermieter an und dann fliegt ihr in hohem Bogen raus! Das schwör ich euch!« – »Frau Gendig! Bitte! Entschuldigen Sie! Es war wirklich keine ...« – »Ihr nichtsnutzigen Studenten! Und so was soll Deutschlands Zukunft sein! Ich sage euch, Jungs, der Vermieter ist ein guter Freund von mir, und wenn ich dem verklickere, was ihr Faulpelze hier den lieben langen Tag so treibt, dann ...!« Erschlagen ließen wir uns auf die Stühle plumpsen und machten uns ein Bier auf. Es hatte keinen Sinn. Bis Frau Gendig wieder ein Ohr für uns haben würde, konnten Tage vergehen.

Als ich am nächsten Morgen (circa 14:30 Uhr) erwachte, fühlte ich mich verkatert und beunruhigt. Was, wenn Frau Gendig ihre Drohung tatsächlich wahr machte? Konnte ich dann ernstlich Probleme bekommen? Mietvertrag, Telefon ... alles lief immerhin auf meinen Namen. Gerädert quälte ich mich aus den Federn und schlappte gähnend in die Küche. Dort angekommen fiel mein Blick auf ein glitzerndes Collier und einen kleinen Notizzettel auf dem Tisch. Auf dem Zettel stand: *Tach auch, alte Säge. Wir sind in der Stadt unterwegs. Die Kette haben wir heute Vormittag Frau Gendig abgekauft. Quasi als Friedensangebot. Sie hat es an-*

genommen. Bis später! Axel, Mathias & Stefan. PS: Wir haben mit dem Geburtstagsgeld gezahlt, das wir für dich aufbewahrt hatten. Schenk die Kette Anna! Am darauffolgenden Montag folgte ich dem Ratschlag meiner Freunde und überreichte meinem verärgerten Schwarm die Kette in der Uni. Auch Anna nahm mein Friedensangebot an. Zum Glück! Denn meine neue Freundin entpuppte sich als der genialste Volltreffer, den ich in diesem Sommer gelandet hatte.

Ich bin ein Phobiker – holt mich hier raus!

Mareile (27), Journalistin & Texterin, Stuttgart,
über
Koumpounophobie (Ekel vor Knöpfen)

Von Castingshows und Reality-TV halte ich nicht besonders viel. Vor allem all jene Formate, in denen kakerlakenfressende B-Promis oder so betitelte *Super*stars quotendienlich verheizt und der Klatschpresse zum Fraß vorgeworfen werden, sind mir ein Graus. Ob sich die Protagonisten über die Konsequenzen ihrer öffentlichen Selbstentblößung im Klaren sind und ob und wie sie mit ihnen letztendlich (besonders nach dem Ende der Staffel) zurechtkommen, interessiert niemanden. Die Zuschauerquote lässt sich nun mal am besten mit Peinlichkeiten und Skandalen steigern. Kein Wunder also, dass diese am laufenden Band inszeniert und produziert werden. Kein Wunder, aber rückschrittlich. Mich erinnern diese Zustände an die Gladiatorenkämpfe im alten Rom. Wer unterhält, gewinnt. Wer langweilt, stirbt oder muss leiden. Und der Zuschauer darf entscheiden. Ein virtueller Circus Maximus.

Vor ein paar Jahren haben meine Freunde und ich daher beschlossen, Privatsender aller Art aus unserem Leben zu verbannen. Ich ging sogar noch einen Schritt weiter und schmiss gleich den kompletten Fernseher in die Tonne. Ehrlich gesagt, ist mir seither sonntags manchmal ganz schön langweilig, aber trotzdem: Revolution! Zurückrudern ist nicht drin und außerdem habe ich nun mal einen leichten Hang zum Extremen.

Meine Knopfphobie ist das beste Beispiel dafür, denn mein maßloses Wesen war auch der Grund, warum ich meinen Ekel vor Knöpfen als Kind vollkommen ungehemmt ausgelebt habe und knopfverseuchte Kleidungsstücke mit meiner Bastelschere kompromisslos zerstückelte. Dieses extreme Verhalten wirkte auf meine Mitmenschen zwar ziemlich befremdlich, doch dafür bescherte es mir circa zwanzig Jahre später eine kleine Internet-Kolumne namens *Kur(t)z-Geschichten für Knopfhasser* auf dem Autorenportal Philibuster.de. Dass meine Kolumne eifrig kommentiert und gelesen wurde, freute mich sehr, denn, wie Al Pacino sagen würde: Die Eitelkeit ist – neben der Maßlosigkeit – ohne Frage meine Lieblingssünde. Wie groß mein Gewissenskonflikt allerdings war, als mir ein privater TV-Sender vorschlug, einen Beitrag über mich und die Knopfphobie zu drehen, dürfte sich nun jeder vorstellen können.

Eine vom Sender beauftragte Produktionsfirma war über das Internet-Portal StudiVZ auf das Thema Knopfphobie und somit auch auf mich aufmerksam geworden, denn selbstverständlich bin ich als aktives Mitglied in sämtlichen StudiVZ-Gruppen für Knopfhasser (insgesamt vier) vertreten. Ein TV-Beitrag, so dachte ich, könnte die gerade aufkeimende Popularität meiner Kolumne eventuell noch steigern. Andererseits würde ich damit meine Ideale verraten und mich mit hoher Wahrscheinlichkeit zum Idioten der Nation machen. Wiederum zu bedenken war, dass es sich nicht um eine Call-in-Show handelte, sondern um einen dreiminütigen journalistischen Beitrag, und da würden doch sicher andere Regeln gelten als im Circus Maximus.

Lange Rede, kurzer Sinn: Ich entschied mich für das Engagement, denn ich bin, wie gesagt, furchtbar eitel. So eitel, dass es mir anscheinend die Sinne vernebelte und ich mich zur Schönfärberei und Gutgläubigkeit hinreißen ließ, denn freilich war der Privatsender nicht ausschließlich daran interessiert, mich zu interviewen und eine talentierte und selbstironische Kolumnistin und ihre ungewöhnliche Phobie vorzustellen, sondern hatte, wie immer, die Quote im Blick. Auch als mir die Produktionsassistentin vorab telefonisch mitteilte, dass mich der Redakteur zur Veranschaulichung mit Knöpfen konfrontieren müsse, roch ich den Braten nicht.

Das ganze Ausmaß meiner Naivität wurde mir erst dann bewusst, als ich an einem verregneten Vormittag das verabredete Restaurant betrat und mir die Produktionsassistentin eine just für diesen Beitrag eingeflogene Psychotherapeutin vorstellte. »Sie wird dir bei deinen Aufgaben zur Seite stehen und dich mental unterstützen«, erklärte die Produktionsassistentin. Ich war geschockt. Mehrere »Aufgaben« (Plural!), bei denen mir auch noch eine Psychologin »zur Seite stehen« musste? Das konnte nichts Gutes bedeuten.

»Was denn für Aufgaben?«, fragte ich nervös. Na ja und drucks, drucks. Natürlich müsse ich nichts machen, was ich nicht tun wolle, und so weiter und so fort. Aber andererseits müsse mich der Redakteur schon in Situationen bringen, in denen klar werden würde, wie schlimm mein Ekel vor Knöpfen denn nun wirklich sei. Was genau das für Situationen seien, dürfe sie mir aber noch nicht sagen, um meine Reaktionen nicht zu verfälschen. Tolle Wurst! Mit ihrer Geheimnistuerei regte die Produktionsassistentin meine Fantasie natürlich erst so richtig an. Ich überlegte fieberhaft. Es war schon lange her, dass ich das letzte Mal Fernsehen geguckt hatte und eine realistische Vorstellung von einem derartigen »Beitrag« konnte ich mir plötzlich nicht mehr machen. Wie sah das denn heutzutage aus bei den Privaten? Spielte der objektive Journalismus überhaupt noch eine Rolle? Ich bekam Angst. War ich eigentlich bescheuert? Was machte ich bloß hier und wie war ich überhaupt darauf gekommen, mich freiwillig mit Knöpfen zu beschäftigen – und das auch noch vor laufender Kamera? Und was für Aufgaben konnten das bloß sein und wer entschied darüber? Wurde inzwischen vielleicht auch schon telefonisch darüber abgestimmt? »Liebe Zuschauer, soll Mareile nackt durch ein Becken voller Knöpfe schwimmen? Dann wählen Sie die Endziffer Eins. Oder soll Mareile sich lieber einen Knopf auf die Zunge legen und ihn, ohne etwas nachzutrinken, runterschlucken? Dann wählen Sie die Endziffer Zwei.« Nein, so etwas Widerliches würde es nicht einmal im Dschungel-Camp geben. Oder etwa doch? Was hatte ich eigentlich erwartet? Journalistischer Beitrag hin oder her, im Grunde war ich doch nichts anderes als ein Möchtegernpromi, der seine Bekanntheit mit der Teilnahme an einer Ekel-Show steigern wollte, um auf diese Weise im realen Leben größer rauszukommen. Die Selbsterkenntnis schmeckte bitter. So viel zur Revolution. Ich bin ein Phobiker – holt mich hier raus! Die Leitungen sind offen, let's go!

»Guten Tag, Mareile. Ich bin der Redakteur und ich werde dir jetzt ein paar Fragen stellen. Allerdings direkt vor laufender Kamera. Wenn wir vorher irgendwas besprechen oder einüben, wirkt es unecht. Die Psychologin wird vorerst im Hintergrund bleiben. Klar so weit?« Schon war ich auf ein Sofa und vor einen grellen Riesenscheinwerfer delegiert worden. »Mareile, im Internet habe ich gelesen, dass es für Knopfphobiker schon schlimm sei, das Wort ›Knopf‹, oder Wörter, die so ähnlich sind, auszusprechen oder zu schreiben.« Der Redakteur zog einen Zettel aus seiner Ledertasche und hielt ihn mir aufmunternd unter die Nase. Auf dem Zettel waren Wörter wie »Knappe«, »Knecht« und »Knuspern« notiert. »Könntest du diese Wörter einmal laut für uns vorlesen?« Ich triumphierte. Da hatte der Herr Redakteur seine Hausaufgaben aber nicht gründlich genug gemacht. Das mit den Knopf-Wörtern stimmte zwar, aber ein »Kn«-Laut ohne ein darauffolgendes »o« war nun wirklich nicht dramatisch, und richtig eklig wurde das »Kno« sowieso nur in Verbindung mit dem »pf« oder wenn man die Pluralform, also »Knöpfe«, benutzte, da das »ö« mit seinen beiden Punkten an sich ja schon aussieht wie ein Knopf. Ist ja wohl logisch.

»Kein Problem. Knappe, Knecht, Knuspern.« Der Redakteur wirkte enttäuscht. »Hm, tja. Also gut. Dann können wir das wohl getrost weglassen.« Jawohl, Mister. Das können wir. So leicht lasse ich mich nicht zum Quotendödel degradieren.

Der Redakteur überlegte kurz, dann kramte er wieder in seiner Tasche und legte mir einen Schreibblock und einen dicken Filzstift vor. »Könntest du bitte einen Knopf für uns malen?« Au, scheiße. Ob es noch zu früh war, um »Ich bin ein Phobiker – holt mich hier raus!« zu brüllen? Wahrscheinlich schon. Doch so kampflos wollte ich nun auch wieder nicht aufgeben. »Hm, ich versuch's mal. Den Kreis malen ist noch kein Problem. Oh Mann, jetzt muss ich schon selbst lachen. Haha«, plapperte und gackerte ich aufgekratzt vor mich hin, während ich mit dem Filzstift einen Kreis zog und mich wie eine Psychopathin fühlte. Dann waren die Löcher dran – zweifelsohne das Ekligste am Knopf! Und jetzt sollte ich sie auch noch selbst malen! Ich starrte ängstlich auf das Papier. Dabei stellte ich mir vor, dass ich einen Knopf in meinem Mund mit der Zunge hin und her bewegte und die Spucke durch die Knopflöcher quoll. Mir entfuhr ein unwillkürlicher Würgelaut – und dann tupfte ich ganz schnell vier Punkte in den Kreis. Puh, das wäre geschafft.

»Mareile, die Wörter eben fandest du ja nicht so schlimm. Dann schreib uns doch jetzt bitte mal ein paar Wörter auf, die du gar nicht haben kannst.« Alles klar, die Heuschrecken hatten noch nicht gereicht. Jetzt kamen die Kakerlaken dran. Aber auch diese Prüfung würde ich bestehen. Schnell und unentwegt brabbelnd, kritzelte ich die Wörter »Knopf«, »zugeknöpft« und »Knopfleiste« auf ein Blatt Papier und wunderte mich über meine eigene Selbstdisziplin. Normalerweise bekomme ich das nicht so ohne Weiteres und ohne entsprechende Unmutsäußerungen hin.

Nach einer kurzen Mittagspause, in der ich mich ein wenig mit der wirklich sehr, sehr netten Psychologin unterhielt, ging es weiter mit Prüfung drei. »So, Mareile. Für die nächste Einstellung müssen wir den Ort wechseln.« – »Wo gehen wir denn hin?« – »Das wird noch nicht verraten. Aber keine Sorge, wird schon nicht so schlimm werden«, flötete der Redakteur und lächelte scheinheilig. Du mieser kleiner Teufel! Dir werd ich's zeigen!

Die Psychotherapeutin knuffte mir freundschaftlich in die Seite. »Na los, Mareile. Bringen wir's hinter uns. Umso schneller ist es vorbei.« – »Äh, nee. Moment. Sie müssen leider hier im Restaurant bleiben«, herrschte der Redakteur die Psychologin an. – »Wieso das denn?«, schimpfte ich wie Bernhard Hoëcker in *Switch*. – »Weil das sonst die Reaktion verfälscht. Du würdest dann immer hilfesuchend in ihre Richtung gucken und so. Das kommt nicht gut.« – »Dann will ich aber wenigstens wissen, wo wir hingehen!«, nörgelte ich unnachgiebig weiter. Der Redakteur unterdrückte ein verzweifeltes Stöhnen. »Na, gut. Wenn's sein muss. Wir möchten mit dir einkaufen gehen und festhalten, wie du dich in einem Klamottenladen verhältst.« Pah, wenn's weiter nichts ist! Kleider-Scanning ist meine leichteste Übung. Wenn ich ein Geschäft betrete, dauert es fünf Sekunden, bis ich die Lage überschaut und die Knopf-Bereiche identifiziert habe und weiß, von welchen Regalen und Stangen ich mich fernhalten muss. Ob an einem Kleidungsstück Knöpfe dran sind oder nicht, erkenne ich mit einem Blick. Meine Laune besserte sich schlagartig. »Alles klar. Dann mal los.«

Natürlich war die Sache mit dem Einkaufen allein noch nicht erledigt. Kaum hatte ich mich ein wenig im Laden umgesehen und mich auf der sicheren Seite gewähnt, da wurde auch schon der unausweichliche Härtetest gestartet. Ich sollte einen Knopf anfassen! Und als wäre das noch nicht genug, musste ich mir auch noch ein Pulsmessgerät umschnallen. »Mareile, jetzt such dir bitte ein Kleidungsstück mit einem ganz besonders ekligen Knopf aus und versuche, den Knopf anzufassen.« – »Kann ich nicht lieber ein paar Kakerlaken essen?« – »Wie bitte?« – »Ach, nichts.«

Ein passendes Kleidungsstück war schnell gefunden. Ich entschied mich für ein knallrosa Shirt mit Knopfleiste und insgesamt vier leuchtend weißen Knöpfen, die aber relativ klein waren. Dass eine Strickjacke mit den typischen Riesenknubbeln noch tausendmal schlimmer gewesen wäre, behielt ich lieber für mich. Die kleinen weißen Dinger waren schon widerlich genug und als ich mich – von Redakteur, Ton- und Kameramann eingepfercht – vor dem Shirt aufbaute, war eine Herzfrequenz von über 140 in null Komma nix erreicht.

Die ganze Zeit über musste ich hysterisch lachen. Teils, weil ich selbst über meinen hohen Puls erstaunt war, teils, weil ich im Grunde genommen ganz genau weiß, wie absurd mein Knopfekel ist, teils, weil ich immer noch nicht fassen konnte, dass ich mich auf diesen Humbug eingelassen hatte. Meine Güte. Jetzt fass ihn schon an, fass jetzt endlich dieses blöde Ding an! So eine Blöße darfst du dir nicht geben!, geißelte ich mich in Gedanken. Ich legte meine Hand neben die Knöpfe. Ganz nah. Mein Herz schlug mir bis zum Hals. Die Kamera fixierte mich unbarmherzig. Auf dem Pulsmessgerät an meinem Handgelenk blinkte die Ziffer 150. Ich gab auf. »Tut mir leid, es geht nicht. Die Hand danebenzulegen ist das höchste der Gefühle«, erklärte ich niedergeschlagen und schickte noch einen Würgelaut hinterher.

Peinlich! Aber anders ging es nun mal nicht. Im äußersten Notfall, bei einem Vorstellungsgespräch zum Beispiel, könnte ich einen Knopf zwar kurz berühren und mir eine Bluse oder einen Blazer anziehen. Alles schon erlebt. Allerdings muss ich dabei allein sein und meine Ruhe haben. Für mich fühlt sich das nämlich so eklig an, als würde ich mir einen eitrigen Pickel ausdrücken oder mir einen dicken Popel aus der Nase ziehen – und wer würde so etwas schon vor laufender Kamera machen?

Wenigstens hatte der Spuk nun ein Ende. Oder wie war das noch gleich mit den Regeln? War das Spiel vorbei, sobald man seine Aufgabe nicht erfüllte? Keineswegs! Wenn der Protagonist scheitert und strauchelt, kommt der Showmaster anscheinend erst so richtig in Schwung. Wie ich bald feststellen sollte, war der Gipfel nämlich längst noch nicht erreicht. Zunächst wurde ich aber erst mal in ein Auto verfrachtet und von der Produktionsassistentin in die Innenstadt gefahren. Es war schon fast Abend. Inzwischen waren auch die Psychologin und eine andere Knopfphobikerin eingetroffen, mit der schon am Morgen gedreht worden war. Genau wie ich wirkte sie sehr müde und erschöpft. – »Na«, machte ich. – »Na«, machte sie zurück. Irgendwie wusste keine von uns beiden, was sie sagen sollte. Was gab es auch schon zu bereden? Jede wusste, wie die andere sich gerade fühlte. In der Innenstadt angekommen, pflanzte uns die Produktionsassistentin auf eine Bank. Der Kameramann stand schon wieder in Position. »Unterhaltet euch mal ein bisschen.« – »Worüber denn?« – »Über Knöpfe, zum Beispiel«, lachte die Produktionsassistentin. Ja, ja, wirklich sehr witzig.

Weil das andere Mädchen und ich keine bessere Idee hatten, unterhielten wir uns tatsächlich über Knöpfe. »Seit wann hast du das?« – »Schon immer.« – »Was findest du am ekligsten?« – »Wenn die so glänzen und Löcher haben.« – »Findest du zwei oder vier Löcher schlimmer?« – »Keine Ahnung. Finde ich, glaube ich, gleich schlimm.« – »So, Mädels«, unterbrach plötzlich der Redakteur unseren fachmännischen Diskurs. »Kommen wir zur letzten Einstellung. Danach habt ihr es auch geschafft.« Das hörte sich gut an. – »Die Psychologin wird dieses Mal mitkommen.« Das hörte sich nicht ganz so gut an. Wieso durfte sie denn jetzt plötzlich doch dabei sein? War das, was uns bevorstand, so schrecklich, dass es nicht mehr ohne Seelenklempner ging? – »Ich lass die Katze jetzt auch gleich mal aus dem Sack. Und zwar werden wir in einen Knopfladen gehen. Zusammen mit der Therapeutin werdet ihr dann üben, viele verschiedene Knöpfe anzugucken und anzufassen.«

Und gute Nacht! Die Zuschauer hatten die Endziffer Eins gewählt. »Ich bin ein Phobiker – holt mich hier raus!« – »Haha. Keine Sorge, Mareile, so schlimm wird es schon nicht werden. Wenn es euch zu viel wird, sagt einfach Bescheid.« – »Bescheid!« – »Also, Mareile. Jetzt versuch es doch einfach mal. Wir müssen den Zuschauern ja auch Therapiemöglichkeiten aufzeigen. Und was ihr in dem Knopfladen mit der Psychologin macht, ist nichts anderes als das, was man auch bei der Systematischen Desensibilisierung machen würde.«

Der Knopfladen war ein Stübchen wie aus Großmutters Zeiten: beklemmend, eng und modrig. Der Redakteur öffnete die Tür, und wir betraten das Geschäft. Kamera- und Tonmann warteten bereits auf uns. Ich verschränkte die Arme vor der Brust und starrte konsequent auf den Boden. Wie das hier stank! Als hätte man uns in eine hundert Jahre alte Mottenkiste gezwängt. »Mädels, kommt mal bitte hier rüber und guckt euch das Regal an.« Ergeben folgte ich dem Ruf des Showmasters, durchquerte das Geschäft und hob den Kopf. Vor mir ragte ein mit unzähligen Plastikröhrchen gefülltes Regal gen Himmel. Am Ende der Röhrchen hingen Knöpfe und starrten mich wie eine Armee aus tausend toten Augen an. Große und kleine, bunte und weiße, Knöpfe in Apfelform, Knöpfe in Tierform, Knöpfe aus Glas, aus Plastik, aus Perlmutt, aus Gold und aus Holz. Das reichte! Da machte ich nicht mehr mit! »Das ist mir jetzt echt zu viel hier!«, nörgelte ich. – »Warum? Beschreib doch mal, wie du dich fühlst.« – »Nein. Ich hab keinen Bock mehr! Ich krieg schlechte Laune davon!« Der Redakteur hatte offensichtlich damit gerechnet. Als wäre all das Teil des Plans gewesen, wurden die andere Knopfphobikerin und ich in ein kleines Hinterzimmer des Knopfladens geschoben. Darin standen ein Tisch und Stühle. Auf dem Tisch befanden sich ein paar Tassen und Schokokekse.

Reine Dekoration versteht sich – wer hätte in der Situation ans Essen denken können!

Die Psychologin setzte sich zu uns. Ihre Hände waren zu Fäusten geballt. Sie legte die Fäuste vor uns auf den Tisch, öffnete sie – und legte einen kleinen Haufen Knöpfe direkt vor unseren Nasen ab. »Schauen Sie sich diese Knöpfe an. Ganz in Ruhe. Könnten Sie vielleicht einen der Knöpfe anfassen?« Was sollte ich bloß tun? Jetzt konnte mich niemand mehr retten. Ich war gefangen. Gefangen in der Höhle des Knopfes. Da half nur noch eins: Augen zu und durch! »Ungern. Aber ich versuche es mal«, stammelte ich. Gott sei Dank hatte ich das Pulsmessgerät nicht mehr um. »Also, dieser Knopf hier ist ganz besonders eklig. Weil er so glänzt und Löcher hat. Mit der Haut berühren will ich ihn nicht. Aber vielleicht könnte ich ihn mit dem Fingernagel wegschnippen?« – »Okay!« Knips! Da flog er. »Iiih!« Wie eklig dieses Klackgeräusch sein kann, das entsteht, wenn man Knöpfe wegschnippt oder sie auf einen Fliesenboden fallen lässt, hatte ich schon ganz vergessen. Ich war vollkommen erledigt. Schnell griff ich nach einer der Tassen und stülpte sie über den verbliebenen Haufen Knöpfe. Der Redakteur freute sich darüber und wies eilig den Kameramann an, die Tasse ranzuzoomen.

»Weg mit der Kamera! Schluss jetzt!«, brüllte ich unwirsch. – »Na, gut. Eigentlich haben wir auch alles, was wir brauchen.« Zack. Licht aus, Kamera aus. Es war vorbei. Erleichtert ließ ich mich in den Stuhl sacken und atmete einige Male tief durch. – »Wie sieht's aus? Sollen wir einen Kaffee trinken gehen?«, fragte der Redakteur freundlich. Ich nickte. Jetzt, wo die Spannung von mir abgefallen war, fand ich ihn auf einmal ganz sympathisch. Der Typ machte schließlich auch nur seinen Job.

Drei Wochen später: Es war ein sonniger Samstagabend und ich bummelte gemütlich mit meinem Freund durch die Straßen und schleckte ein Eis. Ich hatte keine Ahnung, wann der Beitrag gesendet werden würde und wie er geworden war, denn ich durfte ihn vorab nicht sehen. Doch all das war mir inzwischen egal. Längst hatte ich meinen Frieden mit der Sache gemacht und mich innerlich damit abgefunden, dass mein Ruf für immer ruiniert sein würde. Mal sehen, vielleicht bot sich demnächst eine passende Gelegenheit, um nach Übersee auszuwandern.

Plötzlich klingelte das Handy meines Freundes. »Hallo? Haha. Ja, sie hat wirklich eine Knopfphobie. Nein, das haben die sich nicht bloß ausgedacht.« Nun klingelte auch mein Handy. – »Hey! Ich hab dich gerade im Fernsehen gesehen! Oh Mann, wie geil! Ich könnt mich wegschmeißen!«, hörte ich eine Freundin aufgeregt plappern. Ich schluckte. »Wie schlimm war es?« – »Überhaupt nicht schlimm! Total nett und witzig. Du kommst echt gut rüber!« – »Ach so?« Ich war verblüfft. So ging es etwa eine halbe Stunde weiter und langsam, aber sicher erwachte neuer Mut in mir. Anscheinend hielt mich niemand für bekloppt, sondern schlicht für unterhaltsam. Der Pöbel ließ mich leben.

»Schon interessant, wie viele unserer Freunde heute Abend rein zufällig deinen Beitrag gesehen haben, oder?«, fragte mein Freund und schmunzelte. Ich stutzte. »Ja, das stimmt. Du hast recht ...« Mein Handy klingelte erneut. Ich schaute auf das Display. Es war mein bester Kumpel. – »Hey, ich hab dich gerade ...« – »Im Fernsehen gesehen. Ich weiß. Du sag mal, wie kommt das eigentlich, dass ihr alle meinen Beitrag gesehen habt? Ihr konntet doch gar nicht wissen, wann der ausgestrahlt wird?« Stille am anderen Ende der Leitung. Dann beschämtes Gestammel. »Ähm. Also, na ja. Ich lag nur gerade auf dem Sofa rum und hab aus Versehen auf einen Privatsender gezappt. Und genau in dem Moment kam dann auch der Beitrag. Witzig, was?« Ja, nee, is' klar. *Vive la révolution.* Der Dschungelkönig ist tot. Es lebe der Knopfkönig!

Bitte beachten Sie auch die Hinweise auf den nachfolgenden Seiten.

SCHWARZKOPF & SCHWARZKOPF

LOVE, LOVE, LOVE

33 WAHRE GESCHICHTEN VON DER GROSSEN LIEBE –
EIN LESEVERGNÜGEN, NICHT NUR ZUM VALENTINSTAG

LOVE, LOVE, LOVE
33 WAHRE GESCHICHTEN VON DER GROSSEN LIEBE
Von Anna Butterbrod
240 Seiten, Taschenbuch
ISBN 978-3-89602-947-8 | Preis 9,90 €

»›Love, Love, Love‹ gibt einem den Glauben an die Liebe zurück, und an den Zufall, der einem die Traumfrau oder den Traummann an der nächsten Ecke vorbeischicken kann.«
Frau im Spiegel

»Romantisch, authentisch, witzig: Die Autorin erzählt 33 Geschichten von Paaren, die um ihre Liebe gekämpft – und sie auch gefunden haben.« *Jolie*

»Ein tolles Buch! Gut geschrieben, gut zu lesen – perfekt für eine Auszeit auf dem Sofa oder die Busfahrt zur Arbeit.« *Laura*

»Ein Buch voller Romantik über die wundersamen Wege der Liebe – zum Schwelgen, Träumen und sich Inspirieren lassen.« *Joy*

»Die bewegendsten Love-Storys.«
Bild München

WWW.SCHWARZKOPF-SCHWARZKOPF.DE

DIE AUTORIN

Mareile Kurtz wurde 1983 in Ostercappeln geboren. Die Medienbetriebswirtin arbeitete als Journalistin u. a. für das Kinomagazin *Cinema* und *Focus Online*. Ihren Ekel vor Kleidungsknöpfen entdeckte sie bereits im Kleinkindalter. Heute hat sie sich mit ihrem Spleen arrangiert und führt ein glückliches Leben in knopflosen Stoffkleidern und Leggings. Anstatt eine Therapie zu machen, schreibt sie eine Phobie-Kolumne auf dem Autorenportal *Philibuster.de*.

Mareile Kurtz
PFUI SPINNE, WATTE, KNOPF!
33 verrückte Geschichten über schräge Ängste, absurde Abneigungen und lustige Phobien

ISBN 978-3-89602-993-5

Lektorat: Ulrike Fischer | Coverfoto: © Nico Klein-Allermann

KATALOG
Wir senden Ihnen gern kostenlos unseren Katalog.
Schwarzkopf & Schwarzkopf Verlag GmbH
Kastanienallee 32, 10435 Berlin
Telefon: 030 – 44 33 63 00
Fax: 030 – 44 33 63 044

INTERNET | E-MAIL
www.schwarzkopf-schwarzkopf.de
info@schwarzkopf-schwarzkopf.de